Enziane und Glockenblumen

Gebirgspflanzen im Garten
in vier Bänden
von Fritz Köhlein

Freilandsukkulenten
Saxifragen
Primeln
Enziane und Glockenblumen

Fritz Köhlein

Enziane und Glockenblumen

115 Farbfotos
und 80 Zeichnungen

E.U.
VERLAG
EUGEN
ULMER

Zeichnungen von Marlene Gemke
nach Vorlagen des Verfassers

CIP-Kurztitelaufnahme der Deutschen Bibliothek

Köhlein, Fritz:
Gebirgspflanzen im Garten: in 4 Bd./von Fritz
Köhlein. – Stuttgart: Ulmer

Enziane und Glockenblumen/[Zeichn. von Marlene
Gemke nach Vorlagen d. Verfassers.] – 1986.
ISBN 3-8001-6187-7

Wollgrasweg 41, 7000 Stuttgart 70 (Hohenheim)
Printed in Germany
Umschlaggestaltung: Alfred Krugmann, Freiberg
Satz: Typobauer Filmsatz GmbH, Scharnhausen
Druck und Bindung: Friedrich Pustet, Regensburg

Vorwort

Enziane

Die Tatsache des gartenfreundlichen Enzianreigens vom Frühling bis Herbst verdient es, an den Himmel geschrieben zu werden.

Karl Foerster

Glockenblumen

Es sind Märchenzwerge für Puppenstuben der Pflanzenwelt und Waldglockenblumen, die uns über den Kopf wachsen.

Karl Foerster

Diese Zeilen bilden den Schlußpunkt einer fast zehnjährigen Arbeit an meinem vierbändigen Werk „Gebirgspflanzen im Garten“. Ich bin dankbar, daß es mir vergönnt war, diese Aufgabe zu vollenden.

Mit den Enzianen und Glockenblumen sind nun die blaublühenden Kostbarkeiten der Berge an der Reihe. Meine Beschäftigung mit diesen Pflanzen geht schon einige Jahrzehnte zurück. Schon vor mehr als zwanzig Jahren, 1964, erschien in der damals renommierten Gartenzeitschrift „Pflanze und Garten“ der erste eigene Beitrag über Enziane unter dem Titel „Acht Monate Enziane“. Diese Pflanzen und auch die reizende Glockenblumenverwandtschaft begleiteten mich durch all diese Jahre, und es bedurfte wohl dieser Zeit der Reife, daß der heute vorliegende Band entstehen konnte.

Wie bei den vorhergegangenen Bänden sah ich auch bei den Enzian- und Glockenblumengewächsen meine Aufgabe darin, das Thema von möglichst allen Seiten zu durchleuchten, um Gärtnern, Pflanzenliebhabern, Gartengestaltern und Botanikern gleichermaßen zu dienen. Auch bei diesen Gattungen bringt es der weltweite Samentausch mit sich, daß laufend neue Arten in die Kultur Eingang finden; selbst Samen von kurzlebigen Arten, wie die von *Gentianella* und *Gentianopsis,* sind in neueren Angebots- und Tauschlisten zu finden.

Um hier eine umfassende Hilfestellung zu geben, wurde die Artenvielfalt weitgehend berücksichtigt. Zu hoffen ist auch, daß dieser Band dazu beitragen kann, das oft noch herrschende Durcheinander der sehr ähnlichen Enziane zu entwirren. Vorkommen, Kulturpraktiken, Anwendungsbeispiele, Benachbarung und vieles weitere wurden ausführlich behandelt.

Danken möchte ich meinem Verleger, Herrn Roland Ulmer. Es gehört schon ein hohes Maß an Vertrauen dazu, einen „Hobbygärtner“ ein vierbändiges Werk über größtenteils doch sehr schwierige Gattungen schreiben zu lassen. Der gleiche Dank gilt dem Lektorat und der Herstellungsabteilung, besonders Herrn Dr. Steffen Volk und Herrn Dieter Kleinschrot; zum wiederholten Male hat sich die Zusammenarbeit aufs beste bewährt. Dank gilt auch

Herrn Dr. h. c. Fritz Encke, Greifenstein, der in nomenklatorischen Fragen, wie schon öfter, Hilfestellung gab; ebenso Herrn Dr. James S. Pringle vom Royal Botanical Garden Hamilton, Ontario (Kanada), einem der besten Kenner der Enziangattung, für seine freundliche Unterstützung. Hilfe erhielt ich auch von meinem langjährigen Briefpartner Dr. Michio Cozuca (Japan), von Herrn Prof. Dr. J. Sieber, Weihenstephan, bezüglich der Staudensichtung, von Herrn Gert Böhme (DDR) bei der Klärung nomenklatorischer Fragen zu verschiedenen Arten aus dem Gebiet der Sowjetunion und von vielen weiteren ungenannten Helfern. Auch für die Unterstützung mit Fotos möchte ich mich bedanken, besonders bei Herrn Wilhelm Schacht, Frasdorf, und Herrn Dieter Schacht, München-Nymphenburg, aber auch bei meinem langjährigen Freund Hermann Fuchs, Hof. Bleibt zum Schluß der Dank an meine Frau Annemarie wiederum für ihre Geduld und ihre Mitarbeit an diesem Buch, aber auch für ihre über 35jährige Unterstützung bei meiner Blumen- und Gartenliebhaberei, Grundlage meiner schriftstellerischen Arbeiten. Möge auch dieses Buch vielen Ratsuchenden helfen und Freude bereiten.

Bindlach, Frühjahr 1986 — Fritz Köhlein

Inhaltsverzeichnis

Begegnungen mit blauen Blumen

Das vorliegende Buch beschäftigt sich mit blauen Blumen. Natürlich gibt es auch gelb- und rotblühende Enziane, weiße und gelbe Glockenblumen, aber das ändert nichts an der Tatsache, daß die beherrschende Blütenfarbe dieser Gattungen blau ist.

Dabei tritt der Blauton in einer Variationsbreite auf, die den Sehenden immer wieder in Erstaunen versetzt. Denken wir an die tiefen, reinen Töne dieser Farbe, an Enzianblau. Bei manchen Arten ist die blaue Farbe nur schwach ausgeprägt, wie bei den porzellanblauen Glockenblumen der Felsfugen oder den hohen blauvioletten Arten des Halbschattens.

Es bedarf wohl einer gewissen Reife, um für blaue Töne die gleiche Begeisterung aufzubringen wie für andere Farben. Ein kleines Kind greift zuerst nach roten und gelben Bausteinen. Blau ist eine Farbe, der man erst mit dem Alter mehr und mehr Sympathien entgegenbringt. Hat es etwas mit Unendlichkeit, Weite zu tun? Das Meer südlicher Breiten leuchtet in einem satten Azurblau, ebenso strahlt der Himmel an einem Frühlings- oder Hochsommertag.

Karl Foerster schrieb das Buch „Reise doch – Bleibe doch!“ Keine noch so lange Abhandlung kann die Gefühle eines Gartenliebhabers besser wiedergeben als dieser knappe Buchtitel. Auf der einen Seite verbunden mit dem eigenen Garten und seinen Pfleglingen, fällt jede Trennung schwer, auf der anderen Seite die Sehnsucht nach der Ferne und dem Abenteuer, neuen Pflanzen in der Natur zu begegnen. Ein begeisterter Gartenfreund wird nichts unversucht lassen, solche Begegnungen herbeizuführen – besonders die mit blaublühenden Pflanzen bleiben oft ein Leben lang im Gedächtnis haften. So ging es mir und ich erinnere mich gerne.

Es war nicht lange nach dem Kriege, der Reiseradius war noch bescheiden. Innsbruck war das Ziel, und eine Seilbahnfahrt führte zum Hafelekar. Der Weg von der Zwischenstation führte in eine Senke, die durch Beweidung stark gedüngt war und auch einen gewissen Feuchtigkeitsgehalt aufwies. Nie wieder bot sich mir eine solche Massierung des Stengellosen Enzians in strahlenden, tiefblauen Nuancen.

Selbst ein herbstlicher Spaziergang am Bindlacher Berg, vor der Haustür gelegen, versetzte den damaligen Gartenanfänger in Erstaunen. *Gentianella aspera* ssp. *sturmiana* stand in Büscheln am Feldrain mit einem etwas stumpferen, gedeckten, blauen Blütenfarbton. Zwar „nur“ eine zweijährige Pflanze, aber für den Unkundigen ein Wunder, so etwas in heimatlichen Gefilden zu finden.

In einem Spätsommer führte eine Rundreise durch alle förderativen Staaten Jugoslawiens. Aus Mazedonien kommend, ging es in Montenegro gleich neben der Nordspitze Albaniens über den Čakor-Paß. Die Pflanzen am Rande waren staubbedeckt, dennoch leuchtete es beim raschen Vorbeifahren bläulich aus dem Gestrüpp. Die Neugierde war geweckt, und als Ursache entpuppte sich der Schwalbenwurz-Enzian: Ein Typ mit einem schönen mittelblauen Farbton im Gegensatz zu den gedämpften, dunklen Blütenfarben des Alpentyps.

Eine Alpenwanderung im Frühsommer zeigte die ungeheure Kraft, die in der zarten Glockenblume, *Campanula cochleariifolia* steckt. Zum Ausbessern der nicht geteerten Straße lagen am Rand in unregelmäßigen Abständen Haufen von Splitt und Gesteinsschutt. Nach einer scharfen Kurve kam wieder ein solcher Schutthügel, der überraschend ein begeisterndes Bild bot: Vom mineralischen Untergrund war kaum etwas zu sehen, *Campanula cochleariifolia,* der kleine Glockenblumenzwerg, hatte den ganzen Haufen durchwandert und tausende von kleinen, zartbläulichen Glöckchen schimmerten in der Sonne, noch mit Regentropfen behangen vom zuvor niedergegangenen Schauer, aufgelockert vom Kriechenden Schleierkraut.

September an der dalmatinischen Küste, tief blau leuchtete die Adria, nur der Horizont leicht dunstig, die Übergangszone zum strahlend blauen Himmel, der an diesem Tag kein Wölkchen duldete. Oberhalb Markaska im Biokovo-Gebirge brannte die Sonne doppelt so heiß. Zwischen Geröll standen die schon längst verblühten Polster von *Campanula poscharskyana,* jener wichtigen Glockenblume unserer Gärten, vergesellschaftet mit *Moltkia petraea,* einem azurblau blühenden Zwergstrauch dieser Gegend. Überall waren schon trockene Frucht- und Samenstände zu sehen, und trotzdem standen plötzlich meterhohe Kerzen mit anderen blühenden Glockenblumen in engen Steinfugen einer kleinen Brücke, später auch noch in den als Trockenmauern aufgeschichteten Steinen ehemaliger Weingärten. Es war *Campanula pyramidalis,* täglich nur einige der großen Schalenblüten öffnend. Die Blüten zeigten ein zartes, perlmuttartiges Blau, umschwärmt von Insekten in der fast unerträglichen Mittagshitze.

Mitte Juni, es war ein kühler Frühling gewesen, deshalb war die Fahrt über den Furka-Paß noch etwas mühevoll, die Schneefräse hatte erst die äußere Hälfte der Paßstraße vom Schnee befreit, und man war froh, bei der Abfahrt wieder auf Stücke mit voller Fahrbahnbreite zu kommen. Bei einer Rast an einer Alpenwiese, bedeckt mit Resten schmelzenden Schnees und durchzogen von unzähligen Rinnsalen, blühten Mehlprimel und Frühlingsenzian, *Primula farinosa* und *Gentiana verna,* um die Wette, beide in Farbtönen, wie sie nur im ultraviolettreichen Licht der Hochgebirge möglich sind.

Der Kaukasus zählt zu den Traumzielen der Alpinenliebhaber, er ist die Wiege vieler Pflanzengattungen. Touristisch nur wenig erschlossen, vermittelt er Eindrücke, die dem Naturfreund unvergeßlich bleiben. Es war in Ossetien, der Himmel etwas dunstig verhangen, oberhalb eines kaum noch bewohnten Ossetendorfes mit Totenhäusern und engen Gassen. Da leuchteten aus einer Wiese die blauvioletten Blütenköpfe von *Campanula glomerata,* der Büschel-Glockenblume – auch hier in einer Leuchtkraft, wie sie in Tieflandgärten nicht zu finden ist.

Es war am Elbrus im Zentralkaukasus, etwa um den 20. Juni. Die zwei Vulkankuppen dieses über 5000 m hohen Berges waren schneebedeckt, ebenso wie die Bergriesen der weiteren Umgebung. Der Kontrast zwischen strahlend blauem, wolkenlosem Himmel und den schneebedeckten Gipfeln ist immer wieder faszinierend, gleich in welchem Teil der Welt man es erlebt. Erst von 3000 m an abwärts sind die Berge schneefrei und wird der dunkle Untergrund sichtbar, teils Lavaschutt, teils Obsidian in Braun und Schwarz, oft von ornamentalen Flechten überzogen.
Die strahlende Helle und der dunkelfarbene Untergrund verhalf den blühenden alpinen Pflanzen zu einer märchenhaften Leuchtkraft; auch die Fotos profitieren davon. Das herrlichste Blau zeigte *Gentiana verna* var. *angulosa,* die Pflanzen standen in nie gekannter Üppigkeit. Dieses Blau wurde durch andersfarbige Begleitpflanzen noch unterstrichen, so durch das rein gelb blühende Hungerblümchen (*Draba rigida* var. *imbricata*) und die schönen rosa Blütenbälle von *Primula darialica.* Abwechselnd stand dazu *Gentiana pyrenaica* (syn. *Gentiana djimilensis*). Ein Wunder, hier an der südöstlichen Scheide zwischen Europa und Asien die gleiche Pflanze zu finden wie in Westeuropa in den Pyrenäen. Die Einzelblüten sind größer als bei *Gentiana verna* var. *angulosa,* aber das Blau ist gedeckter und rotstichiger. Dessen nicht genug, fanden sich am gleichen Hang eine zweijährige, blaßblaue Enzianart (*Gentianella* spec.) und auch *Gentiana septemfida* stand vereinzelt zwischen dem gelben Büschel-Seidelbast (*Daphne glomerata*) und dichten Hauswurz-Polstern (*Sempervivum pumilum.*).
In den Himalaja-Bergen Kaschmirs an der Straße nach Ladakh, die nur wenige Monate im Sommer passierbar ist, ragen oft steil die Felsen hoch. Anfang August blühen in schmalster Felsenritze derbe, lockere Glockenblumenbüschel, *Campanula cashmeriana.* Im Winter umtosen sie Wind und Schnee bei tiefsten Temperaturen, im Sommer zur Blütezeit brennt die Sonne erbarmungslos auf die Felswände, Nahrung und Wasser gibt es nur geringste Mengen und auch nur sporadisch. Der Versuch, eine von diesen Pflanzen herauszuziehen ist aussichtslos, so zäh haben sich die Wurzeln in den engen Spalten festgekrallt. Ein Sinnbild der Ausdauer unter unwirtlichsten Verhältnissen.

Eine Reise nach Alaska und ins kanadische Yukon-Gebiet brachte eine ganze Reihe von Begegnungen mit Enzian- und Glockenblumenarten. Mitten durch Alaska wälzt sich der gewaltige Tanana-River, im Sommer mit zahlreichen Schuttbänken dazwischen, wenn die Hauptzeit der Schneeschmelze vorüber ist. Am erhöhten Ufer blühen hübsche *Erigeron* mit weißen Asterblüten, attraktiv genug für jeden Garten. Elegant in gleicher Höhe von etwa 40 bis 50 cm blühend stehen hübsche, tiefblaue Enziane dazwischen, *Gentianella barbata.* Ein friedliches Bild in der warmen Mittagsonne, getrübt nur durch angriffslustige Moskitos.

Im Denali-Park, der majestätisch vom höchsten Berg Nordamerikas, dem über 6000 m hohen Denali (früher Mt. McKinley), beherrscht wird, findet sich auf den flacheren Hängen von 1100 bis 1300 m eine üppige Alpenflora. Als Vertreter der Enziangattung steht *Gentiana glauca* an vielen Stellen, nicht so auffällig wie unsere Enzianarten der Alpen, mehr eigenartig, mit den geschlossenen, eher als stahlblau zu bezeichnenden, flaschenartigen Blüten.
Im kanadischen Yukon-Gebiet geht die Fahrt auf der nördlichsten Schotterstraße dieses Kontinents, dem Dempster-Highway, durch die Ogilivie-Mountains. Auf einem Paß leuchten uns plötzlich kleine weiße Büsche an den seitlichen Hängen entgegen. Bei näherer Inspektion stellen sie sich als *Gentiana algida* heraus, der arktischen Enzian, und zwar mit verhältnismäßig hohem Wuchs, höher als in der Literatur angegeben, manche bis 35 cm hoch! Nicht weit davon ein Gegenstück aus der Glockenblumengattung, *Campanula lasiocarpa;* an dieser Stelle standen die einzelnen Blütenglöckchen nur 3 bis 5 cm hoch, während sie in anderen Gegenden 10 bis 12 cm Höhe erreichten.

Im Süden Alaskas an den steilen Hängen beidseits des Cook Inlet, auf dem sich wilde Schneeziegen und Dall-Schafe tummeln, stand zwischen Teufelskeule und Christophskraut *Gentianella amarella* mit hellrötlichvioletten Enzianblütchen, ein Weltenwanderer, der in vielen Gegenden vorkommt. Gleichermaßen weit verbreitet ist *Campanula rotundifolia,* die Rundblätterige Glockenblume, aus heimatlichen Fluren bekannt, begegnet sie uns auch im fernen Alaska, wo sie besonders aus den Fugen einer Felswand nahe Valdez in attraktiven Büscheln blühte, von manchen Botanikern als *Campanula rotundifolia* var. *alaskana* bezeichnet.

Um beglückende Begegnungen mit blauen Blumen zu haben, bedarf es nicht unbedingt weiter Flugreisen, auch der sonntägliche Spaziergang bietet solche Erlebnisse. Man sollte sich ruhig einmal auf die Erde legen und ganz aus der Nähe die Glöckchen der Wiesen-Glockenblume betrachten, die sich leise im Winde wiegen.

Gentiana, Enzian

Allgemeines und Gartenhistorie

Den meisten Menschen in Mitteleuropa ist der Enzian ein Begriff, auch wenn er keine engere Verbindung zu Natur oder Garten hat. Enzian und Edelweiß sind die Sinnbilder der Alpenblumen, ja der Alpenwelt schlechthin und demzufolge reichlich in Kunstgewerbe, Trachtenmode, Werbung vertreten, und sei es nur die falsche Verwendung auf dem Etikett des Enzian-Schnapses. Unter „Enzian“ stellt sich der Normalbürger automatisch den oder einen stengellosen Enzian vor, also einen *Gentiana acaulis*-Typ. Dabei steckt in der Gattung *Gentiana* eine solche Fülle von Arten, daß selbst der Wissende immer noch neue Überraschungen erleben kann.

So ist es nicht einmal möglich, die Frage nach der Anzahl der Arten zu beantworten. In der Literatur finden sich Angaben, die zwischen 200 und 600 Arten schwanken, es gibt sogar Unterlagen, die noch höhere Zahlen nennen. Ein Grund dafür liegt darin, daß die Botanik keine tote Wissenschaft, sondern lebendig ist (für den rein gärtnerisch Engagierten manchmal ein bißchen zu lebendig). Der Status in der Hierarchie der botanischen Systematik kann sich je nach dem Forschungsstand ändern, z.B. aus einer Art im botanischen Sinne eine Unterart werden oder auch umgekehrt. Ein solches Wechselspiel ist auch auf anderen Ebenen möglich, hier beim Enzian sogar eine Aufspaltung in mehrere Gattungen. Annähernd 400 Arten dürfte in vergangener Zeit die richtige Anzahl gewesen sein, als die Gattung *Gentiana* noch in die Untergattung *Eugentiana* Kusnezow und die Untergattung *Gentianella* Kusnezow eingeteilt, aber vereinigt war.

Neuerdings hat jedoch die Untergattung *Gentianella* ihren eigenen Gattungsstatus erhalten. Dabei sind keine allzu großen morphologischen Unterscheidungsmerkmale vorhanden, sondern alles konzentriert sich auf die verbindenden Hautfalten der Kelchzipfel, die bei der Gattung *Gentiana* vorhanden sind und bei der Gattung *Gentianella* nicht. Aufgrund dieser Abspaltung muß die Frage nach der Anzahl der Arten mit etwa 200 beantwortet werden. Aber auch die Tatsache, daß bis in die heutige Zeit noch Enzianarten neu gefunden wurden, spielt eine Rolle bei den ungleichen Angaben der Artenzahl in der Literatur.

Es ist kein Wunder, daß eine so artenreiche Gattung nicht auf ein kleines Gebiet beschränkt ist, sondern eine weltweite Verbreitung hat. Die Wiege der Gattung dürfte in Asien zu suchen sein, und erdgeschichtlich gesehen ist die Gattung schon seit der Tertiärzeit vorhanden; ihre Entwicklung kann nach der Beendigung der letzten Eiszeit als abgeschlossen betrachtet werden. Trotz seiner großen Verbreitung hat der Enzian eine geringe Wanderfähigkeit, so sind etwa 92% der asiatischen Arten auf diesen Kontinent beschränkt. Als wanderfreudig können eigentlich nur *Gentiana acaulis*, der Stengellose Enzian, und *Gentiana verna*, der Frühlingsenzian, gelten. Der letztgenannte findet sich nicht nur in den Alpen, sondern auch in Sibirien, im Kaukasus und selbst in Nordamerika. Während das Massenzentrum der Enzianarten in Asien liegt, findet sich dasjenige der neuen Gattung *Gentianella* in Südamerika mit Ausstrahlung nach Malaysia und Australien. In diesem Fall hat sich die Entwicklung in der Nacheiszeit weiter fortgesetzt.

Hauptverbreitungsgebiete sind vorwiegend die Gebirge der nördlichen, gemäßigten Zone und in Südamerika die Anden. In den Ebenen finden sich verhältnismäßig wenige Arten, auch die Arktis ist artenmäßig beschränkt. Welche Höhenkletterer sie sind, belegt die Tatsache, daß Enzianarten am Mount Everest noch in 5500 m Höhe gefunden wurden.

Die Blüten der meisten Enzianarten haben eine blaue Färbung, aber es gibt auch Arten mit weißen, gelben, roten und selbst grünen Blüten. Sie sind allgemein Hummeln und Faltern angepaßt mit ihren tief in der Blüte liegenden Nektarquellen. Eine Ausnahme macht der Gelbe Enzian, (*Gentiana lutea*), hier ist der Nektar fast allen Insekten leicht zugänglich; man sieht das auch an dem guten Samenansatz im Garten.

Die Enzianarten sind in der Mehrheit staudig, nur eine geringere Anzahl ist ein- oder zweijährig; teils aufrecht, teils rasenbildend, die Laubblätter sind gegenständig und meist sitzend, weniger oft einzeln oder am Grunde erscheinend, meist in Trugdolden, seltener einzeln. Die Blüte hat die gleiche Anzahl von Staubblättern wie Kronzipfel vorhanden sind. Der Fruchtknoten ist einfächerig und mit vielen Samenanlagen ausgestattet. Der Samen ist zahlreich und sehr fein, teils geflügelt, teils ungeflügelt.

Wegen der prächtigen Blüten, aber auch wegen der Bitterstoffe enthaltenden Wurzeln hat der Mensch manchen Enzianarten hemmungs- und schonungslos nachgestellt. Deshalb stehen die Enzianarten in vielen, vor allem in den mitteleuropäischen Ländern unter Schutz. Es besteht kein Grund, das zu bedauern. Die Wildarten lassen sich in der Natur bewundern, auch ohne daß man sie mit nach Hause nimmt. Und die prächtigsten, für die Gartenkultur wichtigen (auffallend besonders durch Blütenfarbe, -reichtum, -form) werden in vielen Staudengärtnereien kultiviert, solche mit höheren Ansprüchen in speziellen Alpenpflanzen-Gärtnereien, so daß fast jeder Pflanzenwunsch bei einiger Suche erfüllbar ist.

Werfen wir einen kurzen Blick auf den Enzian in der Gartengeschichte. Er war schon im Altertum bekannt, wenn er auch bei weitem nicht die Bedeutung hatte wie Rosen, Iris, Lilien und Primeln. Bereits Dioskurides und Plinius erwähnen, daß der Illyrer-König Gentius aus den Blättern und Wurzeln ein Heilmittel gegen die Pest herstellen ließ. Der Sage nach hat Hermes den König auf die Pflanze hingewiesen. Gentius zu Ehren wurde die Pflanze so getauft und später die gesamte Gattung.

Im „Capitulare de Villis“ Karls des Großen ist *Gentiana lutea*, der Gelbe Enzian, aufgeführt. Walafried Strabo auf Reichenau dürfte ebenfalls einzelne Enziane gekannt haben, wenn auch keine ausführlich beschriebenen. Clusius fügte zu den bis dorthin bekannten Arten den Stengellosen Enzian hinzu. Sicher haben die sonst so seltenen leuchtend blauen Blütenfarbtöne auch den einen oder anderen Klostergärtner animiert, diese Pflanze in Obhut zu nehmen. In alten Stilleben findet sich schon die eine oder andere Enzianart abgebildet. Ein Beispiel sind auch Robert Furbus Tafeln „Twelve Month of Flowers“ aus dem Jahre 1730, wo auf den Tafeln September und Dezember einwandfrei *Gentiana acaulis* zu erkennen ist; hinsichtlich der Zeitangabe besteht selbstverständlich kein Zusammenhang mit der Blütezeit. P. G. Redoutes Bild von *Gentiana acaulis* mit einem Falter dürfte vielen bekannt sein.

In mittelalterlichen Kräuterbüchern sind ebenfalls schon Enziane aufgeführt, im „Kreutterbuch“ von Dioskurides aus dem Jahre 1610 ist der „Groß Entian“ und der „Klein Entian“ abgebildet und beschrieben. Bei dem „Groß Entian“ handelt es sich sicher um *Gentiana lutea*, der „Klein Entian“ ist weniger gut zu bestimmen, er tendiert eher in Richtung *Gentiana cruciata.*

Im 19. Jahrhundert wuchs das gärtnerische Interesse an den Enzianarten. In dem Blumenlexikon von H. Jäger aus dem Jahre 1873 „Die schönsten Pflanzen des Blumen- und Landschaftsgartens, der Gewächshäuser und Wohnungen“ sind bereits 21 Arten aufgeführt. Mit der Anlage von Alpinen in botanischen Gärten wurde die Vielfalt dieser Gattung auch einem breiteren Publikum nähergebracht, was sich dann auch bei der Anlage vieler privater Steingärten auswirkte. „Möller's Deutsche Gärtner-Zeitung“ nannte 1903 schon 68 Arten. Einen weiteren Aufschwung des Interesses am Enzian brachte die Entdeckung der chinesischen Herbstenziane durch englische Pflanzensammler. Dadurch konnte eine kontinuierliche Enzianblüte vom Vorfrühling bis in den Spätherbst sichergestellt werden. Außerdem brachte diese Neuentdeckung noch völlig neue Blautöne mit sich, die sonst bei Blütenfarben kaum vorkommen, wie reines Ultramarinblau und Türkis.

In unserem Jahrhundert folgte eine weitere Zuwendung zum Enzian, auch in den deutschsprachigen Gebieten Mitteleuropas. Karl Foerster führte im Jahre 1911 in seinem ersten Buch „Winterharte Blütenstauden und Sträucher der Neuzeit“ vier Enzianarten an, *Gentiana acaulis, G. asclepiadea, G. lutea* und *G. septemfida.* In „Der Steingarten der sieben Jahreszeiten“, kurz nach dem 2. Weltkrieg, waren es dann schon 16 Arten. In der Bundesrepublik wurde Altmeister Wilhelm Schacht zu einem Pionier der Enzianverwendung, vor allem mit seinem in vielen Auflagen erschienenen Steingartenbuch. Auch Prof. Dr. Richard Hansen, langjähriger Leiter des Staudensichtungsgartens Weihenstephan, konnte in seinen Veröffentlichungen Enzian-Erfahrungen und Hinweise für die richtige Verwendung weitergeben. In den speziellen Alpinengärtnereien ist heute die Vielfalt des Handelssortiments enorm groß. Die Firma Sündermann in Lindau am Bodensee hatte schon Ende des vorigen Jahrhunderts ein beachtliches Sortiment, und ein neuer Katalog der Firma

Eschmann in Emmen in der Schweiz enthält 140 Arten und Sorten. Dem Enzianliebhaber sind keine Grenzen gesetzt. Karl Foerster schreibt: „Man muß bei aller wachsenden Schönheit, die unseren Gärten geschenkt wird, ja bedenken, daß in diesem gesteigerten Schönheitsreich auch eine gesteigerte Fürbitte des Schönen für das Gute wohnt". Halten wir es mit dem Bornimer Gartenphilosophen.

Enziane im Frühling und Frühsommer - von Azurblau bis Ultramarin

Der Traum jedes Gartenbesitzers ist ein üppiges, großes Polster leuchtend blauer Frühlingsenziane, möglichst noch benachbart von einem Horst des heimischen Frauenschuhs (*Cypripedium calceolus*) oder der Prophetenblume (*Arnebia pulchra*, syn. *Arnebia echioides*).
So dürften von kaum einer anderen alpinen Staude so viele gepflanzt werden - und so wenige Dauergäste geworden sein! Unsere Frühlings-Enziane sind eben keine Blaukissen und Polsterphloxe. Und sie sind, trotz einer gewissen Hybridisierung bei einigen Gartenformen, immer noch Wildpflanzen mit Artcharakter. Eine schematisierte Pflege, bei der alle Pflanzen gleich behandelt werden, führt zu Mißerfolgen.

Was als Frühlings-Enzian bezeichnet wird, hat als einziges gemeinsam leuchtend blaue Blüten in allen Schattierungen, und das zur Frühlingszeit, sonst ist es ein Konglomerat, eine Formen- und Typenvielfalt unterschiedlichster Ansprüche. Diese verschiedenen Wünsche hinsichtlich Standort, Bodenfeuchte, Durchlässigkeit, Bodenreaktion sind ebenfalls ein Grund, warum diese strahlendblauen Alpenblumen keine Massenpflanzen in unseren Gärten geworden sind.

Verhältnismäßig einfach ist die Aufteilung in zwei Gruppen, die Acaulis-Gruppe und die Verna-Gruppe. Die Bezeichnungen sind einfach abgeleitet von den beiden Hauptvertretern, *Gentiana acaulis* (Stengelloser Enzian) und *Gentiana verna* (Frühlings-Enzian). Aber dann beginnt bereits das Verwirrspiel. *G. acaulis* ist ein bekannter Name, den Linné 1753 gegeben hat, wobei die dazugehörige Beschreibung nicht eindeutig auf eine bestimmte Form schließen läßt, es könnte entweder die kalkmeidende Art *G. kochiana* damit gemeint worden sein oder der „Kalkglockenenzian", *G. clusii.* Diese beiden Artnamen hat man lange Zeit botanisch verwendet, und die Bezeichnung *G. acaulis* war ein allgemein gebräuchlicher Überbegriff, der auch die gärtnerischen Hybriden der gesamten Gruppe mit einschloß. Neueste Forschungen kommen nun zu dem Resultat, daß *G. acaulis* der gültige Name an Stelle von *G. kochiana* ist. Die neue „Flora Europaea" zählt sieben Arten auf, die zu der Acaulis-Gruppe gehören: *G. acaulis* L. (syn. *G. kochiana* Perr. et Song.), *G. alpina* Vill., *G. angustifolia* Vill., *G. clusii Perr.* et *Song., G. dinarica* Beck, *G. ligustica* R. de Vilmorin et Chopinet und *G. occidentalis* Jakowatz.

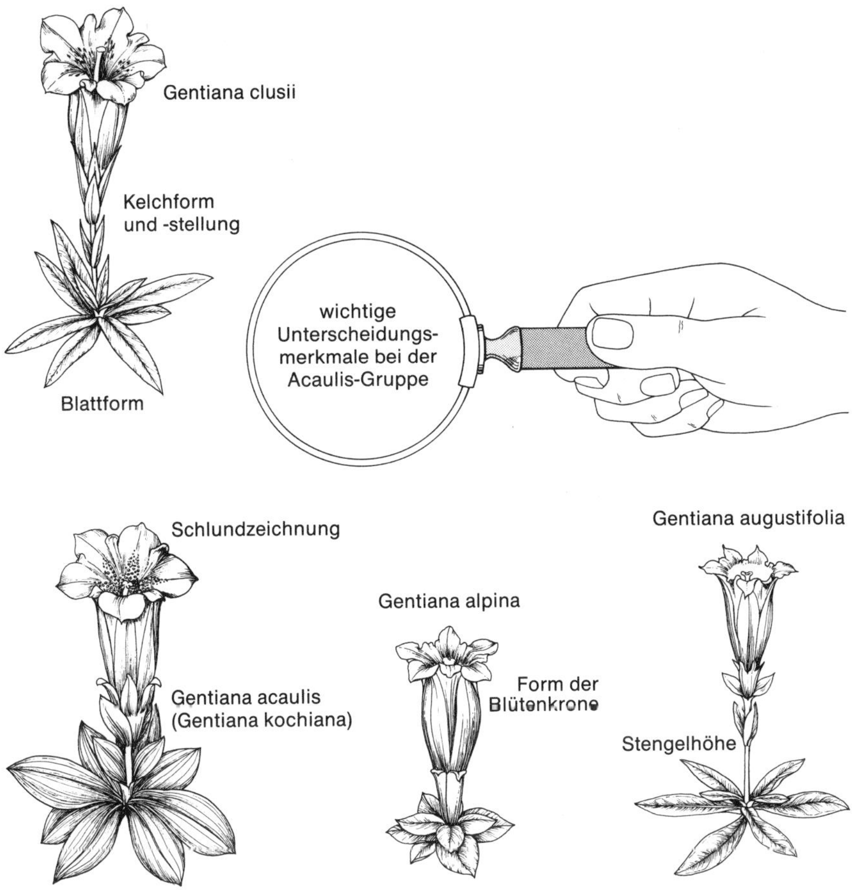

Nicht alle genannten Arten sind gartenwürdig, und selbst bei den geeigneten sind die Unterschiede hinsichtlich Bodenzusammensetzung und -reaktion sehr unterschiedlich, die Kalkverträglichkeit steht dabei im Vordergrund. Nähere Angaben finden sich bei den Artbeschreibungen, jedoch sollen für die wichtigsten Arten auch hier schon kurze Hinweise gegeben werden. *Gentiana acaulis* (syn. *G. kochiana*) ist nur schwach kalkverträglich, *G. alpina* ist stark kalkunverträglich, *G. angustifolia* ist gut kalkverträglich, *G. clusii* ist kalkbedürftig, *G. dinarica* ist kalkbedürftig. Zwischen all diesen Arten gibt es gärtnerische Hybriden, deren Herkunft nicht in jedem Fall einwandfrei festgestellt werden kann. Insgesamt muß gesagt werden, daß diese hinsichtlich der Bodenreaktion toleranter sind als die Wildarten. Kalk wird von den Hybriden meist gut vertragen, erklärbar dadurch, daß die sehr an sauren Boden gebundene *G. alpina* an diesen Hybriden kaum beteiligt ist.

Leider kann auch für die physikalische Bodenbeschaffenheit keine eindeutige Aussage gemacht werden. So sind bei Versuchen im Staudensichtungsgarten in Weihenstephan andere Ergebnisse erzielt worden als bei der jahrzehntelangen Pflege im eigenen Garten. Beste Erfahrungen wurden in Böden gemacht, die lehmig-sandig sind, humos und von Kalksplitt durchsetzt. Es sollen kühle, feuchtigkeitshaltende Böden sein, die sich nicht so leicht erwärmen. Deshalb sind vollsonnige, südliche Lagen weniger geeignet. Westlagen sind gut, wobei zusätzlich in leichte Bodensenken gepflanzt wird. Die Hybriden und Auslesen zeigen an gleichen Plätzen oft unterschiedliche Wüchsigkeit, Polsterbildung und Blütenreichtum, was leicht erklärlich ist, da die Eltern unterschiedlich sind.

Es hat den Anschein, als ob sich *G. angustifolia* und ihre Hybriden eher mit leichteren Böden abfinden als andere. Es heißt oft, Düngung ist nicht notwendig, was den eigenen Erfahrungen widerspricht. Wenn der Blütenreichtum nachläßt, sind die Polster dankbar für das Dazwischenstreuen von Hornmehl, Knochenmehl und auch von pulverisiertem, gut verrottetem Rinderdung (Cofuna, California-Rinderdung), aber alles mit Maßen!

Von den Arten ist besonders *Gentiana dinarica* für den Anfänger zu empfehlen, bei den Hybriden die *Gentiana* 'Angustifolia-Hybride Frei' mit ihren gut gestielten, riesigen Trompetenblüten; ebenfalls die *G. angustifolia*-Hybride 'Holzmann', die oft im Herbst nachblüht. Etwas weniger wüchsig ist *Gentiana* 'Gedanensis' mit ihren ultramarinblauen Blüten. Es gibt noch mehr gartenwürdige Typen, hier sollten zunächst einmal nur die dankbarsten genannt werden. Weitere sind bei den Artbeschreibungen zu finden.

Welches sind nun die geeigneten Pflanzplätze für den Glockenenzian oder Stengellosen Enzian, wie er noch genannt wird? Sicher bieten sich Plätze im Steingarten oder Alpinum am ehesten an, wobei der Begriff Steingarten nicht zu eng gefaßt sein sollte, es kann sich dabei ruhig um ein Hügelbeet oder um einen schmalen Streifen mit Steingartenpflanzen am Haus entlang handeln. Auch Tröge und mobile Pflanzkübel eignen sich noch gut, wenn sie so stehen, daß sie sich nicht zu sehr aufheizen (innen eingelassene Styroporplatten helfen dabei). Auch bei der Vorpflanzung vor immergrünen oder laubabwerfenden Gehölzen gibt es geeignete Pflanzplätze in Verbindung mit anderen Alpinen, die ähnliche Ansprüche stellen.

An geeigneten Begleitpflanzen fehlt es nicht. Wenn von Enzian und Edelweiß im Zusammenhang gesprochen wird, so mit Recht, denn auch das Edelweiß liebt, entgegen häufiger Ansicht, einen etwas feuchtigkeitshaltenden Boden. Stilecht läßt er sich mit *Carex firma*, der Polstersegge, und *Sesleria albicans*, dem Blaugras, kombinieren. Meist wird jedoch mehr ein dekorativer Effekt gesucht und die Nachbarschaft entsprechend gewählt, der heimische Frauenschuh (*Cypripedium calceolus*) und die Prophetenblume (*Arnebia pulchra*, syn. *A. echioides*) wurden schon genannt. Blaue Farbtöne mit gelben kombiniert wirken immer attraktiv. So wirkt auch die gelbe Alpenaurikel gut als Nachbarin des Enzians, stillere Töne bringen kleine Alchemillen (*Alchemilla hoppeana*). Zu dieser Zeit gibt es viele blühende Steingartenpflanzen, aber es sollen „gezähmte" sein, die nicht das ganze Enzianpolster überwuchern.

Die zweite Gruppe von frühlingsblühenden Enzian-Arten, -Unterarten, -Varietäten und -Formen schart sich um *Gentiana verna*, den Frühlings-Enzian, deshalb spricht man auch von der Verna-Gruppe. Diese Enziane sind wesentlich zierlicher als die Arten des Glocken-Enzians, die Blautöne sind heller und zeigen oft ein strahlendes Azurblau. Sie sind seltener in Kultur und auch schwieriger zu halten. Der Versuch, den Frühlings-Enzian, der den Alpenwanderer im Frühling auf Kalkmagerrasen und Steinterrassen immer wieder entzückt, aus der Natur in den Garten zu pflanzen, scheitert fast immer, selbst mit einem umfangreichen Wurzelballen. Bei *Gentiana verna* scheint auch die Kooperation mit einem Wurzelpilz eine nicht geringe Rolle zu spielen. Ihr Standort in den Kalkalpen verweist auf eine beträchtliche Toleranz gegenüber Kalk, im Garten wird jedoch ein etwas anmooriger Boden bevorzugt, bestehend aus sandigem Lehm mit Torf. Sphagnum (Torfmoos) in zerkleinerter Form wirkt sich positiv aus. Der Standort soll sonnig aber nicht brandheiß sein, auch hier wirkt sich eine Pflanzung in flache Mulden vorteilhaft aus.

Gentiana verna hat im Alpengebiet eine ganze Reihe naher Verwandter. Von ihnen ist lediglich der Triglav-Enzian etwas gartenwilliger, er ist aber sehr zierlich, nur etwa 3 bis 5 cm hoch, und bildet kleine Rasen aus dicht beblätterten, schindelartigen Sprossen. Er ist kalkverträglich, ebenso wie der Karst-Enzian („Trientiner Enzian"), *Gentiana tergestina*, der später zu blühen beginnt, aber etwas höher wird. Er ist nicht auf das Karstgebiet beschränkt, sondern sein Verbreitungsgebiet geht von den Südalpen bis in die südlichen Karpaten. Schwieriger zu kultivieren ist der Rundblätterige Enzian, *Gentiana orbicularis*, nur 2 bis 5 cm hoch, und *Gentiana bavarica*, der Bayerische Enzian, der bis 20 cm hoch werden kann.

Auch hier gibt es nomenklatorische Schwierigkeiten. Eine Varietät von *Gentiana verna* kommt auch in östlichen Gebirgen zahlreich vor, in Sibirien bis zur Mongolei, aber auch im Kaukasus. Sie ist bekannt unter dem Namen *Gentiana verna* var. *angulosa*, manchmal auch als *Gentiana angulosa.* Im Kaukasus konnte der Autor diese Form auf reinem Vulkanschutt finden, wo sie ohne Kalk wächst. An anderer Stelle gibt es einen gelbblühenden Typ, der unter dem Namen *Gentiana verna* var. *oschtenica* (syn. *G. oschtenica*) bekannt ist. *Gentiana verna* var. *angulosa* ist wesentlich gartenwilliger als *Gentiana verna* der Alpen, er ist in speziellen Staudenkatalogen auch öfter im Angebot und bei den englischen Staudengärtnereien ziemlich verbreitet. Wer die zierlichen Frühlingsenziane richtig pflanzen will, findet in der Natur die passenden Vorbilder. Ein häufiger Begleiter von *G. verna* ist in den Alpen *Primula farinosa* und von *G. angulosa* im Kaukasus *Primula darialica.* Man kann kurze Seggen dazu setzen (*Carex firma*) und langsamwüchsige Mannsschildarten. Solche Kleinode benötigen noch wesentlich bessere Plätze als die verschiedenen Glockenenziane, besonders vor Überwucherung müssen sie geschützt werden, auch vor zu hohen Nachbarpflanzen, die sie zu stark beschatten würden.

Der naturverbundene Mensch freut sich besonders im Frühling über jede Blüte, denn blaue Farben von Azurblau bis Ultramarin sind in unseren Gärten selten. Deshalb wird der Gartenliebhaber nichts unversucht lassen, gerade die verschiedenen Arten, Formen und Hybriden der Frühlingsenziane zu kultivieren und zu schönen Exemplaren zu kommen. Es gibt genügend Staudengärtnereien, die das Pflanzenmaterial fachgerecht heranziehen (siehe unter Bezugsquellen). Es ist Ehrensache für jeden Pflanzen- und Gartenfreund, die Enzianarten, die in der freien Natur wachsen und die geschützt sind, in Ruhe zu lassen! (Siehe Liste der geschützten Arten.)

Gediegenes Blau im Sommer

Bei den im Sommer blühenden Enzianarten gibt es weit weniger nomenklatorische Schwierigkeiten als Verwechslungen. Die wichtigsten sommerblühenden Arten sind in den Gärtnereien meist richtig benannt, aber von den selteneren Arten sind in Kultur oft viele verwechselt, d.h. falsch identifiziert. Das gilt gleichermaßen für das Pflanzen- wie auch für das Samenmaterial. Dieses Buch soll hier möglichst zur Klärung beitragen.

Sommerblühende Enzianarten gibt es in großer Anzahl, sie werden in vielen Fällen höher als die im Frühling blühenden. Das Blau der Blüten ist in den meisten Fällen etwas stumpfer als die Töne der Enziane im Frühling. Auch hier bietet sich der Steingarten als passender Gartenteil für die Enziankultur an. Das ist sehr wesentlich, denn wieviele Pflanzen gibt es schon, die im Sommer im Steingarten blühen? Dem Blütenfeuerwerk des Frühlings folgt in vielen Fällen gar nichts. Selbstverständlich kann die alpine Hochblüte nicht kontinuierlich bis zum Herbst weitergehen, aber die sich bietenden Möglichkeiten sollten voll genutzt werden. Deshalb dürfen auch einige sommerblühende Enzianarten nicht fehlen, wenn auch das Blau ihrer Blüten gedeckter ist und die Gestalt nicht ganz so begeisternd wie bei den Frühlingsenzianen.

Zu den wichtigsten sommerblühenden Arten gehört *Gentiana septemfida*, den viele Staudengärtnereien führen. Es gibt hier mehrere Varianten, bekannt ist besonders *G. septemfida* var. *lagodechiana* und auch *G. septemfida* 'Doeringiana'. Diese sind relativ unempfindlich. Sie können sonniger stehen, denn auch Bodentrockenheit macht ihnen nichts aus. Von pH 6 bis pH 7,5 gedeiht *G. septemfida* gut, obwohl die Art am Elbrus zu finden ist, also in reinem Lavagrus mit wenig Humus und stark saurer Reaktion.

Ziemlich verbreitet ist auch der Kreuz-Enzian, *Gentiana cruciata*. In der Natur liebt er lichte, trockene Kalkmagerrasen, die Blüte ist dunkelblau und außen grünlich. Die Blütezeit ist der Hochsommer (Juli-August). Wegen seiner Trokkenheitsverträglichkeit läßt er sich außer im Alpinum und im Steingarten auch im Heidegarten verwenden, z.B. zwischen dem Schafschwingel (*Festuca*-Arten), dem Zwergalant (*Inula ensifolia* 'Compacta'), der Wetterdistel (*Carlina acaulis*), der rotblühenden Kartäuser-Nelke (*Dianthus carthusianorum*), von der es neuerdings auch eine kompaktere Form gibt, und der schwefelgelb blühenden Balkan-Nelke (*Dianthus knappii*). Es steht auch nichts im Wege,

Gentiana septemfida

Sommerblühende Enzianarten haben nicht die leuchtenden Blautöne wie die des Frühlings oder Herbstes, sie sind jedoch in der blütenarmen Zeit im Steingarten sehr wichtig

den blauen Kreuz-Enzian mit den in vielen Schattierungen angebotenen Sommerheiden (*Calluna*-Sorten) zusammenzubringen.

Die bisher genannten, allgemein verbreiteten Sommerenzian-Arten können fast als anspruchslos bezeichnet werden. Wesentlich schwieriger ist der heimische Lungen-Enzian (*Gentiana pneumonanthe*), der etwas dunklere, tiefblaue Blüten hat. Von Juli bis September sieht man ihn in feuchtnassen, sauren Wiesen stehen. Falls der Boden im Garten nicht speziell in ähnlicher Form vorbereitet ist, wird man keine Freude an ihm haben. Hinsichtlich seiner Höhe zeigt er eine große Variationsbreite, von 10 bis 50 cm Höhe gibt es viele Typen. Es ist eine Pflanze für den speziellen Liebhaber, der den Lungen-Enzian im Moorbeet pflegt, wo es auch eine ganze Reihe von Partnern gibt, wie das Sumpfherzblatt (*Parnassia palustris*), das Pfeifengras (*Molinia caerulea*), die Sumpfgladiole (*Gladiolus palustris*) und manche andere, gleiche Ansprüche liebende Pflanze.

Bewußt sollen bei den sommerblühenden Enzianarten nur weniger weit verbreitete Arten näher betrachtet werden. Der Neuling wird aber überrascht sein, welche große Vielfalt es gibt, die mit stilleren Blautönen und weniger spektakulären Formen den sommerlichen Stein-, Heide- und Wildstaudengarten verschönern können. Es soll andererseits nicht verschwiegen werden, daß viele Arten sich sehr ähnlich sind, besonders die, die in Richtung Kreuz-Enzian gehen (Sektion Aperta).

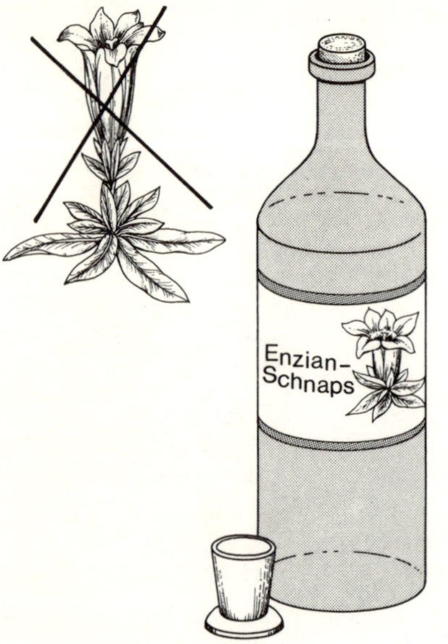

Etikettenschwindel!
Enzianschnaps wird aus den Wurzeln von Gentiana lutea gebrannt und hat mit dem Stengellosen Enzian nichts zu tun

Gentiana lutea

Der Schnaps-Enzian

Jeder kennt das Bild in den einschlägigen Läden: Auf dem Etikett der Enzian-Flasche prangt der blaue, stengellose Glockenenzian des Frühlings (*Gentiana acaulis*-Gruppe). Der Nichtkenner ist daher der Meinung, dieser hilfreiche Magenbitter werde aus dieser Pflanze gewonnen. Und so ist das Erstaunen groß, wenn er erfährt, daß dies überhaupt nicht stimmt, sondern daß die Wurzel einer hohen gelbblühenden Wildstaude, *Gentiana lutea*, des hohen gelben Stern-Enzian, dafür verwendet wird. Auch er ist sommerblühend (Juni-August), verdient es aber aus mancherlei Gründen, separat betrachtet und gewürdigt zu werden.

Diese Pflanze europäischer Gebirge ist im Garten nicht immer einfach einzufügen. In der Natur wächst sie etwa bis in Höhenlagen von 2500 m auf Bergwiesen, Geröllfluren, Matten und Weiden. Als Gartenstandort bietet sich auch hier das Alpinum oder der Steingarten an. Der Gelbe Enzian ist eine jener Pflanzen, die der Forderung nach einer bewegten Pflanzung entgegenkommen. Bewegung sollte nicht nur durch die Gestaltung der Oberfläche im Alpinum und Steingarten vorhanden sein, sondern auch durch verschieden hohes Pflanzenmaterial. *Gentiana lutea* wird zwischen 50 cm und 1,5 m hoch, gehört also zu jenen höher wachsenden Pflanzen dieser speziellen Anlagen. Ähnlich dem im vorhergehenden Abschnitt genannten Kreuz-Enzian läßt er sich auch in Heidegarten-ähnlichen Partien noch gut verwenden, denn er liebt einen sonnigen bis leicht beschatteten Platz. Voraussetzung ist allerdings, daß kein sandiger Heideboden vorhanden ist, der im Sommer weitgehend austrocknet, sondern ein mäßig feuchter bis frischer Boden, der etwas anlehmiger ist. Sicher gibt es auch allgemeine Wildstaudenpartien, wo *Gentiana lutea* eingefügt werden kann. In allen Fällen ist eine Solitärstellung vorzuziehen.

Obwohl dieser Enzian eine durchaus attraktive Wildstaude ist, ist er nur sehr selten in Gärten zu finden. Am Angebot dürfte es nicht liegen, es gibt eine ganze Reihe von Stauden- und Alpinen-Gärtnereien, die Jungpflanzen zur Verfügung stellen. Haupthindernis ist wohl die lange Dauer von der kleinen Jungpflanze bis zur imposanten Großstaude. Da vergehen mindestens 4 bis 6 Jahre. In der Zwischenzeit sind viele Setzlinge von Schnecken gefressen, von schnellwüchsigen Nachbarstauden überwuchert oder enttäuscht wieder hinausgeworfen, weil so lange nichts blühen will. Hier sollte man die Geduld nicht verlieren. Wenn man älter wird, weiß man den Wert echter Dauerstauden zu schätzen, deren Alter in Jahrzehnten gemessen werden kann. *Gentiana lutea* kann bis 60 Jahre alt werden, am gleichen Standort!

Es lohnt sich, den Gelben Enzian auf ein für lange Zeit angelegtes Kräuterbeet zu pflanzen. Die heilende Wirkung als Magenbitter muß nicht unbedingt über die Destillation gehen.

Ein Beispiel: Durch Schneckenfraß wurde der Frühlingstrieb einer etwa 5 Jahre alten Pflanze in meinem Garten zerstört. Wider Erwarten bildeten sich keine Reservetriebe. Die zu diesem Zeitpunkt daumen- und fingerstarken Wurzeln wurden aufgenommen und gewaschen, in 5 cm lange Stücke geschnitten, bleistiftstark gespalten und getrocknet. Anschließend wurde alles für einige Wochen in einen Liter Weizenbrand gelegt und später abgesiebt. Dieses Konzentrat ist so stark, daß ein Eßlöffel, auf eine Flasche Kornschnaps oder Weizenbrand gegeben, um ein Vielfaches stärker ist als ein käuflicher Enzianschnaps. Ein solcher „Eigenbau" ist vielleicht kein Genuß – der bittere, stark erdige Geschmack dürfte im Gegenteil alles andere als Entzücken hervorrufen –, aber die Wirkung bei verdorbenem Magen ist überraschend gut.

In den letzten Jahren wurden verstärkt Anstrengungen unternommen, diese Droge feldmäßig zu kultivieren. Es hat sich gezeigt, daß diese Versuche als durchaus positiv bewertet werden müssen. So ist zu hoffen, daß in absehbarer Zeit die natürlichen Bestände geschont werden können. Auf der IGA 1983 in München wurde mit der dicht mit *Gentiana lutea* bestandenen Almwiese ein gutes Beispiel gezeigt. Hätte man nicht die mit Gartenpflanzen besetzte nähere Umgebung gesehen, hätte man sich an einen natürlichen Standort versetzt geglaubt. Millionen Besucher wurden erstmals mit dem Gelben Enzian konfrontiert, aber auch mit dem alkoholischen Getränk, das man sowohl als Genußmittel als auch als Arzneimittel bezeichnen kann.

Es muß wohl nicht betont werden, daß ein Ausgraben des Gelben Enzians sowohl verboten als auch aussichtslos ist. Er steht unter Naturschutz, und ein Versetzen älterer Pflanzen ist sehr schwierig bis unmöglich. Richtige Jungpflanzen bekommt man viel besser beim Staudengärtner, wo im Container mit Erdballen geliefert wird.

Der Gelbe Enzian hat eine ganze Reihe von Verwandten, die allerdings weniger attraktiv und in den Gärten noch seltener zu finden sind, so z.B. *Gentiana burseri, G. pannonica, G. punctata, G. purpurea.* Alle sind sommerblühend und wesentlich kleiner als unser gelber Schnaps-Enzian.

Der Schwalbenwurz-Enzian mit Begleitern

Auch *Gentiana asclepiadea* ist ein höherwachsender heimischer Enzian, verhältnismäßig unempfindlich und in den meisten Fällen sich der Gartensituation anpassend. Er ist kalkhold, wächst aber auch noch auf leicht sauren Böden. Die Blütezeit liegt verhältnismäßig spät (August-September), schon allein deshalb ist uns der Schwalbenwurz-Enzian hochwillkommen. Er tritt in vielen Gebirgen Süd-und Mitteleuropas auf, etwa bis in Höhenlagen von 2200 m, meist an lehmigen, etwas feuchteren Stellen. Die Verwendung im Garten konzentriert sich auch wieder auf Alpinum, Steingarten, Moorbeet, Gehölzrand, Wildstaudenpflanzung. Je feuchtigkeitshaltender der Boden ist, um so sonniger kann der Pflanzplatz sein.

Diese 30 bis 60 cm hohe, elegant überhängende Wildstaude hat ihre Blüten gebüschelt in den oberen Blattachseln, die Blätter sind kreuzständig angeordnet. *G. asclepiadea* ist kein Farbmagnet, sondern eine stillere Wildstaude. Die Blüten öffnen sich erst am Vormittag zwischen 8 und 9 Uhr, am Abend zwischen 17 und 18 Uhr werden sie wieder geschlossen. Die Blüte ist dunkelazurblau, innen rotviolett punktiert, besonders bei unserem heimischen Typ. Es gibt aber eine sehr hübsche weiße Albino-Form und neuerdings auch eine rosa blühende und eine hellblau-weiße Auslese. Leider klappt es fast nie, daß die Blütezeiten zusammenfallen, wenn man alle drei Farbtypen zusammengepflanzt hat. Dann sind noch zwei Lokalformen verbreitet, *G. asclepiadea* 'Weißer Brunnen' aus den Karpaten, hellschlundig, und der 'Typ Čakor' mit mehr mittelblauen Blüten, vom Čakor-Paß stammend in Montenegro an der Südgrenze nach Albanien zu gelegen.

In der Natur ist der Schwalbenwurz-Enzian mit Farnen, Weißem Germer, Gelbem Eisenhut und Geißbart vergesellschaftet. Man kann eine ähnliche Kombination auch im Garten herstellen. Es passen aber auch weitere Arten, deren Blütezeit aber nicht immer synchron gehen muß, wie *Astrantia carniolica* (Krainer Sterndolde), *Doronicum austriacum* (Österreichische Gemswurz), *Geranium sylvaticum* (Wald-Storchschnabel), *Lilium martagon* (Türkenbund), *Thalictrum aquilegifolium* (Amstelraute) und *Trollius*-Arten. Von allen wird ein etwas frischerer Boden geliebt. Bei solchen Kombinationen ist schon eine etwas größere Steingarten- oder Alpinum-Anlage nötig. In leicht beschatteten

Partien kann der Boden ruhig etwas weniger feucht sein. Falls es dem Schwalbenwurz-Enzian zu trocken ist, zeigt er das gleich durch schlaffwerdende Blätter an. Natürlich kommt dieser hübsche Sommerblüher auch zwischen allerlei Gräsern gut zur Wirkung, so zwischen niederen *Carex*-Arten, wie *C. ornithopoda* 'Variegata' (panaschierte Vogelfuß-Segge), *Carex morrowii* 'Variegata' (weißbunte Japan-Segge), *C. plantaginea* (Breitblatt-Segge), *Carex siderostica* (Hirschzungen-Segge) in einheitlich grüner Stammform oder der Variegata-Form und der kleinen Neueinführung aus Japan, *C. conica* 'Hime-Kan-suge'. Auch etwas niedere und zahmere *Hosta* können gute Partner abgeben, wobei es auch schon Blütenharmonien geben kann, nachdem es ja auch eine ganze Reihe von spätblühenden *Hosta* gibt.

Mit dem Schwalbenwurz-Enzian steht eine pflegeleichte Staude zur Verfügung, die alteingewachsen attraktive Büsche bildet. Ihre Kombinationsbreite ist beachtlich, man sollte nicht auf sie verzichten.

Der Wellensittich-Enzian und seine Verwandtschaft

Die bisher erwähnten Enzianarten sind schon lange in unseren Gärten vertreten, im Gegensatz zu den nun folgenden, die im vergangenen Jahrhundert noch gar nicht bekannt waren. Erst zu Beginn des 20. Jahrhunderts brachten britische Pflanzensammler diese Schätze aus China, Indien, Birma und Tibet zu uns nach Europa. Der eigentliche Wellensittich-Enzian, *Gentiana farreri,* wurde erst im Jahre 1914 von Farrer und Purdom in Kansu am Himalaja-Nordrand auf hochgelegenen Gebirgsmatten gefunden und nach dem Entdecker benannt. *Gentiana sinoornata,* die nächstwichtige Art der Herbstenziane wurde unabhängig mehrfach gefunden, bereits 1904 von George Forrest in Nordwest-Yunnan und 1910 in den Lichian-Bergen, später dann auch von Kingdon Ward südöstlich davon. In Europa blühte dieser „Edelstein" zum ersten Mal 1912 in dem weltberühmten Botanischen Garten Edinburgh, und bereits nach 6 Jahren waren die Pflanzen zu enorm großen Teppichen herangewachsen. Prof. Balfour bezeichnete den chinesischen Herbstenzian, *Gentiana sinoornata,* als „die schönste und wertvollste Gartenzierde, die in unserem Jahrhundert bisher eingeführt wurde, zumal sie leicht gedeiht!" Auf der von der weltberühmten Pflanzenfirma Veitch and Sons, Chelsea, ausgerüsteten Pflanzenexpedition zwischen 1904 und 1907 war schon *G. veitchiorum* in Szechuan gefunden worden. Später folgten weitere Arten, die jetzt in der Sektion Frigidae zusammengefaßt sind.
Während bei den anderen Sektionen mehr die Arten im Vordergrund stehen, nicht so sehr die Sorten, ist es hier umgekehrt. Gut, *Gentiana farreri* und *sinoornata* sind an und für sich leicht gedeihende Arten, im Gegensatz zu den anderen Sektionen, die schon etwas mehr Aufmerksamkeit bedürfen. Richtig bekannt wurden die Herbstenziane, besonders in neuerer Zeit, aber erst durch die Vielzahl der oft phantastischen Hybriden.

Schon bald nach Einführung der Arten in die Gartenkultur wurden erfolgreich Kreuzungsversuche gemacht. Zuerst *G. sinoornata* mit *G. farreri,* es entstanden *G.* × *macaulayi* und *G.* × *macaulayi* 'Wells Variety' (in älterer Literatur findet man auch noch die Schreibweise *G.* × *macaulayi* var. *wellsii*). Diese Hybriden übertreffen in verschiedener Hinsicht die schon exzellenten Eltern. Es sind wunderschöne Pflanzen mit kräftigem Wuchs und einer enormen Reichblütigkeit. Die Blütenfarbe ist tiefer als bei *G. farreri,* es ist eher ein tiefes, reines Blau. Die Blüten sind größer und haben ausgebreitete Blütenlappen, deshalb erscheinen blühende Teppiche dieser Hybride besonders farbig. Eine weitere wichtige Hybride ist *G.* × *stevangensis* (*G. sinoornata* × *G. veitchiorum*). Die Vater-Art ist etwas starrwachsend und nicht sehr reichblühend; das ist bei der Hybride nicht mehr der Fall, sie wächst lockerer, ist reichblütiger und hat größere Blüten. Ferner hat *G.* × *hexafarreri* (*G. farreri* × *G. hexaphylla*) eine größere Bedeutung und zwar weniger sie selbst als ihre schönen Abkömmlinge, die als *G.* × *wealdensis* und als *G.* 'Inez Weeks' bekannt wurden. Weitere Kreuzungsnamen sind *G.* × *farorna* (*G. farreri* × *G. sinoornata*), G. 'Devonhall', G. 'Inverleith', *G.* × *vorna, G.* × *veora, G.* × *fasta, G.* × *orva* und weitere. Die Alpenpflanzengärtnerei Eschmann, Emmen (Schweiz), führt in ihrem Sortiment annähernd 60 verschiedene Hybriden aus dieser Sektion. Bei vielen dieser Namenssorten ist die Erbmasse nicht mehr genau feststellbar. Das ist auch nicht erheblich. Wichtig ist, daß hier ein enormes Sortiment von Kleinstauden zur Verfügung steht, die im Herbst nochmals alle reinen Blautöne zum Glühen bringen, ähnlich wie die Enziane der Acaulis-und Verna-Gruppe im Frühling.

Wo können diese Herbst-Kleinode gepflanzt werden? Es sind zwar gut gedeihende, wüchsige Pflanzen, wenn ihre Ansprüche befriedigt werden. Pauschal kann gesagt werden, sie benötigen kühle, luftfeuchte, sonnige bis absonnige Plätze, wobei der Boden sandig-lehmig sein soll mit leicht saurer Reaktion, angereichert mit Gaben von grobfaserigem Torf, mit ausreichender Dränage ausgestattet. Wie immer ergeben sich im Einzelfall Abweichungen, so kann der Wellensittich-Enzian (*G. farreri*) als kalkverträglich bezeichnet werden. Die Hybride *G.* × *macaulayi* läßt sich bei entsprechenden Torfgaben ebenfalls noch in Kalkgegenden kultivieren. Bei der Unzahl von Hybriden kommt es auf Versuche an. Je mehr Blut von *G. farreri* enthalten ist, um so kalktoleranter ist in der Regel die Hybride.

Oft liest man in Büchern: „Weder in der Pflege noch in der Vermehrung macht *Gentiana sinoornata* viel Mühe.“ Das stimmt, aber mit der Einschränkung, daß wirklich eine saure Bodenreaktion vorhanden ist. Hier ist absolut die Grenze. Trotz Zubereitung sauer reagierender Erdmischungen konnte *G. sinoornata* im eigenen Garten (an einem Berg aus Muschelkalk gelegen) nicht dauerhaft angesiedelt werden. 50 km entfernt in Hof (nördlichstes Bayern) wächst im Garten eines Freundes *G. sinoornata* wie Unkraut, quadratmeterweise mit Tausenden von Blüten, die den Garten wochenlang schmücken. Deshalb wurde ein Sack der dortigen Erde in den eigenen Garten verfrachtet, als Basis für einen neuen Versuch, *G. sinoornata* heimisch zu machen. Eine herbstlich zaghafte Blüte war gesichert, das folgende Jahr brachte noch einige grüne, nichtblühende Triebe, schon gelblich-chlorotisch angehaucht und im folgenden Jahr war nichts mehr zu sehen. Dies als Beispiel und Warnung für Gärtner in Kalkgegenden, wenn sie die folgenden Angaben lesen, die nur für die Kultur in kalkfreien Gegenden gelten.

Gentiana sinoornata sollte bei der Erstpflanzung möglichst mit Topfballen angesiedelt werden. Der Platz soll hell sein, aber keinesfalls heiß und „brandig“, steil südseitig geneigte Flächen sind völlig untauglich, allenfalls alteingewachsene Stöcke vertragen ein gewisses Maß an Trockenheit, grundsätzlich sollte die Bodenfeuchte garantiert sein. Leicht beschattete, absonnige Plätze, bei stärkerer Besonnung eher in Mulden vertieft, sind ideal. Diese Art verträgt auch feinere Moorerde oder Torf. Ein Anteil von saurem Schwarztorf wirkt positiv. Das gesamte Substrat kann ziemlich gehaltvoll sein, verrotteter Rinderdung erhöht die Wuchskraft. Je höher die Luftfeuchtigkeit ist, um so wüchsiger zeigt sich *G. sinoornata.* Ein Bach, ein Teich und sei es nur ein Seerosenbecken in der Nähe, wirkt sich gut aus. Wo eine gewisse Luftfeuchte nicht durch die gesamte Lage des Gartens garantiert ist, muß im Hochsommer fleißig gewässert werden. Bei kalkhaltigem Wasser ist wieder alle Mühe umsonst. Tägliches Besprühen sollte in dieser Jahreszeit Pflicht sein. Im Garten ist ein Moorbeet am sichersten, es können selbstverständlich auch geeignete Abschnitte im Alpinum oder Steingarten sein. Selbst Randpartien im Heidegarten eignen sich, wenn die Lage nicht zu heiß ist.

Als Gegenpol soll noch *G. farreri* erwähnt werden, der, wie schon erwähnt, kalkverträglich ist, oder zumindest eine leicht alkalische Bodenreaktion toleriert. Im meinem Garten wächst er gut. Das Blau ist einmalig schön, wenn es sich um die echte Art handelt. So ein leuchtendes, helles Türkisblau ist sonst kaum mehr bei unseren Gartenpflanzen vorhanden, am nächsten kommt ihm noch die Farbe der Kaiserwinde (*Pharbitis nil* syn. *Ipomoea imperalis* hort.). Im August-September, wenn sonst im Steingarten wenig blüht, zeigt dieser Enzian seine himmelblaue Blütenpracht, die Blüten sind außen weißlich mit grünlichen Längsstreifen. Er verträgt etwas mehr Schatten als die anderen Arten und Hybriden. Das dunkle Azurblau von *G. sinoornata* gibt einen schönen Farbkontrast, die anderen Arten und Hybriden liegen farblich zwischen diesen beiden. Von den meisten Arten sind auch weißblühende Albino-Formen vorhanden.

Es gibt nicht viele gleichzeitig blühende Pflanzen, die zu den Herbstenzianen passen. Diese Enzian-Kleinode kommen aber in stillerer Umgebung auch besser zur Wirkung als in bunter Benachbarung. Kleine Trupps zwergiger *Carex*-Arten eignen sich, ebenso Kleinfarne. Dahinter kann die bei etwas Winterschutz harte *Begonia grandis* var. *evansiana* gesetzt werden; die 60 cm Höhe sind allerdings einzukalkulieren. Man kann durchaus einen Versuch mit herbstblühenden Alpenveilchen machen (*Cyclamen cilicium, C. hederifolium*). Auch mit Sommerheide (Calluna-Arten) lassen sich Kombinationen durchführen, besonders solche mit gelblicher Färbung passen gut als Farbkontrast zu den blauen Blüten der chinesischen Herbstenziane.

Es ist schon vielen Gartenbesitzern so ergangen, daß sie sich nicht an diese besonderen Enziane herantrauten – zu Unrecht! Wer auf diese wunderschönen Blautöne verzichtet, die wochenlang den Garten verzaubern können, bringt sich um beglückende Gartenstunden.

Andersfarbige Enziane

Enzianblau ist, wie jeder weiß, ein bestimmtes Blau, und für den botanisch oder gärtnerisch Unkundigen sind eben alle Enziane blau. Wenn das auch für die überwiegende Anzahl der Arten zutrifft, so gibt es doch auch viele andersfarbige. Nicht alle wissen von den begehrten Albino-Formen, sei es bei *Gentiana verna* oder bei Arten der Acaulis-Gruppe. Unter Zehntausenden findet sich plötzlich ein weiß blühender Typ. Auch bei den asiatischen Arten gibt es hin und wieder weiße Formen. Es ist begreiflich, daß solche Raritäten in den Staudengärtnereien meist nicht in genügender Menge zur Verfügung stehen. Die andersfarbigen heimischen, hohen Enzianarten sind schon eher bekannt: *Gentiana lutea, G. punctata* in gelblichen Tönen und *G. purpurea* in purpurroten Farben. Die Farbvarianten des Schwalbenwurz-Enzians in Weiß und Rosa wurden schon erwähnt. Von *G. verna* var. *angulosa* (syn. *G. angulosa*) gibt es im Kaukasus eine rare gelbblühende Form, bekannt als *G. verna* var. *oschtenica* (syn. *G. oschtenica*). Im Kaukasus kommt ferner die gelbliche *G. gelida* vor. Auch bei den asiatischen Arten gibt es weißliche oder gelbliche Arten (z. B. *G. tibetica*).

Wenn man den Rahmen etwas weiter spannt und die heute selbständige Gattung *Gentianella* mit dazu nimmt, wird man staunen, was es für viele andersfarbige Enziane gibt. Während die europäischen und asiatischen Enzianarten in der Hauptsache blaue Blütenfarben zeigen, bezaubern die südamerikanischen *Gentianella*-Arten aus dem Andengebiet überwiegend in tollen Rot- und Gelbtönen, aber auch weiße, rosa, violette, bräunlichpurpurne und sogar grünliche sind vorhanden. Unter ihnen ist eine große Anzahl, die in Kolumbien, Venezuela, Ekuador, Peru und Bolivien wachsen. Ihre Heimat sind die Anden, sie klettern oft bis in Höhenlagen von 5000 m. Leider haben sie sich hier bei uns immer noch nicht akklimatisiert, und es bleibt die Frage, ob diese spröden Südamerikanerinnen jemals in unseren Gärten heimisch werden. So kennt man sie meist nur von den begeisternden Schilderungen der Reisenden, die aus diesen Hochgebirgen zurückkommen.

Gentianella weberbaueri ist eine weitverbreitete, rotblühende Enzianart. Von Mai bis Juni dauert die Blütezeit, je nach Höhenlage. Vereinzelt gibt es auch gelbblühende Typen. Die Wurzeln gehen sehr tief, und die Pflanzen lassen sich kaum entfernen. Berühmt ist auch *Gentianella scarlatinostriata;* diese Pflanze ähnelt ein wenig der Marien-Glockenblume und bringt zahlreiche große, gelb und rot gestreifte Blüten hervor. Auch *Gentianella buchtenii* zeigt rote Töne, während *G. formosissima* und *G. jamesoni* mehr in

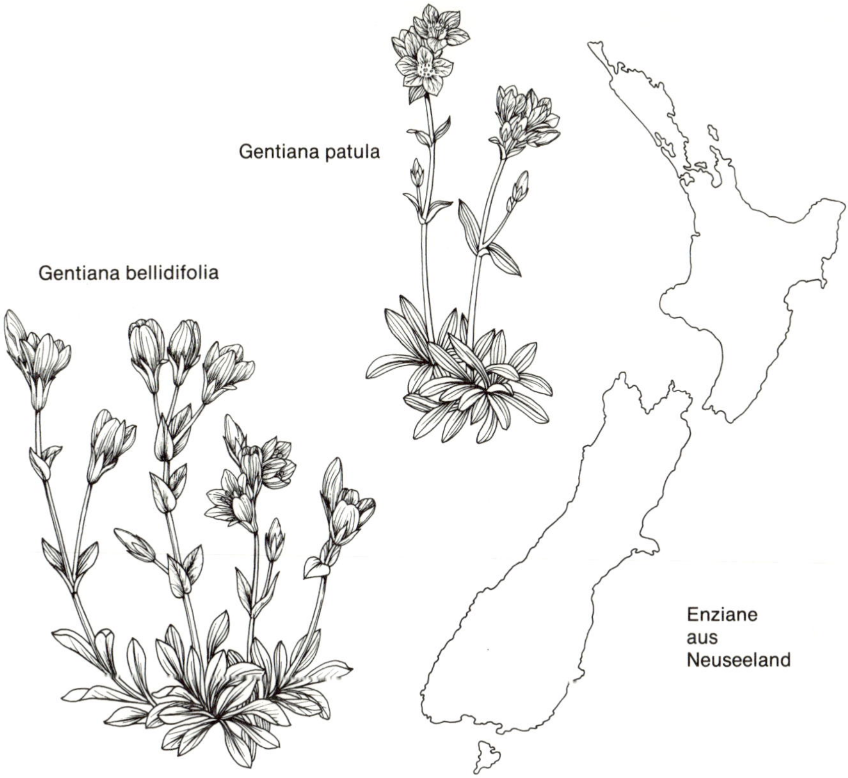

den Karmin- und Purpurbereich gehen. Rein schwefelgelb blüht dagegen *G. tiosphaera*. Es wird berichtet, daß kaum eine Farbstabilität vorhanden ist, Sämlinge spielen in vielen Farben, auch hinsichtlich des Höhenwachstums gibt es eine große Variationsbreite. Viele sind auf den ersten Blick gar nicht als Enzianarten zu erkennen. Fast etwas an Heidekraut erinnert *Gentianella violacea* mit Blütenglöckchen, die an Rispen sitzen. Leider handelt es sich bei all diesen fremdartigen Schönen um unerreichbare Schätze.

Wesentlich eher kommt man an die Enzianarten aus Neuseeland, wenn sie auch morphologisch wenig mit den uns bekannten Enzianen zu tun haben. Die meisten davon sind weißblühend, einige davon mit leicht violetten Farbtönen vermischt. In Kultur ist in England besonders *Gentiana saxosa* verbreitet.

Das große Steingarten-Sortiment

Geeignet für diese Gartenplätze sind nahezu alle Enzianarten. Trotzdem muß hier hinsichtlich des Pflanzplatzes, der Bodenart, der Bodenreaktion, aber auch wegen der Größenverhältnisse, sehr differenziert werden. Auch das Groß- und Kleinklima fordert bei mancher heikleren Art Berücksichtigung.

Als Träger reiner Blautöne spielen die Enzianarten im Steingarten die wichtigste Rolle, andererseits sind sie, gemessen an der Zahl der in Gärten vorhandenen Anlagen, wenig zu sehen. Meist fängt man mit dem Stengellosen Enzian an und erlebt gleich eine Enttäuschung. In vielen Fällen ist die Erde des Pflanzplatzes zu leicht und zu wenig feuchtigkeitshaltend, die Lage zu heiß, und wenn es sich nicht um Gartenhybriden handelt, sondern um Arten oder Naturformen, wird die Bodenreaktion nicht beachtet. Im Abschnitt über die Frühlingsenziane von Azurblau bis Ultramarin wurde darauf hingewiesen. Um Enttäuschungen zu vermeiden, sollte der Anfänger mit der am einfachsten zu kultivierenden Art beginnen, mit *Gentiana septemfida,* dem Sommerenzian, in England oft „Jedermanns-Enzian“ genannt. Ältere Pflanzen können bis 15 cm hohe, halbkugelige Büsche werden, die sehr attraktiv wirken, auch wenn die Blüte nicht das leuchtende Enzianblau hat. Dann ist am besten einer der stengellosen Enziane an der Reihe, aber nicht die heiklere *Gentiana acaulis* (syn. *G. kochiana*), sondern eine der wüchsigen Arten wie *G. dinarica, G. clusii* oder gärtnerische Auslesen. Das Standardsortiment eines „normalen“ Steingartenliebhabers sollte die folgenden Arten umfassen: *G. septemfida,* eine Art der Acaulis-Gruppe, *G. asclepiadea, G. lutea, G. farreri* (in Gärten mit saurer Bodenreaktion *G. sinoornata* bzw. deren Hybriden).

Wer schon mehr in Enziane vernarrt ist, sollte möglichst gleich bei der Neuanlage seines Steingartens die unterschiedlichsten Pflanzplätze schaffen. Bevorzugte Plätze sind solche im Schlagschatten von Zwerggehölzen und größeren Steinen, in Bodensenken. Je bewegter die Oberfläche eines Steingartens ist, um so mehr Enzian-Pflanzplätze bieten sich an, und um so umfangreicher kann das gepflegte Sortiment sein. Besondere Ansprüche hinsichtlich der Bodenbeschaffenheit können durch Beimischung von Urgesteinssplitt, Kalksplitt usw. berücksichtigt werden. Die Bodenverbesserung ist besonders bei den Herbstenzianen sehr wichtig. Anreicherung mit Torf, verrottetem Rindenkompost, Einarbeiten von Schwefelblüte, Gießen mit organischen Eisenverbindungen (z. B. Fetrilon), Zugeben geringer Mengen von Phosphorsäure zum Gießwasser, das alles sind Maßnahmen, um in Kalkgebieten eine saure Bodenreaktion zu erreichen und zu erhalten. Oft ist in Steingärten ein Teil als Moorbeet gestaltet, wobei Torfziegel eine große Rolle spielen. Nur hier fühlt sich der Lungenenzian und der Purpurenzian wohl. Das Gedeihen zahlreicher Enzianarten ist oft an hohe Luftfeuchtigkeit gebunden. In sommertrockenen Gebieten ist tägliches Übersprühen nötig. Vorteile bietet eine eingebaute Sprühanlage, die automatisch mit einer Zeitschaltuhr gekoppelt sein kann (siehe in dem Buch „Saxifragen“ in dieser Reihe).

Wie bei allen Kleinstauden ist die Blühdauer zeitlich begrenzt. Andererseits kann der Enzianfreund durch die Wahl von Arten mit unterschiedlicher Blühperiode eine Folge von Ende April bis zum Frost erhalten. Schlußlichter sind die asiatischen Herbstenziane, aber auch vereinzelte Herbstblüten des stengellosen Frühlings-Enzian. Bei der Pflanzung sollte immer schon auf Nachbarn mit passender Blütenfarbe geachtet werden, mit gleicher Blütezeit, etwa *Gentiana verna* und *Primula farinosa* (Mehlprimel), *G. acaulis*-Typen und *Arnebia pulchra* (syn. *A. echioides*), *G. septemfida* und *Inula ensifolia* 'Compacta', *G. farreri* und *Sedum cauticola.*

Wagt man sich in das Gebiet der anspruchsvolleren Enzianarten vor, muß im Artenverzeichnis nachgeschlagen und je nach Wünschen sorgfältig ausgewählt werden. Oft ist damit ein Übergang vom Steingarten zum Alpinum verbunden. Das attraktive Aussehen und die leichte Kultur sind dann nicht mehr das Primäre. Im Vordergrund stehen naturnahe Pflanzbilder, Kombinationen mit anderen Pflanzen, die ökologisch zusammengehören, oder die Einteilung nach geographischen Gesichtspunkten. So sind beim Enzian durchaus Schwerpunkte möglich, wie Enziane der Alpen, Enziane des Kaukasus, Enziane aus Japan, zentralasiatische Enzianarten, Enziane aus Neuseeland.

Wenn gesagt wurde, daß fast alle Enzianarten für Steingarten und Alpinum geeignet sind, so muß dabei natürlich auf die Größenverhältnisse Rücksicht genommen werden. Riesen wie *Gentiana lutea* haben in einem Steingärtchen von wenigen Quadratmetern nichts zu suchen, in einer großen und entsprechend großzügig gestalteten Anlage hat der Gelbe Enzian aber seine volle Berechtigung.

Die Enzianarten sind in der Mehrzahl nicht so ganz einfach zu halten wie die „Allerwelts-Steingartenstauden". Wer aber auf die vielfältigen Blautöne in dieser reizvollen Umgebung Wert legt, der wird sich gerne etwas mehr Mühe machen und dafür auch entsprechend belohnt werden.

Gäste im Alpinenhaus

Hier wird man nicht das weitbekannte, im vorhergehenden Abschnitt erwähnte Grundsortiment pflegen. Die Gattung Enzian enthält nicht wenige Arten, die sich aus guten Gründen gerade für die Alpinenhauskultur eignen. Falsch ist die Ansicht, jedes Kleingewächshaus eigne sich für die Kultur alpiner Pflanzen – oft selbst bei den Herstellern dieser Häuser verbreitet. Ein Alpinenhaus muß in bezug auf die Lüftung so konstruiert sein, daß die sommerlichen Innentemperaturen nur wenige Grad über den Außentemperaturen liegen. Das ist nur durch große Lüftungsflächen zu erreichen (Verschieben der Seitenflächen, Anheben großer Teile der Dachfläche usw.). Zusätzlich hilft ein thermostat-gesteuerter Ventilator dies zu erreichen. In England ist die Kultur heikler Pflanzen weit verbreitet, bei uns steckt die Alpinenhausliebhaberei noch in den Anfängen.

Die für die Alpinenhauskultur geeigneten Enzianarten werden weniger in Grund- oder Tischbeete ausgepflanzt, obwohl das durchaus möglich ist. Bevorzugt kultiviert man die Pflanzen in größeren Tontöpfen, wobei es vorteilhaft ist, diese ganz oder zum Teil in Erde oder Sand einzusenken. Dadurch wird die Wanderung der Feuchtigkeit von außen in den Topf oder von innen aus dem Topf ermöglicht. Auf eine gute Dränageschicht im unteren Topfteil ist zu achten, selbst wenn die Pflanzen weitgehend vor Niederschlägen geschützt sind, denn auch durch Gießen kann man Pflanzen umbringen. Möglich ist auch ein Austausch der Töpfe zwischen Alpinenhaus und Kaltem Kasten. Nach der Blüte kommen die Enziane ins Freie in den Kasten und im Spätherbst wieder ins Haus. Auf die Wünsche hinsichtlich der Bodenzusammensetzung muß noch mehr geachtet werden, als wenn die Enziane ausgepflanzt in einer Steingartenanlage oder an sonstigen Plätzen stehen.

Die Bewässerung macht mehr Mühe, aber das Wasser kann gezielter gegeben werden. Vorteilhaft ist es, die Töpfe und Schalen dekorativ abzudecken, damit die Oberfläche nicht so schnell vermoost. Bei dem verwendeten Abdeckmaterial ist die Einwirkung auf das Kultursubstrat bzw. auf den pH-Wert zu beachten. Je nach den Ansprüchen der Pflanzen kann Bimskies, Lavalit, Urgesteins- oder heller Marmorsplitt verwendet werden oder andere in der Nähe erhältliche, zerkleinerte Gesteinsarten. Von organischen Substanzen kann bei Enzianarten, die anmoorigen Boden lieben, auch kompostiertes Rindensubstrat genommen werden, und von halbsynthetischem Material Blähton, das auch zur Hydrokultur verwendet wird, falls es nicht zu grob

Der Herbst zeigt sich in der Natur und im Garten vorherrschend mit gelblichen und rötlichen Farbtönen, sehr schöne blaue Kontrastfarben steuern dazu Enziane aus fernen Himalajahöhen bei, allgemein bekannt als Chinesische Herbstenziane. Die Blüten zeigen oft ungeahnte Töne, von Türkis bis zu einem tiefen Ultramarin geht die Skala, je nach Art oder Sorte. Wenn auch die zahlreichen Hybriden dominieren, haben auch einige Arten ihre Daseinsberechtigung in unseren Gärten.
Oben: *Gentiana sinoornata* bildet an zusagenden Plätzen große Matten mit Hunderten von Blüten. Voraussetzung ist eine saure Bodenreaktion und humusreicher, mildfeuchter Boden. Dasselbe wünschen auch viele der zahlreichen Hybriden, an denen diese Art beteiligt ist.
Unten links: *Gentiana farreri,* bekannt auch unter der einprägsamen deutschen Bezeichnung Wellensittichenzian, wegen der in Richtung Türkis gehenden Färbung, ähnlich wie bei blauen Wellensittichen. Diese Art kann auch verhältnismäßig leicht in Gärten kultiviert werden, die eine leicht alkalische Bodenreaktion aufweisen.
Unten rechts: Was im Handel als *Gentiana farreri* verbreitet ist, dürfte in den meisten Fällen nicht die reine Art sein, sondern Hybriden mit einem hohen Anteil von *Gentiana farreri.* Das Bild zeigt einen solchen Typ.

ist. Kleine Düngergaben werden zur Vegetationszeit vertragen, doch muß man damit vorsichtig sein. Peru-Guano flüssig kann in geringen Mengen dem Gießwasser zugegeben werden, falls es sich um Arten handelt, die leicht alkalischen oder neutralen Boden lieben; Arten, die saure Reaktion benötigen, erhalten dafür etwas Alkrisal-Lösung. Grundsatz sollte sein, lieber zu wenig düngen als zu viel.

Das Alpinenhaus-Sortiment ist ziemlich variabel, bevorzugt werden heikle und auch kleinere Arten. Die folgende Aufstellung erhebt keinen Anspruch auf Vollständigkeit, sie soll als Anregung dienen.

G. *bavarica*
G. *brachyphylla*
G. *cachemirica*
G. *depressa*
G. *farreri*
G. *georgei*
G. *gilvostriata*
G. × *hexa-farreri*
G. *hexaphylla*
G. *imbricata*
G. *veitchiorum*
G. *lawrencei*
G. *loderi*
G. × *macaulayi*
G. *ornata*
G. *pyrenaica*
G. *saxosa*
G. *stragulata*
G. *verna* var. *oschtenica*
G. *acaulis*
G. *verna* var. *alba*
G. *acaulis* var. *alba*
G. *angustifolia*
G. *clusii*
G. *alpina*
G. *froelichii*
G. 'Inverleith' (G. *farreri* × G. *veitchiorum*)
G. *kurroo*
G. *newberryi*
G. *prolata*

Mehr Bedeutung als die Arten haben bei den Chinesischen Herbstenzianen die zahlreichen Hybriden. Es ist eine Entwicklung, die immer noch andauert. Erfreulich ist dabei, daß auch die Gartenwilligkeit gesteigert wird, so daß diese Kostbarkeiten in Zukunft nicht nur einem Kreis von Liebhabern vorbehalten bleiben, sondern Allgemeingut unserer Gärten werden.
Oben links: Ein schöner Typ von *Gentiana sinoornata*, der wichtigsten Art bei der Schaffung von Hybriden.
Oben rechts: 'Azurhimmel', eine schöne und wüchsige Hybride, eine Züchtung von Walter Löw, Weiden, bildet größere Teppiche und ist pflegeleicht.
Mitte links: An die Farbkombination bei Delfter Kacheln erinnert die Sorte 'Delft', eine Auslese von Hermann Fuchs, Hof. Selbst beste Farbdrucke können den Zauber der natürlichen Farbwirkung nicht wiedergeben.
Mitte rechts: 'Inverleith' ist eine Kreuzung *Gentiana farreri* × *Gentiana veitchiorum*, eine ältere und bewährte großblütige Züchtung. Das Blau ist in Natur dunkler als in der Bildwiedergabe.
Unten links: 'Susan Jane', eine Züchtung von Jack Drake, intensiv glänzend azurblau mit weißem Schlund. Es ist ein guter Wachser mit langen, kriechenden Trieben.
Unten rechts: Bei *Gentiana sinoornata* 'Praecox' ist nicht eindeutig feststellbar, ob es sich um eine Standortvariante der Art handelt oder ob dieser Herbstenzian hybriden Ursprungs ist. Eine sehr haltbare Schnittblume für kleine Vasen.

Enziane und Glockenblumen im Alpinenhaus

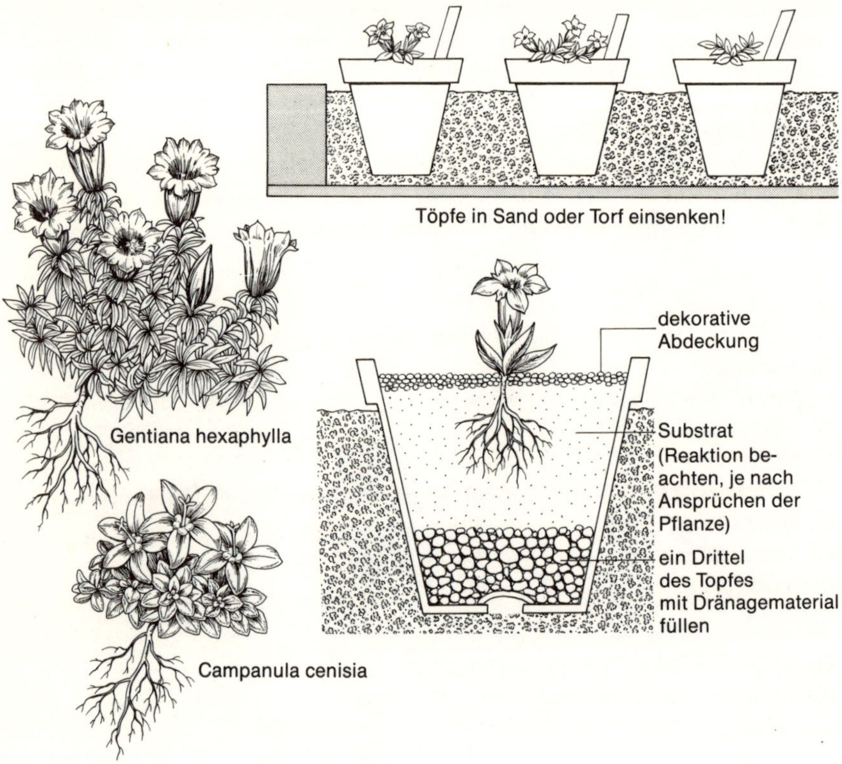

Der Enzian in der Heilkunde

Im Abschnitt über den Schnaps-Enzian wurde schon von eigenen Erfahrungen über die heilende Wirkung von Auszügen aus getrockneten Enzianwurzeln berichtet. Diese Heilkraft ist seit der Antike bekannt, und schon Dioskurides und Plinius erwähnen den Gelben Enzian (*Gentiana lutea*) in diesem Zusammenhang. Auch heute noch ist diese klassische Bitterstoffdroge in den Apotheken erhältlich (DAB Radix Gentianae). Empfohlen wird, etwa einen Teelöffel zerkleinerte, getrocknete Enzianwurzel auf eine Tasse Wasser zu geben, als Kaltauszug über Nacht oder in leichter Abkochung. Die Wirksamkeit bleibt auch in alkoholischen Auszügen erhalten, es ist die verbreitetere Form der Einnahme.

Die Bitterstoffdroge enthält die Glykoside Gentiopicrin und Amarogentin, die zu den bekannten bittersten Stoffen zählen. So kann Amarogentin noch in einer Verdünnung von 1 : 50 000 gut durch den Geschmackssinn wahrgenommen werden. Man kann sich vorstellen, welchen Verdünnungsgrad der käufliche Enzianschnaps aufweist. Die Liebhaber dieses Getränks können sich nicht mit dem Hinweis auf die Heilwirkung entschuldigen, es ist ein Genußmittel. Das soll den Wert als Geschmacksstoff keinesfalls mindern. So ist die getrocknete Enzianwurzel auch ein wichtiger Bestandteil von Kräuterlikör. Etwas konzentrierter wird sie eingesetzt bei der Herstellung verschiedener verdauungsfördernder Aperitifs und Medikamente.

Außer den genannten Bitterstoffen Gentiopicrin und Amarogentin enthalten die Wurzeln besondere Zucker, wie Gentianose und Gentiobiose. In den frischen Wurzeln findet sich der gelbe Farbstoff Gentisin, ebenso etwas Gerbstoff. Die heilende Wirkung beruht auf der magenstärkenden Kraft, die auch auf das gesamte Verdauungssystem übergeht, die Stoffe wirken appetitanregend und erhöhen die Magensekretion. Der Magen wird dadurch schnell entlastet, die Verstimmung umgehend behoben; positiv wirkt sich auch aus, daß damit keine Verstopfungsförderung einhergeht. Bekannt ist auch die Verwendung als Mittel gegen körperliche Erschöpfung und Blutarmut in Verbindung mit anderen Aufbaustoffen und Eisenkomplexen. Zu erwähnen ist ferner eine gewisse Bedeutung als fiebersenkendes Mittel in Verbindung mit leichter Blutdrucksteigerung, die wohl auf der Wirkung von Gentiopicrin beruht; deshalb auch die Verwendung als Mittel gegen Malaria. Höhere Dosen können depressiv, kleinere dagegen anregend auf des Zentralnervensystem wirken.

Es bleibt die Frage nach den Arten, aus welchen die Droge gewonnen wird. Zentrale Pflanze ist hier der Gelbe Enzian, *Gentiana lutea,* er liefert den größten Teil der gehandelten Enzianwurzeln. Ohne Schutz wäre diese Pflanze längst ausgerottet. Zum Graben der Wurzeln werden immer nur bestimmte Gebiete freigegeben. Die Pflanze kann sehr alt werden (mehr als 50 Jahre), entsprechend lange dauert es bis zur Blühfähigkeit und noch länger, bis eine gute Ernte gegeben ist. Alte Pflanzen haben bis 60 cm lange Wurzeln, die an den stärkeren Stellen oft 4 cm Durchmesser aufweisen. Es ist erfreulich, daß diese auch für die Heilkunde wichtige Staude jetzt feldmäßig kultiviert wird. Es ist ein Verdienst der IGA 83 in München, wo der Gelbe Enzian als lebende Pflanze, als Droge und in flüssiger Form Millionen von Besuchern nahegebracht wurde.

Neben dieser wichtigen Art werden aber auch die Wurzeln einiger anderer Arten verwendet, so der leicht zu kultivierende Schwalbenwurz-Enzian, *Gentiana asclepiadea.* Auch bei der alten Pflanze werden hier die Wurzeln nur etwa 1 cm dick. Ebenfalls zur Gewinnung der Droge eignet sich der Purpur-Enzian, *Gentiana purpurea,* und der Punktierte Enzian, *Gentiana punctata.* Hin und wieder wird in diesem Zusammenhang auch der Stengellose Enzian alpiner Kalkgebirge, *Gentiana clusii,* erwähnt. Hier hat es selbstverständlich keinen Zweck, die dünnen Wurzeln zu ernten. Es muß die gesamte Pflanze getrocknet werden, Hauptverwendungszweck ist die Likörbereitung.

Zu welchem Zeitpunkt werden die Wurzeln gegraben? Sowohl im Frühjahr als auch im Herbst ist es möglich. Vorzuziehen ist die herbstliche Ernte im September-Oktober. Wichtig ist, daß die Wurzeln möglichst schnell getrocknet werden, sie sollen dabei nicht fermentieren und verfärben. Durch den feldmäßigen Anbau dürften in Zukunft genügende Mengen dieser Bitterdroge als natürliches Heilmittel zur Verfügung stehen, ohne daß man für die natürlichen Bestände fürchten muß.

Samenvermehrung

Die generative Vermehrung spielt beim Enzian nach wie vor eine große Rolle, wenn es sich um reine Arten handelt und nicht um Sorten. Wichtig ist die Samenvermehrung überall dort, wo größere Mengen benötigt werden, und bei vielen seltenen Arten, die oft gar nicht als Pflanze im Angebot sind, sondern die man nur hin und wieder in Samenangeboten und Samentauschaktionen als Saatgut erhält.

In diesem Zusammenhang muß ein leidiges Thema erwähnt werden: der Verkauf von Samen zur Unzeit an Liebhaber, ohne jeden Hinweis auf die geringe Erfolgschance. Enziane sind Kaltkeimer (Frostkeimer), und wenn im April, Mai und später Samentütchen angeboten werden mit schönen Farb-

Gentiana asclepiadea (Schwalbenwurzenzian)

Enziane sind Kaltkeimer („Frostkeimer")

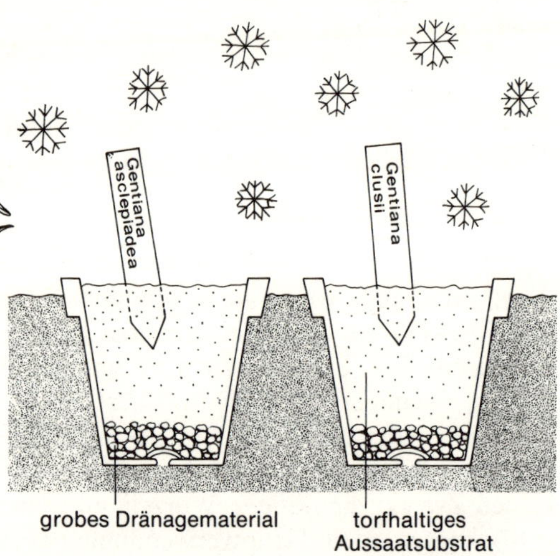

1½ bis 2 Monate Aussaaten um oder unter dem Gefrierpunkt halten. Schnee hilft keimen! Töpfe möglichst in Sand oder Erde einsenken (Frühbeet, Kleingewächshaus)

Gentiana punctata

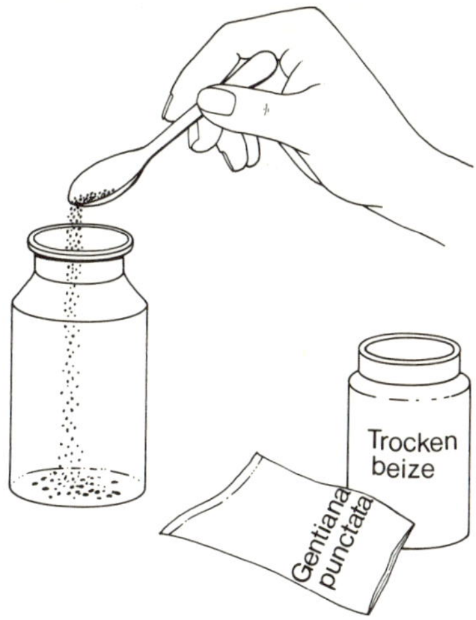

Bei Fehlen von sterilem Aussaatsubstrat Samen unbedingt beizen. Bewährt hat sich, Samen und Beize in einer Glasflasche intensiv zu schütteln

drucken des Stengellosen Enzians, so ist das Irreführung. Aussaaten zu diesem Zeitpunkt bringen kaum einen Sämling. Und noch entscheidender als bei anderen Pflanzen ist beim Enzian die Regel: Je frischer das Saatgut, um so größer der Erfolg!

Enziansamen ist fein, aber nicht staubfein, macht also von der Korngröße her keine Schwierigkeiten beim Säen. Eine „Verdünnung" mit Sand oder anderen Substraten ist in der Regel nicht nötig. Bei größeren Arten werden etwa 5 g für 1000 Pflanzen benötigt. (*G. lutea, G. purpurea, G. punctata, G. tibetica*), 2 g bei *G. acaulis, G. angustifolia, G. clusii, G. dinarica,* etwa 1 g bei *G. asclepiadea, G. brachyphylla, G. cruciata, G. dahurica, G. gracilipes, G. septemfida.* Besonders feinen Samen haben *G. nipponica, G. pneumonanthe, G. triflora* sowie *G. verna* und Verwandte; hier genügt etwa 1/2 g Saatgut für 1000 Pflanzen.

Erwerbsbetriebe säen in transportablen Saatkisten, dem Pflanzenliebhaber genügen Tontöpfe oder Tonschalen. Bitte keine Kunststoffgefäße nehmen, sonst gibt es trotz Dränage Staunässe, und die Gefäße vermoosen an der Oberfläche sehr schnell; das muß unbedingt verhindert werden, da die Aussaaten oft sehr lange liegen. Hier hilft zeitweiliges Abdecken mit getrocknetem, zerkleinertem Sphagnum-Moos, allerdings muß dann im Frühling diese Sphagnumdecke auch wieder rechtzeitig entfernt werden. Je steriler die Saatgefäße, das Substrat und auch die Umgebung sind, um so geringer ist die

Vermoosung. Daß in vermoosten Gewächshäusern und Kalten Kästen auch schnell die Saatgefäße begrünen, leuchtet ein. Die Gefäße sind vor der Verwendung unbedingt zu reinigen. Die Zusammensetzung des Substrats ist nicht so ausschlaggebend, wobei selbstverständlich Aussaaten von Arten, die eine saure Bodenreaktion wünschen, nicht in kalkhaltige Aussaaterde kommen. Viel wichtiger ist ein möglichst samen- und keimfreies Substrat. Gekaufte Beutelerde 1 : 1 mit scharfem Sand (Flußsand, gewaschenem Kiessand) vermischt bringt gute Erfolge. Wichtiger ist hinsichtlich der Zusammensetzung die Erde bei der Weiterkultur in Töpfen. Der verhältnismäßig kleine Enziansamen wird nur hauchfein mit Erde übersiebt und leicht angedrückt. Besser ist es, wenn die Erstbewässerung von unten erfolgt, indem die Aussaatgefäße ins Wasser gestellt werden. Bewässerung von oben hat nur Zweck, wenn eine Gießkanne mit sehr feiner Brause vorhanden ist, eine grobe Brause schwemmt die Aussaaten in eine Ecke zusammen. Wichtig ist es zu wissen, daß die Enziane Dunkelkeimer sind, die Aussaatgefäße müssen also dunkel gestellt werden.

Wie schon erwähnt, ist der Erfolg um so größer, je früher die Aussaat erfolgt. Selbst geernteter Samen kann schon im November–Dezember ausgesät werden oder auch noch früher. Normalerweise empfiehlt sich für Kaltkeimer eine mindestens 5–6wöchige Kühlperiode von 0 bis +5 °C. In diesem Temperaturbereich wurden bei vielen alpinen Kaltkeimern gute Erfahrungen gemacht. Bei Enziansamen ist es aber besser, die Saaten länger einem milden Frost auszusetzen, 0 bis –5 °C ist zu empfehlen. Öfteres Bedecken mit Schnee ist ebenfalls ratsam. In der eigenen Praxis hat sich gezeigt, daß es vorteilhaft ist, die Enzianaussaaten zunächst einige Tage nach der Aussaat bei etwas höheren Temperaturen (etwa +10 °C) zu halten, damit das Samenkorn anquillt, um dann erst mit der Kühlperiode zu beginnen. Grundsätzlich kann man davon ausgehen, daß keine großen Unterschiede zwischen den Arten gemacht werden müssen, andererseits sollte man aber die folgenden speziellen Angaben für einzelne Arten kennen und nach Möglichkeit beachten.

G. affinis: Liebt höheren Torfanteil im Substrat und schattigen Standplatz des Aussaatgefäßes. Beste Aussaatzeit Dezember–Januar.
G. altaica: Wünscht höheren Anteil an feinem Gesteinssplitt im Substrat. Ist ein strenger Kalkflieher. Beste Aussaatzeit Januar.
G. andrewsii: Januar-Aussaat in normales Substrat.
G. asclepiadea: Nimmt es übel, wenn die Saatgefäße zu trocken stehen.
G. cachemirica: Keimt oft schlecht, beste Ergebnisse bei Aussaat von frischen Samen im August oder September.
G. calycosa: Aussaat im Januar, benötigt aber keinen Frost. Aussaatgefäße nicht zu trocken halten. Liebt humoses Substrat, das aber nicht sauer sein soll (liebt Kalk).
G. corymbifera: Liebt torfangereichertes Substrat. Gute Erfolge mit frischem Saatgut, ausgesät im September–Oktober.
Gentianopsis crinita: Eine kurzlebige Art, die man öfter wieder aussäen muß.

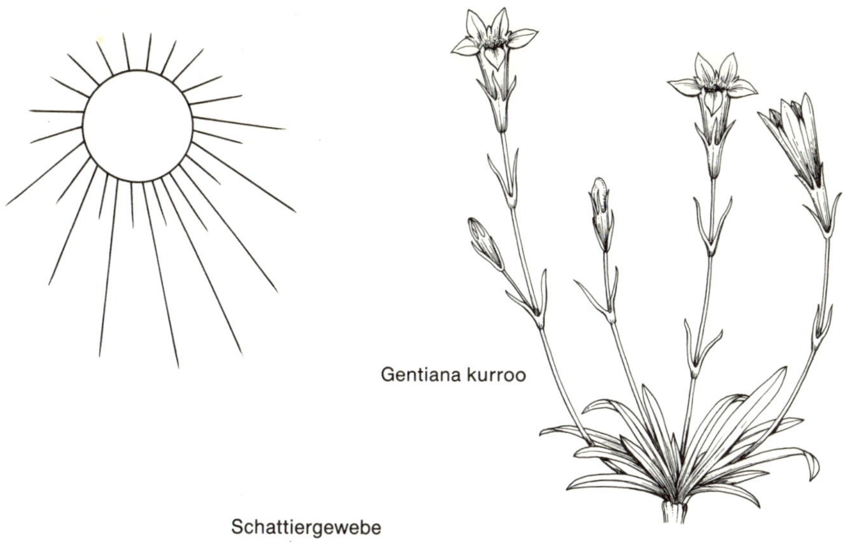

Jungpflanzen von Enzianen und Glockenblumen vor starker Sonne schützen!

Aussaat im Januar in ein kräftiges Substrat. Frühzeitig die Sämlinge topfen, diese haben zerbrechliche Wurzeln.

Gentiana georgei: Aussaat im Januar in torfangereicherte Erde, ist ein ausgesprochener Kalkflieher. Nicht zu trocken halten.

G. gracilipes: Januar-Aussaat in normales Substrat. Besonders hohe Ausbeute bei Saaten im August–September.

G. pneumonanthe: Torfangereichertes Substrat, saure Reaktion. Saatgefäße feucht halten.

G. prolata: Obwohl gut kalkverträglich, wird ein höherer Anteil von Humus gewünscht (Lauberde, Torf).

G. saponaria: Höherer Torfanteil im Substrat. Gefäße feucht halten.

G. saxosa: Nicht sehr langlebig, deshalb wiederholte Aussaat im Januar.

G. sceptrum: Liebt humoses Substrat, ist aber kalkfreundlich.

G. septemfida: Bestes Ergebnis bei der Aussaat im August–September.

G. septemfida var. *lagodechiana.* Liebt humosen Boden, ist aber kein Kalkfeind. Sämlinge variieren sehr stark.

G. setigera: Normales Substrat, aber gut feucht halten, verträgt Kalk.
G. stragulata: Setzt sehr selten Samen an!
G. trichotoma: Im Januar–Februar Aussaat in humoses Substrat. Kalkfrei.
G. waltonii: Macht keine Schwierigkeiten. Aussaat im Winter in normales Substrat.

Die weitere Entwicklung nach dem Aufgehen der Saat verläuft sehr langsam. Man erhält blühfähige Pflanzen, je nach Art verschieden, erst 2–7 Jahre nach der Aussaat. Die Erde im Anzuchttopf nach dem Pikieren muß wesentlich genauer auf die späteren Bedürfnisse abgestimmt werden.

Die Beschaffung von Samen ist nicht immer einfach. Wegen der frühen Aussaatmöglichkeit ist selbstgeernteter Samen besonders wertvoll. Samenstände kurz vor der Reife ernten und den Samen an einem trockenen Ort im Haus auf einem Blatt Papier ausfallen lassen. Die Bestellungen nach Samenlisten sollten so früh wie möglich durchgeführt werden.

Vermehrung durch Teilung

Betrachtet man vergleichsweise andere umfangreiche Staudengattungen, kommt man zu dem Schluß, daß verhältnismäßig wenige Enzianarten durch Teilung vermehrt werden können. Viele haben nur eine Pfahlwurzel oder ein kompaktes Wurzelsystem, das in einem Wurzelkopf vereinigt ist.

Für die Teilung eignen sich besonders die Arten unserer stengellosen Frühjahrsenziane. Selbstverständlich sollte es sich nur um große, alteingewachsene Polster handeln. Man kann diese vorsichtig mit einer Grabgabel aufnehmen und mit dem Spaten oder Messer in 2–3 größere Stücke teilen. Oder man nimmt immer einige Einzelrosetten mit einem Wurzelstück und pflanzt an den dafür vorgesehenen Platz, wobei es oft besser ist, besonders in leichten Böden, diese kleinen Büschelchen erst eine Zeitlang in Töpfen vorzukultivieren. Nach guter neugebildeter Bewurzelung wird dann erst ausgepflanzt. Die beste Zeit für die Teilung ist der Juni, gleich ob es sich um *G. acaulis, G. alpina, G. clusii, G. angustifolia* oder um *G. dinarica* handelt.

Nur in den seltensten Fällen bilden *Gentiana verna* und die verwandten *G. verna* var. *angulosa, G. verna* var. *oschtenica* so große Polster, daß sie, ohne Verluste befürchten zu müssen, geteilt werden können. Der Zeitpunkt der Teilung ist der gleiche wie bei der Acaulis-Gruppe.

Geteilt werden können auch die meisten der chinesischen Herbstenzian-Arten. Wenn die Blütezeit sich dem Ende zuneigt, sind an der Basis schon die Jungtriebe erkennbar. Die alten, verblühten Triebe schneidet man weg, nimmt die Pflanze auf und teilt den Büschel der Jungtriebe. Wird sofort wieder gepflanzt, sollten nur 2–3 Teile gemacht werden, bei anschließender Vermehrung im Topf können Einzeltriebe gepflanzt werden. Handelt es sich um sehr spät blühende Arten und Sorten oder Gegenden mit Frühfrösten, kann diese Art der Teilung auch im Frühling erfolgen. Spezialisten machen hier noch zeitliche Unterschiede, und zwar *G. farreri* im Februar–März und *G. hexaphylla* im April.

Schließlich ist hier noch der Schwalbenwurz-Enzian, *G. asclepiadea,* zu erwähnen, bei dem es oft gelingt, alte Pflanzen zu teilen. Wichtig ist, daß ein einigermaßen großes Wurzelfragment vorhanden ist mit einigen Triebknospen. Die Teilung erfolgt im Frühling vor dem Einsetzen des Triebes.

Hin und wieder lassen sich auch ältere Pflanzen anderer Arten teilen, es bleiben aber Ausnahmen, deshalb sind andere Vermehrungsarten vorzuziehen. So kann man von vielen im Sommer blühenden Arten die alten Pflanzen im Frühling mit der Grabgabel aufnehmen. Einzelne Wurzeln werden mit einem Ruck nach oben abgerissen, daß dabei ein Stück Kopf mitgenommen wird. Diese Teile werden dann in tiefe Alpinentöpfe gepflanzt und weiterkultiviert.

Stecklingsvermehrung

Hier muß man unterscheiden zwischen dem Machbaren und dem Empfehlenswerten. Üblich ist die Vermehrung durch Stecklinge bei den chinesischen Herbstenzian-Arten und -Sorten. Von diesen kalkfliehenden Enzianen werden vor der Blüte Stecklinge geschnitten. In humusangereichertem, mildfeuchtem Substrat (Torf, Lauberde und Sand), im Halbschatten bei „gespannter" Luft, geht die Bewurzelung schnell vor sich. Oft ist gar kein Bewurzelungshormon (Wurzelfix, Seradix, Stimurhiz) nötig. Von der kalktolerantesten Art dieser Gruppe, *G. farreri*, dem Wellensittich-Enzian, können von Juni bis August Stecklinge geschnitten werden. Gute Erfolge hat man bei einer Länge von 5 bis 6 cm der Stecklinge. Von *G. sinoornata* können bis September Stecklinge geschnitten werden, ebenso von *G. veitchiorum*. *G. hexaphylla* und *G. lawrencei* werden etwas früher, von Juni bis August, auf diese Weise vermehrt, wobei die letztgenannte Art zum Bewurzeln etwas länger braucht. Bei den unzähligen neuen Hybriden muß man sich nach der Blütezeit richten. Je später die Blütezeit liegt, um so länger können Stecklinge geschnitten werden (Triebe mit voll entwickelten Knospen werden keinesfalls geschnitten).

Eine weitere Art der Vermehrung bei dieser Gruppe ist die durch Absenker. Wenn die Triebe lang genug sind, werden sie etwa in der Mitte mit humoser Erde und mit einem kleinen Stein bedeckt. Bei dieser Methode darf die Umgebung der Pflanze aber nicht zu sehr austrocknen. Bis zum Herbst haben sich an der betreffenden Stelle Wurzeln gebildet. Die Triebspitze wird kurz hinter der Wurzel abgeschnitten und getopft. Dies ist eine Vermehrungstechnik, die besonders dem Hobbygärtner empfohlen werden kann.

Stecklinge lassen sich auch von unseren Frühlingsenzianen machen, sowohl von der Acaulis-Gruppe als auch von *G. verna* und deren Verwandten. In

Verschiedene Herbstenziane lassen sich leicht durch Absenker vermehren

Gentiana sinoornata

diesen Fällen ist oft schon ein Stück Wurzel am Steckling. Der beste Zeitpunkt für diese Vermehrung ist der Monat Juni. Gut wurzeln auch grundständige Stecklinge von *G. septemfida* und *G. septemfida* var. *lagodechiana.*

Selbstverständlich können auch Stecklinge von vielen anderen Arten gemacht werden, doch ist die Ausbeute nicht groß und deshalb nur für den Alpinenliebhaber geeignet. Der Frühsommer ist der beste Zeitpunkt, die Verwendung von Bewurzelungshormon ist empfehlenswert. Der in das Vermehrungssubstrat (Torf + Sand) gesteckte Teil sollte immer vorsichtig von den Blättern befreit sein. Die Schaffung von „gespannter" Luft ist selbstverständlich (Überdecken mit Glas oder transparenter Folie). Die Temperatur zum Bewurzeln sollte nicht zu warm sein, meist genügen schon +15 °C um gute Ergebnisse zu erzielen. Beim Substrat spielt der Sand eine große Rolle, keinesfalls ist lehmhaltiger, schmieriger Sand geeignet (Grabsand, „Putzsand" der Maurer). Je kristalliner er ist, um so besser.

Kultur und Pflegemaßnahmen

Wie wir schon festgestellt haben, sind die Ansprüche an Boden, Bodenreaktion, Standort und sonstige Kulturbedingungen innerhalb dieser umfangreichen Gattung recht verschieden. Es gibt eine ganze Reihe von Arten, die keine besonderen Anforderungen stellen, so gut wie in jedem Boden wachsen und in den meisten Gärten gedeihen. Bei den weniger bekannten und in der Kultur anspruchsvolleren wird es schon schwieriger.

Im Gegensatz zu vielen anderen Pflanzen unserer Gärten haben die sonst klimatisch benachteiligten Gegenden bei der Enziankultur gewisse Vorteile. Dazu gehören das Alpen- und Voralpengebiet, Mittelgebirgsgegenden, aber

Gießwasser- und Substrat-Zusätze, mit deren Hilfe man in Kalkgegenden eine saure Bodenreaktion erhalten kann:

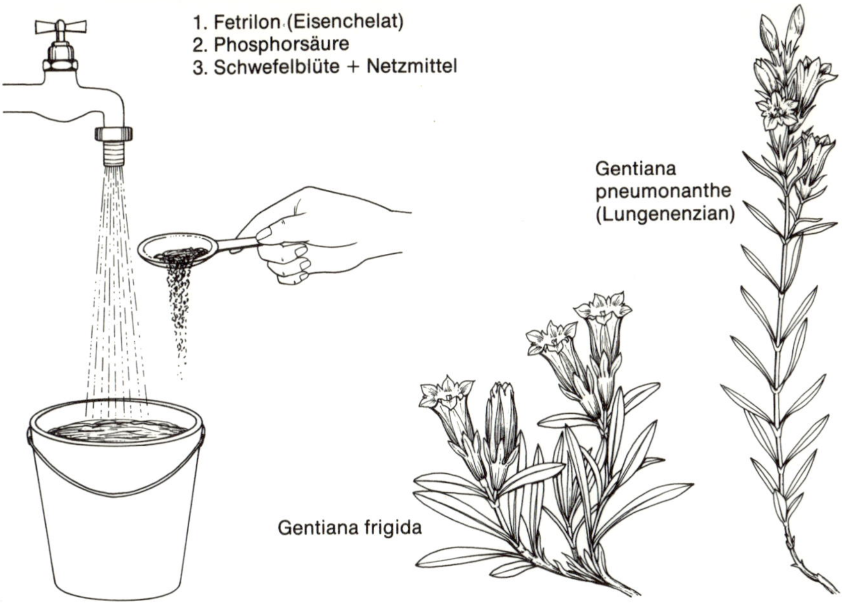

auch Küstengebiete. Als Beispiel möchte ich die eigene engere Heimat erwähnen, das östliche Oberfranken. Nirgendwo sah ich üppigere Polster der asiatischen Herbstenziane als in Hof und Weiden, sonst als deutsche Kältepole bekannt, wobei die Bodenreaktion verständlicherweise auch eine große Rolle spielt.

In wenigen Sätzen zusammengefaßt kann folgendes gesagt werden: Enziane lieben eine milde Bodenfeuchte mit guter Dränage, ein Minimum an Luftfeuchtigkeit, hohe Lichtintensität und keine zu heißen Temperaturen. Daraus kann man schließen, daß heikle Enzianarten im sommerheißen Weinbauklima gewisse Schwierigkeiten bereiten. Je wärmer das Klima ist, um so mehr müssen dafür leicht beschattete (nicht dunkel) oder etwas absonnige Plätze ausgesucht werden. Problematisch mag es sein, die gewünschte hohe Lichtintensität mit einem kühlen Standort zu vereinigen. Beispielsweise käme ein Platz in einer kleinen Senke, bei freier Lage und lichter Beschattung in den heißesten Mittagsstunden durch Koniferen oder laubabwerfende Zwerggehölze, in Frage. Eine in der Oberfläche bewegte Gartenanlage bietet eher Plätze für etwas anspruchsvollere Enzianarten als ein völlig flaches Gelände.

Die Zusammensetzung des Bodens muß stärker beachtet werden als bei vielen anderen Kleinstaudengattungen, da die Ansprüche der einzelnen Gruppen in dieser Hinsicht sehr verschieden sind. Selbst innerhalb der Gruppen gibt es Unterschiede, wie das Beispiel der Acaulis-Gruppe zeigt: Bestimmte Arten sind an eine saure Bodenreaktion gebunden, bestimmte andere wünschen dagegen Kalk im Boden, während Hybriden davon eine gewisse pH-Toleranz zeigen. Auch die Bodenstruktur spielt eine Rolle. Die Acaulis-Gruppe liebt leicht anlehmige Böden, während die nordamerikanischen Arten torfige Böden vorziehen. Eine Mischung von feinem Torf, Lauberde und lehmigem Sand ist die Grundlage für die Nordamerikaner. In volle Sonne gepflanzt, bei genügender Bodenfeuchte (keine stehende Nässe!), gedeihen sie dann sehr gut (*G. andrewsii, G. bracteosa, G. calycosa, G. parryi, G. sceptrum*). Zu erwähnen ist, daß *G. andrewsii* etwas mehr schattige Plätze vorzieht (keinen Vollschatten!).

Die chinesischen Herbstenziane lieben ebenfalls einen torfigen Boden, der aber schon etwas mehr mineralische Bestandteile enthalten soll (Mischung von Torf, Lauberde und saurem lehmig-kiesigem Boden). Dazu kommt freie, sonnige Lage und ein Mindestmaß an Bodenfeuchte. Der pH-Wert soll im sauren Bereich liegen, wobei aber zwischen den Arten wieder Unterschiede vorhanden sind. Ein extremer Kalkfeind ist *G. sinoornata; G. farreri* toleriert dagegen etwas Kalk, während alle anderen in ihren Ansprüchen dazwischen liegen (*G. hexaphylla, G. ornata, G. prolata* u.a.).

Eine ganze Reihe von asiatischen Sommerenzianarten liebt dagegen Kalk, kommt aber zum Teil auch ohne ihn aus, sofern der Boden nicht zu sauer ist (*G. decumbens, G. dahurica, G. tianshanica*). Hohe europäische Arten wie *G. lutea, G. punctata, G. purpurea* und Hybriden davon sind hinsichtlich des Bodens nicht so wählerisch, wichtig ist jedoch wegen der Wurzellänge die Tiefe des Bodens. Es muß nicht alles Kulturerde sein, eine Steinschicht sollte die Wurzeln aber nicht behindern. In sehr warmen Lagen wirkt sich ein Teilschatten positiv aus. Weitere Arten, die mit jedem einigermaßen guten Boden zufrieden sind, der bei guter Dränage feuchtigkeitshaltend ist, sind *Gentiana cephalantha, G. freyniana, G. scabra, G. septemfida, G. septemfida* var. *lagodechiana* und deren Formen und Hybriden.

Diese kurzen Hinweise sollen hier genügen. Im einzelnen müssen die entsprechenden Angaben in den Beschreibungen der Arten beachtet werden. Man bedenke zum Beispiel, daß *G. sinoornata* in China auf torfigen, sauren Böden wächst, *G. verna* in Europa auf Kalkstein-Untergrund, *G. glauca* in Japan auf vulkanischer Asche und *G. saxosa* auf Sandhügeln an der Küste Neuseelands.

Die Düngung spielt eine geringere Rolle als bei anderen Pflanzengattungen. Vor Überdüngung sollte man sich stets hüten, obwohl die anspruchsloseren Arten auch einmal eine kräftige Dosis Dünger vertragen können, egal ob mineralischer oder organischer Zusammensetzung. Normalerweise genügt es, nach dem Pflanzen jährlich eine kleine Kopfdüngergabe zu verabreichen, bestehend aus Torf und Sand 1 : 1 gemischt mit einem kleinen Anteil feiner Hornspäne. Bei Arten, die nicht an eine sehr saure Bodenreaktion gebunden sind, läßt sich der Anteil von Hornspänen durch Peru-Guano ersetzen. Dabei ist zu bedenken, daß Hornspäne eine länger wirkende, milde Düngergabe darstellen, während Peru-Guano momentane kräftige Düngung mit sich bringt, das ist bei der Dosis zu berücksichtigen. Bei sauren Böden kann torfiger Rhododendrondünger mit Sand vermischt verabreicht werden. Treten in Kalkgegenden Chloroseerscheinungen auf, trotz Torfanteil beim jährlichen Kopfdünger, muß mit organischen Eisenchelat-Präparaten (Fetrilon, Sequestren) geholfen werden. Am wirksamsten sind diese Gaben, wenn man sie im Februar-März bei feuchtem Wetter verabreicht. Bei trockenem Wetter muß mit gutem Wässern nachgeholfen werden. Diese Präparate werden teilweise auch direkt von den Blättern aufgenommen, sie dürfen dann aber nicht zu hoch konzentriert sein.

Dem Gießwasser muß genügend Beachtung geschenkt werden. Städte und Gemeinden geben periodisch den Härtegrad bekannt, den das Wasser im Leitungsnetz ihres Gebietes aufweist. Selbstverständlich ist hartes Wasser für empfindliche, an eine saure Bodenreaktion gebundene Enzianarten nicht geeignet. Der übliche Ausweg ist, Regenwasser aufzufangen. Das ist aber in Industriegebieten nicht immer unproblematisch. Muß Leitungswasser genommen werden, gibt man gleich etwas Fetrilon oder Sequestren zu. Ein Behelf ist auch, das Gießwasser mit etwas Phosphorsäure zu versetzen, oder man nimmt ein Faß oder einen sonstigen Behälter und gibt in das Wasser einen kleinen mit Torf gefüllten Sack. Alles sind Hilfsmittel, der Pflanze das so wichtige Eisen zuzuführen, das sonst vom Kalk okkupiert wird.

Das Pflanzen der Enzianarten unterscheidet sich kaum von dem anderer Kleinstauden. In den meisten Fällen dürfte es sich um Pflanzen mit Topfballen handeln (Container-Pflanzen). Selbst bei eigener Anzucht aus Samen oder durch vegetative Vermehrung ergibt sich eine vorherige Topfkultur. Dadurch ist man weitgehend unabhängig hinsichtlich der Pflanzzeit; eigentlich kann zu jeder Zeit bei offenem Boden gepflanzt werden, wenn auch nach wie vor Frühjahrs- oder Herbstpflanzung vorzuziehen ist. Und wenn man frei entscheiden kann, so ist die Pflanzung im Frühling am besten. Bei der Herbstpflanzung besteht unter Umständen die Gefahr, daß die Topfballen durch den Frost hochfrieren, solange sie noch nicht fest in der umgebenden Erde verankert sind. Topfballen von Enzianen haben nicht so viele Faserwurzeln wie die anderer Gattungen, sie fallen deshalb beim Austopfen leichter auseinander. Man muß deshalb etwas vorsichtiger zu Werke gehen, wobei der Topfballen vorher gut durchfeuchtet sein soll. Lockere Pflanzung vermeiden, das heißt, den Topfballen fest andrücken, auch die umgebende Erde des Pflanzplatzes. Nach dem Auspflanzen wird noch einmal kräftig angegossen und das bei folgendem sonnigen Wetter wiederholt.

Die Pflege während der Vegetationsperiode ist denkbar einfach. Bei längerer Trockenheit wird gewässert. Verblühtes kann, muß aber nicht entfernt werden. Geputzt werden sollte erst im Frühling, wenn die neuen Basistriebe gut sichtbar sind. Daß die Pflanzplätze so gut wie möglich unkrautfrei bleiben sollen, versteht sich von selbst. Es ist ein guter Rat, immer einige selbstvermehrte Enziane in kleinen Töpfen als Reserve zu halten, nicht nur zum Ausgleich eigener Verluste, sondern um auch Wünsche befreundeter Enzianliebhaber erfüllen zu können.

Schädlinge und Krankheiten

Im Vergleich zu anderen Pflanzen werden die Enziane wenig von Schädlingen und Krankheiten befallen. Aber hin und wieder bekommt man doch Ärger, Stecklinge werden durch Pilzkrankheiten vernichtet oder auch Aussaaten, Blätter verfärben sich und werden fleckig oder Knospen werden von Insekten oder Pilzen befallen. Es ist eine altbekannte Tatsache, daß gesunde, kräftige Pflanzen, deren Ansprüche voll befriedigt werden, weniger unter Schädlingen und Krankheiten zu leiden haben als solche, die an ungeeigneten Plätzen stehen und kümmern.

Schnecken. In meinem Garten richten die Schnecken immer die größeren Schäden an. Treten sie vermehrt auf, muß man Gegenmaßnahmen ergreifen. Angefressene Blätter und Knospen und die bekannten Schleimspuren weisen auf ihre Anwesenheit hin. Ideal ist es, wenn Igel und Kröten zu Gast im Garten sind. Sonst bleiben nur die üblichen Mittel: Schneckenkorn, Schnekkenfallen mit Bier, Auslegen halbierter Kartoffeln und allmorgendliches Aufsammeln und was es sonst noch an mehr oder weniger wirksamen Methoden geben mag.

Ameisen. Sie sind mehr störend als schädlich. Das alte Hausmittel, kochendes Wasser in den Bau zu gießen, kommt hier natürlich nicht in Frage, die Enzianpflanzen gingen dabei ebenso ein wie die Ameisen. In sehr lästigen Fällen bleibt nur das Ausstreuen eines käuflichen Ameisenmittels.

Thripse. Selten werden Pflanzen von Thripsen (Blasenfüßen) befallen, winzigen Insekten, die zuweilen vermehrt bei warmem Sommerwetter auftreten. Die Thripse saugen an Blättern und Blüten und rufen dadurch typische Sprenkelungen und Verfärbungen hervor. Mehrmaliges Spritzen mit einem geeigneten Insektizid schafft Abhilfe.

Raupen. Verschiedene Raupen (Larven von Schmetterlingen und Käfern) sind manchmal eine Gefahr für die aufgehende Saat und die Jungpflanzen. Bespritzen mit einem der empfohlenen Insektizide in Abständen von 10 Tagen.

Blattälchen. Leicht zu erkennen an den leicht verbogenen Gipfelblättern (ähnlich wie beim Sommerphlox) und dem blockierten (gestauchten) Wuchs der Pflanzen. Auch hier hilft nur ein dreimaliges Spritzen in Abständen von 10 Tagen mit E 605, Perfekthion, Nemafos oder Metasystox.

Grauschimmel (*Botrytis cinerea*). Gehört mit zu den hartnäckigsten Pilzkrankheiten an Enzianpflanzen. Besonders leicht ist der Befall an den Blüten erkennbar. Dort treten graubraune Flecken auf, die sich bei anhaltend feuchter Witterung verstärken. Auf älteren Faulstellen wird oft ein grauer Schimmelrasen sichtbar. Der Befall ist vor allem in schlecht gelüfteten Kalten Kästen und Alpinenhäuser festzustellen. Befallene Triebe sofort entfernen. Vorbeugend spritzen oder stäuben mit einem Zineb-Präparat. Eine luftige Atmosphäre, ohne Stau, ist immer noch der beste Schutz.

Blattfleckenkrankheit (*Septoria*). Auf den Blättern, besonders an den Blattspitzen gehäuft, treten kleine, gelblich-braune, violett gerandete Flecken auf. Bekämpfung mit Grünkupfer-Präparaten.

Enzianrost (*Puccinia gentianae*). Leider ist dieser spezifische Rostpilz sehr widerstandsfähig gegen chemische Bekämpfungsmittel. Auf den Blättern bilden sich dunkelbraune Pusteln, wobei ein starker Befall sogar zum Eingehen der Pflanze führen kann. Befallene Pflanzenteile sollten abgetrennt und verbrannt, keinesfalls auf den Kompost geworfen werden. An Stellen, an denen dieser Rost aufgetreten ist, mehrere Jahre keinen Enzian mehr pflanzen.

Stengelfäule. Bevorzugt bei feuchtem, warmem Wetter können die Stengel an der Basis abfaulen, besonders bei den verschiedenen asiatischen Herbstenzian-Arten und -Sorten. Vorbeugend die Basis mit einem Zineb-Präparat einstäuben. Bei warm-feuchtem Stand gibt es auch bei Sämlingen oft größere Ausfälle, sofern nicht auf keimfreies Aussaatsubstrat und sorgfältig gereinigte Aussaatgefäße geachtet wurde. Trotz der gewünschten „gespannten" Luft sollte Tropfenfall von bedeckenden Glasplatten oder Polyethylenfolien verhindert werden. Oft genügt schon eine etwas schräge Stellung dieser Materialien.

Viren. Vereinzelt wurde bei Enzianen auch Virusbefall festgestellt. Unklar ist bisher, ob es sich um einen enzian-spezifischen Virus handelt oder um einen, der auch andere Gattungen befällt. Samenvermehrung vermindert das Risiko eines Virusbefalls, schließt es aber nicht völlig aus. Flecken und sonstige Verfärbungen an den Blättern und/oder an anderen Teilen der Pflanze können außer von Viren natürlich auch noch von anderen Erregern, Störungen oder Kulturfehlern herrühren.

Systematik und Klassifikation

Die Klassifizierung der Gattung *Gentiana* begann verhältnismäßig früh und geht zurück auf erste Namen in Reneaulmes „Specimen historiae plantarum" (1611). Weitere Stationen waren Linnés „Species plantarum" (1753), Neckers „Elementa botanica" (1790), Froelichs „De Gentiana libellus sistens" (1796). Froelichs Einteilung wurde mit geringen Änderungen von Lamarck und De Candolle im Jahre 1805 akzeptiert und in die „Flora Française" übernommen. Dies war das erste Werk, dem eine Einteilung in Sektionen in der heutigen

Art zu Grunde lag. Ein weiterer Autor, der sich mit der Frage beschäftigte, war Link („Enumeratio" 1821–1822 und „Hortus Regius" 1829–1833). In Dumortiers „Florula Belgica" (1827) war die Gattung bereits in fünf Sektionen eingeteilt. Eine weitergehende Unterteilung in 10 Subdivisionen erfolgte in Gaudins „Flora Helvetica" (1828–1833).

Bunges Monographie über den Enzian (1829), Grisebachs Behandlung der Gentianaceae in Hookers „Flora Boreali-Americanae und Grisebachs zwei Hauptabhandlungen über Gentianaceae (1838 und 1845) brachten die gesamte Klassifizierung der heutigen Anschauung wesentlich näher. Die letzte große Gesamteinteilung ist die von Kusnetzow. Seine Monographie vom „Subgenus Eugentiana" (1894) und seine Hauptabhandlung über den Enzian in „Die natürliche Pflanzenfamilien" (1895) bilden heute noch die Grundlage für die Systematik der Enzian-Gattung.

Die Einteilung nach Kusnetzow läßt sicher zu wünschen übrig, aber eine moderne Arbeit, die auch die vielen neuentdeckten Arten berücksichtigt, die seit der Klassifizierung durch Kusnetzow hinzugekommen sind, ist leider nicht in Sicht. In der nachfolgenden Übersicht nach der **Klassifizierung von Kusnetzow** sind die von ihm genannten Arten halbfett gedruckt, die später hinzugefügten kursiv.

Für den Laien ist der Stengellose Enzian, neben dem Edelweiß, der Inbegriff einer Alpenblume. Für den normalen Hobbygärtner ist *Gentiana acaulis* eine einheitliche Art, und erst wer sich sehr eingehend mit der Materie beschäftigt, wird erkennen, daß sich unter dem Sammelnamen „Stengelloser Enzian – Becherenzian – *Gentiana acaulis*" eine Vielfalt an Arten und Sorten verbirgt mit unterschiedlichen morphologischen Erscheinungsformen und verschiedenen Ansprüchen in der gärtnerischen Kultur. Die „Flora Europaea" nennt allein sieben verschiedene Arten. Nicht alle haben eine gleichgroße gärtnerische Bedeutung, der spezielle Enzianliebhaber wird jedoch versuchen, auch die schwierigen Arten zu kultivieren.
Oben: Zu den unproblematischen Arten gehört *Gentiana dinarica*. Sie ist wüchsig und zuverlässig blühend und gehört zu den kalkliebenden Arten.
Unten: Auch *Gentiana ligustica* ist kalkliebend, sie stammt aus den Meeralpen und dem Zentral-Apennin. Obwohl gartenfreundlich, ist dieser Enzian in unseren Gärten nicht sehr oft anzutreffen.

Sectio I	Coelanthe (Gentiana): **G. lutea, G. purpurea,** *G. punctata, G. pannonica, G. burseri*
Sectio II	Pneumonanthe: **G. andrewsii, G. makinoi, G. pneumonanthe, G. asclepiadea,** *G. scabra, G. gelida, G. jesoana, G. calycosa, G. newberry, G. septemfida, G. bisetaea, G. freyniana, G. parryi, G. autumnalis, G. sceptrum, G. triflora, G. puberulenta, G. catesbaei, G. saponaria, G. decora, G. austromontana, G. clausa, G. linearis, G. rubicaulis, G. alba, G. villosa*
Sectio III	Otophora: **G. otophora,** *G. damionensis*
Sectio IV	Stenogyne: **G. rhodanta, G. stricta,** *G. pterocalyx* (annuell)
Sectio V	Frigida: **G. chinensis, G. frigida,** *G. hexaphylla, G. veitchiorum, G. prolata, G. ornata, G. sinoornata, G. lawrencei, G. farreri, G. georgei, G. przewalskii, G. froelichii, G. glauca, G. stragulata, G. tubiflora*
Sectio VI	Aperta (Cruciata): **G. cruciata, G. decumbens,** *G. waltonii, G. gracilipes, G. tibetica, G. kurroo, G. crassicaulis, G. straminea, G. bigelovi, G. dendrollogii, G. dahurica, G. grombczewskii, G. macrophylla, G. wutaiensis, G. fetisowii, G. walujewii* var. *kesselringii*
Sectio VII	Isomeria: **G. loderi,** *G. cachemirica, G. depressa*
Sectio VIII	Chondrophylla: **G. altaica, G. squarrosa,** *G. prostrata, G. pyrenaica, G. nipponica, G. boryi*

Mit dieser Farbtafel soll die Vielfalt der „Acaulis-Gruppe“ vor Augen geführt werden.
Oben: Die ‘Angustifolia-Hybride Frei’ ist im Garten des Autors die beste Züchtung dieser Gruppe. Sie vereinigt alle guten Eigenschaften in sich, sie ist wüchsig, reich und zuverlässig blühend, hat große, leuchtend blaue Blüten und ist langgestielt, so daß sie auch als Schnittblume für kleine Sträuße Bedeutung hat.
Mitte links: Alle Albino-Formen sind selten und bei Liebhabern sehr gesucht. Eine echte Rarität ist *Gentiana alpina* ‘Alba’.
Mitte rechts: Etwas verbreiteter ist *Gentiana acaulis* ‘Alba’ (syn. *Gentiana kochiana* ‘Alba’). Zu beachten ist die Bodenreaktion, es ist ein Kalkflieher!
Unten links: *Gentiana alpina*, der Südalpen-Enzian hat zwar ein größeres Verbreitungsgebiet, ist aber nie sehr häufig und wächst meist auf Magermatten auf Urgestein. Im Garten ist diese Art, auch bei Beachtung der Bodenansprüche, kein leichter Pflegling. Das äußert sich besonders oft durch seine Blühfaulheit.
Unten rechts: Die Sorte ‘Coelestina’ ist großblütig und zeigt einen Blauton, bei dem der Rotstich weitgehend eliminiert ist.

Sectio IX Thylacites (Megalanthe): **G. acaulis,** *G. alpina, G. angustifolia, G. clusii, G. dinarica, G. ligustica, G. occidentalis*

Sectio X Cyclostigma (Calathianae): **G. nivalis, G. verna,** *G. bavarica, G. brachyphylla, G. pumila, G. rostanii, G. terglouensis, G. utriculosa, G. orbicularis*

Kusnetzow unterteilte die Gattung *Gentiana* in die Untergattungen *Eugentiana* und *Gentianella* und diese beiden Untergattungen in 19 Sektionen. Durch die Abspaltung der beiden selbständigen Gattungen *Gentianella* und *Gentianopsis* sind lediglich die genannten 10 Sektionen verblieben, zumindest geben sich auch heute noch verwandtschaftliche Hinweise.

Die **„Flora Europaea“** Band 3 unterteilt die **europäischen Enzianarten** wie folgt:

Sectio I Gentiana: *G. lutea, G. punctata, G. pannonica, G. purpurea, G. burseri*

Sectio II Pneumonanthe: *G. asclepiadea, G. pneumonanthe*

Sectio III Frigida: *G. frigida, G. froelichii*

Sectio IV Cruciata: *G. cruciata, G. decumbens*

Sectio V Chondrophyllae: *G. prostrata, G. pyrenaica, G. boryi, G. septemfida*

Sectio VI Megalanthae (Thylacites): *G. acaulis, G. clusii, G. occidentalis, G. ligustica, G. alpina, G. dinarica, G. angustifolia*

Sectio VII Calathianae: *G. verna, G. brachyphylla, G. pumila, G. bavaria, G. rostanii, G. terglouensis, G. nivalis, G. utriculosa*

Verschiedentlich finden sich auch ältere Klassifizierungen. So werden die **Enzianarten von China und vom Himalaja von C. V. B. Marquand** im Journal der Royal Horticultural Society Vol. L VII Part 2 vom September 1932 in folgende Sektionen eingeteilt:

Sectio I Otophora: *G. damyonensis*

Sectio II Stenogyne: *G. pterocalyx* (annuell)

Sectio III Dipterospermum: *G. helenii*

Sectio IV Tripterospermum: *G. golowninia*

Sectio V Frigida: *G. hexaphylla, G. setulifolia, G. veitchiorum, G. prolata, G. ornata, G. sinoornata, G. lawrencei, G. namlaensis, G. farreri, G. georgei, G. stragulata, G. sikkimensis, G. rigescens, G. trichotoma, G. przewalskii, G. praeclara* (annuell), *G. picta* (annuell)

Sectio VI Aperta: *G. waltonii, G. gracilipes, G. tibetica, G. robusta, G. kurroo, G. crassicaulis, G. straminea*

Sectio VII Pneumonanthe: *G. scabra*

Sectio VIII Isomeria: *G. delavayi* (annuell), *G. cachemirica, G. loderi, G. chondrophylla*

Sectio IX ohne Bezeichnung: *G. moniliformis, G. crassuloides, G. pentastica* (alle annuell)

Die Enzianarten von Japan wurden von Dr. Toyokuni in seiner Monographie bearbeitet.

Bei dieser Kurzbehandlung wurde nicht auf die wiederholt vorgenommenen Abspaltungen einzelner Gruppen und Sektionen und deren Erhebung in eigenständige Gattungen oder teilweise Zurückgliederung eingegangen. (*Crawfurdia* Wall., *Gentianella* Moench, *Megacodon* (Hemsl.) H. Sm., *Tripterospermum* Blume, *Comastoma* (Wettst.) Toyokumi, *Gentianopsis* Ma und *Pterygocalyx* Maxim.). Dieses Spiel geht sicher weiter und mag für die botanische Wissenschaft bedeutsam sein, für den rein gärtnerisch interessierten Enzianfreund ist das eher störend. In diesem Buch interessieren die Gattungen

Gentiana L.
Gentianella Moench
Gentianopsis Ma

Diese lassen sich morphologisch klar unterscheiden, so daß sie auch in Zukunft ihre Berechtigung haben werden. Es gibt einige Autoren, welche die Arten der Gattung *Gentianopsis* in die Gattung *Gentianella* aufgehen ließen. Wir folgen dem nicht.

Größere Arbeiten wurden in neuerer Zeit in Kanada von Dr. James S. Pringle (Royal Botanical Garden Hamilton, Ontario) durchgeführt. Es wurde keine neue Gesamtklassifizierung vorgenommen, aber in seinem Privatdruck „Sectional and Subgeneric Names in Gentiana (Gentianaceae)" werden alle bisher bekannten, gültigen und ungültigen Sektionen eingehend behandelt, jedoch ohne endgültige Wertung.

Von Dr. James S. Pringle wurden dagegen revidierte Klassifikationen veröffentlicht über die Enzianarten der Sektion Pneumonanthe im nordöstlichen Nordamerika, in Mexico und Zentralamerika. Eine Monographie entsteht über die Enziane (*Gentianella* ssp.) von Ekuador. Weitere über die Enzianarten von Peru und die des westlichen Amerika sind geplant.

Die bekannten und wichtigen Enzian-Arten

Gentiana acaulis L., Breitblätteriger Enzian, Stengelloser Enzian, Keulen-Enzian

Synonym: *G. excisa* W. D. J. Koch non K. B. Presl., *G. kochiana* Perr. et Song., *Ericoila kochiana* (Perr. et Song.) A. et D. Löve)

Um Unklarheiten zu vermeiden, muß darauf hingewiesen werden, daß es sich bei dem hier beschriebenen Enzian um die Art handelt, die lange Zeit unter dem oben erwähnten Synonym *Gentiana kochiana* bekannt und verbreitet war. Der Name *Gentiana acaulis* war vielfach als Überbegriff verwendet worden, genauso wie die deutsche Bezeichnung „Stengelloser Enzian".

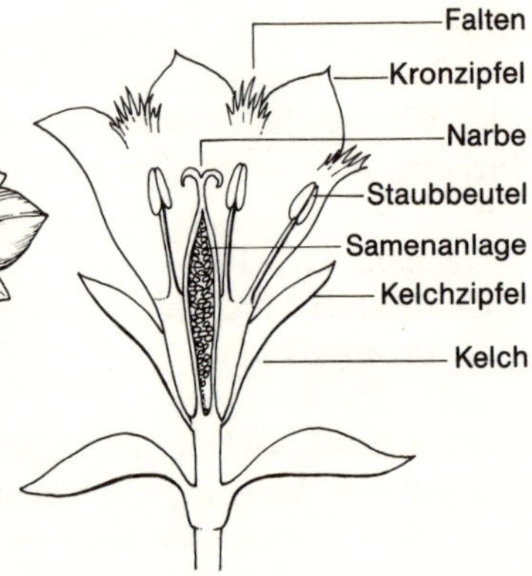

Enzianblüte

Man kann heute nur noch von der Acaulis-Gruppe sprechen, zu der die folgenden Arten gerechnet werden:

G. *acaulis* L., Breitblätteriger Enzian
G. *alpina* Vill., Südalpen-Enzian
G. *angustifolia* Vill., Schmalblätteriger Enzian
G. *clusii* Perr. et Song., Clusius-Enzian
G. *dinarica* Beck, Dinarischer Enzian
G. *ligustica* R. de Vilmorin et Chopinet, Ligurischer Enzian
G. *occidentalis* Jakowatz, Westlicher Enzian

Die „Flora Europaea“ gibt den folgenden Bestimmungsschlüssel an:

1 Voll ausgebildete Rosettenblätter kaum länger als breit — *G. alpina*
1 Voll ausgebildete Rosettenblätter wenigstens 1 1/2mal so lang wie breit
2 Voll ausgebildete Rosettenblätter lineal-verkehrt-lanzettlich bis verkehrt-lanzettlich — *G. angustifolia*
2 Voll ausgebildete Rosettenblätter lanzettlich, elliptisch oder verkehrt-eiförmig
3 Kelchzähne dreieckig, an der Basis am breitesten, meist mehr als 1/2mal so lang wie die Kelchröhre — *G. clusii*
3 Kelchzähne lanzettlich bis eiförmig, an der Basis verengt

4 Blütenkrone mit grünen Punkten im Schlund, Kelchzähne meist weniger als halb so lang wie die Kelchröhre
5 Kelchzähne etwa 1 1/2mal so lang wie breit, Blütenzipfel spitz bis lang zugespitzt *G. acaulis*
5 Kelchzähne nur wenig länger als breit, Blütenzipfel zugespitzt *G. ligustica*
4 Blüten fast oder ganz ohne grüne Punkte im Schlund, Kelchzähne meist wenigstens 1/2mal so lang wie die Kelchröhre
6 Kelchzähne meist mehr als 1/2mal so lang wie die Kelchröhre, Blütenzipfel spitz *G. occidentalis*
6 Kelchzähne etwa 1/2mal so lang wie die Kelchröhre, Blütenzipfel zugespitzt *G. dinarica*

Nun zur eigentlichen *Gentiana acaulis* (syn. *G. kochiana*). Das Vorkommen ist weit verbreitet und erstreckt sich über die Gebirge Südeuropas und des südlichen Mitteleuropas: Alpen (von der Dauphiné bis Kärnten), Pyrenäen, Jura, Karpaten, Balkan (Jugoslawien, Bulgarien). In Deutschland in den Bayerischen Alpen und im Allgäu verbreitet vorkommend, fehlt *G. acaulis* in den Berchtesgadener Alpen. Dieser Enzian ist hinsichtlich der Bodenreaktion nicht so wählerisch wie andere verwandte Arten, wenn er auch allgemein als Urgesteins-Enzian bezeichnet werden kann. Andererseits findet er sich auch auf Kreide-Kalk, Mergel, Schiefer, Nagelfluh, Sandstein. Hauptsächlich kommt er auf trockenen Matten, Weiden, Schutt- und Geröllflächen, zum Teil auch in alpinen und subalpinen Nadelwäldern in Höhenlagen von 1700 bis 3000 m vor. Ein Mindestmaß an lehmig-torfiger Feinerde muß vorhanden sein. Partner aus der Natur, die sich auch im Garten vergesellschaften lassen, sind *Rhododendron ferrugineum, Geum montana, Campanula barbata, Chrysanthemum alpinum* u. a.

Dieser ausdauernde Enzian bildet eine kahle, glatte, mattgrüne Blattrosette aus, wobei an dem sehr kurzen Stengelstück noch 1 bis 2 Paar eiförmige Stengelblätter stehen. Die grundständigen Laubblätter sind elliptisch-oval, eiförmig oder seltener verkehrt-eiförmig, 4 bis 15 cm lang, 2 bis 3mal so lang wie breit. Die Blütenglocke ist verhältnismäßig groß, sie kann bis 6 cm messen. Der Kelch ist glockig, 5zähnig, wobei die rundlichen Kelchzähne weniger als die Hälfte der Kelchröhre lang sind; sie stehen etwas von der Krone, die breite Bucht zwischen den Kelchzipfeln zeigt eine weiße Verbindungshaut. Die trichterförmige bis glockige Krone ist normalerweise dunkelazurblau, wenn auch hin und wieder rötlichviolette, violette, grünlichweiße und weiße Typen zu finden sind. Im Schlund sind olivgrüne Flecken zu sehen. Die goldgelben Staubbeutel sind auffällig, ebenso der Griffel mit den gefransten Narbenzipfeln. Die Blütezeit am Naturstandort geht von Juni bis August. Herbstliches Remontieren ist selten.

Der „normale“ Pflanzenliebhaber wird weniger Wert auf die botanisch echten Arten legen, die oft im Tieflandgarten nicht besonders wüchsig sind oder auch blühfaul. Seit langer Zeit werden die prachtvollen stengellosen Enzianarten gärtnerisch kultiviert, auf dem Kontinent nachweislich seit Ludwig XIV. Dadurch hat sich ein Konglomerat gebildet, an dem verschiedene Arten und Abarten der Acaulis-Gruppe beteiligt sind. Ausgelesen wurden immer die wüchsigsten und reichblütigen Sämlinge, die man dann vegetativ weitervermehrt. Auch heute gibt es verschiedene „Rassen"; sie werden bei den Enzian-Hybriden besprochen, da ihre Abstammung nicht mehr wahrheitsgetreu zu klären ist.

Spezialisten werden selbstverständlich auch die echten Arten kultivieren, wobei besonders auch die Albino-Form gesucht ist (*G. acaulis* 'Alba').

Im Garten bietet man einen lehmig-humosen Boden mit leicht saurer Reaktion, dem etwas Urgesteins-Splitt zugesetzt wird. Der Platz soll sonnig bis leicht halbschattig sein und eine gewisse Bodenfrische garantieren. Diese sollte höher liegen als am Naturstandort, als Ausgleich für die dort vorhandene höhere Luftfeuchtigkeit. Wie erwähnt, ist diese Art trotz ihrer vorwiegenden Zentralalpen-Herkunft verhältnismäßig tolerant und akzeptiert etwas Kalk, ist also kein so bedingungsloser Kalkflieher wie etwa *Gentiana sinoornata*. Ein übermäßiger Blüher ist diese Art auch nicht an günstigen Standorten; falls sich überhaupt keine Blüten mehr zeigen, sollte das grüne Blattpolster in einige Stücke aufgeteilt und an anderer Stelle gepflanzt werden. Speziell diese Art darf nur sehr mäßig gedüngt werden, schon 1/4 Gramm eines mineralischen Volldüngers pro 1 Liter Wasser, führt zu Schädigungen.

Gute Partner sind *Primula auricula, Alchemilla hoppeana, Leontopodium*-Arten und -Sorten, *Arnebia pulchra*. Bei der Staudensichtung erhielt diese Art die Bewertung: Liebhaber-Staude.

Gentiana affinis Griseb.

In den USA in Veröffentlichungen oft als *Pneumonanthe affinis* (Griseb.) Green zu finden.

Eine weit verbreitete Art aus Nordamerika, sie geht von Saskatchewan, Manitoba und Nord-Dakota bis Britisch-Kolumbien und südlich bis Nevada, Arizona und in die Felsen von New Mexico. Wächst dort meist in den niedrigen Ausläufern von Gebirgen auf feuchtem Untergrund, der eine leicht saure Bodenreaktion zeigt.

Es ist eine etwa 30 cm hohe, aufrechtwachsende Art mit belaubten Stengeln, wobei die oberen, verkehrt-eiförmigen bis länglichen Stengelblätter schmaler und schärfer zugespitzt sind als die unteren. Jeder Blütenstiel trägt 2 bis 3 Blüten (manchmal auch mehr) in den oberen Blattachseln. Die kopfständige Blüte ist stiellos, während die aus den Blattachseln kommenden gewöhnlich gestielt sind. Die Blütezeit geht je nach Gegend von Juli bis August oder von August bis September. Die Kelchzipfel sind hinsichtlich ihrer Größe sehr unterschiedlich, oft bis 0,6 cm lang.

Die schmal-trichterförmige Blüte ist etwa 2,5 cm lang oder etwas länger und von blauer Farbe, wobei der Ton unterschiedlich sein kann. Die Blütenzipfel sind eiförmig, nach außen stehend und wesentlich länger als die Falte, welche gewöhnlich 2- bis 3gespalten ist.

Das Urteil über den Wert als Gartenpfanze ist nicht einheitlich, was vermutlich auch daran liegt, daß etwas unterschiedliche Typen verbreitet sind. Zusammengefaßt kann aber gesagt werden, daß die Pflanze durchaus Gartenwert hat, wenn sie auch nicht die „schönste Amerikanerin" ist und niemanden zu Beifallstürmen hinreißt. Auch im Garten sollte ein vollsonniger, aber auch etwas feuchter Pflanzplatz gesucht werden, jedoch ohne Staunässe. In der Natur findet sie sich zusammen mit *Potentilla fruticosa,* eine Kombination, die auch im Garten nachvollzogen werden kann. Empfohlen werden auch Kombinationen mit winterharten Fuchsien (*Fuchsia magellanica*). *Gentiana affinis* ist nahe verwandt mit *G. forwoodii, G. interrupta, G. bigelovii* und anderen, wobei nicht ganz klar ist, ob alle ihren eigenen Species-Status verdienen. Vermehrung durch Aussaat.

Gentiana alba *Mühlenb.*

Synonym: *G. flavida* A. Gray

Eine nordamerikanische Art, die in den mittleren Staaten der USA und in Kanada vorkommt, vorwiegend im südlichen Michigan in Zentral-Minnesota, südlich bis Kentucky gehend, in Nordwest-Arkansas, im östlichen Kansas mit verstreutem Vorkommen bis zum südlichen Virginia und dem westlichen Nord-Carolina. Die Pflanze wächst dort an nicht zu trockenen Plätzen in den Prärien oder auf Wiesen niederen Berglandes.

Eine kräftige, aufrechte, unverzweigte Pflanze, bis etwa 60 bis 80 cm hoch. Eirunde bis lanzettliche Blätter, die paarweise am Stengel stehen, die 7 bis 12 cm lang sein können und etwa 2,5 cm breit. Sie sind an der Basis herzförmig eingeschnitten und spitz zulaufend, der Rand ist glatt. Die Blüten stehen in einem größeren kopfständigen Büschel, nur schwach oder völlig ungeteilt. Die Einzelblüten sind weißlich, bedeckt mit grünlichen oder gelblichen Nerven, röhrenförmig und 3 bis 5 cm lang. Sie haben eine gewisse Ähnlichkeit mit *Gentiana saponaria* (syn. *G. puberula*), sind aber mehr offen und glockenförmig. Die Blütenzipfel sind länglich-eiförmig und mehr als zweimal so lang wie die unregelmäßige und gezähnte Falte. Blütezeit August-September.

Dieser Enzian kann kaum mit den anderen verglichen werden. Er ist ein starker Wachser, seine Attraktivität hält sich in Grenzen. Empfehlenswert eigentlich nur für den Sammler und botanisch Interessierten. Leider geistern allerlei andere Arten unter dem Namen *Gentiana alba* durch Sammlungen und Samentauschaktionen. Möglicherweise würde es sich lohnen, aus größeren Aussaaten attraktive Typen auszulesen.

Im Garten benötigt diese Art einen kalkfreien Boden mit einem gewissen Maß an Bodenfrische bei freiem Stand.

Gentiana algida Pallas, Arktischer Enzian

Synonym: *G. algida* var. *sibirica* Kusn., *G. nubigena* Edgew., *G. romanzovii* Ledeb. ex Bunge, *G. frigida* var. *algida* (Pall.) Froel.

Eine Art mit verhältnismäßig großem Vorkommen, sowohl im östlichen Asien als auch in Nordamerika. Im einzelnen werden als Fundorte angegeben: östliches Sibirien, Südwest-China und Japan, im Himalaja in Kaschmir. In Nordamerika findet sich die Art in Alaska, dem westlichen Yukon und vereinzelte Vorkommen in Montana, Wyoming und Colorado. Auch auf der nördlichen Inselwelt zwischen Asien und Nordamerika gefunden (Alëuten). Wächst an Hängen mit mehr trockenen Lagen.

Durch das große Verbreitungsgebiet bedingt, ist die Pflanze etwas variabel. Sie ist eine attraktive Staude, die lockere Tuffs von 8 bis 30 cm Höhe bildet. Die Stengel sind angewinkelt und von gelbgrüner Farbe. Die grundständigen Blätter sind spatelförmig bis länglich-lineal, stumpf, dick und fleischig, 2,5 bis 5 cm lang. Die Stengelblätter sind lanzettlich und kürzer (etwa 3,7 cm). Der Wurzelstock ist oft mit alter Blattbasis bedeckt. Die Blüten sind gelblichweiß mit blauen Punkten bedeckt und an der Außenseite blau gerippt. Sie sind mit 1 bis 3 Blüten kopf- oder blattwinkelständig in gestielten Büscheln. Die Blüten sind röhrig bis glockig, die Blütenkrone ist 3,5 bis 4,5 cm lang. Die Blütenzipfel sind aufrecht, dreieckig, weit auseinanderstehend. Die Kelchröhre ist 2 cm lang. Blütezeit August bis September.

In Kultur oft verwechselt mit *G. frigida,* die ähnlich ist; von manchen Botanikern wurde *G. algida* oft als Varietät von *G. frigida* angesehen. *G. algida* ist durchaus eine attraktive Gartenpflanze, leider auch eine etwas schwierige. Ein geröllähnlicher Platz mit Super-Dränage ist erforderlich. In Japan ist aus Zentral-Honshu unter der Bezeichnung *G. igarashii* Miyabe et Kudo ein etwas größerer Typ bekannt mit besonders attraktiven Blüten (bis 5 cm lang). Botanisch korrekt: *G. algida* f. *igarashii* (Miyabe et Kudo) Toyokuni; manchmal auch als *G. algida* var. *igarashii* Miyabe et Kudo zu finden. Der Himalaja-Typ geht auch unter der Bezeichnung *Gentiana algida* var. *nubigena* (Edgew.) Kusn. Die Anzucht aus Samen macht keine besonderen Schwierigkeiten. Die niederen Formen werden gerne in Trögen verwendet.

Gentiana alpina Vill., Südalpen-Enzian

Synonym: *G. acaulis* L. var. *alpina* (Vill.) Griseb.

Ist weit verbreitet, fehlt aber in der Bundesrepublik Deutschland und in Österreich. Wächst in der Sierra Nevada, in den Pyrenäen, in Savoyen und in den südwestlichen Schweizer Alpen.

Das Vorkommen, das nicht sehr häufig ist, beschränkt sich meist auf Magermatten, auf Urgestein. Die Original-Begleitflora ist im Garten kaum nachzustellen, entweder handelt es sich um weniger attraktive Pflanzen oder um so schwierige Pfleglinge wie *Eritrichium nanum* oder *Viola calcarata.*

Es ist eine verhältnismäßig kompakte Ausgabe der Acaulis-Gruppe, etwa 4 bis 7 cm hoch werdend. Die grundständige Blattrosette ist kahl, der Wurzelstock kurz und der Stengel nur 0,3 cm bis 1 cm lang oder ganz fehlend. Die grundständigen Laubblätter sind verhältnismäßig klein und stumpf (Unterscheidungsmerkmal zu anderen Arten der Acaulis-Gruppe), breit-elliptisch, ledrig, mattgrün, 1,5 bis 3 cm lang (selten bis 4 cm) und nur wenig länger als breit. Die nicht immer vorhandenen Stengelblätter sind spitz-elliptisch-lanzettlich und 0,9 bis 1,4 cm lang. Der Kelch ist 5zähnig und glockig. Die Kelchzähne messen ungefähr die Hälfte der Kelchröhre. Die trichterförmige bis glockige Blumenkrone ist 3 bis 4 cm lang und dunkelazurblau mit grünlichen Flecken, im Schlund etwas heller getönt. Vereinzelt finden sich auch violette und weiße Exemplare. Die Zipfel sind etwas abgerundet. Blütezeit in der Natur von Juni bis August, im Garten meist Juni-Juli.

Im Garten ist diese Art schwieriger zu kultivieren als G. *acaulis*. Im kalkfreien Boden wächst sie zwar oft zufriedenstellend, aber ist blühfaul oder blüht überhaupt nicht. Ein mildfeuchter Boden und eine gute Dränage gegen Staunässe sind wichtig für ein gutes Gedeihen. Andererseits ist diese attraktive Pflanze einige Mühe wert. Die Samenanzucht erfordert Geduld, selbst bei frischen Samen gelingt die Keimung oft erst im 2. Jahr nach der Aussaat.

Gentiana altaica Laxm.

Heimat ist Sibirien, besonders im Altai-Gebiet vorkommend, aber auch in den Baikal-Bergen und in der nördlichen Mongolei. Eine schopfige Pflanze, die beblätterte Triebe bildet, ähnlich einer lockeren Rosette. In den meisten Fällen trägt jeder Trieb nur eine kopfständige Blüte, selten mehr als eine. An der Blütenbasis sind die über 2,5 cm langen Blätter geschlossen überlappend, sie sind lineal bis lineal-lanzettlich. Die trichterförmigen, tiefblauen Blüten sind mehr als 4 cm lang und nahe 2 cm breit, wenn sie voll geöffnet sind. Die Zipfel sind rundlich bis eirund und fast zweimal so lang wie die Falte. Diese ist abgerundet und hat tief eingeschnittene Kerben. Die Farbe der Blütenkrone ist im Inneren heller. Die Blütezeit liegt im Mai und Juni.

Es ist eine durchaus empfehlenswerte Gartenpflanze, wenn auch nicht sehr verbreitet. Sie wünscht einen etwas schotterigen Boden und gute Dränage. Oft ist es bei sehr nassem Winterwetter empfehlenswert, die Pflanze mit einer Glas- oder Kunststoffscheibe zu schützen. Sie wünscht einen vollsonnigen Stand. Vermehrung durch Aussaat.

Gentiana amabilis Petrie

Neuseeland (Zentral-Otago 1400 m). Der Art-Status dürfte nicht gerechtfertigt sein, denn es handelt sich wohl um eine Zwergform von *G. bellidifolia*. An einem 4 bis 5 cm hohen Stengel steht eine verhältnismäßig große kopfständige Blüte. In den Bergen von Zentral-Otago wächst sie zusammen mit *G. bellidifolia*, die normalerweise auf trockneren Standorten wächst als die unter *G. amabilis* verbreitete Zwergform.

Gentiana amoena C. B. Clark

Sikkim-Himalaja, dort in Höhenlagen über 4500 m. Eine hübsche, mattenbildende Art mit dichten überlappenden Blättern und längeren Ausläufern, welche kopfständige, glockenförmige, weiße oder fleischfarben getönte Blüten tragen, die mit längsläufigen, dunkelblauen Markierungen versehen sind. Leider bei uns nicht in Kultur; wer die Abbildung im Buch von David Wilkie sieht, muß dies bedauern. Einführungen gingen durch den letzten Weltkrieg verloren. Blütezeit am Naturstandort August-Oktober. Es ist zu hoffen, daß diese Art wieder kultiviert wird. Benötigt mildfeuchten Boden mit saurer Reaktion.

Gentiana andrewsii Griseb., Geschlossener Enzian, Blinder Enzian

Synonym: *Dasystephana andrewsii* (Griseb.) Small., *Pneumonanthe andrewsii* (Griseb.) W. A. Weber

Heimat sind die nordöstlichen Staaten der USA und Kanada (Vermont und Quebec bis Saskatchewan und bis Georgia, Arkansas und Colorado). Wächst dort in feuchten Wäldern und Wiesen. Ein zentraler Wurzelstock treibt mehrere belaubte Stengel, etwa 35 cm hoch, aber auch höher (bis 80 cm). Die Stengelblätter stehen paarweise, sie sind dunkelgrün, manchmal violett angehaucht und lanzettlich bis eirund, etwa 5 cm lang und etwas mehr als halb so breit, mit 3 bis 7 Adern. Die Blüten sind kopfständig oder sitzen in den oberen Blattachseln, wo sie büschelig stehen. Der Kelch ist röhrig, und die Zipfel, kürzer als die Kelchröhre, sind eirund und zurückgebogen. Die keulenförmige Blütenkrone ist vorne geschlossen („Blinder Enzian") und tiefblau mit weißen Falten und Spitzen (im Alter mehr nach Purpurviolett gehend), etwa dreimal so lang wie die Kelchröhre, bis 4 cm. *G. andrewsii* ist durch die geschlossenen Blüten meist gut von anderen nahe verwandten Arten zu unterscheiden. Es gibt auch eine weißblütige Form, *G. andrewsii* f. *albiflora* Britt. manchmal auch als *G. andrewsii* var. *albiflora* bezeichnet (syn. *G. flavida*). *G. clausa* Raf. ist sehr ähnlich, wird aber jetzt als eigene Art geführt. Dr. Pringle unterteilt diese Art noch in *G. andrewsii* und *G. andrewsii* var. *dakotica.* Diese unterscheiden sich nur durch die bei der letztgenannten Varietät leicht vergrößerten Kronzipfel und durch das westlichere Vorkommen.

Trotz der geschlossenen Blüten ist dieser Enzian durchaus wert im Garten gepflanzt zu werden. Diese Art ist nicht schwierig zu pflegen, es genügt normaler Gartenboden, dem man etwas Torf zusetzt. Halbschattige Lagen sind besser als volle Sonne. Plätze in Steingärten oder Halbschattenpartien mit Wildstauden bieten sich an.

Gentiana angulosa siehe *G. verna* var. *angulosa*

Gentiana angustifolia Vill., Schmalblätteriger Enzian

Südwestalpen bis zur Schweiz, Jura, Pyrenäen. Vertritt den in den Westalpen fehlenden *Gentiana clusii.* Eine kalkstete Art, die an den schmalen langen Laubblättern leicht zu erkennen ist. Etwa 5 bis 10 cm hoch werdend mit kahler, grundständiger Blattrosette. Stengel mit 1 bis 2 Blattpaaren. Die weichen, mattgrünen Rosettenblätter sind lineal-lanzettlich bis lanzettlich, 2 bis 5,5 cm lang und etwa 3 bis 5mal so lang wie breit, bei nur 5 bis 9 mm Breite. Vorne stumpf oder nur kurz zugespitzt. Bei dieser Art stehen die Blüten immer auf einem Stengel, oft bis 7 cm lang. Die Kelchröhre ist glockenförmig und mißt über 12 mm, die Zipfel sind kürzer als die halbe Länge der Röhre, sie sind eirund-länglich. Ein Unterscheidungsmerkmal, aufgrund dessen man diese Art ebenfalls identifizieren kann, ist die Art, wie die Kelchzipfel von der Röhre abstehen. Die Blütenkrone ist röhrig-glockig, die Zipfel eirund mit langer Spitze, die Falte ist unregelmäßig und stumpf. Die Blüte ist leuchtend dunkelblau, jedoch heller als bei *G. acaulis* und *G. clusii.* Die Blütezeit geht in der Natur von Mai bis August.

Gehört von den reinen Arten der Acaulis-Gruppe zu den gartenfreundlichsten, auch ist sie verhältnismäßig reichblühend. Sie ist kalkliebend und verträgt ein gehöriges Maß an Trockenheit, akzepiert im Garten aber auch eine leicht saure Reaktion. Leichtem Gartenboden sollte etwas Lehm zugegeben werden. Wegen der längeren Blütenstengel zum Schnitt geeignet.

Gentiana asclepiadea L., Schwalbenwurz-Enzian, Wurzer-Enzian

Weitverbreitete Art in Süd- und Mitteleuropa, nördlich bis zum Riesengebirge, Karpaten und Südwestpolen, südlich bis Mittel-Italien, Korsika und Mittel-Griechenland, östlich bis in die nordwestliche Ukraine, Vorderasien und Kaukasus. Sie ist keine Pflanze der Hochlagen, sondern der Vor- und Mittelgebirge, meist in Höhenlagen zwischen 1000 und 1500 m, vereinzelt aber auch bis 500 m herab- und bis 2000 m heraufgehend. Diese prächtige, feuchtigkeitsliebende, kalkholde Art wächst meist auf offenen Weiden, Waldlichtungen, feuchten Hängen, in Schluchten und an Waldrändern. In der Natur oft vergesellschaftet mit *Mentha longifolia, Origanum vulgare, Dryopteris filix-mas, Thelypteris phegopteris, Athyrium filix-femina, Veratrum album, Aconitum vulparia, Aruncus dioicus* u. a. Ähnliche Kombinationen lassen sich auch im Garten in Wildstaudenpflanzungen nachbilden.

Die sehr ausdauernde Art wird meist 50 bis 60 cm hoch, an günstigen Plätzen auch noch höher (bis 1 m); sie bildet keine grundständige Blattrosette. Aus dem kräftigen Wurzelstock treiben dichtbeblätterte aufrechte bis überhängende Stengel. Die zahlreichen, paarweise stehenden Stengelblätter sind 5 bis 8 cm lang und 3,5 cm breit, ei-lanzettlich, lang zugespitzt, ungestielt. Die zahlreichen Blüten erscheinen einseitig und stehen aufrecht. Die Blüten, meist 3,5 bis 5 cm lang, stehen einzeln oder bis zu drei in den oberen Blattachseln gebüschelt. Der glockige Kelch ist viel kürzer als die Kelchröhre. Die Blütenkrone ist glockig-keulenförmig, dunkelblau, innen rotviolett punktiert, mit hellen, manchmal auch weißen oder hellblauen Längsstreifen. Blüte 5zipfelig, Zipfel dreieckig, in den Falten je ein stumpfer Zahn.

Botaniker haben in der Vergangenheit verschiedene Formen unterschieden, was gärtnerisch ohne Bedeutung ist. Wesentlich wichtiger für uns sind die verschiedenen Farbvarianten. Während die in den Alpen vorkommenden Pflanzen einen ziemlich dunklen blauen Blütenfarbton zeigen, haben die im südlichen Jugoslawien und in Albanien vorkommenden Typen ein helleres leuchtendes Blau. Samen vom Čakor-Paß wurde vom Autor an Gärtnereien und Liebhaber weitergegeben, so daß dieser attraktive Typ weiterverbreitet wurde. Gesucht ist auch die Albino-Form, *G. asclepiadea* 'Alba'. Seltener sind purpurviolette und rosa Formen im Angebot. Der Versuch, *G. asclepiadea* vom Čakor-Paß mit *G. a.* 'Alba' und *G. a.* 'Rosea' im Garten zu einer Farbsymphonie zu vereinigen, mißlang, weil die Blüten nicht zusammen, sondern in der genannten Reihenfolge nacheinander aufblühten.

Im allgemeinen kann gesagt werden, daß der Gartenwert des Schwalbenwurz-Enzians noch nicht voll erkannt wird. Gerade in Halbschattenpartien oder in absonnigen oder leicht beschatteten Lagen größerer Steingärten ist zu seiner Blütezeit in Juli-September keine sehr große Konkurrenz vorhanden. Die Blüten öffnen sich vormittags zwischen 8 und 9 Uhr, um sich zwischen 17 und 18 Uhr wieder zu schließen. Er liebt halbschattige bis schattige, frischbleibende Plätze.

Benachbarn kann man etwas kleiner bleibende Farne, Gräser, Türkenbundlilien. Schön ist als Partner das Salomonssiegel, auch wenn die Blütezeit unterschiedlich ist. Reizend ist eine Unterpflanzung mit Monatserdbeeren, und in Gestaltungen mit Zwergrhododendron kommt im Sommer wieder etwas Leben in diese Partien, besonders mit der weißblühenden Form. Mit der Bodenreaktion nimmt es der Schwalbenwurz-Enzian nicht so genau. Auch niedere *Hosta*-Gruppen sind angenehme Partner oder *Polygonum vacciniifolium.* Die Vermehrung erfolgt durch Aussaat (Blüte meist im 3. Jahr) oder durch Teilung kräftiger Stücke. Die Ansiedlung sollte immer mit Topfballen erfolgen. Im Garten sind auch noch gute Partner *Astrantia, Ranunculus aconitifolius,* Farne und Gräser (*Luzula, Carex*). Von der Staudensichtung als sehr wertvolle Wildstaude anerkannt, *G. asclepiadea* 'Alba' als wertvolle Wildstaude.

Gentiana austromontana Pringle et Sharp

Wenig verbreitete Art aus dem westlichen Nordamerika, wo sie in höheren Lagen vorkommt, besonders vom südlichen Virginia bis Nordost-Tennessee und westlich bis Carolina. Sie zeigt ähnlich *G. andrewsii* geschlossene Blüten („Flaschen-Enzian"). Die Stengel erreichen eine Höhe von 30 bis 45 cm, sie tragen eirunde bis lanzettliche, glänzende, dunkelgrüne Blätter. Die Blüten an den aufrechten Stengeln erscheinen über eine längere Zeit im September-Oktober. Vermehrung durch Aussaat. Wächst in einem humosen Boden mit leicht saurer Bodenreaktion in nicht zu schattiger Lage. Sie wird als eine der hübschesten „geschlossenen“ Enzianarten bezeichnet.

Gentiana autumnalis L.

Synonym: *G. porphyrio* J. F. Gmel.

Eine nordamerikanische Art, die in der atlantischen Küstenregion vorkommt, vom zentralen New Jersey bis zum südlichen Delaware und von Südost-Virginia bis Süd-Carolina. Diese Art wächst auf sandigen, feuchten Wiesen und in Kiefernwäldern. Die Pflanze treibt normalerweise 2 bis 3, gewöhnlich unverzweigte, meist 40 bis 50 cm hohe Stengel. Die Blätter sind lineal oder verkehrt-lanzettlich und einaderig. Die Blüten sind meist kopfständig, die Blütenkrone ist oben gelblich und nach unten bläulich, es gibt aber auch gewöhnliche blaue und rosa Formen, ebenso weiße (*G. a.* f. *albescens* (Fern.) Fern.). Blütezeit geht von September bis November.

Nahe verwandt ist *G. pennelliana* Fern. mit 5nervigen Petalen; *G. autumnalis* hat nur 3nervige. Sie wächst in West-Florida, wo sie wegen des milden Klimas von Oktober bis März blüht.

In Kultur wird ein leichter sandiger, feuchter Boden gewünscht, aber mit exzellenter Dränage. Diese Art wird zu den hübschesten amerikanischen Arten gerechnet. Vermehrung durch Aussaat.

Gentiana bavarica L., Bayerischer Enzian

Hat ein weites Verbreitungsgebiet in den Alpen (von den Seealpen bis Niederösterreich), Abruzzen, Apennin. Geht von der subalpinen bis zur hohen alpinen Stufe, besiedelt dort besonders feuchte Matten und Weiden, berieselten Feinschutt, quellige Stellen und Bachränder. Hinsichtlich der Bodenreaktion ist dieser Enzian weitgehend tolerant. Er kommt sowohl auf Kalk als auch auf Urgestein vor. Wird oft mit dem Frühlings-Enzian (*Gentiana verna*) verwechselt, kann aber allein durch die Blattform leicht unterschieden werden.

Die Pflanze wird je nach Standort 4 bis 20 cm hoch und bildet kleine, grün überwinternde Rasen, die aus dichtbeblätterten, blütenlosen, 0,5 bis 2 cm hohen, kantigen, aufstrebenden Trieben bestehen. Dazwischen stehen die einblütigen, kopfständigen Blüten. Die fast gleichgroßen Laubblätter (die unteren sind etwas kleiner) stehen dicht und schindelartig, sie sind abgerundet, stumpf, spatel- oder verkehrt-eiförmig, im vorderen Drittel am breitesten, 10 bis 15 mm lang und kaum doppelt so lang wie breit. Die Blätter bilden keine deutliche Rosette, die Stengelblätter stehen zu 3 bis 4 Paaren.

Der Kelch ist röhrig-trichterförmig, 10 bis 16 mm lang, oft violett getönt und schmal-geflügelt (1 bis 2 mm breit), manchmal auch ungeflügelt. Die lanzettlichen Kelchzähne sind 5 bis 6 mm lang und spitz. Die Blütenkrone kann als stieltellerförmig bezeichnet werden, sie ist etwa 2,5 cm lang und 1, 6 bis 2 cm breit, von tiefblauer Farbe, mit lichtblauer Röhre und 5 stumpfen, ausgebreiteten Zipfeln. Es gibt vereinzelt auch violette und weiße Typen. Die Blütezeit am Naturstandort geht von Juli bis in den September.

Von dieser Art gibt es eine nahe Verwandte, *Gentiana rostanii* Reut., die von manchen Autoren als Form von *G. bavarica* angesehen wird, und von anderen als eigene Species (siehe unter *G. rostanii*). Außerdem ist *G. bavarica* var. *subacaulis* Schleicher bekannt, mit niederem Wuchs, wobei alle Laubblätter dachziegelartig dicht gedrängt stehen und fast kreisrund sind. Es ist eine Hochalpenform, etwa in 2400 bis 3000 m Höhe verbreitet. Diese Varietät ist sehr reichblühend. Andere Botaniker unterteilen in *G. b.* ssp. *bavarica* Tav. und *G. b.* ssp. *imbricata* Schleicher.

Der Pfleger muß sich im klaren sein, daß es sich im Garten um eine schwierige Pflanze handelt, die wesentlich schwieriger als der Frühlings-Enzian (*G. verna*) zu halten ist. Man muß sich nur die Konditionen am Heimatstandort vor Augen führen, wo immer ein gehöriges Maß an Feuchtigkeit vorhanden ist. Deshalb werden auch im Steingarten feuchte Plätze benötigt, wobei auch volle Sonne erforderlich ist. Kalk ist nicht unbedingt notwendig, die Art gedeiht in den Alpen ja auch auf Urgesteinsböden. Im Garten liegt die Blütezeit im Juli-August. Eine Ansiedelung gelingt immer nur mit Jungpflanzen, die man durch Aussaat erhält. Diese ist sehr schwierig, wenn es sich nicht um ausgesprochen frisches Saatgut handelt. Gute Aussicht besteht, wenn man den Samen von schon vorhandenen Pflanzen zur Verfügung hat und sofort nach der Reife sät. Sobald die Sämlinge mit den Fingern faßbar sind, in Töpfe pikieren und im Folgejahr mit dem nicht zerstörten Topfballen an den endgültigen Standort pflanzen. Diese Bemerkungen zur Aussaat gelten auch für ähnliche verwandte Arten. Nach alten Angaben gedeiht dieser Enzian besonders gut in einer Mischung von sandiger Moorerde mit gehacktem Sphagnum. In wärmeren Gegenden kommt es leicht zu Blattlausbefall.

Campanula bayerniana Rupr.

Eine Art aus dem Kaukasus und dem nördlichen Iran, die noch keine große Verbreitung gefunden hat. Wächst in subalpinen Regionen in Höhen von 2700 bis 2800 m (z.B. am Mount Azargapa). Eine hübsche Pflanze für sonnige Steingartenplätze, aber auch für Alpinenhauskultur im Topf. Benötigt stark mit Splitt angereicherten, kalkfreien Boden. Aus einem Wurzelstock entwickelt sich eine lockere Rosette herzförmiger Blätter, die auffallend gezähnt sind. Zahlreiche blattähnliche Hochblätter stehen an dünnen Blütenstengeln, die etwa eine Höhe von 15 cm erreichen und wenige kopfständige, mittel- bis dunkelblaue Blüten tragen. Die beste Vermehrung ist Aussaat im zeitigen Frühjahr. Samen wird reichlich gebildet.

Gentiana bellidifolia Hook. f., Kleiner Neuseeländer Schnee-Enzian

Heimat Neuseeland, auf der Nord- als auch auf der Südinsel vorkommend, wo die Pflanze gut bekannt ist, etwa in Höhenlagen von 600 bis 1800 m. Eine kräftige bewurzelte Staude, die je nach Standort im Aussehen variiert. Sie treibt eine grundständige Blattrosette, 10 bis 15 mm lang, 5 bis 7 mm breit. Aus der Basalrosette treiben vereinzelte bis viele 4 bis 12 cm hohe Stengel, die meist verzweigt sind. Die dunkel bräunlichgrünen Stengelblätter sind kleiner als die grundständigen, immer aufsitzend und in 3 bis 4 Paaren. Die Blüten stehen einzeln oder zu mehreren (bis zu 6) in dichten, flachen endständigen Dolden (15 bis 18 cm hoch werdend). Der 8 bis 9 mm lange Kelch mißt über die Hälfte der Länge der Blütenkrone und ist tief eingeschnitten zu schmalen, spitzen Zipfeln. Die glockenförmige Blüte ist 15 bis 18 mm lang und ebenfalls tief eingeschnitten, sie hat breite, stumpfe Zipfel und ist von weißer Farbe, die manchmal feine purpurne, oft auch grünliche Adern zeigen. Blütezeit Juni-Juli.

Eine hochalpine Varietät der Südinsel läuft unter dem Namen *G. b.* var. *australis* Petric. Es ist eine kräftige, niedrige Form, etwa 6 bis 12 cm im Durchmesser mit verhältnismäßig großen Blüten (Durchmesser bis 2,5 cm).

Leider ist die Nomenklatur der Neuseeländer Enziane etwas konfus. Die beschriebene Art ist ähnlich *G. saxosa* und wie diese in Liebhaberkreisen öfter zu finden. In Kultur liebt diese Art einen guten tiefgründigen, kalkfreien Boden mit einem Zusatz von Torf in voller Sonne, wobei der Boden nicht zu stark austrocknen darf. In kälteren Gegenden ist unbedingt Winterschutz zu empfehlen, besser ist die Kultur im Alpinenhaus. Vermehrung durch möglichst frischen Samen.

Gentiana bigelovii A. Gray

Ein Enzian der Rocky Mountains. Der Art-Status wird von manchen Autoren angezweifelt und die Pflanze als Varietät von *G. affinis* betrachtet. Kräftige, bis 30 cm oder höher werdende purpurgrüne Stengel, im oberen Teil stehen die stiellosen Blüten in den Blattachseln. Die Blüte ist mittelblau, die Blütezeit liegt im August. In manchen Beschreibungen wird die Blütenfarbe auch als weißlich, purpurgetönt, angegeben. Insgesamt herrscht hier bei Samentauschaktionen, botanischen Gärten usw. ein großes Durcheinander. Von *G. affinis* unterscheidet sich die Pflanze durch den mehr ährenförmigen Blütenstand (*G. affinis* bildet mehr kopfstandige Büschel). Außerdem zeigt *G. bigelovii* auf der Außenseite der Blütenzipfel zwei nach unten gehende Rippen. Insgesamt eine für den Garten nicht unbedingt nötige Pflanze, nur für Sammler und Botaniker. Wünscht volle Sonne und einen gut dränierten Boden, macht sonst keine Schwierigkeiten.

Gentiana bisetaea T. J. Howell

Eine Amerikanerin aus Oregon, wo sie an feuchten sumpfigen Stellen der Berge nahe der Küste wächst. Die Pflanze ist nahe verwandt mit *G. calycosa. G. bisetaea* hat keine basale Blattrosette, sie treibt etwa 25 bis 45 cm hohe Stengel, die mit 6 bis 16 Blattpaaren besetzt sind, an der Basis stengelumfassend. Die Blätter sind etwa 2,5 cm lang, oval bis verlängert, nach oben mehr lanzettlich, von dicker Substanz, an der Spitze gerundet und an der Basis verschmälert. Die Blüten erscheinen im Juli-August und sind glockig, blau oder purpurblau. Die auffällige, kopfständige Blüte wird vom oberen Blattpaar umgeben. Von den nahe verwandten Arten unterscheidet sie sich durch die lanzettlichen Kelchzipfel, die so lang wie die Röhre sind. Nur etwas für den Sammler. In kalkfreien, feuchten Böden macht die Art keine Schwierigkeiten.

Gentiana brachyphylla Vill., Kurzblätteriger Enzian

Synonym: *G. verna* L. var. *brachyphylla* Griseb., *G. verna* Bertoloni

Vorkommen in den Alpen (von den Seealpen bis in die Steiermark), in den Pyrenäen, Siebenbürgen. Sehr nahe verwandt mit *G. verna, G. bavarica, G. favratii,* von manchen Autoren auch nur als hochalpine Form von *G. verna* angesehen. Wächst in der alpinen und nivalen Stufe der Alpen von 1800 bis 3100 m, vereinzelt auch höher. Besonders in Rasen, aber auch auf Schuttfluren, in Schneetälchen, mit Vorliebe auf kalkarmer Unterlage.

Eine rasenbildende Pflanze, aus 3 bis 6 cm hohen blütenlosen und blütentragenden Trieben bestehend, vereinzelt auch bis 15 cm. Alle Laubblätter sind grundständig, dicht, dachziegelartig stehend, ziemlich gleich in der Größe und glänzend, 1 cm lang und 0,5 cm breit mit deutlichem, stark papillösem Knorpelrand. Stengellos oder kaum sichtbar, nur je eine endständige Blüte tragend. Kelch halb so lang wie die Kronröhre. Die Krone ist stieltellerförmig und dunkelazurblau. Blütezeit in der Natur Juli-August.

Gentiana verna, der Frühlingsenzian, begeistert jeden, der in der Natur die großen, vielblütigen Teppiche sieht. In oft großen Massen findet sich diese Art, die auch unter der Bezeichnung „Schusternagerl“ bekannt ist, meist bald nach der Schneeschmelze in den Alpen und anderen europäischen Gebirgen. Bedingt durch das weite Verbreitungsgebiet haben sich einige Varietäten herausgebildet. Leider ist *Gentiana verna* eine spröde Gartenpflanze, sie ist in Kultur nie recht heimisch geworden und auch nicht oft anzutreffen.
Oben links: Etwas gartenfreundlicher ist der kaukasische Typ des Frühlingsenzians, *Gentina verna* var. *angulosa*. Das abgebildete Polster zog mein Sohn Norbert im Alter von 13 Jahren aus Samen!
Oben rechts: *Gentiana verna* var. *angulosa* (syn. *Gentiana angulosa*) am Naturstandort im Kaukasus. Die Pflanzen stehen in humusarmen Schutt aus Lavaschlacke (Aufnahme am Elbrus, Mitte Juni, etwa 2800 m Höhe).
Unten: Das „Schusternagerl“ am Naturstandort in den Alpen. Dort ist der Boden meist stark humos und zur Blütezeit wasserdurchtränkt. Es ist zu hoffen, daß noch gartenfreundlichere Typen entstehen.

Ein ausgesprochen schwieriger Pflegling im Garten, besser ist die Kultur im Alpinenhaus. Dem Boden ist ein gehöriges Maß an Gesteinsschutt beizumischen, wobei kalkfreie Substrate von Vorteil sind, auch wenn die Art teils auf Kalk vorkommt.

Die „Flora Europaea" unterteilt *G. brachyphylla* in *G. b.* ssp. *brachyphylla* und *G. b.* ssp. *favratii.* Die letztgenannte ist in manchen Veröffentlichungen auch als eigene Art aufgeführt (*G. favratii* Rittener ex Favrat, *G. verna* var. *favratii* Rittener, *G. orbicularis* Schur). Teils wird diese Pflanze auch als Hybride angesehen (*G. bavarica* × *G. verna*). Wir halten uns an die „Flora Europaea". Von der Subspecies *brachyphylla* unterscheidet sie sich durch das dunkelgrüne, stumpfe Rosettenlaub, durch den dünnen Rand und die oft breiteren als langen Kronzipfel. Die Blüte ist tiefblau, ähnlich wie bei *G. verna.* Ein wichtiges Unterscheidungsmerkmal gibt es aus ökologischer Sicht, da *G. brachyphylla* ssp. *favratii* immer auf Kalkunterlage vorkommt (Alpen, Karpaten), meist in Höhenlagen von 2000 bis 2800 m.

Dieser Enzian ist wesentlich gartenfreundlicher als *G. brachyphylla.* Ein stark mit Kalksteinschutt durchsetzter Boden mit guter Dränage wird gewünscht. Frisches Saatgut keimt schnell. Durchaus ein kleiner Edelstein für Liebhaber hochalpiner Pflanzen.

Die Verna-Gruppe beinhaltet reizende Gesellen, doch sind alle keine universellen Gartenpflanzen, sondern meist sorgsam gehütete Pfleglinge des speziellen Alpinenliebhabers.
Oben links: Zu den gesuchtesten Raritäten gehört sicher *Gentiana verna* var. *oschtenica* (syn. *Gentiana oschtenica*), eine gelbblühende Ausgabe des kaukasischen Frühlingsenzians. Die Kultur ist noch wesentlich schwieriger als bei den blaublütigen Pflanzen.
Oben rechts: Meist auf Kalksteinunterlage kommt der Triglav-Enzian vor, *Gentiana terglouensis.* Er ist selten im Angebot, gehört aber zu den Arten dieser Gruppe, die im Garten bei entsprechender Pflege noch verhältnismäßig leicht gedeihen.
Mitte links: Kaum im Garten und in Kultur anzutreffen ist der Schnee-Enzian, *Gentiana nivalis.* Diese kleine Art kommt in vielen Gebirgen vor, meist in größeren Höhen, aber auch in Grönland.
Mitte rechts: *Gentiana utriculosa,* der Aufgeblasene Enzian oder auch Schlauch-Enzian, ist ebenfalls eine Pflanze, an der man sich in der Natur erfreuen sollte, da die Kultur im Garten ziemlich aussichtslos ist.
Unten links: *Gentiana bavarica,* der Bayerische Enzian, unterscheidet sich vom Frühlingsenzian besonders durch die Blattform.
Unten rechts: *Gentiana pumila,* der Zwergenzian. Bei voller Berücksichtigung der Ansprüche gedeiht diese Art bei Spezialisten durchaus zufriedenstellend.

Gentiana bracteosa Greene

Ein amerikanischer Enzian aus Colorado, der manchmal durch Samenlisten geistert, oft aber falsch ist; meist sind es Formen von *G. septemfida* oder ähnlichen Arten. Die echte Art hat keine Basisrosette, sie treibt etwa 30 cm hohe, beblätterte Stengel. Die Blätter verschmälern sich stark dem Stengel zu. An der Spitze der Stengel sind die Blätter wesentlich größer, mehr eirund und umschließen den unteren Teil der Blüte wie Brakteen. Die trichterförmige Blüte ist purpurblau, die Blütezeit liegt im August. Tiefgründiger, mildfeuchter Boden in nicht brandheißen Lagen ist erwünscht.

Gentiana burseri Lapeyr.

Pyrenäen, Südwestalpen. Nahe verwandt mit *G. purpurea.* Aufrechtwachsend, etwa 60 bis 90 cm hoch. Die grundständigen Blätter sind verhältnismäßig groß, manchmal mehr als 23 cm lang und etwa halb so breit. Die Stengelblätter werden nach oben hin kleiner. Die in Quirlen stehenden Blüten entspringen den Blattachseln der an der Spitze stehenden Blätter und zeigen ein eigenartiges Grünlichgelb, oft mit braunen Punkten besetzt. Die Blütenkrone ist etwa 4 cm lang. Die „Flora Europaea" teilt die Art in *G. b.* ssp. *burseri* und *G. b.* ssp. *villarsii* (Griseb.) Rouy. Bei der erstgenannten sind die Blütenzipfel spitz, bei der zweitgenannten stumpf oder nur leicht gespitzt, und die Blüte ist besonders stark braun gepunktet.

Keine attraktive Gartenpflanze, nur etwas für Sammler. Eine Pflanze aus Kalkgebieten, kommt aber im Garten auch ohne Kalk aus.

Gentiana cachemirica Decne.

Oft auch *Gentiana cachemerica* geschrieben. Ein Himalaja-Enzian aus Kaschmir und Pakistan, wo er an Berghängen in Felsspalten und -vorsprüngen wächst, etwa in Höhen von 2400 bis 4000 m, die Blütenstengel hängen dabei nach unten. Dieser Enzian erreicht eine Höhe von 8 bis 15 cm. Die halbaufgerichteten, purpurgetönten Triebe entspringen einer Blattrosette und tragen eine kopfständige, stiellose Blüte oder gelegentlich Büschel von zwei oder drei Blüten. Blüht am Heimatstandort im August-Oktober. Das Basislaub ist eirund, die Stengelblätter sind eirund oder rundlich, undeutlich dreigenervt und meist kleiner als 1,2 cm lang. Die in Paaren stehenden Blätter sind stumpfgespitzt und gehen an der Basis in einen kurzen Stiel über, röhrenförmig den Stengel umgebend. Die Blütenkrone ist über 2,5 cm lang und glockenförmig. Ihre Farbe ist ein helles Blau mit über 1 cm langen, gelblichweißen und blauen Streifen besetzt. In Kultur wird dieser Enzian oft mit *Gentiana loderi* verwechselt. Der Unterschied besteht in der Form der Blütenkrone. Bei *G. loderi* sind die Kelchzipfel löffelförmig und zurückgebogen, die Blütenkrone ist mehr röhrig-glockig mit großen Zipfeln und gefransten, aufrechten Falten. Im Gegensatz dazu hat *G. cachemirica* länglich-lineale Kelchzipfel, eine glockige Blütenform und schmale Zipfel, die Falte ist kleingelappt bis gezähnt.

Eine durchaus gartenwürdige Art. Sie liebt einen gut dränierten, schotterigen Boden, am besten an Plätzen, an denen die Pflanze überhängen kann (Trockenmauerfugen!). Volle Sonne wird geliebt. Leider ist die Pflanze, die unter diesem Namen gehandelt wird, oft nicht echt, ebenso nicht der Samen bei Tauschaktionen. Die Beschreibung, die Oleg Polunin und Adam Stainton in ihrem Buch „Flowers of the Himalaja“ geben, weicht etwas von der obigen ab. Vermehrung durch Samen.

Gentiana calycosa Griseb.

Kommt in den westlichen Staaten der USA vor, geht von Kalifornien bis Britisch-Kolumbien und ostwärts bis Alberta und Montana. Stärker konzentriert in den südlichen Rocky Mountains. Wächst dort an felsigen Berghängen und auf Bergwiesen nahe der Baumgrenze. Treibt zahlreiche, mehr oder weniger aufrechte, 15 bis 40 cm lange Stengel. An diesen stehen die Blätter paarweise, und an der Spitze stehen die kopfständigen Blüten, vereinzelt auch mehr, wobei das oberste Blattpaar die Basis der stiellosen Blüten umgeben. Die Blätter sind breit-eirund, rund-oval oder herzförmig 3- bis 5nervig, über 2,5 cm lang. Ähnlich der Blattform sind die 5 Kelchzipfel. Die glockenförmigen Blüten erscheinen im August-September, sie sind von tief dunkelblauer Farbe mit hellem Schlund und 2,5 bis 3,5 cm lang.

Nordamerika hat eine ganze Reihe von spätsommer- und herbstblühenden Enzianen, die durchaus gartenwillig sind

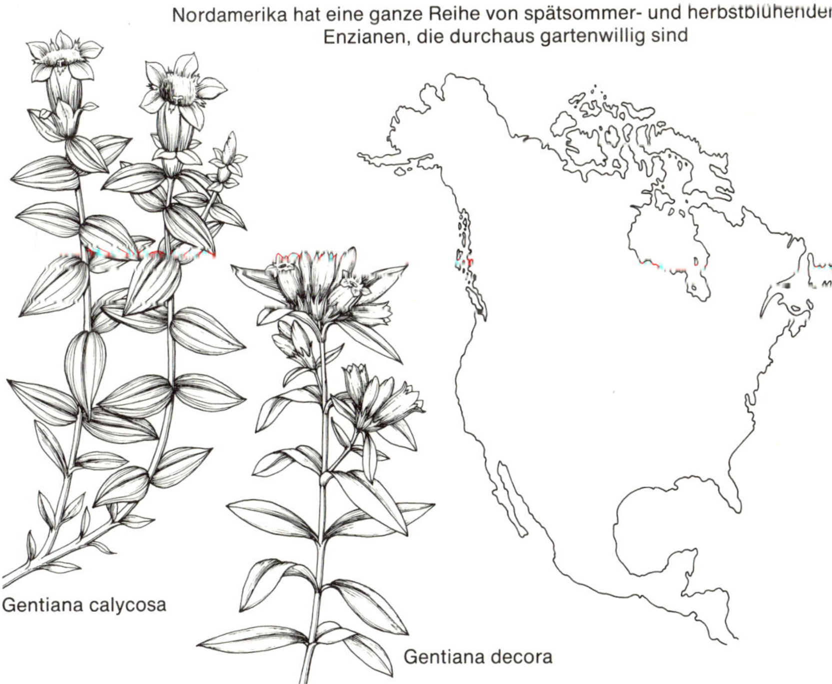

Dieser Enzian hat durchaus Gartenwert und ist leicht zu kultivieren. Er mag volle Sonne, wenn auch während der Sommermonate eine leichte Beschattung vorteilhaft ist. Der Boden sollte mildfeucht sein, es darf sich aber keinesfalls Staunässe bilden. Vermehrung durch Samen oder Teilung im zeitigen Frühling.

In amerikanischen Veröffentlichungen auch als *Pneumonanthe calycosa* (Griseb.) Greene zu finden.

Gentiana cephalantha Franch. ex Hemsl.

Ein Enzian von Yunnan. Eine reichverzweigte Pflanze bis 45 cm hoch. Die Blüten stehen in Büscheln von 6 Stück oder mehr, sie sind röhrenförmig, hellblau, manchmal dunkler geadert. Die Blütezeit liegt im August. Wird in Kultur öfter mit *Gentiana rigescens* verwechselt. Wächst in der Natur auf trockenen steinigen Bergwiesen. In Kultur selten anzutreffen. Ist im Garten nicht schwierig, wenn ein tiefgründiger Boden mit guter Dränage vorhanden.

Gentiana clausa Raf., Flaschen-Enzian

Eine amerikanische Art, die im südlichen Maine und südlichen Quebec vorkommt, westwärts bis Nordost-Tennessee und nordwestlich bis Nord-Carolina. Diese Art ist *G. andrewsii* sehr ähnlich, mit der sie in der Vergangenheit oft verwechselt wurde. Beide Pflanzen sind aber gut zu unterscheiden: *G. andrewsii* hat Kronzipfel, die kürzer und schmaler sind als die breite, gefranste Falte, und bei *G. clausa* sind die Kronzipfel breiter und länger als die 2 bis 3 eingeschnittenen Falten. Insgesamt ist *G. clausa* eine bis 50 cm große Pflanze. Sie hat eirunde bis eirund-lanzettliche, glänzend grüne Blätter. Es ist eine jener „geschlossenen“ Enzianarten, d.h. die Blüte bleibt geschlossen. Die Blütezeit geht von Mitte August bis in den Oktober.Die Blüten sind blau und stehen kopfständig in Büscheln, aber auch weißblühende Typen sind bekannt.

Trotz der geschlossenen Blüten eine attraktive Gartenpflanze, die auch wegen ihrer späten Blütezeit wertvoll ist. Sie eignet sich sowohl für sonnige als auch für halbschattige Lagen, bei milder Bodenfeuchtigkeit. Plätze in größeren Steingärten, in Wildstaudenpflanzungen und in Waldrandgesellschaften finden sich immer. Vermehrung durch Aussaat.

Gentiana clusii Perr. et Song., Clusius-Enzian, Großblütiger Enzian

Synonyme: *G. acaulis* L.p.p., *Ericoila clusii* (Perr. et Song.) A.D. Löve

Zentral- und Ostalpen, von Hochsavoyen bis Niederösterreich, vom Tessin bis Kroatien, Jura, Schwarzwald, nördliche und östliche Karpaten, Cevennen, wächst dort verbreitet und gesellig auf Mäh- und Magerwiesen, auf Weiden und Felsen, meist in Höhenlagen von 1200 bis 2760 m, auf Kalkboden beschränkt. Als Begleitpflanzen in der Natur finden sich *Ranunculus montanus, Primula farinosa, P. auricula, Buphthalmum salicifolium, Selaginella helvetica, Globularia cordifolia, Daphne cneorum, Draba aizoides, Thlaspi montanum, Dianthus gratianopolitanus, Saponaria ocymoides, Sedum dasyphyllum, Valeriana montana*, alles Pflanzen, die auch in Stauden- und Alpenpflanzengärtnereien im Angebot sind und die auch zu Kombinationen im Garten verlocken.

Von den übrigen Arten der Acaulis-Gruppe ist *G. clusii* gut zu unterscheiden durch die immer spitzen, am Grunde nie eingeschnittenen Kelchzipfel, 4 bis 8 cm hoch werdend, im Innern der Blüten ohne grüne Flecken, sondern trübviolett getönt. Blattrosette mit lederigen, lanzettlichen und lanzettlich-elliptischen, glänzenden, steifen Blättern. Diese sind zugespitzt, die größte Breite liegt unterhalb der Mitte. Der Stengel ist kurz, 2 bis 8 cm lang, zur Samenreife verlängert, er hat 1 bis 2 Paar kleine, ei-lanzettliche Blättchen und trägt eine tiefblaue (enzianblaue) glockig-trichterförmige Blütenkrone, an der Außenseite oft grünlich angehaucht. Die Kelchzähne, meist gleich lang wie der Kelch, sind zugespitzt und an der Krone fast angedrückt. Die Blütezeit geht von April bis in den August, oft im Herbst noch einmal remontierend.

Gehört zu den im Garten leicht gedeihenden Arten der Acaulis-Gruppe, und viele Gartenrassen gehen auf diesen mit zurück. Ein normaler, etwas lehmhaltiger, nicht voll austrocknender Gartenboden sagt besonders zu. Blühreich nur in voller Sonne. Milde Düngergaben wirken sich im Gegensatz zu vielen Angaben durchaus positiv aus.

Von dieser Art gibt es abändernde Typen. Für den Garten ist noch interessant *G. clusii* ssp. *undulatifolia* Beck aus den Gebirgen der oberitalienischen Seen. Die starke Wellung der Blattränder bleibt auch in Kultur erhalten. *G. clusii* var. *costei* Braun-Blanquet (oft auch als *Gentiana costei* bezeichnet) aus den Südwestalpen ist großblütig und langstielig. Von *G. clusii* gibt es auch weiße, lilarote, vereinzelt sogar rosa und gelbliche Farbvarianten.

Gentiana corymbifera T. Kirk., Neuseeländer Schnee-Enzian

Ein Neuseeländer Enzian, der auf der Südinsel beheimatet ist, im inneren Bergland etwa von Marlborough-Nelson bis Otaga, aber unregelmäßig vorkommend. Eine Pflanze mehr trockener, grasiger Flächen, in größeren Höhen mit verstärkten Regenfällen; kommt immer auf gut dränierten Plätzen vor oder auf Schuttmoränen.

Aus einem kräftigen Wurzelstock treibt ein mehr oder weniger aufrechter, kräftiger Stengel, je nach Standort 10 bis 50 cm hoch. An der Basis bildet sich eine Rosette von dicken, fleischigen, aber schmalen Blättern, 5 bis 15 cm lang bei 1 bis 2 cm Breite. Die Stengel sind bis zum Beginn des Blütenstandes unbeblättert, von dort an stehen Blätter meist paarweise am Beginn jeder Verzweigung. Der im Durchmesser 5 bis 15 cm große Blütenstand bildet eine Doldentraube. Die zahlreichen, im Durchmesser bis zu 1,8 cm großen Blüten sind weiß mit leicht purpurviolett getönten Adern. Die Blütezeit liegt im August. Die Pflanze wird vielfach als ausdauernd bezeichnet, ist wohl aber mehr monokarp, da sie oftmals nach der Blüte abstirbt.

Von den Neuseeländer Enzianarten ist diese Art für Gärten wohl die attraktivste. Der kräftige, kompakte Stengel mit den vielen weißen Blüten ist ziemlich auffällig, wobei die dunkelgrünen Blätter einen guten Kontrast bewirken. Die Pflanze ist unverwechselbar, es gibt keine anderen Arten, die ähnlich aussehen. Im Garten benötigt *G. corymbifera* einen vollsonnigen Platz mit guter Dränage, der Boden soll kalkfrei sein. Die Vermehrung durch Aussaat bereitet keine Schwierigkeiten.

Gentiana cordifolia siehe *G. septemfida*

Gentiana crassicaulis Duthie ex Burkhill

Eine Art aus China, im feuchten Gelände der Berge von West-Szechuan und Yunnan vorkommend. Hat sehr großes, grundständiges Laub (etwa 20 cm lang) und beblätterte Stengel. Die im August erscheinenden Blüten sind grünlichweiß, sie stehen in geschlossenen Trauben und sind meist von den obenstehenden Blättern verdeckt. Gedeiht leicht und bildet bei voller Sonne und guter Dränage zahlreiche Samen aus. Der Gartenwert ist gering, nur etwas für Sammler.

Gentiana cruciata L., Kreuz-Enzian

Weit verbreitet in Süd-, Mittel- und Osteuropa, West-Sibirien, Kaukasus, Armenien, Kleinasien, Iran. Die Art ist trotz ihres ausgedehnten Vorkommens nie sehr häufig. Wächst auf mehr trockenen, kurzgrasigen Wiesen und Weiden, an strauchbestandenen sonnigen Abhängen, an Waldrändern. Meist in Höhenlagen von der Ebene bis 1500 m steigend, vereinzelt auch höher. Mit Vorliebe auf kalkhaltigen Böden.

Die Art formt eine grundständige Blattrosette, die alljährlich erneuert wird. Aus ihr entspringen mehrere aufsteigende, dicke, dicht beblätterte Stengel, manchmal etwas violett angehaucht, meist unverzweigt. Die Stengelblätter sind lanzettlich und kreuzweise übereinandergestellt, meist 3nervig (selten 5nervig). Die normalerweise vierzähligen Blüten stehen in kopf- oder achselständigen Büscheln. Die Krone ist keulenförmig-glockig, aufrecht, außen schmutzigblau oder grünlich, innen azurblau, 2 bis 2,5 cm lang. Blütezeit Juli-Oktober. Die Gesamthöhe der Pflanze kann stark variieren, etwa zwischen 10 und 50 cm Höhe, im Garten meist um 40 cm. Die „Flora Europaea" und der „Zander" unterscheiden *G. cruciata* ssp. *cruciata* und *G. cruciata* ssp. *phlogifolia* (Schott et Kotschy) Tutin (Siebenbürger Enzian). Der letztgenannte ist in vielen älteren Veröffentlichungen als eigene Art aufgeführt (*Gentiana phlogifolia* Schott et Kotschy). Sie unterscheiden sich wie folgt *G. cruciata* ssp. *cruciata*: Kelchzipfel breit-dreieckig, gewöhnlich kürzer als die Röhre, Blütenkrone dreimal so lang wie der Kelch. *G. cruciata* ssp. *phlogifolia*: Kelchzipfel schmäler, lineal bis lineal-lanzettlich, länger als die Röhre, Blütenkrone

2mal so lang wie der Kelch. In Kultur sind diese Unterarten durcheinandergekommen, aber auch mit anderen nahe verwandten Arten. Auslesen mit besonders leuchtender Blütenfarbe werden empfohlen.

Es sind keine Enziane, die Begeisterungsstürme hervorrufen, es aber doch wert sind, in den Garten gepflanzt zu werden. Sie machen keine Schwierigkeiten, lieben mehr trockene Böden in voller Sonne und sind besonders geeignet für größere Steingärten, (in der blütenärmeren Zeit willkommen) oder für Vorpflanzungen vor Gehölzen („Waldrandgesellschaft"). Vermehrung durch Aussaat oder Teilung älterer Pflanzen. Ideale Partner sind *Inula ensifolia* 'Compacta' und *Festuca ovina.*

Gentiana dahurica Fisch., China-Enzian

Kleinasien (?) bis Nordwest-China. Bildet einen kräftigen Wurzelstock, der faserig bedeckt ist. Die Stengel sind aufrecht bis leicht nach außen gebogen, etwa 30 bis 40 cm hoch. Die Basalblätter sind lanzettlich bis 20 cm lang, eigenartig 1- bis 3nervig. Die Stengelblätter sind schmäler und kürzer. Die fahl- bis tiefblauen, vierzipfeligen, 3 cm langen Blüten mit weißen Punkten sind schmal und röhrenförmig, sie stehen einzeln oder zu mehreren in den oberen Blattachseln. Blütezeit August.

Wächst bei voller Sonne in jedem tiefgründigen Gartenboden, gleich ob kalkhaltig oder nicht. Vermehrung durch Samen. Was an Samen und Pflanzen angeboten wird, ist oft nicht echt, meist sind es Typen von *G. gracilipes, G. cruciata, G. cruciata* ssp. *phlogifolia, G. decumbens* und anderen. Partnerpflanzen sind *Adenophora*-Arten *Geranium nodosum, Polygonatum falcatum* u.a.

Gentiana decora Pollard

Eine weniger bekannte, nordamerikanische Art, von Georgia bis Virginia beheimatet, wo sie in Wäldern wächst. Sie wird 20 bis 25 cm hoch und ist mit lanzettlich-elliptischen bis eirund elliptischen Blättern besetzt. Die meist unverzweigten Stengel tragen kopfständige Blütenbüschel. Die Blüten sind röhrenförmig, weiß, im Innern blau oder violettblau gestreift; herbstblühend.

Gentiana decumbens L.f., Sibirischer Enzian

Geht vom östlichen Rußland über Sibirien bis in die Mongolei und südlich bis in den Himalaja, wo dieser Enzian in größeren Höhen wächst, an gut dränierten Plätzen und bei ausreichender Feuchtigkeit während der Wachstumsperiode. Bildet eine deutliche Rosette aus schmalen Blättern von etwa 7 bis 8 cm Länge und nur etwa 1,2 cm Breite. Die halb-niederliegenden Stengel, die der Rosette entspringen, sind nur an den Spitzen mehr aufrecht gestellt, etwa 25 bis 30 cm lang. Diese tragen zwei oder drei Paar Stengelblätter von etwa 3,5 bis 4 cm Länge, länglich oder länglich-schmal, an der Basis umgeben sie den

Stengel. Es sind sowohl kopf- als auch achselständige (in den oberen Blattachseln) Blüten vorhanden; diese sitzen an kurzen Stielen oder sind stiellos und stehen zu 2 bis 3 zusammen. Die etwa 3 cm langen Blüten sind glockig und haben rundliche bis eirunde Zipfel, die viel länger als die Falte sind. Die Blütenfarbe ist ein schönes mittleres Blau, manchmal auch Tiefblau bis Purpurblau. Blütezeit August. Die Art ist unproblematisch und für Steingärten oder ähnliche Anlagen empfehlenswert. Wächst in voller Sonne in schotterigen, gut dränierten Böden.

Auch hier herrscht ein großes Durcheinander, und unter der Bezeichnung *G. decumbens* sind viele andere Arten und Hybriden vorhanden. Von den nahen Verwandten unterscheidet sich die Art wie folgt: *G. olivieri* hat eine ungeteilte Kelchröhre; *G. gracilipes* hat längere Blütenstiele, und die Blüte ist länger und mehr röhrig; *G. straminea* trägt gelbliche Blüten; *G. dahurica* hat eine kürzere Kelchröhre und schmalere Blüten.

Gentiana dendrologii Marq.

In Westchina beheimatet. Die Stengel sind aufrecht oder aufstrebend, etwa 35 cm lang. Basisblätter lanzettlich bis lineal, bis 25 cm lang; Stengelblätter breiter und bis 10 cm lang. Die Blüten stehen in Büscheln, kopfständig oder in den oberen Blattachseln, Kelch 1,5 cm lang, Blütenkrone weiß, zylindrisch, 3,5 bis 4 cm lang. Angebotene Samen nicht immer echt. Mehr für Sammler.

Gentiana depressa D. Don

Die Heimat ist das Himalaja-Gebiet, besonders in Nepal und Sikkim, Südost-Tibet. Nicht sehr häufig. Meist in Höhenlagen von 3300 bis 4300 m. Eine niedere, schopfige Pflanze mit abstehenden Stengeln. Die Blätter an nicht blühenden Stengeln sind schmal, an blütentragenden breit-eirund, überlappend, den Kelch umgebend. Die Basalrosetten sind nur locker ausgebildet und messen bis 2 cm im Durchmesser. Die Blüten sind kopfständig, fahlblau bis grünlich-blau und von breitglockiger Form mit dreieckigen Kronzipfeln, etwa so lang wie breit. Die Blütenröhre ist 2 bis 3 cm lang, grünlich-weiß gestreift, außen purpurblau und innen purpurfarben gesprenkelt. Der röhrige Kelch hat ovale, zugespitzte, aufrechte, weißgerandete Zipfel, etwa 6 mm lang.

Eine sehr hübsche, nicht zu verwechselnde Art, ein guter Wachser, aber trotz der Höhenlage am Heimatstandort bei uns nicht voll hart und noch nicht sehr verbreitet. Blüte im Spätsommer, am Naturstandort erst im September-November. Liebt im Garten sonnige, exponierte Plätze mit kräftigem, steindurchsetztem Boden und guter Dränage. Der Same reift meist nicht mehr aus, deshalb ist Samenvermehrung problematisch, aber die sich reich bildenden Saugwurzeln machen eine vegetative Vermehrung einfach. Besser Topfkultur im Alpinenhaus.

Gentiana dinarica G. Beck, Dinarischer Enzian

Gebirge von Südwest-Jugoslawien, Albanien, Abruzzen, in Kalkgebieten. Eine weitere Art der Acaulis-Gruppe mit breit-elliptischen, prächtig grünen, steifen Rosettenblättern. Die Pflanze erreicht eine Höhe bis 7 cm. Die Kelchzähne sind über ½mal so lang wie die Röhre, schmal-lanzettlich und verengt an der Basis. Die Blüte ist röhrig-glockig und von prächtig blauer Farbe, sie hat keine grünlichen Punkte oder Flecken im Schlund. Die Blütezeit liegt im Juni.

Diese hübsche Enzianart ist reich- und langblühend im Garten und wirkt auch besonders durch die große Blüte, die im Gegensatz zu den verhältnismäßig kleinen anderen Teilen der Pflanze steht. Volle Sonne und kalkhaltiger, anlehmiger Boden wird gewünscht, bei genügender Feuchtigkeit während der Wachstumsperiode. Vermehrung durch Teilung und Aussaat. In Gärtnereien wird ein besonders wüchsiger Typ unter der Bezeichnung *G. dinarica* 'Frohnleiten' angeboten. Ferner *G. dinarica* 'Härlen' mit schmaleren Blättern und fahler blauen Blütentrompeten, etwa 10 cm hoch. Bei der Staudensichtung erhielt die Art die Bewertung: Liebhaberstaude.

Gentiana divisa (Kirk) Cheesem., Neuseeländer Schneeball-Enzian

Heimat ist die Südinsel von Neuseeland, wo sie im höheren Bergland vom südlichen Nelson südwärts vorkommt, etwa in Höhenlagen von 900 bis 1900 m. Sie wächst auf Gras- und Kräuterflächen und neben Buschvegetation an kalten, windzerzausten Plätzen zwischen schmelzendem Schnee. Eine kräftig bewurzelte Staude von kaum verwechselbarem Aussehen. Rundliches, breites, manchmal rötliches Laub bildet eine überlappende Rosette, aus der viele 5 bis 20 cm lange, vielverzweigte Triebe kommen. Sie tragen kopfständige, leicht kugelige Blüten, die oft so dicht stehen, daß von den Blättern kaum etwas zu sehen ist. Auf dem dunklen, steinigen Untergrund der Berge gleichen sie oft Schneebällen (Name!). Es ist noch *G. divisa* var. *magnifica* (Kirk) Allan bekannt, die im Gegensatz zur Art nur wenige oder gar keine Stengelblätter trägt.

Eine der weniger bekannten Enzianarten Neuseelands, sicher empfehlenswert, doch die eigentliche Gartenerfahrung steht noch aus.

Gentiana dijlgensis siehe *G. pyrenaica*

Gentiana elwesii C.B. Clarke

Eine weniger bekannte Himalaja-Art, besonders in Sikkim in Lagen über 4000 m Höhe. Diese Art wird teils als einjährig, teils als ausdauernd bezeichnet. Bildet große Rosetten, bestehend aus elliptischen bis eirunden Blättern, etwa 5 cm lang. Die Stengelblätter sind kürzer und breiter. Blüten in kopfständigen Schöpfen, Kelch 1 cm lang, Kelchzipfel ungleich, Blütenkrone röhrig und fahlblau, vorne geschlossen, 3 cm lang. Blütezeit August. Gesamte Pflanze etwa 30 cm hoch. Nur für Sammler. Was unter diesem Namen geht, ist oft falsch.

Gentiana farreri Balf. f., Wellensittich-Enzian

Von Farrer und Purdom erst 1914 entdeckt und eingeführt. Wächst von Nordwest-Kansu bis Tibet in hochalpinen Rasen. Die Entdeckung dieses Enzians und die erste Blüte 1916 in Edinburgh war eine kleine Sensation. Als junge Pflanze bildet er eine kleine Rosette linealer Blätter, diese entwickeln sich dann zu verzweigten Trieben, die 10 bis 15 cm lang werden und mit vielen sich gegenüberstehenden Blattpaaren umgeben sind. Insgesamt haben sie Ähnlichkeit mit einer kurzen Röhre. Die frischgrünen Blätter sind länglich-schmal, etwa 3,5 cm lang und deutlich zurückgebogen. Die einzelstehenden, 6 bis 7 cm langen Blüten am Ende der Triebe sind röhrenförmig und zeigen ein helles, leuchtendes Blau, das schon etwas zu Türkis tendiert, auch als Cambridge-Blau bezeichnet. Die geöffnete Blüte hat einen Durchmesser von etwa 3 cm. Der Schlund ist weiß, die Außenseite gelblich-weiß gestreift. Blütezeit im Spätsommer.

Von den vielen anderen ähnlichen asiatischen Herbstenzianen unterscheidet sich *G. farreri* durch die charakteristischen feinen Blätter.

Gentiana farreri ist ein wahrer Edelstein im Garten. Diese Art wünscht zwar ebenfalls einen kalkfreien Boden, wie ihre Verwandten, ist jedoch wesentlich kalktoleranter. Insgesamt wünscht sie einen offenen Platz mit guter Dränage, aber während der Wachstumsperiode auch ein ausreichendes Maß an Feuchtigkeit. Im großen und ganzen nicht schwierig zu kultivieren. Da sie gut Samen ausbildet, ist Aussaat leicht möglich. Ebenso einfach läßt sich die Art durch Stecklinge vermehren, die man im späten Juli oder im August macht, und bei kräftigen Pflanzen kann im März geteilt werden. Wo andere asiatische Herbstenziane im Garten vorhanden sind, ist vegetative Vermehrung anzuraten, da die Art leicht hybridisiert. Vergleiche auch bei Enzianhybriden. Insgesamt betrachtet ist es fraglich, ob die unter dem Namen *Gentiana farreri* gehandelten Pflanzen noch die unverfälschte Art darstellen. Die Art erhielt bei der Staudensichtung die Bewertung: Liebhaberstaude.

Gentiana fetisowii Regel et C. Winkl.

Kommt aus dem westlichen Sibirien, Ost-Turkestan und Nordost-China. Bildet eine langblätterige Rosette, aus der einzelne Blütenstengel nach oben streben, 20 bis 30 cm, teils über 40 cm lang. Die lanzettlichen Basalblätter sind 15 cm lang und mehr, die Stengelblätter sind kleiner und kreuzständig. Die Blüten stehen in Büscheln, sie sind kopfständig oder stehen in den Blattachseln der oberen Blätter. Die röhrig-glockige Blütenkrone ist 2 bis 3 mal so lang wie der Kelch, und die zurückgebogenen und auseinander-strebenden

Zipfel sind eirund und vorne zugespitzt. Die Blüte ist purpurblau bis tiefblau, auf der Innenseite der Röhre befinden sich bräunliche Flecken. Blütezeit ist der August.

Die Art ist nahe verwandt mit *G. decumbens*. Beide haben einen geschlitzten Kelch, aber unterscheiden sich wie folgt: *G. fetisowii* treibt normalerweise nur einen Blütenstengel, die Blütenkrone ist röhrig-glockig, die Blüten bilden einen büscheligen Kopf und der Fruchtknoten ist ungeteilt. *G. decumbens* treibt mehrere Blütenstengel, die Krone ist breitglockig, und die Blüten stehen mehr in Traubenform, der Fruchtknoten ist gestielt.

Die Kultur ist unproblematisch, doch sind für den üblichen Garten *G. decumbens* oder ähnliche wie *G. gracilipes* vorzuziehen. Es ist mehr eine Pflanze für Sammler. Vermehrung durch Aussaat. In Pflanzen- und Samenangeboten geistern unter diesem Namen allerlei andere Arten.

Gentiana fischeri P. Smirnov

Mittelasien, Altai, in 1800 m Höhe. Durch Samentausch gelangte in letzter Zeit Samen unter dieser Bezeichnung zu Liebhabern. Der Name ist unklar. In Bull. Soc. Nat. Moskau 1937 wird als gültiger Name *Gentiana gebleri* Fisch. ex Bunge angegeben. In anderen Quellen wird *G. gebleri* zu *G. septemfida* gestellt. Fest steht, daß *G. fischeri* P. Smirnov in den Formenkreis von *G. septemfida* gehört. Näheres wird sich in der weiteren Kultur und in vergleichenden Untersuchungen zeigen.

Gentiana freyniana Bornm., Kleinasiatischer Enzian

Kleinasien in höheren Berglagen. Wird im Garten oft mit *G. septemfida* verwechselt. Aus dem Wurzelstock wachsen aufrechte, belaubte Triebe, an der Stengelbasis sind die Blätter mehr schuppenförmig, während sie nach oben hin gewöhnlich paarweise stehen und scheidig verbunden sind; sie sind etwa 2,5 cm lang und lineal-lanzettlich mit etwas stumpfen Spitzen. Normalerweise sind die Blätter 3nervig. Die Pflanze wird etwa 15 bis 30 cm hoch, an der Spitze steht meist eine einzelne Blüte; wo sie zu 2 oder 3 auftreten, sind sie gestielt. Die Kelchzipfel sind lineal. Die Blütenkrone ist keulenförmig mit offenem Blütenmund, leuchtend blau bis purpurblau, Blütezeit August-September.

Von *G. septemfida*, mit der sie öfter verwechselt wurde, unterscheidet sie sich durch die zweispaltige Falte und ist nicht bewimpert oder vielspaltig wie bei *G. septemfida*. Mit der letztgenannten kreuzt *G. freyniana* sehr leicht. Deshalb ist es sicherer, diese durch Stecklinge zu vermehren. Die oft wochenlange Blütezeit macht die Pflanze wertvoll für Steingärten und ähnliche Plätze. Normaler Gartenboden und volle Sonne genügen.

Gentiana frigida Haenke, Steirischer Enzian

Steirische Alpen, Karpaten, Tatra, Südwest-Bulgarien. Dort auf steinigen Matten und Felsen in Höhen von 2000 bis 2400 m, immer auf kalkarmer Unterlage. In den Ostalpen ziemlich selten, verstärktes Vorkommen in den Karpaten. Wird von Botanikern auch als geographische Rasse von *G. algida* angesehen, der in Asien und Nordamerika vorkommt.

Gut ausdauernde, aufrechte bis aufstrebende, 5 bis 15 cm hohe Art. Unverzweigte Stengel, Basalblätter spatelig-lineal, bis 7,5 cm lang. Die hellgrünen, dicklichen Stengelblätter sind an der Basis etwas scheidig. Die endständigen Blüten stehen einzeln oder zu 2 bis 3 Stück und sind 5zählig. Der aufrechte, hautige, glockige Kelch hat 5 ei-lanzettliche Kelchzipfel. Die glockige Blütenkrone ist gelblich, gefleckt und gestreift mit Blau. Blütezeit Juli-September.

Im Garten kein einfacher Pflegling, nur etwas für Kenner und Könner. In schotterigen Urgesteinsboden setzen, wobei um die Pflanze zusätzlich noch Granitsplitt oder ähnliches Gestein gegeben werden sollte. Auf die nahe Verwandtschaft mit *G. algida (G. algida* var. *nubigena)* wurde bereits hingewiesen. Eine weitere ähnliche Art ist *Gentiana przewalskii.*

Gentiana froelichii Jan., Karawanken-Enzian

Karawanken und Steineralpen von 1800 bis 2400 m, selten tiefer, immer auf Kalkunterlage, aber im Humus. Wächst an Felsen, im Felsschutt der Krummholzstufe. Begleiter in der Natur sind *Campanula zoysii, Primula wulfeniana, Carex firma, Saxifraga squarrosa, S. crustata, Dryas octopetala, Helianthemum oelandicum* ssp. *alpestre* und *Rhodothamnus chamaecistus.*

Bildet eine lockerbelaubte Rosette, aus der aufwärtsstrebende, 3 cm lange Blütenstengel entspringen, die je eine kopfständige Blüte tragen. Am Blütenstengel stehen ein oder zwei Paar Stengelblätter, die an der Basis den Stengel etwas umhüllen. Der Kelch ist grün, röhrig-glockig und wird von dem obersten Paar Stengelblätter gestützt. Spitze, lanzettliche Kelchzähne, etwas kürzer als die Kelchröhre. Die Blütenkrone ist keulig-trichterförmig, wasserblau bis himmelblau und unpunktiert. Blütezeit Juli-August.

Diese Art ist ebenfalls sehr schwierig in Kultur und nimmt jede Art von Wurzelstörung übel. Vorsichtige Ansiedlung von Jungpflanzen mit Topfballen ist zu empfehlen. Volle Sonne und ein Boden, der stark mit Kalksteinschutt durchsetzt ist, und eine sehr gute Dränage im Winter sind Voraussetzung für gutes Gedeihen. Nur etwas für Könner!

Gentiana gelida Bieb.

Heimat ist der Kaukasus, Kleinasien und der Iran. Diese Art bildet keine grundständige Rosette aus, sondern nur beblätterte Triebe. Diese sind halb aufgerichtet und etwa 30 bis 35 cm lang. Nahe der Basis sind die Blätter schuppig-dicht, in der Größe nach oben zunehmend. Die Blüten sind fahlgelb und glockig, sie erscheinen im Juli-August. Die Art ist nahe verwandt mit *G. septemfida* und *G. freyniana*, aber durch die Blütenfarbe leicht zu unterscheiden.

Im Garten ein guter Partner besonders zu *G. septemfida*, sie wünscht Sonne und einen guten Gartenboden wie diese. Vermehrung durch Samen, der allerdings unregelmäßig keimt, aber auch durch Stecklinge.

Gentiana georgei Diels

Eine Pflanze aus Yunnan, wo sie in Höhen von etwa 4000 m vorkommt. Von Forrest an den Ostabhängen der Lichiang-Gebirgskette gefunden, meist auf offenen Alpenmatten. Die Art bildet eine grundständige Rosette aus etwa 6,5 cm langen und 1,2 cm schmalen, stark gespitzten Blättern. Die größeren Stengelblätter, die bis 4 cm lang werden können, haben unebene Ränder und einen Anflug von Purpur. Auf den etwa 15 cm hohen Blütenstengeln steht eine kopfständige Blüte. Die Blütenkrone ist über 5 cm lang, glockenförmig. Die Blütenfarbe variiert von einem tiefen Purpurblau bis zu einem klaren Mittelblau, das Äußere ist grün gestreift, im Innern ist die Basis gefleckt. Die Blütezeit liegt im Herbst. Eine seltene, wohl aber attraktive Art, die einen schotterigen Humusboden wünscht. Der Samenansatz ist sehr gering. Es ist fraglich, ob die Art derzeit in Kultur ist.

Gentiana gilvostriata Marquard

Kommt von Oberbirma und von der tibetanischen Grenzzone, wo die Pflanze an offenen, steinigen Plätzen zusammen mit *Rhododendron* auf kalkfreiem Untergrund wächst. Bildet kleine, nur 2 bis 5 cm hohe, schopfige, ausgebreitete Matten aus Blattrosetten und den kurzen Blütenstengeln, die azurblaue Blüten tragen, außen dunkler bebändert und innen fahler und mit tiefer gefärbter Sprenkelung. Blütezeit im August. Eine hübsche und unverwechselbare Art, die leider nicht sehr verbreitet ist. Sie ist im Garten nicht zu schwierig, wenn man einen gut dränierten, torfigen Platz in sonniger Position gibt, sie ist voll hart. Vermehrung durch Aussaat und durch Stecklinge von den Basistrieben.

Gentiana glauca Pallas

Synonym: *Gentiana glauca* var. *major* Ledeb.
Wächst in den südlichen Rocky Mountains auf alpinen Matten, aber auch in Sibirien, Kamtschatka, Alaska und Japan. Bildet schmale Blattrosetten und kleine nichtblühende, ausläuferartige Triebe. Die blütentragenden Rosetten haben nur etwa 1,2 cm lange Blätter, die rundlich-oval sind oder löffelförmig, 3nervig, dick und von graugrüner Farbe. Aus diesen Rosetten treiben die aufrechten Blütenstengel etwa bis 10 cm Höhe, welche mit drei oder vier Paar Stengelblättern besetzt sind. An der Spitze stehen 1 bis 3 Blüten, und in den

Achseln der obersten Blätter sitzt gewöhnlich noch eine einzelne Blüte, die im Gegensatz zu den kopfständigen Blüten gestielt ist. Die Blüten, 12 bis 18 mm, sind blau oder fahlblau mit weißer Innenseite, die unterschiedlichen Typen sind wohl durch das große Verbreitungsgebiet bedingt. Blütezeit Juni-August.

In Kultur wenig verbreitet. Benötigt einen gut dränierten, sandigen Boden an möglichst kühlen Plätzen.

Gentiana gracilipes Turill

Vorkommen in Kansu. Bekannte, in Gärten verbreitete Art, oft aber verwechselt, fälschlich auch als *G. purdomii* bezeichnet. Bildet eine zentrale Rosette aus schmalen Blättern, etwa 15 cm lang und bis 1,5 cm breit, an der Oberseite dunkelgrün und unten fahlgrün. Der Wurzelhals ist faserschopfig. Aus der Rosette entspringen 3 bis 4 Triebe, lockere Blütenstengel mit paarweise stehenden Blättern. Die Stengel sind verzweigt, an den Enden stehen die einzelnen Blüten an sehr langen (5 cm) Stielen. Die Blütenkrone ist schmalglockig und tief purpurblau, grünlich an der Außenseite, etwa 3 bis 4 cm lang und etwa 1,3 cm im Durchmesser. Die Kronzipfel sind oval-dreieckig. Im gesamten Aussehen kommt sie *G. dahurica* nahe, unterscheidet sich aber durch den gespaltenen Kelch, der bei *G. dahurica* röhrig ist.

Eine hübsche Art, die in jedem normalen Gartenboden wächst. Vermehrung durch Samen, der reichlich gebildet wird. In Gärten verbreitet ist ein *Gentiana purdomii.* Es handelt sich in allen Fällen um eine Art der Sektion Aperta und in den allermeisten Fällen um *Gentiana gracilipes.*

Gentiana grombczewskii Kusn.

(In der englischen Literatur oft falsch geschrieben, wie *G. grombezewikii* und *G. grombezewskii*). Beheimatet im östlichen Turkestan. Eine locker-büschelige, bis 40 cm hohe Staude mit aufrechten bis aufstrebenden Stengeln. Die grundständigen, länglich-lanzettlichen Blätter sind bis 30 cm lang und 5aderig, die Stengelblätter erreichen eine Länge von 10 cm. Die Blüten bilden kopfständige Büschel, sie sind röhrig-trichterförmig und von gelber Farbe. Blütezeit August. Macht in der Kultur keine Schwierigkeiten, doch hat die Pflanze keinen allgemeinen Gartenwert. Etwas für Sammler.

Gentiana hexaphylla Maxim.

Heimat ist Osttibet und Kansu. Eine hübsche Pflanze mit tpyischen Merkmalen, deren wichtigstes die 6zählige Blüte ist, im Gegensatz zu den 5zähligen Blüten verwandter Arten, der botanische Name deutet darauf hin. Die Pflanze bildet keine zentrale Rosette, sondern ist büschelig und hat zahlreiche, etwa 15 cm lange Stengel; zeitweilig ähnelt sie in der blütenlosen Zeit einer moosartigen *Saxifraga.* Die Blätter sind klein, lineal, meist nicht länger als 12 mm und am Stengel zu 6 Stück in Quirlen sitzend. An der Spitze der Triebe umgeben diese den Blütenkelch. Die Blüten sind einzelstehend und kopfständig. Kelchzipfel (6) und Röhre haben etwa die gleiche Länge. Die röhrige Blüte hat eine Länge von 3,5 bis 4 cm und einen Durchmesser von etwa 1,5 cm im voll geöffneten Zustand, die 6 Kronzipfel haben lange Spitzen. Die Blüte ist hellblau bis wasserblau mit 6 breiten, blauen Bändern auf der Außenseite und grünlichen Markierungen im Innern. Beginnt Ende Juli mit der Blüte, die Vollblüte ist im August. Eine bekannte Hybride dieser Art ist *G. hexa-farreri* (siehe bei Enzian-Hybriden).

Die Pflanze macht in Kultur keine größeren Schwierigkeiten, wenn sie einen mildfeuchten, kalkfreien Boden und volle Sonne erhält. Vermehrung durch Aussaat, Teilung und Stecklinge. Nach zweijährigem Stand am gleichen Platz baut die Pflanze ab, deshalb ist Teilung nach diesem Zeitpunkt sowieso empfehlenswert. Die Teilstücke, in frischen Boden gepflanzt, wachsen zügig weiter.

Gentiana jamesii Hemsley

Synonyme: *G. nipponica* var. *kawakamii* Makino, *G. kawakamii* (Makino) Makino

Ein hübscher Enzian aus Japan, von den Kurilen und aus Korea. Nicht sehr verbreitet, manchmal auch unter dem japanischen Namen Rishiririndo bekannt. Wird nur 5 bis 21 cm hoch und hat gewinkelte Stengel, die oft purpurrot getönt sind. Die Blätter sind breit-lanzettlich bis länglich mit weißlichem Rand. Die Blüten bilden eine schmale Röhre von purpurblauer Farbe, sie erscheinen von Juli bis September. Halbschattige, mildfeuchte Lagen sagen besonders zu, wobei aber eine gute Dränage vorhanden sein muß. Vermehrung durch Samen, der leider selten erhältlich ist. Von dieser Art gibt es einen etwas größeren Typ mit 2,2 bis 3 cm langen Blüten und dickerer Kronröhre. Sie stammt von feuchteren Plätzen und ist als *G. jamesii* var. *robusta* (Hara) Ohwi (syn. *G. nipponica* var. *robusta* Hara) bekannt.

Gentiana jesoana Nakai siehe *G. triflora* var. *japonica* (Kusn.) Hara

Gentiana kurroo Royle

Nordwest-China, Pakistan, Kaschmir, in 1800 bis 2700 m Höhe. Unter diesem Namen ist ebenfalls viel unechtes Material im Umlauf. Die echte Art ist eine hübsche Pflanze mit einer gut ausgebildeten Rosette. Die Rosettenblätter sind lineal bis lanzettlich, bis 10 cm lang und gespitzt. Der Basis entspringen die etwa 5 bis 15 cm, manchmal auch bis 25 cm langen Stengel, diese sind langgestreckt, an ihrem Ende starr nach oben gehend. An der Spitze, aber auch in den Achseln der oberen Stengelblätter, stehen gewöhnlich einzelne, große, reinblaue Blüten mit grünlichen Punkten und weißlicher Tönung im Innern. Sie sind schmalglockig bis trichterförmig und oben weit geöffnet. Die

Kelchröhre ist ungeteilt und etwa 1,2 cm lang, die Kelchzipfel sind scharf gespitzt, etwa von gleicher Länge wie die Röhre. Die Pflanze ist ein Spätblüher (September-Oktober), Samen wird deshalb in vielen Gärten kaum reif.

Die echte Pflanze hat durchaus einen guten Gartenwert. Sie benötigt einen etwas schotterigen Boden mit exzellenter Dränage, besser ist zusätzlicher Schutz vor allzu feuchtem Winterwetter, auch wird ihre Härte etwas angezweifelt. Vermehrung durch Aussaat.

Gentiana lagodechiana siehe *G. septemfida*

Gentiana lawrencei Burkhill

Vorkommen in Sibirien, zuerst im Baikal-See-Gebiet gesammelt. Es ist eine schwächliche Pflanze ohne die gute Kondition verwandter Arten, oft stirbt sie nach 1 bis 2 Jahren ab. Aus der bodenständigen Rosette treiben bis 15 cm lange Stolonen und Triebe, an denen die paarweise mehr als 2,5 cm langen Blätter stehen. Die Triebe tragen eine einzelstehende Blüte von türkisblauer Farbe, innen heller getönt und mit breiten, dunkler blauen Bändern an der Außenseite. Im Aussehen kommt sie *G. farreri* nahe und kreuzt mit dieser.

Eine hübsche, aber empfindliche Art; perfekte Dränage in einem schotterigen Boden wird gewünscht und volle Sonne. Leider wird Samen nur wenig ausgebildet.

Diese Tafel demonstriert, daß die Gattung Enzian nicht auf niedere Arten beschränkt ist und daß außer Blau auch andere Blütenfarbtöne vorhanden sind. Sie eignen sich für größere Steingärten und naturnahe Wildstaudenpflanzungen, man benötigt allerdings etwas Geduld, es dauert eine Reihe von Jahren, bis aus einem kleinen Setzling eine vollbühende Staude geworden ist.
Oben links und oben rechts: *Gentiana lutea*, der Gelbe Enzian, wird seit altersher medizinisch genutzt; außerdem sind die dicken Wurzeln das Ausgangsprodukt des bekannten Enzianschnapses. An geeigneten Plätzen im Garten ist diese Großstaude durchaus dekorativ und langlebig.
Mitte rechts: *Gentiana pannonica*, der Ungarn-Enzian, ist durchaus nicht auf Ungarn beschränkt, sondern hat ein weitverstreutes Vorkommen. Es ist keine besonders herausragende Art für den Garten, wenn ihr auch ein gewisser Reiz nicht abgesprochen werden kann.
Unten links: *Gentiana purpurea*, der Purpurrote Enzian, ist attraktiver als *Gentiana pannonica* und im Garten willkommen; der Boden sollte allerdings kalkfrei sein. Da die Pflanze kaum höher als 45 cm wird, eignet sie sich auch noch für kleinere Steinanlagen.
Unten rechts: *Gentiana* × *kummeriana* ist eine seltene Hybride aus *Gentiana lutea* × *Gentiana pannonica*, die Tönung der Blüten weist darauf hin.

Gentiana ligustica R. de Vilmorin et Chopinet

In den Meeralpen und im Zentral-Apennin auf Kalkunterlage vorkommend. Gehört zur Acaulis-Gruppe. Die Blätter sind länglich-eirund bis breit-eirund, meist dreimal so lang wie breit. Die Kelchzähne sind weniger als halb so lang wie die Röhre, breit-oval, an der Basis verschmälert. Die Blütenkrone ist im Innern mit grünen Flecken bedeckt, die Zipfel sind zugespitzt bis lang zugespitzt. Macht keine großen Schwierigkeiten in freien Lagen bei milder Bodenfeuchtigkeit, ist aber in Gärten nicht oft anzutreffen.

Gentiana linearis Froel.

Eine amerikanische Art, die an feuchten Plätzen sowohl in den USA als auch in Kanada vorkommt, sie tritt sehr verstreut auf. Eine eher kräftige Pflanze von 30 bis 70 cm Höhe. Die 4 bis 9 cm langen Blätter sind lineal-länglich bis 1 cm breit und stehen paarweise am Stengel. Die Blüten stehen gewöhnlich zu 2 bis 4 in kopfständigen Trauben und einzeln in den Achseln der oberen Blätter. Die Blütenkrone ist 3 bis 4 cm lang, röhrenförmig, von blauer oder weißer Farbe. Blüht am Heimatstandort im Juli-September, in Kultur immer erst im Spätsommer. Gartenkultur nur an sehr feuchten Plätzen möglich, das Substrat muß sauer und stark torfhaltig sein. Vermehrung durch Aussaat.

Diese Übersicht zeigt weitere Arten der Sektion Gentiana (syn. Sectio Coelanthe).
Oben links: *Gentiana burseri* ist nahe verwandt mit *Gentiana purpurea*, hat aber eine gelbe Blütenfarbe. Sie kann respektable Höhen bis 90 cm erreichen, wenn der Standort zusagt, andererseits finden sich besonders in der Natur auch Pflanzen, die nur weniger als einen halben Meter hoch werden. Man kann diese Art keinesfalls als allgemeine Gartenpflanze bezeichnen, sie ist nur etwas für den Liebhaber.
Oben rechts: Gelber Enzian (*Gentiana lutea*) in reichem Bestand auf einer Almwiese. Das Foto zeigt nicht etwa einen Ausschnitt aus der Natur, sondern wurde auf der IGA 83 in München aufgenommen, wo diese naturnahe Szenerie gezeigt wurde.
Unten links: *Gentiana punctata*, der Punktierte Enzian, ist im Garten gut zu halten, Voraussetzung ist ein tiefgründiger, anlehmiger Boden. Die Toleranz zeigt sich schon in der Natur, wo die Pflanze sowohl auf Kalk- als auch auf Urgesteinsunterlage vorkommt. Die Aufnahme zeigt ein solches natürliches Vorkommen.
Unten rechts: Eine echte Rarität ist diese Pflanze, *Gentiana* × *marcailhouana* (syn. *Gentiana* × *burserlutea*), eine Naturhybride aus *G. burseri* × *G. lutea*. Die abgebildete Pflanze wurde im Botanischen Garten München/Nymphenburg aufgenommen, wo sie Altmeister Wilhelm Schacht pflanzte, nachdem er sie in den Pyrenäen gefunden hatte.

Gentiana loderi Hook.

Eine Art aus Kaschmir, wo sie in Höhenlagen von etwa 3000 m vorkommt. Eine kriechende Pflanze, die schwachen, 10 bis 15 cm langen Stengel, die lediglich an der Spitze aufsteigen, tragen eine einzelstehende, stengellose Blüte. Diese ist röhrenförmig, von schöner Form und von klarem Blau. Die zu Paaren stehenden Blätter sind breit-elliptisch mit rundlichen Spitzen, sie sind aufsitzend oder nur kurz gestielt, etwa 12 mm lang und fast ebenso breit, 3nervig und von verhältnismäßig dicker Beschaffenheit.

Diese hübsche Pflanze lohnt, in den Garten gepflanzt zu werden, die Blütenfarbe ist auffällig und steht in gutem Kontrast zu den schönen Blättern. Die Blütezeit ist Juli-August. Leider ist sie aber in Gärten oft nicht echt, sie wird oft auch mit *G. cachemirica* verwechselt, die aber länglich-lineale Kelchzipfel hat im Gegensatz zu den löffelförmigen von *G. loderi*. Ist nicht immer ein leichter Pflegling, wünscht halbschotterigen, kalkfreien Boden und volle Sonne.

Gentiana lowndesii Blatter

Himalaja-Art. Steht *G. kurroo* sehr nahe. Die Kelchzipfel sind kürzer als die Kelchröhre, nicht länger, die Kronzipfel sind länger als breit.

Gentiana lutea L., Gelber Enzian

Portugal und Nordspanien, Italien, Cevennen, Alpen, Alpenvorland, nördlich bis Mittelfrankreich und südliches Süddeutschland, Karpaten, Balkan, Nord- und West-Anatolien. Oft verbreitet und meist gesellig in Karfluren, ungedüngten Mähwiesen, auf Schutthalden, Weiden, an Felsen, in Auen und Flachmooren. Meist in der alpinen Stufe und bis 2500 m steigend, auf kalkhaltigen Böden. Durch das Ausgraben der Wurzel zur Verwendung als Droge ist diese Art teilweise schon selten geworden.

Diese kahle, stattliche Art wird 50 bis 190 cm hoch. Die Pfahlwurzel ist mehrschöpfig, wenig verzweigt und bis armdick. Die bläulichgrünen, elliptischen Blätter sind stark bogennervig gerippt, 5- bis 7nervig, bis 30 cm lang und bis 15 cm breit, die unteren sind kurz gestielt, die oberen aufsitzend. Die Blüten stehen in 3- bis 10blütigen Trugdolden in den Blattachseln, sie sind goldgelb mit kurzer Röhre. Die Kronzipfel sind spitz und schmal-lanzettlich und sternförmig ausgebreitet.

Man findet in der Natur Partner, die auch im Garten zugeordnet werden können, wie *Thalictrum aquilegifolium, Dianthus superbus, Arabis alpina, Aconitum napellus* und *A. vulparia, Rosa alpina, Thymus serpyllum, Myosotis alpestris, Scabiosa lucida, Valeriana montana, Campanula scheuchzeri, Achillea erba-rotta, Doronicum*-Arten, *Carlina acaulis, Erigeron alpinus, Gentiana punctata, G. asclepiadea, Juniperus nana, Crocus albiflorus, Alchemilla vulgaris, Aster bellidiastrum, Daphne mezereum, Athyrium filix-femina, A. distenti-*

folium, Digitalis grandiflora, Lilium martagon, Veronica fruticans, Campanula cochleariifolia, Molinia caerulea u. a. Im Garten lassen sich noch viele Pflanzen kombinieren.

Diese Enzianart benötigt Geduld im Garten. Angesiedelt werden Jungpflanzen mit Topfballen. Es vergehen viele Jahre, bis man einen großen stattlichen Busch dieser Enzianart erhält. Er wird im Garten viel zu wenig verwendet. Er gehört in sonnige Wildstaudenpflanzungen und in größere Steingärten, auch sonst wird man noch markante Plätze für die geeignete Ansiedlung finden. Liebt Sonne, hinsichtlich des Bodens ist *G. lutea* nicht sehr wählerisch, er liebt aber keine Staunässe, auf gute Dränage ist zu achten. Vermehrung durch Samen, da sich die dicken, wenig verzweigten Wurzeln kaum teilen lassen.

Botaniker unterscheiden *G. lutea* ssp. *lutea* mit freien Staubbeuteln und *G. lutea* ssp. *symphandra* (Murb.) Hayek mit verwachsenen Staubbeuteln. Die letztgenannte wächst nur in den Südostalpen und auf dem Balkan.

Gentiana macrophylla Pall.

Aus Sibirien, Nordchina und der Mongolei stammend. Eine kräftig wachsende Pflanze. Die grundständigen Blätter sind normalerweise mehr als 30 cm lang (macrophylla!), in der Natur erreichen sie jedoch ein geringeres Ausmaß (über 20 cm), die Form ist lanzettlich bis länglich, 3- bis 5nervig, am Rande rauh. Die grundständigen Blätter bilden keine ausgesprochene Rosette. Die Stengelblätter sind kleiner. Die aufrechten Stengel werden 30 bis 45 cm hoch und haben lange Zwischenknoten. Die fahlblauen, 2,5 cm langen röhrigen Blüten stehen zu wenigen in den oberen Blattachseln und als kopfständige Traube. Blütezeit August-September. Keine besondere Schönheit, wenig Gartenwert.

Gentiana makinoi Kusn.

Heimat sind die Berge von Zentral-Japan. Eine aufrechtwachsende Art ohne Blattrosette, wobei die Höhe variieren kann, etwa zwischen 30 und 60 cm. An der Spitze stehen jeweils die kopfständigen Blüten und auch in den oberen Blattachseln. Die Stengelblätter sind lanzettlich bis oval und etwa 5 cm lang, 3aderig, wobei die obersten Blätter die größte Ausdehnung zeigen, sie sind vorne stark gespitzt. Die Kelchröhre ist etwa 12 mm lang und ungeteilt, die Kelchzipfel sind in der Länge ungleichmäßig, zwei sind meist lang-lineal mit scharfer Spitze, und die anderen drei sind kürzer und nahezu dreieckig. Die Blüten sind 3,5 bis 4 cm lang und röhrenförmig-glockig. Die Blütenfarbe ist ein helleres Blau mit unregelmäßigen Flecken. Es sind auch Typen mit dunklerer Blütenfarbe bekannt, bei denen die Flecken nicht auffallen. Die Blütezeit geht von August bis September. Es gibt auch weißblühende Formen. Vermehrung durch Aussaat. Die nächste Verwandte ist *G. scabra*, die aber durch die gleichmäßigen Kelchzipfel zu erkennen ist.

Es ist keine ausgesprochen auffallende Art, sie hat jedoch in letzter Zeit vermehrt Eingang in die Gärten gefunden, da sie eine gewisse Eleganz zeigt. Die Pflanze wird zwar als hart bezeichnet, bei stärkerem Barfrost ist es jedoch angeraten, die Triebköpfe etwas zu schützen. Die Kultur ist nicht allzu schwierig, sofern ein kalkfreier Boden vorhanden ist. Die Lage sollte möglichst nicht vollsonnig sein, sondern mehr halbschattig oder absonnig.

Gentiana menziesii siehe *G. sceptrum*

Gentiana newberryi A. Gray

Eine ziemlich unverwechselbare Art der Berge Kaliforniens (Sierra Nevada), des südlichen Oregon und von Nevada, Höhenlage bis 3000 m. Eine zwergige, 5 bis 10 cm hohe Pflanze, die Matten aus kurzen, etwa 5 cm langen Trieben bildet, aus denen die Blütentriebe aufsteigen. Die Blätter der grundständigen Rosette sind verkehrt-eiförmig oder spatelig und etwa 2,5 cm lang. Die verkehrt-eiförmigen oder lanzettlichen Stengelblätter stehen paarweise und sind etwa 1,2 cm lang. Am Ende der Stengel stehen die stiellosen Blüten einzeln, hin und wieder auch zu zweien. Der Kelch ist röhrig und etwas länger als die lanzettlichen Kelchzipfel. Die Blütenkrone ist fahlblau und hat auf der Außenseite fünf breite, bräunliche Bänder, und im Innern ist sie weiß gefleckt mit grünlichen Punkten. Die Kronzipfel sind oval mit scharfen Spitzen, sie sind länger als die Falte. Die Blütezeit geht vom Sommer bis in den Herbst.

Diese Art unterscheidet sich gut von allen anderen amerikanischen Arten, besonders durch die mattenbildende Eigenschaft und den kurzen Blütenstengel. Auch die Blüte hilft durch die breiten braunen Außenbänder, leicht zu unterscheiden.

Diese attraktive Art sollte in den Gärten mehr verwendet werden, die besten Plätze finden sich in Steingärten und ähnlichen Anlagen. In einem möglichst kalkfreien Gartenboden in voller Sonne bei milder Feuchtigkeit gedeiht sie gut. Vermehrung durch Aussaat und Rosettenstecklinge.

Gentiana nipponica Maxim.

Synonym: *G. makinoi* Lév. et Van't. non Kusn.
Eine kleinere, japanische Art, die in größeren Höhenlagen (etwa 2500 m) an feuchten, grasigen Plätzen wächst. Die kleinverzweigte Art von lockerem Aufbau besteht aus vielen nichtblühenden, auseinanderstehenden Trieben und zwei oder drei mehr oder weniger aufrechtstehenden Blütentrieben, die jeweils 1 bis 3 stiellose Blüten tragen, vereinzelt auch mehr. Die größten Blätter, die an der Basis der Blütenstengel sitzen, sind nur etwa 0,6 cm lang und von dicklicher Beschaffenheit mit zurückgebogenen Rändern, oval mit stumpfer Spitze. Die Blätter der nichtblühenden Triebe sind kleiner und

schmaler. Die Blüten sind röhrig und purpurblau, etwa bis 2 cm lang, Gesamthöhe 5 bis 10 cm. Die Blütezeit liegt im August. Vermehrung durch Aussaat.

Es ist keine auffallende Pflanze, aber der Liebhaber wird diese nette Art gerne in sein Sortiment aufnehmen. Für feuchtere Plätze im Steingarten; in exponierten Lagen ist Winterschutz anzuraten. Sie ist nahe mit *G. jamesii* verwandt, mit der sie zeitweilig auch in der Natur zusammen vorkommt. Bekannt ist ein weiterer Typ davon: *Gentiana nipponica* 'Yezoense'.

Gentiana nubigena siehe *G. algida*
Gentiana ochroleuca siehe *G. villosa*

Gentiana occidentalis Jakowatz, Westlicher Enzian

Zur Acaulis-Gruppe gehörend. Vorkommen in den westlichen Pyrenäen und Cantabrien, wo die Art auf Kalkunterlage vorkommt. Die Blätter sind elliptisch bis länglich-lanzettlich. Die Kelchzähne sind normalerweise mehr als 1/2mal so lang wie die Kelchröhre, oval bis lanzettlich und an der Basis verschmälert. Die prächtig tiefblaue Blüte, die im Juni erscheint, hat keine oder nur wenige grüne Flecken im Schlund. Die Blütenzipfel sind zugespitzt bis spitz. Sie steht morphologisch etwa zwischen *G. clusii* und *G. angustifolia.* Ist in Gärten wenig verbreitet, obwohl nicht schwierig.

Gentiana olivieri Griseb.

Heimat Kleinasien, außerdem weitverbreitet in Kurdistan, Syrien, Irak, Iran, aber auch im Himalaja. Bildet eine vielblätterige Rosette, deren Blätter mehr als 12 cm lang sind, bei einer Breite von etwas über 13 mm, sie sind löffelförmig und verengen sich nach unten in einen Stiel. Die wenigen Stengelblätter stehen paarweise, wobei die oben stehenden den unteren Teil der Blüte umschließen. Aus den Rosetten treiben 1 bis 3 Blütenstengel, etwa 23 cm hoch, erst nach außen stehend, später aufrecht. An der Spitze stehen 3 bis 9 Blüten in einer Dolde oder Trugdolde. Die obersten Blüten sind stiellos, die an der Seite stehenden kurz gestielt. Die Blüten sind glockig und tiefblau, sie ist zweimal so lang wie der gesamte Kelch. Die Blütezeit liegt Ende Juni-Anfang Juli. Vermehrung durch Aussaat.

Diese Art ist wohl nicht überall voll hart und benötigt Winterschutz. Ein sehr gut dränierter Platz in vollsonniger Lage ist Voraussetzung zum Gedeihen.

Gentiana oregana Engelm. ex A. Gray

Eine amerikanische Art, die im westlichen und nördlichen Kalifornien zu finden ist, in Oregon und in Britisch-Kolumbien. Ein robuster Wachser mit über 30 cm hohen Blütenstengeln, die mehrere purpurblaue Blüten tragen, glockenförmig und vorne weit geöffnet. Die Blätter stehen paarweise und sie sind stengelumfassend, breit-oval oder verlängert, etwas über 3 cm lang. Diese Art ist nahe verwandt mit *G. affinis*, sie kann aber durch ihre länglichen oder ovalen Kelchzipfel unterschieden werden, welche die gleiche Länge wie die Kelchröhre haben, und die breitglockige Blütenkrone. Bei *G. affinis* sind die Kelchzipfel ungleich, nur die längsten Zipfel gleichen der Länge der Röhre, und die Blütenform ist schmalröhrenförmig. Blütezeit ist August.

Die Art ist auch in Kultur nicht schwierig. Eine interessante Pflanze, die der Liebhaber gern in sein Sortiment aufnimmt. Voraussetzung für ein gutes Gedeihen ist ein kalkfreier, humoser Boden, dem man Torf oder Lauberde zusetzt, bei einer milden Bodenfeuchtigkeit.

Gentiana oreodoxa H. Smith

Heimat ist China. Eine perennierende Art. Pflanze mit 5 bis 12 cm im Durchmesser und blauen, 3 bis 4 cm breiten Blüten. Diese Art ist wieder in die Kultur eingeführt worden.

Gentiana ornata Wallich ex Griseb.

Heimat ist Nepal, wo die Pflanze im vergangenen Jahrhundert entdeckt wurde. Sie bildet eine grundständige Rosette mit etwa 2,5 cm langen Blättern, von denen viele schlanke, bräunliche, halbniederliegende Triebe ausgehen. Diese sind immer kürzer als bei dem chinesischen Gegenstück *G. sinoornata* und bis 10 cm lang. Sie sind paarweise mit schmalen, bis 12 mm langen Blättern besetzt. Am Ende der Triebe stehen die aufrechten, einzelnen Blüten. Der Kelch ist etwa 2,5 cm lang, etwa 2/3 der Kelchröhre. Die Kelchzipfel sind lineal und wesentlich kürzer als die Röhre. Die breitglockige Blütenkrone zeigt ein hübsches Blau mit hellerer, weißlicher Innenseite. An der Außenseite befinden sich fünf breite, purpurblaue Bänder mit cremeweißer Färbung dazwischen. Die Blütezeit geht von Ende August in den September, wobei die Blüten auch an feuchten und trüben Tagen geöffnet sind. Leider wird die Art oft verwechselt mit *G. sinoornata* und *G. veitchiorum*. Von allen ähnlichen Arten unterscheidet sie sich durch die breitglockige Blütenform.

Sie ist ein Edelstein im Garten und nicht schwierig. Voraussetzung ist nur ein guter kalkfreier Gartenboden in freier, sonniger Lage. Vermehrt wird am besten durch Teilung, wenn diese auch nicht so ergiebig ist wie bei ähnlichen Arten, ebenso durch Samen, wobei die Sämlinge variieren können.

Neuerdings ist *G. ornata* var. *congestifolia* im Angebot. Diese ist auch in Nepal beheimatet. Wird 6 bis 8 cm hoch und blüht im Juli-September mit nicht schließenden, emailleblauen Blüten, innen weiß mit Schlundpunkten, außen mit purpurblauen Bändern und cremeweißen Mittelstücken versehen. Die Blütenkrone hat eine mehr keulige Form. Handelsware nicht immer echt!

Gentiana oschtenica Kusn. siehe *G. verna* var. *oschtenica*

Gentiana pannonica Scop., Pannonischer Enzian, Ungarn-Enzian, Brauner Enzian

Ostalpen, von der Nordost-Schweiz bis Nordwest-Jugoslawien, Bayerischer Wald, Böhmerwald, Karpaten, Siebenbürgen. Auf Wiesen und Matten, im Geröll und auf Karfluren, zwischen Krummholz und im Wald, auch um Almhütten. Kommt sowohl auf Kalk als auf Urgesteins-Unterlage vor. Aus dem schief-dickwalzigen, mehrköpfigen Wurzelstock treiben die grundständigen, elliptischen, zum Stiel hin verengten Blätter und mehrere 15 bis 60 cm hohe Stengel, die manchmal purpurviolett angehaucht sind und mehrere paarweise angeordnete Stengelblätter tragen. Diese sind eiförmig bis lanzettlich, sie sind stengelumfassend (Länge 7,5 cm und mehr). Die Blüten sitzen in den oberen Blattachseln und sind an der Spitze scheinquirlig oder schopfig gehäuft. Der glockige Kelch ist viermal kürzer als die Blütenkrone, mit 5 bis 8 nach außen gekrümmten Zähnen. Die glockige, nach oben erweiterte Blütenkrone mit 5 bis 9 verkehrt-eiförmigen, etwa 1,5 cm langen Zipfeln ist 2,5 bis 5,5 cm lang. Die Färbung ist ein ziemliches Konglomerat, trüb- oder bläulichpurpurn, nach unten in Gelbgrün übergehend, schwarzrot punktiert und innen nicht punktiert und gelblich. Dadurch entsteht ein purpurbrauner Gesamteindruck. Blütezeit Juli-August.

G. pannonica ist nahe verwandt mit *G. punctata* und *G. purpurea*, von denen sie sich durch die Blütenfarbe leicht unterscheiden laßt. Im nichtblühenden Zustand unterscheidet sie sich von *G. punctata* durch die nach außen gekrümmten Kelchzipfel der Blütenknospen.

Der Gartenwert ist Ansichtssache. Die Pflanze gilt nicht gerade als schön, und die dunkle Blütenfarbe ist nicht annähernd vergleichbar mit dem leuchtenden Enzianblau, trotzdem kann ihr ein gewisser Reiz nicht abgesprochen werden. Sie macht in Kultur wenig Schwierigkeiten, ein tiefgründiger Boden in voller Sonne genügt, und obwohl die Art teils auch auf Kalkunterlage vorkommt, ist im Garten eine neutrale bis leicht saure Bodenreaktion vorzuziehen. Vermehrung durch Aussaat (sehr langwierig) oder Teilung alter Pflanzen.

Gentiana paradoxa Alboff (manchmal auch Albov geschrieben)

Heimat sind die Berge des Westkaukasus bis hin zur Kolchis (Endemit). Meist auf basischem Boden. Eine 30 bis 40 cm hohe Staude mit geraden Stengeln und schmal-linealen Blättern. Die Blüten sind verhältnismäßig groß (4 bis 5 cm lang), lichtblau bis mittelblau und fast weiß in der Blütenkrone. Diese hat in den sekundären Kronzipfeln unsymmetrische Falten. Die Blütezeit ist verhältnismäßig lang und liegt zwischen Ende August-Mitte Oktober.

In der Gartenkultur ziemlich neu, doch sehr wertvoll, muß wärmstens empfohlen werden. Der Blauton wirkt unter verschiedenen Lichtverhältnissen sehr unterschiedlich. Vermehrung durch Aussaat.

Gentiana parryi Engelm.

Wächst in den alpinen und subalpinen Zonen der Gebirge von Colorado, New Mexico, Utah und Wyoming. Wird nicht von allen Botanikern als eigene Art betrachtet, sondern auch zu *G. affinis* gestellt. Die Pflanze formt aufrechte Büsche aus 30 bis 45 cm hohen Trieben. An den Stengeln sitzen die Blätter paarweise, sind 3,5 bis 4 cm lang, breitoval, mit dicklicher Beschaffenheit und rauhen Rändern, an der Basis sind sie gerundet und stengelumfassend. An der Spitze stehen 1 bis 5 stiellose Blüten, wobei das oberste Blattpaar den unteren Teil des traubigen Blütenstandes umgibt. Die Kelchröhre ist ungeteilt oder nur mit einem leichten Schlitz an der einen Seite. Die Kelchzipfel, wesentlich kürzer als die Röhre, sind lineal. Die Krone ist glockig, etwa bis 4 cm lang, die Kronzipfel sind aufrecht und breit-oval bis verkehrt-eiförmig und unvermittelt zugespitzt. Die Blüte ist purpurblau. Die Art ist leicht zu erkennen an den linealen Kelchzipfeln, die beispielsweise bei der nahe verwandten *G. calycosa* oval sind.

Eine gute Gartenpflanze, die in kalkfreiem Boden, der gut feuchtigkeitshaltend ist, bei sonniger Lage keine Schwierigkeiten macht. Vermehrung durch Aussaat. Blütezeit August-Anfang September. Leider oft nicht echt im Handel und im Samentausch.

Gentiana platypetala Griseb.

Eine Nordamerikanerin von den Küstenregionen Alaskas bis Britisch-Kolumbien, wo sie in alpinen Grasmatten oberhalb der Baumgrenze in offenen Lagen wächst. Aus den rhizomartigen Wurzeln treiben die 20 bis 40 cm hohen Stengel, die von paarweise stehenden, oval bis elliptisch geformten, etwa 3,5 cm langen Blättern umgeben sind. Die Pflanze ist durch den zweigeteilten, hüllblattartigen Kelch gekennzeichnet; der eine Teil mit zwei Zähnen, der andere mit drei. Die röhrigen, blauen Blüten mit grüngesprenkelter Innenseite erscheinen im Juli-August. Eine Art, die nicht oft angeboten, aber durchaus einen Versuch wert ist. Wächst in normalen Gartenböden. Vermehrung durch Aussaat oder vorsichtige Teilung.

Gentiana pneumonanthe L., Lungen-Enzian

Eine Enzianart mit enormer Verbreitung, fast in ganz Europa, in Westasien, südlich bis zum Kaukasus. Sie ist, durch das große Verbreitungsgebiet bedingt, sehr variabel, was allein schon im Höhenwachstum zum Ausdruck kommt. Es kommen Pflanzenhöhen zwischen 10 und 60 cm vor, die überwiegende Zahl liegt zwischen 20 und 40 cm. Die Pflanze bildet keine grundständige Blattrosette, sondern nur Niederblätter, aus deren Achseln die aufrechten, dichtbeblätterten, stumpf-kantigen, meist einfachen Stengel entspringen. Unterschiede gibt es auch hinsichtlich der Blattform und der Blütenfarbe. Die Blätter sind meist lineal oder lineal-lanzettlich, 25 bis 53 mm lang, am Grunde verschmälert und leicht zurückgebogen, sie stehen paarweise. Die ansehnlichen, 4 bis 5 cm langen Blüten sind endständig zu zwei oder drei und achselständig bis zu 10 Stück, wobei die unten stehenden deutlich gestielt sind. Der Kelch ist glockig, 5zähnig und die Kelchzähne sind lineal und zugespitzt. Die Blütenkrone ist aufrecht-glockig-trichterförmig, tief purpurblau, selten hellblau, außen mit 5 grüngepunkteten Bändern versehen. Es gibt auch rosa- und weißblühende Formen. Blütezeit Juli-August.

Es sind von der Art allerlei Typen beschrieben (*G.p.* var. *minor, G.p.* var. *latifolia, G.p.* var. *depressa, G.p.* var. *diffusa*), wobei nicht alle botanisch anerkannt sind.

Die Pflanze wächst am Naturstandort auf moorigen Wiesen, Flachmooren, feuchten Heiden, sandig-torfigen Waldblößen, immer auf saurem Substrat. In Gärten selten kultiviert und nicht ganz einfach: feuchte, mit Torf oder Lauberde angereicherte Plätze, die kalkfrei sein müssen. Die Art wird in Kultur nicht allzu alt. Vermehrung durch Aussaat. Blüte meist schon im zweiten Jahr.

Gentiana pontica siehe *Gentiana verna* ssp. *pontica*

Gentiana prolata Balf. f.

Heimat Himalaja, besonders die Gebiete in Sikkim und Bhutan und Südost-Tibet. Wurde in der Vergangenheit öfter mit *Gentiana ornata* verwechselt, von dieser aber klar zu unterscheiden. Bildet lockere Matten, die aus vielen Trieben (Länge etwa 15 cm) bestehen. Ausgenommen im sehr jungen Stadium bildet die Pflanze keine Blattrosette. Die schlanken Triebe sind mit vielen schmalen, etwa 12 mm langen Blättchen besetzt, die paarweise stehen. Der Kelch ist etwa 13 bis 14 mm lang. Die Krone mißt etwa 3,2 cm Länge und etwa 1,4 cm Breite und gleicht in der Gesamtgröße *Gentiana farreri*. Die Blüte ist blau mit breiten, purpurblauen Bändern an der Außenseite, dazwischen ist cremeweiße Tönung zu sehen. Die Kronzipfel sind nicht ausgebreitet wie bei *G. farreri* und den anderen, sondern aufrechtstehend. Insgesamt unterscheidet sich diese Art von ihren Verwandten durch die geringere Gesamt- und auch Blütengröße, sowie durch die Blütenform. Blütezeit August-Oktober.

Etwas für den speziellen Liebhaber. Ist in Kultur nicht sehr schwierig. Normaler kalkfreier Gartenboden in voller Sonne bei einer ausreichenden Feuchtigkeitsmenge während der Wachstumsperiode genügt. Vermehrung durch Aussaat und Stecklinge. Handelsware nicht immer echt!

Gentiana przewalskii Maxim.

Heimat ist Nordwest-China und Nordost-Tibet, wo die etwa bis 25 cm hohe Art auf alpinen Matten wächst. Es sind Ähnlichkeiten vorhanden mit *G. algida* und *G. frigida*, mit denen die Art auch öfter verwechselt wurde. Bildet lockere Rosetten und unfruchtbare Triebe mit mehreren Blattpaaren. Die unteren Blätter sind schmal-spatelförmig und bis 7,5 cm lang, die Stengelblätter sind entsprechend kleiner, an den fruchtbaren Trieben sitzen mehrere kopfständige Blüten. Der Kelch ist zylindrisch, etwa 1,8 cm lang, die Krone ist weiß mit blau und 5 cm lang. Blütezeit Juli-Oktober.

Oft als Varietät von *G. algida* angesehen. Die Pflanze ist eher interessant als schön. In Kultur ist die Art nicht ganz einfach, sie benötigt perfekte Dränage und leicht schotterigen Boden. Vermehrung durch Samen oder Teilung älterer Pflanzen.

Gentiana puberulenta Pringle

Synonym: *Gentiana puberula* non Michx., *Dasystephana puberula* (Michx.) Small

Von Manitoba und Ontario bis Kansas und Arkansas gehend, wo dieser Enzian in Prärien und an sonstigen grasbewachsenen Stellen wächst. Verhältnismäßig selten. Etwa 20 bis 50 cm hoch wachsende einzelne Stengel, die oft mit feinen Haaren bedeckt sind. Die Blätter sind länglich-lanzettlich, oft auch lineal, grob oder fein behaart an den Kanten und an der Mittelrippe. Die unten weißlichen und oben blauen Blüten, 1 bis 6, sind 3 bis 4 cm lang und sitzen traubenartig an der Spitze und in den oberen Blattachseln. Sie sind von vasenartiger Form. Blütezeit Juli-Oktober. Außer der blauen Form gibt es auch violettfarbige und weiße Typen. Es ist eine hübsche Pflanze, allerdings nicht allzu langlebig. Vermehrung durch Aussaat. Liebt volle Sonne, etwas trockenere Plätze mit guter Dränage. Die ähnliche *G. affinis* hat aufrecht gestellte Kronzipfel und ungleichmäßige Kelchzipfel.

Gentiana pumila Jacq., Zwerg-Enzian

Synonym: *Gentiana verna* L. var. *pumila* Arcangeli

Südöstliche Kalkalpen einschließlich Venezianer Alpen, wo die Art stellenweise auf kurzrasigen und steinigen Stellen vorkommt, an feuchten Stellen und in Schneetälchen, immer auf Kalkunterlage. Als Begleiter in der Natur wurden beobachtet: *Primula clusiana, Dryas octopetala, Globularia cordifolia, Androsace villosa, Armeria alpina, Saxifraga aizoides* u. a. Die Pflanze bildet kleine, 3 bis 8 cm hohe Tuffs, bestehend aus 5 cm hohen, nichtblühenden und blühenden Sprossen, dabei immer einblütig. Die grundständigen Blätter sind rosettenartig angeordnet, lineal-lanzettlich, spitz oder zugespitzt, oft zur Basis hin verschmälert. Die Stengel sind kurz und tragen 1 bis 3 Blattpaare. Der Kelch der endständigen Blüte ist röhrig-glockig, 8 bis 15 mm lang, schmalgeflügelt und manchmal violett angehaucht. Die Kelchzähne sind lineallanzettlich, fast gleichlang wie die Röhre. Die stieltellerförmige Krone ist azurblau. Blütezeit Juni-August (am Heimatstandort).

Die „Flora Europaea“ unterscheidet zwei Unterarten. *G. pumila* ssp. *pumila* hat einen 11 bis 14 mm langen Kelch mit spitzen Kelchzipfeln (Ostalpen) und

G. pumila ssp. *delphinensis* (Beauverd) P. Fourn. (syn. *G. delphinensis* Beauverd) hat einen 16 bis 20 mm langen Kelch mit stumpfen Kelchzipfeln, manchmal etwas zugespitzt. (Südwestalpen und Pyrenäen).

Eine hübsche Art, aber nicht leicht zu kultivieren. Volle Sonne und stark mit Kalksteinschotter angereicherter Boden ist Voraussetzung. Im Alpinenhaus sind ähnliche Bedingungen nötig. Alte Angaben verweisen auf ein Kultursubstrat aus Torfmull, Sand und Kohlenstaub. Etwas für Kenner und Könner.

Gentiana punctata L., Punktierter Enzian, Tüpfel-Enzian, Getüpfelter Enzian

Alpen, Sudeten, Karpaten, im Balkan südwärts bis Südbulgarien. Im Alpengebiet in den Westalpen bis Salzburg und Kärnten, in Deutschland in den Allgäuer und Berchtesgadener Alpen. Verbreitet auf steinigen Matten und Weiden, Karfluren, Schutthalden, Moränen, zwischen Rhododendron und in Nadelwäldern, meist zwischen 1500 und 2500 m Höhe. Kommt sowohl auf Kalk- als auch auf Urgesteinsböden vor, tiefgründige, lehmhaltige Böden werden bevorzugt. Aus dem dicken Wurzelstock, der bis 1 m lange Wurzeln besitzen kann, treibt die kräftige, 20 bis 60 cm hohe, aufrechte Pflanze mehrere unverzweigte Stengel, die mit gegenständigen, glänzenden, eiförmig-elliptischen, zugespitzten, 5nervigen Blättern besetzt sind, die unteren gestielt, die oberen sitzend. In den oberen Blattachseln und an den Stengelspitzen sitzen die meist kopfig gehäuften Blüten. Die aufrechten Blütenkronen sind glockig, nach oben zu etwas erweitert, mit 5 bis 8 kurzen stumpfen Kronzipfeln, von blaßgelber Farbe und dunkel punktiert. Der glockige Kelch mißt 1/3 der Krone. Die Blütezeit geht von Juli-September.

Ist im Garten in einem tiefgründigen Boden gut zu halten. Die Art ist in volle Sonne zu setzen. Vermehrung durch Aussaat, Ansiedelung der sehr jungen Pflanzen mit Topfballen. Es ist eine mehr interessante Pflanze als eine tolle Schönheit. Besonders gut für größere Steingärten.

Gentiana purpurea L., Purpurroter Enzian

Alpen (von Hochsavoyen durch die Schweiz und Oberitalien, nordöstlich bis Vorarlberg und bis ins Allgäu), Apennin, Südnorwegen, meist in Höhenlagen von 1600 bis 2700 m, manchmal allerdings auch tiefer gehend. Stellenweise, meist gesellig, auf Weiden, Wiesen und Karfluren, manchmal auch im Gebüsch und in lichten Nadelwäldern. Als Begleitpflanzen in der Natur wurden gefunden: *Athyrium distentifolium, Astrantia minor, Arnica montana, Aconitum paniculatum, Saxifraga rotundifolia, Campanula rhomboidalis* u.a. Meist auf kalkfreier Unterlage.

Aufrechte 20 bis 60 cm hohe Staude, bei der die Stengel hohl sind, diese sind mit gegenständigen, ei-lanzettlichen, 5nervigen Blättern besetzt, die unteren sind gestielt, die oberen sitzend. Die ansehnlichen, aufrechten, sitzenden Blüten stehen an der Spitze des Stengels kopfig gehäuft (5 bis 10), manchmal auch nur in den oberen Blattachseln ausgebildet. Die Blüten sind glockig, nach oben zu etwas erweitert, haben 5 bis 8 stumpfe Zipfel. Sie sind außen purpurrot gefärbt und innen mehr gelblich und purpurrot gepunktet. Blütezeit Juli-September. Diese Pflanze ist gut von den verwandten Arten zu unterscheiden, besonders durch den großen, scheidenähnlichen, einseitig geschlitzten Kelch und die stumpfen Kronzipfel, die in der Mitte die breiteste Stelle haben.

G. purpurea kann es hinsichtlich Gartenwert und Schönheit nicht mit den blaublühenden Arten aufnehmen, andererseits ist sie attraktiver als die näheren Verwandten. In Kultur wird sie kaum höher als 45 cm, sie macht in kalkfreien, torfangereicherten Böden wenig Schwierigkeiten (moorig-sandige Böden). Im Handel ist auch *G. purpurea* 'Nana' mit etwa 25 cm Höhe.

Gentiana pyrenaica L., Pyrenäen-Enzian (*G. djimilensis* C. Koch)

Synonyme: *Gentiana dschimilensis* C. Koch, oft auch als *Gentiana dijlgensis* oder *G. dshimilensis* bezeichnet.

Hinsichtlich seines Vorkommens macht dieser Enzian große Sprünge, er findet sich sowohl in den Pyrenäen als auch in den Karpaten, in Bulgarien, in Mazedonien und auch im Kaukasus, in Türkisch-Armenien und im Iran. Die kleinen hübschen Pflanzen bilden Schöpfe von etwas über 7 cm Höhe und haben lineales, glänzendes, grünes Laub (2,5 cm lang). Die einzelnen, steif aufrechtstehenden, kopfständigen Blüten sind innen violett-blau und außen meist etwas grünlich. Die trichterförmige Blüte erinnert etwas an die der Acaulis-Gruppe und wird 3,4 bis 4 cm groß. Die Falten sind genau so groß wie die Blütenlappen. Die Blütezeit liegt im Juni-Juli.

Die Pflanze ist an Berghängen zu finden, wobei die Art in den Pyrenäen in geringerer Höhenlage vorkommt (meist unter 1500 m) an feuchten, torfigen, mehr heideähnlichen Plätzen, im Kaukasus an mehr trockenen Stellen in Humusmulden, 2800 m hoch und höher.

Diese Art gehört mit zu den schwierigsten in der Kultur, und nur wenige Könner konnten sie bisher erfolgreich ansiedeln. Vermehrung durch Aussaat. Wegen des geringen Zuwachses in Kultur kaum Teilung. Der Verfasser konnte *G. pyrenaica* am Elbrus im Kaukasus nahe 3000 m in vollblühendem Zustand erleben und muß sagen, es wäre schade, wenn man keine Methode fände, diesen Enzian auch in Tieflandgärten erfolgreich zu kultivieren.

Die Kaukasus-Form ist auch als *G. djimilensis* C. Koch bekannt, doch dürfte ein eigener Art-Status nicht berechtigt sein, da die gesamte Pflanze nur etwas kräftiger ist.

Gentiana rostanii Reuter ex Verlot, Rostans Enzian

Pyrenäen, Westalpen, Piemont, wo die Art auf feuchten Wiesen vorkommt. Hat starke Ähnlichkeit mit der verwandten *G. bavarica*; man könnte von einer schmalblättrigen Form sprechen, wobei die unteren Blätter gedrängt häufig und die oberen entfernt stehen. Alle sind viermal so lang wie breit, und der Kelch ist gezähnt. Blüte blau. Selten in Kultur, benötigt volle Sonne in schotterigem Boden bei ausreichender Feuchtigkeit. Nicht einfach. Blütezeit Juni-September.

Gentiana rubicaulis Schweinitz

Heimat in Nordamerika, besonders um das Gebiet der großen Seen und an der Hudsonbay. Ein „geschlossener" Enzian, der starke Ähnlichkeit mit *G. linearis* hat. Er wird 30 bis 70 cm hoch mit rötlichen bis purpurvioletten Stengeln und hat ovale, bis 7,5 cm lange Blätter. Diese sind von fleischiger Beschaffenheit und fahlgrün. Die langen oberen Zwischenknoten machen die Art leicht erkenntlich. Mehrere Blüten (bis 15) sind an der Spitze kopfig gehäuft oder sitzen in den oberen Blattachseln. Die röhrenförmige Blüte ist fahlviolett bis weiß, 3,5 bis 4 cm lang. Es gibt aber auch Typen mit elfenbeinfarbenen, blauen und rosagetönten Blüten. Blütezeit Juli-September. Die Art möchte halbschattig und genügend feucht stehen. Da *G. rubicaulis* sowohl auf kalkhaltiger als auch auf leicht saurer Unterlage vorkommt, spielt die Bodenreaktion im Garten keine Rolle. Vermehrung durch Aussaat.

Gentiana saponaria L., Seifenkraut (USA)

Synonym: *Gentiana puberula* Michx.

Nordamerika von Pennsylvanien bis Illinois und nördlich bis nach Alaska und Labrador. Meist in feuchten Wäldern wachsend. Im Garten bis 90 cm hoch mit einem oder wenigen Stengeln. Die Blätter sind lineal-lanzettlich-breit-elliptisch. Die Blüten (bis zu 8) stehen in Trauben, kopfständig und achselständig. Der Kelch ist röhrig, die Kelchzipfel sind lineal-verkehrt-lanzettlich, bis 12 mm lang, genauso lang wie die Röhre. Die Blütenkrone ist keulenförmig, blau, 3,5 bis 4 cm lang und innen grün gesprenkelt. Blütezeit August-Mitte November. Die Blüten sind nahezu geschlossen, lediglich im östlichen Teil des Vorkommens sind sie mehr geöffnet.

In Kultur wird ein halbschattiger, feuchter Platz gewünscht, der Boden muß kalkfrei sein. Vermehrung durch Aussaat. In Kultur ist diese Art im Gegensatz zu den Vorkommen in der Natur blühfaul.

Gentiana saxosa G. Forst., Neuseeländer Strand-Enzian

Neuseeland, Südinsel nach der Stewart-Insel, auf sandigen Hügeln. Aus einer tiefen Wurzel entwickeln sich viele verzweigte, niederliegende und nur an der Spitze aufstrebende Stengel. Die Pflanze wird insgesamt nur 5 bis 7 cm hoch (zur Blütezeit). Die grundständigen Blätter sind spatelig, bis 3,6 cm lang und bräunlichgrün bis dunkelgrün. An den Blütenstengeln sind die Blätter ähnlich in der Form, jedoch kleiner und kürzer gestielt. Alle Blätter, sowohl die grundständigen als auch die Stengelblätter, sind fleischig. Die Blütenstengel messen bis zur Spitze etwa 15 cm. Die gestielten Blüten stehen zu 2 bis 5 in Trugdolden an der Spitze. Der Kelch ist 1/3 so lang wie die Blütenkrone und 1/3 der Länge geschlitzt. Die Krone ist weiß mit grünlichen Adern, breitglokkig, 12 mm lang. Blütezeit August.

G. saxosa ist eine hübsche Art und wert, mehr beachtet zu werden, auch wenn sie nicht sehr langlebig ist. Es ist die in Kultur verbreitetste Neuseeländer Enzianart. Liebt volle Sonne und schotterigen, kalkfreien Boden mit sehr guter Dränage, aber trotzdem ausreichender Feuchtigkeit. Leicht aus Samen zu ziehen.

Gentiana scabra Bunge

Nördliches Asien, Japan. Diese Art ist in ihrem Aussehen sehr variabel und deshalb manchmal verwirrend, besonders die japanischen Vorkommen. Mehr oder weniger aufrechte, belaubte Stengel, etwa 30 cm hoch, Blätter oval, Rand und Mittelrippe rauh. Jedes Blattpaar umgibt mit ihrer Basis den Stengel. Die Stengelglieder haben etwa die gleiche Länge wie die Blätter. Die Blüten stehen in den oberen Blattachseln und am Triebende in Trauben zu 4 bis 5 zusammen, sie sind immer ungestielt. Der Kelch ist 10 bis 12 mm lang und röhrig, die Kelchzipfel sind in der Form ungleichmäßig, länglich-lineal und gleich lang wie die Röhre. Die Blütenkrone mißt über 2,5 cm Länge und ist glockig, die Kronzipfel sind breit-oval, scharf gespitzt und fünfmal so lang wie die Falte. Die Blüte ist tiefdunkelblau, manche Varietäten zeigen in der Röhre und an den Zipfeln eine starke Punktierung. Die Blütezeit liegt spät, meist erst im November. Von den vielen Varietäten müssen folgende erwähnt werden: *G. scabra* var. *buergeri* (Miq.) Maxim. (manchmal auch *G. scabra* var. *burgeri* geschrieben), kann bis 90 cm und höher werden, mit 10 bis 20 Paar Stengelblättern. Die Blütenfarbe zeigt ein mittleres Blau, die Blüte wird bis 6 cm lang und erinnert insgesamt etwas an die von *G. asclepiadea.* Die „Flora of Japan“ von Ohwi gibt für *G. scabra* Bunge var. *buergeri* (Miq.) Maxim. folgende Synonyme an: *G. buergeri* Miq., *G. scabra* var. *intermedia* Kusn., *G. scabra* var. *buergeri* subvar. *saxatilis* Honda, *G. saxatilis* (Honda) Honda, *G. scabra* var. *orientalis* Hara, *G. subpetiolata* Honda. Öfter in Kultur ist auch *G. scabra* var. *fortunei*, die im Innern der Blüte stark gepunktet ist. *G. scabra* var. *procumbens* zeigt niederliegende und, wo es der Pflanzplatz erlaubt, sind auch hängende Stengel. Weniger bekannt sind *G. scabra* var. *bungeana, G. scabra* var *buergeri* f. *stenophylla.* Japanische Gärtnereien bieten eine rosablühende Form an, *G. scabra* 'Rosea'.

Der japanische Botaniker Toyakuni hat im Jahre 1963 speziell diese variable Varietät erforscht und folgende Einteilung getroffen:

Gentiana scabra Bunge var. *buergeri* (Rindo-Enzian) *Gentiana scabra* Bunge subvar. *buergeri* Maxim. (Tsukushi rindo) *Gentiana scabra* Bunge f. *saxatilis* Toyokuni (Kumagawa rindo) *Genitana scabra* Bunge f. *procumbens* Toyokuni (Kirishima rindo) *Gentiana scabra* subvar. *orientalis* Toyokuni (Sasa-rindo, Tonashi-rindo) (hat in Japan große kommerzielle Bedeutung als Topfpflanze) *Gentiana scabra* forma *stenophylla* Toyokuni (Hosobarindo).

Vermehrung durch Aussaat. Leider sind unter der Bezeichnung *G. scabra* auch viele andere Enzianarten verbreitet. Bei der Bestimmung ist darauf zu achten, daß *G. scabra* keine grundständige Blattrosette hat (im Gegensatz zu den oft unter diesem Namen verbreiteten *G. crassicaule* und *G. cruciata*). Diese robuste Art hat durchaus Gartenwert, besonders *G. scabra* var. *buergeri.*

Gentiana sceptrum Griseb.

Synonyme: *G. menziesii* A. Gray, *G. orfordii* T.J. Howell

Eine nordamerikanische Art, kommt in den westlichen Staaten vor, von Kalifornien bis Britisch-Kolumbien, wo sie an feuchten Stellen wächst, besonders auch auf sphagnum-bewachsenen Flächen und in sumpfigen Waldgebieten. Aus einem kräftigen Wurzelstock treiben die 40 bis 60 cm, oft bis über 1 m hohen Stengel (in Kultur wesentlich niedriger). Die paarweise stehenden Stengelblätter sind lanzettlich bis lineal-lanzettlich, 3,5 bis 6,5 cm lang und etwas mehr als halb so breit wie lang. Die Blüten sind sowohl kopf- als auch blattwinkelständig, an kurzen Seitenstengeln. Sie stehen zu 2 oder 3 an sehr kurzen Stielen, wobei jeweils das oben stehende Blattpaar diese an der Unterseite umhüllt. Der Kelch ist 1,2 bis 1,8 cm lang. Die Krone ist röhrig-glockig, dunkelblau und oft grünlich punktiert. Die Kronzipfel sind immer aufrecht und breit-oval mit runden Spitzen. Blütezeit ist August.

Diese Art gehört zu den hübschesten amerikanischen Enzianarten und macht in Kultur keine Schwierigkeiten, wenn der Boden feucht und kalkfrei ist. Leider oft nicht echt, meist handelt es sich dann um *Gentiana septemfida.*

Gentiana septemfida Pall., Kranz-Enzian, Sommer-Enzian

Synonym: *G. cordifolia* C. Koch

Mit enormer Verbreitung: Kleinasien, Iran, Ost-Kaukasus, Altai, Turkestan. Entsprechend groß ist die morphologische Variationsbreite, aber auch die Verwechslungsmöglichkeit. Am Heimatstandort wächst sie sowohl in subalpinen als auch in alpinen Höhenlagen, wo sie an unterschiedlichen, meist trockenen Plätzen vorkommt.

Die Art besteht aus mehreren aufrechten oder aufstrebenden, beblätterten Stengeln, meist 20 bis 30 cm lang. Die ovalen Stengelblätter sitzen paarweise in kurzen Abständen, sie sind deutlich 5- oder 7nervig, und die oben stehenden sind etwa 3,2 cm lang und etwa 1,2 cm breit und gewöhnlich gespitzt. Die Blüten stehen in endständigen, dichten bis 8blütigen Schöpfen. Der Kelch ist röhrig, mißt über 1,2 cm und hat 5 gleichmäßige lineale Zipfel, etwa so lang wie die Röhre. Die Blüte ist glockenförmig, 5zipfelig mit federartig zerschlissenen Faltenlappen, innen blau, weißlich und dunkler gestreift und getupft. Blütezeit Juli-August.

Wenn es dem botanischen Namen nach ginge, müßte es sich um eine siebenfach eingeschnittene Blüte handeln, dies ist aber keinesfalls die Regel, sondern hin und wieder zeigen Blüten sieben tiefe Einschnitte an den Falten. Die eigentliche Art ist in den Gärten weniger verbreitet, meist handelt es sich um eine der folgenden Varietäten und Formen.

G. septemfida f. *olivana* ist eine beim Altmeister der Alpengärtnerei, Erich Wocke, Oliva bei Danzig, entstandene Form mit straff aufrechter Haltung, 12 bis 15 cm hoch, mit meist 6- bis 7lappigen, dunkelblauen Blüten, die in vielblütigen Köpfen stehen.

Inwieweit *G. septemfida* var. *cordifolia* (Koch) Boiss. nomenklatorisch eine Berechtigung hat, muß offen bleiben, eventuell ist es nur eine Gartenform mit niederliegenden Stengeln, stumpf-herzförmigen Blättern und weniger zahlreichen, kleineren, innen weniger gefleckten Blüten.

Einwandfrei ist dagegen die Stellung von *G. septemfida* var. *lagodechiana* Kusn. (syn. *G. lagodechiana* hort.) aus dem Ostkaukasus, wo die Art auf feuchteren, felsigen Plätzen wächst, mit niederliegenden, 30 cm langen, erst an der Spitze aufgerichteten Stengeln. Im Gegensatz zu *G. septemfida* hat diese Art an der Spitze und in den Blattachseln nur einzelstehende Blüten. Blüht lange von Juli bis September.

Weit verbreitet ist auch *G. septemfida* 'Doeringiana', eine kompakte Form mit aufrechtem Wuchs und verhältnismäßig großen, tiefblauen Blüten. Leider wurde diese Auslese oft samenvermehrt, so daß unter dieser Bezeichnung ein ganzes Sammelsurium von Typen im Umlauf ist. Der echte Typ geht etwas in die Breite und benötigt etwa 50 cm Pflanzabstand. Gut zur Schnittblumengewinnung.

Diese Bildtafel bietet uns einen Enziangruß aus Japan.
Oben links: *Gentiana makinoi* kommt aus den Bergen Zentraljapans und erreicht eine Größe zwischen 30 und 60 cm. Es ist keine sehr auffällige Pflanze, doch zeigt sie eine gewisse Eleganz.
Oben rechts: *Gentiana triflora* ist eine ostasiatische Art, die morphologisch sehr wandelbar ist, was die große Anzahl an Varietäten und Formen beweist. Aus diesem Formenkreis stammt auch die bei Erwerbsgärtnern kultivierte *Gentiana triflora* var. *japonica* 'Royal Blue'. Hier eine Form mit mehr kopfständigen Blüten.
Mitte links: Nicht völlig geklärt ist die Abstammung dieses rosa Enzians aus Japan, der unter dem Namen *Gentiana ishizuchii* ist.
Unten links: *Gentiana triflora* var. *japonica* (syn. *Gentiana axillariflora*), ein Typ von der Insel Iturup.
Mitte rechts: *Gentiana triflora* ist in Japan auch eine wichtige gärtnerische Pflanze von kommerzieller Bedeutung. Hier ein Strauß in einem japanischen Blumenladen.
Unten rechts: Auch die hier im japanischen Blumengeschäft fotografierte *Gentiana scabra* var. *orientalis* ist für den Berufsgartenbau in dem fernöstlichen Land wichtig, besonders als Topfpflanze.

In Großbritannien ist *Gentiana* 'Hascombensis' verbreitet. Da es sich um eine Hybride aus sehr nahe verwandten Pflanzen handelt, soll sie hier mit aufgeführt werden. Diese Auslese aus *G. septemfida* f. *latifolia* × *G. septemfida* var. *lagodechiana* wächst mit etwa 30 cm hohen, aufrechten Stengeln mit vielblütigen Büscheln aus schmal-glockenförmigen Blüten. Im Blütenfarbton etwas heller, mit Sprenkelung im Innern.

G. freyniana findet sich manchmal auch als *G. septemfida* var. *freyniana*, doch dürfte hier der Art-Status berechtigt sein.

G. septemfida und ihr Formenkreis gehört zu den am einfachsten zu pflegenden Enzianarten; alteingewachsene Pflanzen sind wirklich prachtvoll. Sie nimmt mit normalem Gartenboden vorlieb, benötigt aber volle Sonne; wenn sie schattiger steht wird sie unansehnlicher. Vermehrung durch Teilung, Stecklinge und Aussaat. Bei der Samenvermehrung muß man sich darüber im klaren sein, daß man variable Sämlinge erhält (falls das Saatgut nicht vom Naturstandort stammt.) Verwendung findet dieser Enzian im Steingarten und an niederen Randbepflanzungen. Es gibt viele Partner, einige wenige sollen genannt werden: *Geum*-Hybriden, *Geranium dalmaticum, Leontopodium alpinum, Dryas, Saponaria ocymoides, Silene schafta* 'Splendens', *Petrohagia saxifraga, Sedum album* 'Coral Carpet'.

Diese Seite vereinigt einige bekannte und weniger bekannte Enzianarten, deren Gartenwert verschieden ist.
Oben links: *Gentiana froelichii*, der Karawanken-Enzian, ist schwierig in der Kultur, Wurzelstörungen werden übelgenommen, am besten gelingt noch die Ansiedlung von Jungpflanzen.
Oben rechts: *Gentiana algida*, der Arktische Enzian, auch Schnee-Enzian genannt, wächst in arktischen Gebieten. Die Aufnahme stammt aus dem kanadischen Yukon-Territorium.
Mitte links und mitte rechts: *G. asclepiadea* 'Alba' und *Gentiana asclepiadea* wird an geeigneten Stellen im Garten noch viel zu selten verwendet, wo die Pflanze besonders durch die spätere Blütezeit wertvoll ist. Die Ansiedlung als Jungpflanze macht im lichten Schatten oder absonnigen Plätzen keine Schwierigkeiten. Auch eine rosa Form ist sehr hübsch.
Unten links: Der Lungenenzian, *Gentiana pneumonanthe*, ist morphologisch sehr variabel. Im Garten sind alle seine Typen an eine saure Bodenreaktion gebunden und nicht ganz einfach zu kultivieren.
Unten rechts: *Gentiana tibetica* aus dem Himalajagebiet macht dagegen im Garten keine Schwierigkeiten, allerdings ist diese etwas „grobe" Pflanze keine ausgesprochene Schönheit.

Gentiana setigera A. Gray, Mendocina-Enzian

Nordkalifornisches Küstengebiet, an feuchten Stellen. Treibt mehrere aufrechte, an der Basis aber niederliegende Stengel, bis 30 cm hoch, mit ovalen bis rundlichen, bis 6,5 cm langen Blättern besetzt. Die kopfständigen Blüten stehen an den kürzeren Stengeln einzeln und an den kräftigeren, längeren bis zu 5, wobei alle an der Basis ein Blattpaar haben. Die Blüten sind blau oder purpurblau, breitröhrig, etwa 3,5 bis 4 cm lang. Von den anderen amerikanischen Arten kann *G. setigera* durch den ausgespreizten Blütenstengel, die offene Blütenkrone und die fadenartige Struktur der Falte unterschieden werden.

Kalkfreier, torfhaltiger Boden mit genügender Feuchtigkeit ist nötig. Aussaat und Teilung älterer Pflanzen. Fraglich, ob die Härte bei uns überall gegeben ist.

Gentiana sikkimensis C. B. Clarke

Aus Westchina, Südost-Tibet und Sikkim. Wächst dort meist an feuchten, steinigen Hängen. Bildet Matten aus vielen Trieben, bis zu 15 cm lang und etwas mehr. Die glänzenden Stengelblätter stehen paarweise, in der Form meist länglich-keilförmig, bis 2,5 cm lang. Die Blüten bilden kopfständige Trauben, sie sind von den obersten Blättern umgeben. Der Kelch ist röhrig, bis 7 mm lang, an einer Seite geschlitzt mit fünf ungleichmäßigen Kelchzipfeln. Die Blüte ist röhrig-trichterförmig, 1,8 bis 2,5 cm lang, blau und hat einen weißen Schlund. Durchaus eine attraktive Gartenpflanze, sie blüht reich von Juli-August. Ist in Kultur nicht schwierig, wächst in jedem normalen Gartenboden, der ein ausreichendes Maß an Bodenfeuchtigkeit hat. Vermehrung durch Aussaat und Teilung. Auch eine weißblühende Form ist in Kultur: (*Gentiana sikkimensis* 'Alba').

Gentiana sikokiana Maxim.

Eine japanische Art (im Aussehen einer schlanken *G. pneumonanthe* ähnlich), die nur an wenigen Plätzen auf den Inseln Sikoko und Kyushu sowie in der Kinki-Provinz von Honshu, besonders in Bergwäldern, zu finden ist. Die Art treibt schlanke, 7 bis 20 cm aufrechte Stengel mit paarweise stehenden Blättern, oval-elliptisch bis spatelig, wobei die unten stehenden im Gegensatz zu den oberen gestielt sind, Länge bis 7,5 cm, leicht gewellt und 3aderig, unten fahlgrün. Die Blüten sind kopfständig, normalerweise zu dreien und 1 bis 2 in den Achseln der obersten Blätter stehend, wobei der Kelch von den Blättern umgeben wird, ausgenommen die achselständigen Blüten, die gewöhnlich gestielt sind. Die Blüte ist röhrenförmig und mißt über 3,7 cm. Die Kronzipfel sind breit-oval. Die Blüte ist blau bis purpurblau und gefleckt. Von der nahe verwandten *G. scabra* unterscheidet sich die Art durch ihre breit-ovalen Kelchzipfel.

Die Art kann durch Aussaat vermehrt werden oder durch Stecklinge aus jungen Trieben. Wächst an halbschattigen Plätzen mit guter Dränage zufriedenstellend. Benötigt in kälteren Gegenden mit stärkeren Barfrösten Schutz.

Gentiana sinoornata Belf. f., Chinesischer Herbst-Enzian, Oktober-Enzian

Feuchte Plätze in den Gebirgen von Tibet, West-Yunnan und dem Lichiang-Gebirgszug. Blühte im Jahre 1912 erstmals (aus Samen gezogen) im Botanischen Garten Edinburgh und rief große Begeisterung hervor. Hat eine gewisse Ähnlichkeit mit *G. ornata*, blüht aber später, dunkler blau, wächst am zusagenden Platz auch üppiger. Von *G. ornata* ist *G. sinoornata* leicht zu unterscheiden durch die röhrenförmige Form der Blütenkrone von mehr als 6,5 cm Länge, während die von *G. ornata* untersetzt glockenförmig und nur etwa 3,5 bis 4 cm lang ist.

Die Art bildet eine zentrale Rosette, aus der radial niederliegende, aufstrebende, oft wurzelnde Triebe, ausgehen. Die paarweise stehenden Blätter an den Trieben sind schmallineal zugespitzt, sattgrün und ziemlich steif. Die kopfständigen, einzelstehenden Blüten sind trichterförmig, tiefazurblau im Innern, außen matter und mit breiten, purpurblauen Streifen versehen. Der Kelch ist kürzer als 3,5 cm, die Kelchzipfel haben etwa die gleiche Form wie die Blätter, lediglich an der Basis verbreitert und vorne zugespitzt.

Eine höchst attraktive Pflanze für unsere Gärten, in völlig kalkfreien, leicht feuchten Böden wüchsig und widerstandsfähig. Es muß ausdrücklich darauf hingewiesen werden, daß es sich hier wohl um den größten Kalkhasser im Enzianreich handelt, er nimmt sogar Spuren von Kalk übel. Eine Ansiedlung in Gärten, die das nicht bieten können, ist ziemlich aussichtslos. Wichtig ist auch volle Mittagssonne.

Gärtnerisch besonders wichtig ist *G. sinoornata* 'Praecox', und zwar wegen der um drei Wochen früheren Blütezeit. Das strahlende Blau dieser Sorte ist weithin sichtbar und über viele Wochen von September bis in den November eine Augenweide! Gut auch als Schnittblumen für kleine Sträuße geeignet, da die Stengel etwas höher werden als bei der Art.

Sollte verhältnismäßig eng gepflanzt werden, um gleichmäßige, große Flächen zu erhalten, was gut vertragen wird. Bei 30 cm Abstand nach 1 bis 2 Jahren geschlossene Flächen. Erste Nachtfröste schaden nicht.

Vermehrt wird meist vegetativ, wobei verschiedene Methoden angewandt werden. Verschiedentlich wird März-April als beste Zeit zur Teilung angegeben, von anderen der Frühsommer. Selbstverständlich ist Vermehrung durch Samen möglich oder durch Stecklinge im Frühsommer.

Von *G. sinoornata* gibt es auch einige Auslesen. Außer der genannten 'Praecox' muß die in England verbreitete *G. sinoornata* 'Brin-Form', die man fast als kletternde Form bezeichnen kann, erwähnt werden. Verbreitet ist auch die weiße *G. sinoornata* 'Alba', allerdings weniger wüchsig; sie soll öfter geteilt werden, und über die Pflanzfläche streut man ein- bis zweimal im Jahr nahrhafte, humose Erde, damit sie reich blüht. Eine weitere Form ist unter der Bezeichnung *G. sinoornata* 'Behnken' im Handel, mit breitem, glänzendgrünem Laub und leuchtend kobaltblauen Blüten im September-November, etwa 10 cm hoch. *G. sinoornata* 'Trugs Form' ähnelt der Stammart, aber glänzend tief ultramarinblau, etwa 10 cm hoch. 'Purdoms Variety' ist ein besonders wüchsiger Typ. 'Angel-Wings', in England angebotene großblütige Form, blau mit weißen Streifen. Von der Enzian-Gärtnerei Behnken, Hamburg, ist die Mutationsauslese 'Blauer Stern' bekannt, mit großen blauen Blütenglocken und langen Stengeln. Nur als Schnitt, nicht als Pflanze im Handel.

Die größte Bedeutung hat *G. sinoornata* als Elternpflanze zahlloser Hybriden. Diese sind im Abschnitt Enzian-Hybriden nachzuschlagen.

Mögliche Pflanzsituationen: Steingarten, Steinbeete, Moorbeete, größere Schalen, Einfassungen an feuchten Plätzen. Weißblühende Partner sind ideal (weiße Herbstkrokusse, Oktober-Steinbrech, Vorläufer-Christrose), aber auch *Oxalis magellanica, Calceolaria, Cardamine trifolia, Nierembergia repens, Silene schafta* 'Splendens', *Cornus canadensis* und Zwergfarne, wie *Cystopteris bulbifera* oder *Adiantum venustum. G. sinoornata* erhielt bei der Staudensichtung die Bewertung: Liebhaberstaude.

Gentiana siphonantha Maxim. ex Kusn.

Das Heimatgebiet ist Tibet und Nordwest-China, wo dieser Enzian an felsigen Hängen und an steinigen, offenen Plätzen wächst. Aufrechte bis aufsteigende, bis 30 cm hohe Triebe. Die grundständigen Blätter sind lineal-lanzettlich, bis 23 cm lang. An den Stengeln sind 4 oder 5 Paar Stengelblätter, die die gleiche Form wie die grundständigen Blätter haben, sie werden nach oben zu kleiner. An der Stengelspitze und in den oberen Blattachseln sind mehrere Blüten kopfig oder in Traube stehend. Der Kelch ist bis 6 mm lang und hat 5 ungleichmäßige Zipfel, meist pfriemförmig. Die Krone ist purpurblau, röhrig-trichterförmig, bis 2,5 cm lang, die Zipfel sind länglichoval und leicht gepunktet. Die Blütezeit liegt im Juli-August.

Eine wenig verbreitete Art, deren Kultur durchaus zu empfehlen wäre. Vermehrung durch Aussaat. Nicht schwierig, doch wird ein leicht feuchter, kalkfreier Boden gewünscht und ein vollsonniger Platz.

Gentiana stragulata Balf. f. et Forrest

Wächst in Yunnan an steinigen, feuchten Gebirgsausläufern. *G. sikkimensis* ähnlich, ist aber in allen Teilen größer und hat nicht traubige Blütenköpfe, sondern trägt pro Stengel nur 1 bis 3 Blüten. Die röhrigen Blüten verengen sich nach vorne, sind tiefblau im Innern und an der Außenseite purpurblau. Die grundständigen Blätter sind verkehrt-eiförmig, etwa 1,5 cm lang und mit einem deutlichen Stiel versehen. Die Stengelblätter stehen paarweise, breitoval mit gerundeten Spitzen. Blüht Juli-August. Kultur nicht einfach. Empfohlen wird schotteriger Boden, vollsonniger Standort mit einem ausreichenden

Maß an Bodenfeuchte. Vermehrung durch Aussaat und grundständige Stecklinge.

Gentiana straminea Maxim.

In Nordost-Tibet und Nordwest-China beheimatet, wächst auf alpinen Matten und grasbewachsenen Abhängen, ab 3500 m Höhe. Kräftige, bis 30 cm hohe Pflanze mit auffälliger Blattrosette aus 12,5 cm (oft bis 22 cm) langen und etwa 1,8 cm breiten, lineal-lanzettlichen, 5aderigen, scharfgespitzten Blättern bestehend. Aus der Rosette treiben ein oder zwei kräftige Blütenstengel, etwa 25 cm hoch, im Jugendstadium ausgebreitet, später aufwärtsstrebend, sie sind mit 1, 2 oder 3 Paar Blättern besetzt, die an der Basis den Stengel umschließen, sie sind etwa 5 cm lang. Die langgestielten Blüten stehen zu mehreren in unterzipfelständigen Trauben. Der Kelch ist etwa 1,8 cm lang, an einer Seite eingeschnitten und von papierartiger, weißlicher Substanz. Die Blütenkrone ist verkehrt-kegelförmig und grünlichweiß bis fahlgelb, manchmal auch strohgelb. Blütezeit August-September. Vermehrung durch Aussaat.

Der Liebhaber und Sammler wird über die Pflanze erfreut sein, ein allgemeiner Gartenwert kann ihr aber nicht zugesprochen werden. Macht keine Schwierigkeiten.

Gentiana stylophora siehe *Megacodon stylophora*
Gentiana tergestina siehe *Gentiana verna* ssp. *tergestina*

Gentiana terglouensis Hacq., Triglav-Enzian

In den Süd- und Südostalpen auf Kalksteinunterlage und nur gelegentlich auf Urgestein, in Höhenlagen zwischen 1900 und 2700 m. Stellenweise auf grasigen, steinigen Flächen und auf Weiden. Dichtrasige Pflanze, 3 bis 6 cm hoch, aus blütenlosen und einblütigen, einfachen, dichtbeblätterten, schindelartigen, 5 bis 20 cm langen Sprossen bestehend. Die Blätter sind nahezu gleichgroß, 3 bis 5 mm lang, oval-lanzettlich mit meist trockenhäutiger Spitze. Der Stengel ist sehr kurz, meist unter 1 cm lang mit den einzelnen endständigen Blüten. Der Kelch ist röhrig, 8 bis 17 mm lang und etwa halb so lang wie die Kronröhre. Die Kelchzähne sind dreieckig-lanzettlich. Die Blütenkrone ist tief azurblau und stieltellerförmig. Blütezeit Juli-August. Von allen nahe verwandten Arten ist diese Art durch die geschlossenen, überlappenden Blätter mit dem rauhen Rand und den kleinen, trockenhäutigen Spitzen, durch die geschlossen-büschelige Form und den kurzen Blütenstengel gut zu unterscheiden. Es gibt noch einen etwas kräftigeren Typ mit größeren und breiterlanzettlichen Laubblättern, 5 bis 8 mm lang und 2,5 bis 8 mm breit (besonders in den Schweizer Alpen), der unter der Bezeichnung *G. terglouensis* ssp. *schleicheri* (Vacc.) Tutin (syn. *G. terglouensis* f. *schleicheri* Vacc.) bekannt ist oder als *G. schleicheri* Vacc.

Im Garten in kalkschotterigen Boden setzen, auf gute Dränage achten bei trotzdem ausreichender Bodenfeuchtigkeit während der Vegetationsperiode. Volle Sonne wird gewünscht und freier Stand. Etwas für Liebhaber hochalpiner Pflanzen. Vermehrung durch Aussaat. Stecklinge bewurzeln sich zwar, sind aber selten wüchsig.

Gentiana ternifolia Franch.

Heimat ist China (Cang Shan Range). Eine Art, die mit *Gentiana ornata* nahe verwandt ist. Bildet Polster aus feinbelaubten Trieben mit aufrechten, fahlblauen Blütenkronen, die an der Außenseite dunkler gestreift sind. Wurde wieder in die Kultur eingeführt.

Gentiana tianshanica Rupr. ex Kusn.

Eine Art mit verhältnismäßig weitem Verbreitungsgebiet, so in Turkestan, Pakistan, in Tibet und an verschiedenen Plätzen des Himalaja, wächst an alpinen Hängen in Höhen von 3000 bis 4500 m. Die grundständigen Blätter sind lineal-lanzettlich bis 7,5 cm lang oder mehr, die Stengelblätter (2 bis 4 Paar) sind länglich und 2,5 bis 5 cm. Die Kronröhre ist purpurviolett, die nach außen zeigenden dreieckigen Kronzipfel sind blau, die Blüten stehen zu mehreren kopfig-rund beieinander an der Spitze der Triebe und in den obersten Blattachseln mit langen, ausgebreiteten Brakteen. Die Einzelblüte ist 2,5 cm lang, röhrig-trichterförmig. Die Blütezeit liegt im August.

Ist öfter im Angebot, aber mehr für Sammler. Vermehrung durch Aussaat.

Gentiana tibetica King ex Hook. f.

West-Nepal, Sikkim, Bhutan, Südost-Tibet in 3700 bis 4500 m Höhe an freien Hängen in mehr trockeneren Lagen. Eine robuste Pflanze, aufrechtwachsend, 20 bis 60 cm (manchmal bis 90 cm) hoch. Die grundständigen Blätter sind breit-lanzettlich, bis 30 cm lang, nach unten zu in den geflügelten Stiel verengt. Die Stengelblätter sind schmaler und an der Basis den Stengel umgebend. Blüten kopfständig in einer dichten Traube meist von den obersten Blättern umgeben. Die Krone ist röhrig-trichterförmig, 2,5 bis 3 cm lang mit 5 dreieckig-ovalen Kronzipfeln, welche dreimal so lang sind wie die Falte. Der Kelch ist pergamentartig und mit einem Schlitz an der Seite, die Zipfel sind fein gezähnt. Blütezeit ist August.

Eine bekannte Pflanze mit ihren meist grauweißen, aber manchmal auch grünlichweißen oder gelblichweißen Blüten, die in verhältnismäßig vielen Gärten zu finden ist. Vermehrung durch Aussaat. Macht an sonnigen Plätzen in normaler Gartenerde keine Schwierigkeiten.

Gentiana trichotoma Kusn.

Eine Art aus dem chinesisch-tibetanischen Grenzgebiet. Höher wachsende Staude (45 bis 60 cm) mit aufrechten, oft leicht purpurbraun angehauchten Blütenstengeln. Die grundständigen Blätter sind schmal, etwa 10 cm lang und etwa 12 mm breit, zum Stiel hin verengt. Die Stengelblätter sind im Verhältnis zur Länge wesentlich breiter, etwa 5 cm lang und 1,2 cm breit. Die Blüten stehen meist zu dreien an kurzen Stielen, in den oberen Blattachseln und an der Spitze. Die Krone ist über 2,5 cm lang, tiefblau, heller und gepunktet im Innern. Die Blütenfarbe ist in Grenzen variabel; es gibt aber auch (wenn auch selten) weiß blühende Formen. Blütezeit Juni-Juli.

Die Art ist hübsch, aber nicht ganz einfach zu kultivieren. Sandig-humoser, kalkfreier Boden, milde Feuchtigkeit und lichter Halbschatten. In luftfeuchteren Gebieten kann dieser Enzian auch sonniger stehen. Vermehrung durch Aussaat.

Gentiana triflora Pall.

Eine Pflanze aus Ostsibirien, Korea, Sachalin und Japan, wo sie auf Bergwiesen vorkommt. Diese elegante Art ist je nach Herkunft morphologisch variabel. Botaniker unterteilen sie in *G. triflora* var. *triflora* (Ostsibirien, Korea, Sachalin), *G. triflora* var. *japonica* (Kusn.), Hara (syn. *G. axillariflora* Lév. et Vaniot), *G. rigescens* var. *japonica* Kusn., *G. naitoana* Lév. et Faurie, *G. jesoana* Nakai, *G. axillariflora* var. *naitoana* (Lév. et Faurie) Koidz. aus Japan und *G. triflora* var. *horomuiensis* (Kudo) Hara, welche an sumpfigen Stellen auf Hokkaido vorkommt, mit lineal-lanzettlichen Blättern.

Die Art hat 30 bis 80 cm hohe Stengel. Die Stengelblätter stehen paarweise, jedes Paar im rechten Winkel zum nächsten Paar, also nicht röhrenförmig um den Stengel geordnet. Die Blätter an der Basis sind kleiner. Die Blüten stehen in den oberen Blattachseln und an der Spitze, wobei die kopfständigen meist zu dreien vereinigt und stiellos sind, die in den Blattachseln stehen einzeln oder zu zweien und haben einen kurzen Stiel. Der Kelch ist ungeteilt oder ist mit einem leichten Schlitz versehen. Die Krone ist etwas über 3 cm lang und röhrig-keulig, die Kronzipfel sind rund-oval und aufrechtstehend. Die Blüte ist dunkelblau bis purpurblau, die Blütezeit liegt im August-September. Bei *G. triflora* var. *japonica* sind die Blüten einzelstehend oder gepaart, und die Blätter sind dicker und kürzer.

In Japan werden noch verschiedene Formen unterschieden: *G. triflora* var. *japonica* f. *crasse*, *G. triflora* var. *japonica* f. *montana* und *G. triflora* var. *japonica* f. *horomuiensis*.

Im Angebot sind weitere Varietäten zu finden: *G. triflora* var. *japonica*, tiefblau bis purpurblau, 30 bis 80 cm hoch; *G. triflora* var. *japonica* f. *leucantha*, weißblühend; *G. triflora* var. *yezoensis*, blauviolett (botanisch identisch mit *G. triflora* var. *japonica*).

Vermehrung durch Aussaat. Eine durchaus ansehnliche Pflanze für freie Lagen und kalkfreien Boden.

In den 70er Jahren wurde in der Bundesrepublik Deutschland mit ziemlichem Werbeaufwand ein Enzian unter der Bezeichnung *Gentiana* 'Royal Blue' eingeführt, speziell für den Erwerbsgartenbau. Auf der Suche nach der botanischen Einordnung wurde er dann in der gärtnerischen Fachpresse *Gentiana makinoi* 'Royal Blue' genannt. Es dürfte sich aber um einen besonders schönen Typ von *G. triflora* var. *japonica* (syn. *G. jesoana*) handeln. Es wurde leider in vielen Fällen der Hinweis unterlassen, daß eine zufriedenstellende Kultur nur im stark sauren Bereich möglich ist (pH 3,4 bis 3,7), schon im schwach sauren Bereich von pH 6,8 kommt es zu Chlorosen. Ein stark torfhaltiges Substrat mit guter Nährstoffversorgung bringt dagegen gute Kulturergebnisse. Die Pflanze ist für den Erwerbsgärtner, der die genannten Bedingungen erfüllen kann, wertvoll, weil die Pflanzen vom September bis November langgestielte, gut haltbare Schnittblumen liefern, die tiefblaue Blüten tragen. Von Prof. Dr. P. Fischer wurden am Institut für Bodenkunde und Pflanzenernährung der FH Weihenstephan eingehende Versuche durchgeführt. Man kann sagen, daß *G. jesoana* 'Royal Blue' (Botanisch korrekt: *Gentiana triflora* var. *japonica* 'Royal Blue') etwa die gleichen Ansprüche an den pH-Wert stellt wie *G. sinoornata.* Neuerdings wird davon auch ein weißer Typ angeboten ('Alba') mit reinweißen Blüten. *C. triflora* var. *japonica* f. *leucantha* ist im Schlund fein dunkel punktiert.

Gentiana tubiflora (G. Don) Griseb.

Eine Pflanze des Himalaja, kommt besonders in Nepal, Sikkim und in Westtibet vor. Wächst auf offenen Hängen und im Geröll. Eine ganz kleine, schopfige Art, die nur etwa 2,5 cm hoch wird, sie bildet geschlossene, sitzende, nichtblühende Rosetten und solche, welche die aufrechtsitzenden Blüten tragen. Die Blättchen stehen dichtgedrängt um die Triebe, sie sind nur 0,6 cm lang, löffelförmig oder länglich mit scharfen Spitzen, sich zur Basis hin verengend. Die einzelstehende, tiefblaue Blüte ist schmalröhrig, bis 2,5 cm lang mit aufrechtstehenden dreieckigen bis ovalen Kronzipfeln. Der Kelch ist etwa mehr als halb so lang wie die Krone mit aufrechten kurzen, schmal-eirunden Zipfeln.

Eine nicht einfach zu kultivierende Pflanze. Schotteriger Boden, gute Dränage und volle Sonne ist Voraussetzung. Vermehrung durch Aussaat und Teilung.

Gentiana utriculosa L., Aufgeblasener Enzian, Schlauch-Enzian

Alpen, Rheingebiet, Apennin, Kroatien, Balkan, Siebenbürgen. Meist zerstreut auf feuchten, torfigen Wiesen, Matten und Flachmooren, auch auf Geröllhalden. Vom Flachland bis 2400 m Höhe steigend. Nicht immer, aber gerne auf Kalkboden. Eine nur einjährige Art, 5 bis 30 cm hoch mit verzweigten, etwas

Gentianopsis ciliata

Gentiana utriculosa

Kurzlebige Enziangewächse, schwierig im Garten, deshalb lieber in der Natur betrachten

kantigen Stengeln, eine bodenständige Rosette bildend, die schon frühzeitig welkt, die Blätter sind verkehrt-eiförmig und stumpf. Die Stengelblättchen sind länglich-eiförmig und 3- bis 5nervig. Die großen, tief azurblauen Blüten sind end- und seitenständig, ausgebreitet, der Kronsaum hat 5 spitze Zipfel. Auffallend ist der längliche, aufgeblasene und breitgeflügelte Kelch.

In der Natur ein erfreulicher Anblick, aber im Garten kaum zu halten. Versucht werden kann lediglich Spätherbstaussaat von frischen Samen an Ort und Stelle.

Gentiana veitchiorum Hemsl.

Heimat ist Westchina (Szechuan) und Osttibet. War nach seiner Einführung unter allerlei (heute ungültigen) Namen verbreitet. In seinem Aussehen ist dieser Enzian wesentlich steifer und kompakter als seine näheren Verwandten. Die Pflanze bildet eine bodenständige Rosette, deren Blätter etwa 3,7 cm lang und bis 0,6 cm breit sind, mit stumpfen Spitzen. Sie sind von dunkelgrüner Farbe auf der Oberseite und unten fahler. Aus der Rosette kommen ausgebreitete, stolonenartige, mehr als 10 cm lange Triebe. An diesen sind die Stengelblätter rundherum paarweise angeordnet, etwa 1,2 cm lang und von fleischiger Substanz. Die Triebe von *G. veitchiorum* sind stärker verzweigt als die der verwandten Arten. Die Blüten stehen einzeln, sie sind kopfständig, der Kelch ist 2,5 cm lang, die Kelchzipfel oval-lanzettlich und halb so lang wie die

Röhre. Die Krone ist tief königsblau mit breiten, grüngelben Streifen an der Außenseite, röhrenförmig, bis 5 cm lang. Die Blüte erscheint im August und geht bis in den September, bis die Blüte von *G. sinoornata* beginnt. *G. veitchiorum* kann leicht mit verwandten Arten verwechselt werden; außer dem steifen, kompakten Wuchs sind die breiteren, stumpferen Blätter ein Unterscheidungsmerkmal. Bei den Blüten dient die lange Kelchröhre mit den kurzen Kelchzipfeln und die lange, stets röhrige Blütenkrone zur Identifizierung.

Eine gute, prächtige Gartenpflanze, jedoch im Gegensatz zu den Hybriden selten zu sehen. Wächst nicht so freudig wie *G. sinoornata.* Kultur in gutem, kalkfreiem Boden mit ausreichender Feuchtigkeit. Keine „brandigen" Lagen, lichter Halbschatten wird vorgezogen. Vermehrung durch Aussaat (Gefahr der Hybridbildung!), Teilung im Frühling, Stecklinge im Frühsommer.

Von ihr gibt es eine Form unter dem Namen *G. veitchiorum* 'Grandiflorum', die bedeutend wüchsiger und großblumiger als die Stammart ist, von leuchtend reiner, tief azurblauer Farbe. Blütezeit August-November, etwa 10 cm hoch. Weiter ist im Handel *G. veitchiorum* 'L. S. 13321', dunkel oxfordblau, eine prächtige Pflanze! Zu erwähnen auch *G. veitchiorum* 'White Seedling', reinweiße Kronröhre, außen cremeweiß, von September bis Oktober blühend.

Gentiana venusta (G. Don) Griseb.

Eine Pflanze aus höheren Lagen des Himalaja (Nepal, Kaschmir, Kumoan, Sikkim, Pakistan). Wächst dort in 3000 bis 5800 m Höhe an offenen Hängen auf torfigen Böden. Eine kleine, büschelige Pflanze mit stolonenartigen Trieben. Die Blätter der unfruchtbaren Triebe sind breit-spatelig und etwa 6 mm lang, an den blütentragenden breiter, bis 10 mm. Die Blütenstengel stehen zu mehreren, ausgebreitet, 2 bis 8 cm lang und vorne aufwärts gebogen zur Spitze hin beblättert und eine Blüte tragend. Blaue, röhrenförmige Blüten mit rundlich-ovalen Kronzipfeln und unregelmäßig gezähnten Läppchen. Sie ist 2 bis 2,5 cm lang, die Kronröhre ist gelblich, der Kelch 6 mm lang mit länglichen, zugespitzten Kelchzipfeln. Am Heimatstandort blüht diese Art im August-September.

Obwohl schon vor weit mehr als 100 Jahren eingeführt, ist diese hübsche Art kein Dauergast in Kultur geworden. Sie benötigt volle Sonne und schotterigen Boden bei genügender Feuchtigkeit während der Vegetationsperiode. Vermehrung durch Aussaat und Stecklinge von nichtblühenden Trieben.

Gentiana verna L., Frühlings-Enzian, Schusternagerl

Synonym: *Hippion vernum* (L.) F. W. Schmidt

Gebirge in Spanien, Zentral-Frankreich, Jura, Pyrenäen, Karpaten, Abruzzen, England, Irland, Norwegen, Europäische Mittelgebirge, Balkan, Kleinasien, Kaukasus, Turkestan, Afghanistan, Altai, Baikalgebirge, Ostsibirien und Mongolei. In den Alpen und den Vorgebirgen sowohl auf Kalk als auch auf

Partner in der Natur und im Garten: Gentiana verna und Primula farinosa oder das Kaukasus-Paar Gentiana verna var. angulosa und Primula darialica

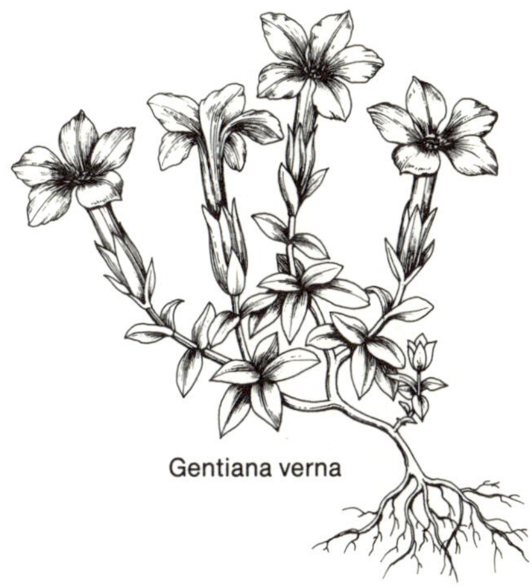

Urgestein. Wächst verbreitet und meist gesellig sowohl auf trockenen als auch auf feuchteren Wiesen, Weiden, Heiden, in der Zwergstrauchheide, an trokkenen Rainen, auf Felsen, in Flachmooren, im lichten Waldschatten und an vielen anderen Plätzen.

Es ist einleuchtend, daß bei diesem riesigen Verbreitungsgebiet eine größere Anzahl unterschiedlicher Formen vorhanden ist. Die Art wächst lockerrasig, wird 3 bis 12 cm hoch, selten höher, sie besteht aus einfachen, blütenlosen und blütentragenden Trieben, wobei die Blüten meist einzeln stehen, selten zu zwei oder drei. Die grundständigen Laubblätter bilden eine Rosette, die Blättchen sind elliptisch-lanzettlich, beidendig verschmälert und 3aderig und etwa doppelt so lang wie breit. Die aufrechten, kurzen Stengel sind zur Blütezeit verlängert, tragen 2 bis 3 spaltenförmige Blattpaare. Die endständige Blüte hat einen röhrigen, 1,5 bis 2 cm langen Kelch, die 3 bis 6 mm langen Kelchzähne sind stark zugespitzt und lanzettlich. Die stieltellerförmige Blüte ist normalerweise tief azurblau, 1,8 bis 3 cm breit mit enger Kronröhre und 7 bis 12 mm langen, eirunden Kronzipfeln. Außer der normalen, leuchtend blauen Form gibt es, wenn auch selten, rosa, violette und weiße Typen, auch solche mit Zwischentönen. Im Handel ist eine violettpurpurfarbige Naturform unter der Bezeichnung *G. verna* var. *rubra*. Blütezeit am Naturstandort ist vom Mai-August. Während im „Hegi“ noch verhältnismäßig viele Varietäten und Formen aufgeführt sind, reduziert die „Flora Europaea“ die europäischen Vorkommen auf drei Unterarten.

1. *G. verna* ssp. *verna*. Weit verbreitet durch fast alle Vorkommen. Mit gewöhnlich lanzettlichen oder elliptischen, gespitzten Blättern, Kelchflügel 1 bis 2 mm breit, Kronzipfel stumpf.

2. *G. verna* ssp. *pontica* (Soltok.) Hayek. In zentralen und östlichen Teilen der Balkan-Halbinsel. Rosettenblätter breit-eirund, etwa doppelt so lang wie breit. Kelchflügel 2 bis 3 mm breit. Kronzipfel stumpf.

3. *G. verna* ssp. *tergestina* (G. Beck) Hayek (syn. *G. tergestina* Beck). In nördlichen und westlichen Teilen der Balkan-Halbinsel, Südwest-Bulgarien, Italien. Rosettenblätter schmal-lanzettlich, gespitzt, etwa 4mal so lang wie breit. Kelchflügel etwa 4 mm breit. Kronzipfel spitz.

Diese Aufteilung in drei Unterarten ist mehr von botanischem Interesse. Gärtnerisch viel wichtiger ist die kaukasische Varietät dieser Enzianart, *G. verna* var. *angulosa* Wahlenb. (syn. *G. angulosa* M.B.). In verschiedenen Veröffentlichungen wird der synonymen Bezeichnung der Vorzug gegeben, doch angesichts der sehr engen Verwandtschaft scheint ein eigener Artstatus nicht berechtigt. Die Vermutung, daß *G. verna* ssp. *tergestina* identisch ist mit *G. verna* var. *angulosa*, wie in Hegi (1927) aufgeführt, dürfte sich nicht bestätigen, auch die „Flora Europaea" gibt dafür keinen Anhaltspunkt. Für den gärtnerisch Interessierten ist zu vermerken, daß diese Kaukasus-Varietät im Garten williger zu kultivieren ist, als *G. verna* der Alpen. Die Blüten sind etwas größer und die Blütenfarbe ist etwas heller, insgesamt gleicht diese der Stammart. Deutlich unterschieden werden kann die Art und die Varietät durch den Kelch, der bei *G. verna* gewinkelt oder sehr leicht geflügelt ist, während bei *G. verna* var. *angulosa* entlang der Kelchröhre fünf deutliche Flügel zu erkennen sind, welche bis zur Spitze der Kelchzipfel gehen. Weiter sind beide durch die Blätter zu unterscheiden, welche bei *G. verna* 2- bis 3mal so lang als breit sind, bei *G. verna* var. *angulosa* 3- bis 4mal so lang als breit sind, also mehr langgestreckt. Im Kaukasus ist sie auf kalkfreiem Untergrund zu finden, so wächst sie am Elbrus in Humusnestern auf Unterlage von Vulkanschlacke und Obsidian. *G. verna* var. *angulosa* erhielt bei der Staudensichtung die Bewertung: Liebhaberstaude.

Ein weiterer Edelstein aus dem Kaukasus ist der gelbblühende *Gentiana verna* var. *oschtenica* (Kusn.), (syn. *G. oschtenica* Kusn.). Hier liegen die Dinge ähnlich wie bei *G. verna* var. *angulosa*, die Blütenfarbe allein berechtigt noch nicht zum Artstatus. Es ist unter Pflanzenliebhabern ein begehrter Edelstein, der jetzt wieder von Könnern kultiviert wird. Hin und wieder wird bei Tauschaktionen Samen angeboten.

Vermehrt werden alle genannten *G. verna*-Typen durch Aussaat, wobei selbstverständlich auch Teilung und Stecklingsvermehrung möglich ist. Im Garten wird freie, sonnige Lage mit einer gewissen Bodenfeuchte, hohe Luftfeuchtigkeit und auch Dränage benötigt. All dies ist im Flachland nicht immer leicht nachzuvollziehen. Als Substrat werden die verschiedensten Mischungen empfohlen. So zu gleichen Teilen Flußsand, verrotteter Rinderdünger, Lehm, Torf und Ziegelgrus unter Zusatz von etwas Knochenmehl. Andere Empfehlungen geben torfig-moorige, lehmhaltige Rasenerde an, mit Zusatz von Sand und feingehacktem Sphagnum und Kalksteinchen. Es wird empfohlen, am Pflanzplatz öfter mit feingesiebter Erde aufzuschütten. Wocke schreibt, daß *G. verna* sich allein nicht wohl fühlt, sondern einer dichten Umgürtung von Nachbarpflanzen bedarf, wie *Primula farinosa, Ranunculus alpestris* und ähnlichen. Weitere Partner sind besonders *Carex firma, Carlina acaulis, Globularia, Phyteuma scheuchzeri, Pulsatilla vernalis.*

Bereits im „Hortus Eystettensis" (1613) ist *G. verna* als *„Gentianella minima verna flore coerulea"* aufgeführt; trotzdem kann nicht behauptet werden, daß sich die Pflanze die Gärten erobert hätte. Sie bleibt weiter eine alpine Kostbarkeit, die in Kultur heikel und nur für den Liebhaber solcher anspruchsvoller Pflanzen geeignet ist. Liebt mäßig feuchten, anmoorigen Rasenboden und volle Sonne. Vermehrung durch Aussaat. Eingetopfte Sämlinge mit Ballen auspflanzen. Der als *G. verna* var. *angulosa* verbreitete Typ, der gartenwilliger ist, kann auch etwas trockener stehen. Blütezeit im Garten April-Mai.

Gentiana villosa L.

Synonym: *Gentiana ochroleuca* Froel.

Eine amerikanische Art von Delaware bis zum nördlichen Florida. 45 cm hohe, unverzweigte Stengel, besetzt mit ovalen 7,5 cm langen Blättern. Die Blüten stehen in kopfständigen Trauben, Kelchröhre 1,8 cm lang mit 1 cm langen Kelchzipfeln. Blütenkrone grünlichweiß, manchmal blauviolett angehaucht, röhrenförmig, etwa 3,7 cm lang. Blüht erst im September bis Dezember, in kalten Klimaten kommt die Pflanze oft nicht mehr zum Blühen. Benötigt in Kultur feuchten Boden. Vermehrung durch Aussaat.

Gentiana waltonii Burkhill

Stammt aus Tibet, wo die Pflanze 3500 m hoch und höher vorkommt, besonders an trockenen, sandigen Hängen und in sonnigen Felspartien. Bildet eine deutliche Rosette aus lineal-lanzettlichen Blättern, die über 16 cm lang werden können und etwa 1,8 cm breit; sie sind an beiden Enden verschmälert und 5aderig. Ein oder zwei, mehr oder weniger aufrecht, meist aber niederliegende, 30 cm lange Stengel. Die Stengelblätter stehen paarweise, wobei die Basis den Stengel röhrig umgibt. Die Form ist die gleiche wie bei den Rosettenblättern, nur beträgt die Länge 5 cm. Die Blüten stehen einzeln in den oberen Blattachseln oder zu mehreren in einer lockeren kopfständigen Traube. Die kopfständigen sind ohne Stiel, die achselständigen sind gestielt. Die Kelchröhre ist zum größten Teil der Länge nach geschlitzt. Die schmalglockenförmige Blütenkrone ist tiefblau bis purpurblau (manchmal auch fahler), etwa 3,7 cm lang. Die Kronzipfel sind breit-eirund und mehr als zweimal so lang wie die Falte. Blütezeit August-September. Nahe verwandt mit *G. decumbens*, beide haben einen geschlitzten Kelch, aber bei *G. waltonii* sind die Kelchzipfel oval und gespitzt, während die (normalerweise) drei Kelchzipfel bei *G. decumbens* sehr kurz und pfriemförmig sind. Die Kronröhre von

G. waltonii ist länger, sie ist insgesamt die größere Pflanze. Liebt im Garten eine warme Lage und schotterigen Boden.

Gentiana walujewii Regel et Schmalh.

Von dieser Art ist nur *G. walujewii* var. *kesselringii* (Regel) Kusn. (syn. *G. kesselringii* Regel) in den Gärten verbreitet. Kommt im höheren Bergland von Ost-Turkestan vor. Bildet eine grundständige Blattrosette aus lineal-lanzettlichen, 7 bis 8 cm (bis 15) langen, 3- bis 5aderigen und stark gespitzten Blättern. An den wenigen aufrechten oder aufstrebenden, 20 bis 30 cm hohen Stengeln sitzen 3 bis 4 Paar Stengelblätter; sie sind an der Basis röhrig-stengelumfassend, breit-lanzettlich und kleiner als die Basalblätter. Die obersten Stengelblätter umgeben die kopfständigen Blüten hüllblattartig. Die Blüten sind weißlich, bläulichpurpurn oder blau gesprenkelt. Die Krone ist doppelt so lang wie der ungeteilte Kelch und röhrenförmig mit einer Verdikkung oberhalb der Mitte. Die Blütezeit liegt im Juli und August. Die weißliche Blütenfarbe unterscheidet die Art von ähnlichen Verwandten, wie *G. decumbens* oder *G. olivieri.*

Macht in Kultur keine Schwierigkeiten, genügend Sonne und eine gute Dränage sind nötig. Vermehrung durch Samen. Kein Star unter den Enzianarten, mehr für Liebhaber und Sammler.

Gentiana yakushimensis Makino

In Katalogen manchmal fälschlich als *Gentiana yakusimana* bezeichnet.

Japan, im Gebirgsland der südlichsten Inseln beheimatet, im Gegensatz zu vielen anderen japanischen Enzianarten auf Kalkunterlage wachsend. Bildet dicke, lange, fleischige Wurzeln, die tief im Fels verankert sind, wird je nach Standort 4 bis 25 cm hoch. Die Blätter sind oberseits tiefgrün und unten beinahe weißlich. Die langen, blauen Blüten stehen einzeln und erscheinen während des August. Vermehrung durch Aussaat.

Noch nicht sehr in Kultur verbreitet. Will keine vollsonnige Lage, aber gute Dränage bei ausreichender Feuchtigkeit während der Vegetationsperiode, schotterig-humosen Boden.

Weniger wichtige und seltene Enzian-Arten

Diese Aufstellung enthält Arten, die selten im Garten zu finden sind oder auch überhaupt nicht, ebenso kurzlebige, nur 1 oder 2 Jahre lebende Arten und schließlich auch Species aus wärmeren Breiten, die einen Schutz im Alpinen- oder Kalthaus benötigen. Bei der zunehmenden Reiselust, durch den Samentausch mit botanischen Gärten oder auch innerhalb von Liebhabergesellschaften kommt der Interessierte auch mit selteneren Arten in Berührung und wird den einen oder anderen bisher kaum kultivierten Enzian versuchen. Auch bei den kurzlebigen sind noch manche Schönheiten dabei.
Manche Arten vermehren sich verhältnismäßig einfach, bei Aussaaten an Ort und Stelle und längerer Einwirkung von Schnee und Temperaturen um den Gefrierpunkt. Andererseits sollten Arten aus Neuseeland, Formosa und Neuguinea im Kasten oder Kleingewächshaus kultiviert werden, da sie keine größeren Minustemperaturen lieben.

Gentiana aquatica L., Moos-Enzian

Synonyme: *G. prostrata* Boiss. (non Haenke nec Gross), *G. fremontii* Torr., *G. humilis* Stev., *Chondrophylla fremontii* (Torr.) A. Nels.

Weitverbreitet in Nordamerika und in Asien (Himalaja), wächst an Sumpfrändern und in feuchten Wiesen. Eine kleine, ein- oder zweijährige Pflanze, normalerweise von der Basis aus verzweigt, 3 bis 10 cm hoch. Die zahlreichen Blätter sind weniger als 6 mm lang, die grundständigen Blätter sind verkehrteiförmig und die oberen lineal-lanzettlich. Einzelne, kleine, purpurgrüne Blüten an den Stengelenden, 5 bis 8 mm lang. Hat keinen Gartenwert.

G. aquatica var. *karelinii* Clarke (syn. *G. karelinii* Griseb.) ist eine Varietät, die besonders in Sibirien (Badachschan) vorkommt, aber auch in Ladakh in Höhen von 3400 bis 4200 m, auf Riedgras-Gebirgswiesen. Zweijährig, 3 bis 12 cm hoch mit zwei bis vier, 14 bis 20 mm langen hellblauen bis blauen Blüten im Juni-Juli. In Mitteleuropa gut hart.

Gentiana arctophila Griseb.

In Nordwest-Amerika an arktisch-alpinen Regionen, an trockenen sonnigen Hängen. Zwergige, ein- oder zweijährige Pflanzen. Aus einer schmalen Rosette verkehrt-eiförmiger, sitzender Blätter entwickeln sich ein oder mehrere, 5 bis 15 cm hohe Stengel mit ein oder mehreren Blüten. Die Krone bei der mittleren Blüte ist etwa 1,5 bis 2,5 cm lang, tiefblau mit dreieckigen bis eirunden Lappen.

Gentiana argentea (D. Don) C.B. Clarke

Pakistan, Nepal an offenen, strauchbewachsenen Hängen in 2100 bis 4300 m Höhe. Ein sehr zierlicher, einjähriger Enzian, 2,5 bis 10 cm hoch, auffallend durch glänzend silbriges, leicht zurückgebogenes, leicht gespitztes Laub. Kleine, blaue, kopfständige, etwa 8 mm lange Blüte.

Gentiana arisanensis Hayata

Synonym: *G. caespitosa* Hayata

Formosa, Hochgebirge 2300 bis 3900 m, an Felsen und auf Grasmatten. Kleine büschelige Pflanze mit einfachen, 3 bis 13 cm hohen Stengeln und kleinen ovalen, 5 bis 6 mm langen, gegenständigen, ganzrandigen Blättchen und einzelnen, kopfständigen, blauen, sternigen, breitglockigen Blüten. Eine neue Briefmarkenserie mit Hochgebirgspflanzen aus Taiwan zeigt diese Art, allerdings mit mehr rosaroten Blüten.

Gentiana armerioides Griseb.

Südamerikanische Art von felsigen Plätzen. Bildet dichte Büschel roter oder gelber Blüten. Wird 5 bis 6 cm hoch und 7 bis 8 cm breit. Die zahlreichen nicht blütentragenden Triebe haben fleischige, löffelförmige Blätter. Bisher kaum in Kultur.

Der Blütenflor der Enziane beginnt mit den niederen Arten unserer Alpen und endet oft erst bei Frost mit den Chinesischen Herbstenzianen. Dazwischen liegt eine große Palette von Arten, die uns in der Natur und im Garten erfreuen.
Oben: Der Kranzenzian, *Gentiana septemfida*, ist wohl der wichtigste Sommerenzian. Alteingewachsene Pflanzen sind eine rechte Augenweide. Das Bild verdeutlicht, daß die Bezeichnung Kranzenzian zu Recht besteht.
Mitte links: Das Bild zeigt einen Ausschnitt aus einem *Gentiana septemfida*-Horst. Auch diese Art ist nicht einheitlich und beinhaltet unterschiedliche Formen.
Mitte rechts: Nahe verwandt mit dem Kranzenzian ist *Gentiana gelida*. Die Blüten sind weißlichgelb, und die Pflanze wünscht im Garten ebenfalls einen sonnigen Platz und einen kräftigen Boden.
Unten links: Verhältnismäßig neu in den Gärten ist *Gentiana paradoxa* aus dem Kaukasus, ein wertvoller Spätblüher, der uns im Garten erst im September erfreut.
Unten rechts: Gleichfalls aus dem Kaukasus stammt dieser Enzian, *Gentiana pyrenaica*, der auch unter der Bezeichnung *Gentiana djimilensis* bekannt ist. Die Aufnahme wurde am Elbrus in 2800 m Höhe gemacht. Die Art ist im Garten sehr heikel! Der namengebende Typ aus den Pyrenäen ist etwas kleiner.

Gentiana atkinsonii Burkhill

Im höheren Bergland von Formosa (Höhe 2400 bis 3200 m) auf Grasmatten, verbreitet. Auf Formosa speziell *G. atkinsonii* Burkhill var. *formosana* (Hayata) Yamamoto. Eine niederliegende Staude, 5 bis 20 cm hoch. Blätter gepaart, aufsitzend. Basalblätter gehäuft, 3 bis 7 cm lang. Blüten einzeln oder zu 2 bis 5 an der Spitze, blau oder hellblau, glockig-röhrenförmig, 1,5 bis 2,5 cm lang.

Gentiana auriculata (Pall.) Vaut.

Synonym: *G. fauriei* Lév. et Vaut.

Hokkaido (Japan), Kurilen, Sachalin, Alëuten, nördliches Asien. Zweijährige, 5 bis 20 cm hohe Art, unverzweigt oder wenig verzweigt mit blauen, 2,5 bis 3 cm langen Blüten.

Gentiana boryi Boiss.

Spanien (Sierra Nevada, Sierra de Gredos), Kantabrische Kordilleren, an feuchten Hängen in 900 bis 3000 m Höhe. Horstartig wachsende, 2 bis 5 cm hohe Staude. Unverzweigt aufstrebende Stengel, Blätter eirund bis halbkreisförmig, stumpf an der Spitze, von dicker Substanz. Kelchzipfel eirund und lang zugespitzt, Blüte 8 bis 10 mm lang, verkehrt-kegelförmig, an den Oberseiten der Zipfel blau, außen dunkel bläulichgrün mit weißer Falte und fahlblauem Anhängsel an der Ausbuchtung. Hat Ähnlichkeit mit *G. pyrenaica*, ist aber in Kultur noch wesentlich schwieriger.

Die hier vereinigten Enzianarten demonstrieren das weltweite Verbreitungsgebiet dieser Pflanzengattung.
Oben links: Das ferne Neuseeland hat eine ganze Reihe von Enzianarten.
Nicht alle sind in der Kultur sichtbar verbreitet, aber einige sind vermehrt anzutreffen. Die Abbildung zeigt eine solche Art, *Gentiana saxosa*.
Oben rechts: *Gentiana newberryi* stammt aus der Sierra Nevada Kaliforniens, Nevadas und Oregons.
Mitte links: *Gentiana cachemirica* ist ein Gruß aus dem Himalaja. Die Art ist ebenfalls gartenwürdig und fühlt sich in sonnigen Trockenmauerfugen wohl.
Mitte rechts: *Gentiana bigelovii* aus den Rocky Mountains ist verhältnismäßig unempfindlich, aber doch mehr etwas für den Sammler und speziellen Liebhaber.
Unten links: *Gentiana affinis* ist in Nordamerika weit verbreitet. Die Pflanze wächst an feuchteren Stellen mit schwach saurer Bodenreaktion und es gibt durch das große Verbreitungsgebiet bedingt, etwas voneinander abweichende Typen.
Unten rechts: *Gentiana andrewsii*, ebenfalls eine Nordamerikanerin, gehört zu den Arten, die geschlossene Blüten zeigen.

Gentiana capitata Buch.-Ham. ex Don

Von Pakistan bis Südost-Tibet in Höhen von 1500 bis 4500 m auf Waldböden und strauchbestandenen Flächen. Nur 2 bis 10 cm hohe Pflanze, gut erkennbar an den leicht ovalen Blättern, die büschelig-geschlossen unterhalb der Blüte stehen, während der untere Teil des Stengels meist blattlos ist. Die Blüten sind blau oder weiß und etwa 6 mm lang. Blütezeit Dezember bis April, je nach Höhenlage.

Gentiana carinata Griseb.

Pakistan, Kaschmir, auf offenen Hängen in 3000 bis 4300 m Höhe. Kleine, meist nur 2 bis 5 cm hohe, einjährige Art mit dunkelblauen Blüten.

Gentiana catesbaei Walt.

Synonym: *G. elliottii* Chapm. not Raf., *G. parvifolia* (Chapm.) Britt.

Nordamerika von Delaware bis Alaska. Bis 60 cm hoch, Blätter oval-lanzettlich bis 5 cm lang. Wenige Blüten bilden einen büscheligen, kopfständigen Blütenstand aus 1 cm langen blauen Blüten.

Gentiana cerina Hook f.

Die Art und auch *G. cerina* var. *suberecta* sind im Vorkommen auf die Auckland-Inseln beschränkt. Zwergige Pflänzchen mit weißen, rot oder violett gestreiften oder gefleckten, breitglockigen Blüten oder solche von reinvioletter Farbe.

Gentiana chrysotaenia Gilg.

Hübsche Art aus Südamerika, 7 bis 10 cm (lt. anderen Angaben 2,5 bis 4 cm) hohe, ausdauernde Art, die feuerrote, gelbgestreifte Blüten trägt. Kalkverträglich. Kaum in Kultur, neuerdings in Samenlisten.

Gentiana clarkei Kusn.

Synonym: *G. pygmaea* Clarke

Sibirien (Badachschan), Kaschmir und andere Himalajagebiete in Höhen von 4100 bis 4300 m, auf feuchten Riedgraswiesen. Zweijährige Art, 8 bis 13 cm hoch, hellblaue bis blaue Einzelblüten.

Gentiana cruttwellii H. Smith

Art aus Neuguinea, 15 cm hoch mit leicht purpurgetönten Stengeln mit blauen Blüten unterschiedlicher Tönung, außen dunkler, manchmal auch grünlich bebändert.

Gentiana dilatata Griseb.

Synonym: *G. primulaefolia* Griseb.
Südamerikanische, variierende Pflanze feuchter Plätze. Wächst etwa 10 cm hoch und hat grünliche Blüten mit violetten Zipfeln. Die Blätter sind ziemlich fleischig. Kaum in Gärten.

Gentiana douglasiana Bong.

Im Küstenland und auf den vorgelagerten Inseln von Alaska und Britisch-Kolumbien. Nur einjährig, mit vielen, etwa 1,2 cm großen Blüten mit grünlicher Kronröhre und blauen bis purpurblauen Zipfeln. Es gibt auch weiße Typen.

Gentiana ettinghausenii

Verbreiteter Enzian in den Bergen von Papua-Neuguinea, wo er in Höhenlagen von 1800 m bis 2000 m vorkommt (Mt. Suckling). Am Mt. Wilhelm reicht das Vorkommen bis 4328 m. In höheren Lagen ist der Wuchs kompakter, und die Blüten sind größer. Er steht im Aussehen zwischen *Gentiana crutewellii* und *G. juniperina.* An den kurzen, rötlichen Stengeln stehen die gegenständigen, ziemlich linealen, spitz zulaufenden Blätter. Die Stengel sind verzweigt und tragen bis zu drei Blüten, die 2 cm und mehr im Durchmesser messen. Die Farbe ist ein leuchtendes Himmelblau mit dunklem Schlund. Wie bei den meisten dieser Enzianarten öffnen sich die Blüten nur in voller Sonne.

Gentiana flavo-maculata Hayata

Höheres Bergland von Formosa, 2000 bis 3400 m, meist an Felsen. Eine 4 bis 10 cm hohe Staude mit schlanken, verzweigten Stengeln und einzelnen kopfständigen Blüten in Gelb mit verstreuten schwarzen Flecken an der Basis. Die Blütenkrone ist 1,2 bis 1,5 cm lang und glockig.

Gentiana gibbsii Petrie, Neuseeländer Mt. Anglem-Enzian

Neuseeland, auf der Südinsel, im Flachland und subalpinen Zonen bis 900 m Höhe. Grasige Matten und moorartige, mit Kräutern bestandene Zonen, 6 bis 15 cm hoch, aus den grundständigen Blättern treiben mehrere Stengel, die mit wenigen Stengelblättern besetzt sind. Die Blüten sind von länglicher Form mit weißer Krone und langen spitzen Kelchzipfeln (so lang wie die Blütenkrone), sie sind einzeln und kopfständig.

Gentiana grisebachii Hook f., Neuseeländer Sumpf-Enzian

Neuseeland, Nord- und Südinsel in etwa 1400 m Höhe, an der Waldgrenze, auf feuchten Grasmatten und Kräuterflächen wachsend, 7 bis 20 cm hoch. Einfach oder paarweise stehende, kopfständige, weiße Blüten auf zarten Stengeln. Der Kelch und die Blütenkrone haben tief eingeschnittene Zipfel.

Gentiana hypericoides Gilg.

Eine strauchige Pflanze aus Südamerika, 15 bis 40 cm hoch mit lederartigen Blättern. Die Blütenkronen sind 3 bis 5 cm lang und haben eine karminrote, samtige Farbe. Eine ungewöhnliche Pflanze. Da sie in wärmeren Gebieten wächst, ist sie kaum für unsere Gärten geeignet.

Gentiana igittii van Royen

Neuguinea-Art, auf Matten in torfigem Boden, bildet etwa 13 cm hohe, büschelige Pflanzen mit fahlblauvioletten oder fahlblauen Blüten mit einer violetten Röhre.

Gentiana incurva Hook.

Südamerika. Eine kräftig bewurzelte, niedere Staude mit schwefelgelben, becherförmigen Blüten, deren Ränder oft scharlach getönt sind. Bildet eine grundständige Rosette und wird 10 cm und mehr hoch. Kaum in Kultur.

Gentiana juniperina H. Smith

Neuguinea, Pflanzen offener Grashänge, etwa 13 bis 15 cm hoch mit dunkelblauer Außenseite, weißer Innenseite, die dunkel gefleckt ist.

Gentiana leucomeleana Maxim.

Pamir, Höhe 2700 bis 3500 m. Zweijährig, 1 bis 10 cm hoch. Blüten trübweiß, hellblau oder blau, 8 bis 20 mm Durchmesser. Blätter weiß meliert.

Gentiana lineata Kirh., Neuseeländer Zwerg-Enzian.

Neuseeland, auf der Südinsel im Flachland und in subalpinen Höhenlagen (bis 1100 m). Vorkommen im moorigen Buschland. Kuriose, 5 bis 10 cm hohe und 10 cm breite, vielverzweigte Art mit durcheinander wachsenden Stengeln. Zahlreiche, kleine Basalblätter und noch kleinere Stengelblätter. Einzel- und kopfständige, kleine, weiße Blüten. Tief eingeschnittener Kelch mit spitzen Kelchzipfeln.
Besonders auf der Stewart-Insel zu finden in nicht zu trockenem Grasland

der alpinen und subalpinen Zone, aber auch zwischen niederen Sträuchern und an Felsen und auf Schwemmland der Flüsse. Blütezeit am Naturstandort in Neuseeland November bis Februar.

Gentiana marginata (G. Don) Griseb.

Afghanistan, Pakistan auf offenen Hängen in 2700 bis 4300 m Höhe. Hat Ähnlichkeit mit *G. carinata* und ist eine einjährige, bis 5 cm hohe Pflanze mit fahlblauen Blüten.

Gentiana mathewsii Petrie

Neuseeland in subalpinen Höhen von 800 bis 1300 m. Vorkommen meist an mit Schneewasser durchtränkten, kräuterbestandenen Flächen und auf Grasflächen nahe der Baumgrenze. Hat Ähnlichkeit mit *G. grisebachii*, ist aber kräftiger und aufrechter wachsend (bis 25 cm hoch). Wenige, grundständige Blätter und kleinere Stengelblätter, die aufsitzen, umschließen den Stengel. Einzeln oder zu zweien stehende, weiße Blüten.

Gentiana melandrifolia Franch.

Heimat China (Cang Shan Range). Neueinführung in die Kultur. Aus einer zentralen Rosette aus rhomboidalen Blättern treiben die aufstrebenden 10 bis 15 cm langen Stengel, welche am Ende Büschel röhrenförmiger, blauer Blüten tragen. Benötigt etwas geschützte, beschattete Plätze zum guten Gedeihen.

Gentiana montana Forst. f.

Neuseeland, Südinsel, subalpine und niedere alpine Höhenlage (500 bis 1500 m). An Plätzen mit hohen Niederschlägen in feuchten Grasmatten, auch in mit *Sphagnum* bestandenen Flächen. Aus einer grundständigen Rosette aus lederartigen, dunkelgrünen, 1,5 bis 2,5 cm langen dicken Blättern entwickelt sich ein normalerweise einzelstehender, 10 bis 40 cm (evtl. bis 60 cm) hoher, kräftiger Stengel. Manchmal fehlt auch die grundständige Rosette. Der Stengel ist verzweigt und trägt einen traubenartigen Blütenstand mit bis zu 10 weißen Blüten. Es gibt auch *G. montana* var. *stolonifera* Cheesem., diese Pflanze ist schlanker und hat 10 bis 15 cm lange, mehr kriechende Ausläufer, Blüten nicht so zahlreich. Beide sind Spätsommerblüher.
Gentiana montana bildet rundliche Büsche oft bis 50 cm im Durchmesser, und die großen Blüten erinnern etwas an *Gentiana corymbifera*, aber die Blütenstengel sind dichter mit Blättern besetzt als bei dieser.

Gentiana nivalis L., Schnee-Enzian

Endemisch in den Süd- und Ostalpen, auf Wiesen, Weiden, Heiden, in lichten Wäldern und Flachmooren, sowohl auf Kalk als auch auf Urgestein, 1900 bis 2700 m. Außer in den Alpen in vielen anderen Gebirgen, so in den Pyrenäen, Karpaten, Abruzzen, Jura, Balkangebirge, Kleinasien, Grönland, arktisches Nordamerika. 2 bis 15 cm hohes, einjähriges, oben buschig verzweigtes Pflänzchen mit hellgrünen, lanzettlichen Blättern, die eine grundständige Rosette bilden. Die leuchtend blauen Blüten haben einen Durchmesser von 12 bis 18 mm. Der Kelch ist geflügelt und schwach aufgeblasen. Die Blüte öffnet sich nur bei Sonnenschein. Kaum in Gärten verbreitet.

Gentiana olgae Regel et Schmalh.

Im Zentralteil des Turkestansker Gebirges vorkommend (Kusalsi-Sai 2800 m). Meist auf steppenartigen Gebirgswiesen, aber auch in etwas feuchteren Lagen wachsend. Dort vergesellschaftet mit *Ranunculus trautvetterianus, Corydalis nudicaulis, Gagea hissarica, Paraquilegia uniflora, Colchicum luteum* und *Anemone protracta.* Die Pflanze wird nur 10 bis 15 cm hoch und hat blauviolette Blüten. In Kultur noch wenig verbreitet, in Liebhaberkreisen durch Samentausch jedoch in Kultur.

Gentiana papsiana van Royen

Neuguinea. Polsterartig wachsende Art, etwa 5 cm hoch, blaue Blüten mit weißem Schlund.

Gentiana parvifolia Hayata

Formosa, höheres Bergland im Norden und Süden, in Höhen von 2600 bis 3100 m, meist in Wäldern. Eine Staude mit ausgebreiteten, 15 bis 35 cm langen Stengeln. Die Stengelblätter sind eirund oder eirund-lanzettlich, 1,5 bis 2 cm lang, vorne gespitzt. Einzelne oder paarig stehende Blüten, kopfständig oder in den Blattachseln sitzend, glockenförmig, vorne weit geöffnet, 2,2 bis 2,6 cm lang. Blüte weißgelblich.

Gentiana patula (Kirk) Cheesem.

Neuseeland, sowohl auf der Nord- als auch auf der Südinsel, im Bergland von 400 bis 1200 m, auf feuchten, grasbestandenen Flächen. Bis zu 20 cm hohe Pflanze, die in vielen Punkten Ähnlichkeit mit *G. bellidifolia* hat. Weiße, oft violett geaderte Blüten, aber größere grundständige Blätter als bei *G. bellidifolia.* Bildet nicht immer, aber manchmal unterirdische Ausläufer.

Gentiana pedicellata (D. Don) Griseb.

Synonym: *G. heterostemon* H. Smith

Pakistan bis Bhutan. Einjährige Pflanze, die auch in tieferen Lagen auf Kulturflächen vorkommt. Bis 8 cm hoch, meist jedoch kürzer mit fahlblauen Blüten.

Gentiana phyllocalyx C.B. Clarke

Zentral-Nepal bis Südwest-China in 3600 bis 5500 m Höhe an offenen Hängen zwischen strauchigen Rhododendron. 2 bis 10 cm hoch, rosettenartige, grundständig breit-ovale bis rundliche ca. 2 cm lange Blätter, die oberen Stengelblätter umschließen die Basis der Kronröhre. Alle Blätter sind fleischigdick. Fahl- bis tiefblaue Blüten mit aufrechten, dreieckigen Zipfeln. Blütezeit Juni-August.

Gentiana propinqua Richards

Neufundland, Hudson Bay, Alberta, Britisch-Kolumbien, Yukon, Alaska und Nordostasien an trockenen, sonnigen Hängen. Ein- bis zweijährig. Gleicht *G. arctophila*, die Stengel werden allerdings 10 bis 25 cm hoch, oft zarter, kleinblütiger. Verzweigung aus den Achseln der oberen Stengelblätter.

Gentiana prostrata Haenke

Synonym: *G. nutans* Bunge

Alpen, arktisches und nördliches Sibirien, südlich bis Turkestan und im nordöstlichen Tibet, nordwestliches Amerika, in Südamerika, in den Anden. Zerstreut auf feuchten, steinigen, kurzrasigen Stellen auf Urgestein und Kalk, Höhenlage 2200 bis 2800 m. Eine nur einjährige, vielgestaltige Art, etwa 5 cm hoch, kahl, ohne sterile Sprosse. Einfache Stengel, am Grund lockerästig, ausgebreitet bis aufsteigend. Einzelne endständige Blüten, 4 bis 5zählig mit langem Kelch und trichterförmig-röhriger Krone, stahlblau, am Grunde grünweiß. Hat keine gärtnerische Bedeutung.

Gentiana pterocalyx Franch. ex F. Forbes et Hemsl.

Yunnan. Einjährige, verzweigte, 30 cm und höher werdende Pflanze mit ovalherzförmigen, etwa 2,5 cm langen Blättern. Blüte tief azurblau bis gelblich, etwa 5 cm lang.

Gentiana puendensis

Heimat ist das Bergland von Papua-Neuguinea. Formt dicht ausgebreitete Matten aus dunkelgrünen, nadelartigen Blättern, die an der Unterseite etwas weißlich geflusht sind. Die vierteiligen Blüten zeigen ein sehr fahles Blau. Ein rarer Endemit.

Gentiana purdomii Marq.

Heimat ist China (Kansu). Kaum in Kultur, alles was unter diesem Namen in den Gärten verbreitet ist, dürfte *G. gracilipes* oder *G. dahurica* sein. Aufrechte, etwa 20 cm hohe Stengel, grundständige Blätter, lineal-lanzettlich, bis 15 cm lang oder kürzer, Stengelblätter 2,5 cm lang mit deutlicher Scheide. Blüte zu 6 bis 8 in kopfständigen, hüllblattartig umgebenen Büscheln. Sie sind gestielt, 2,5 cm und mehr lang, Blüte gelblich mit purpurnen Streifen.

Gentiana quadrifaria Blume.

Java. Kleine Staude mit einer Pfahlwurzel. Blätter eirund bis elliptisch-verkehrt-eiförmig, etwa 1 cm lang. Blüte röhrig-glockig, dunkelblau, etwa 1 cm lang, Kelch etwa 6 mm, zur Mitte hin eingeschnitten.

Gentiana regina Gilg.

Bis 1 m hohe südamerikanische Art mit glockenförmigen, violetten Blüten. Wächst am Heimatstandort auf Kalkunterlage. In Gärten nicht bekannt.

Gentiana rochellii A. Kern.

Ungarn. Wohl nur eine ungarische Variante von *G. clusii* mit 5 bis 7,5 cm hohem Stengel, Blätter an der Basis knäuelförmig gehäuft, etwa 3,8 cm lang, Blüte blau über 5 cm lang.

Gentiana scabrida Hayata

Bergland von Formosa in Höhen von 2200 bis 3100 m. Nur einjährige, 15 bis 20 cm hohe Art mit weißlichen oder gelblichen Blüten. Es gibt davon *G. scabrida* Hayata var. *punctulata* Ying, mit fahlen gelben und an der Basis dicht schwarz gepunkteten Blüten.

Gentiana scarlatina Gilg.

Über diese südamerikanische Art ist wenig bekannt, sie wird nur 4 bis 7 cm hoch und hat wie viele südamerikanische Enzianarten rote Blüten.

Gentiana scarlatino-striata Gilg.

Hübsche, nicht zu verwechselnde südamerikanische Art mit länglich-lanzettlichen, gespitzten, fleischigen Rosetten, die mehrere Blütenstengel entwickeln. Diese haben hängende, glockenförmige, rote, gelbgestreifte Blüten, die in einer Scheintraube stehen. Etwa 15 cm hoch.

Gentiana spenceri Kirk

Neuseeland, Südinsel in subalpinen und niederen alpinen Höhenlagen von 900 bis 1600 m. In von Schmelzwasser durchtränkten Kräuterflächen bis ins Buschland und in lichten Wäldern wachsend. In Form und Blüte sehr *G. montana* ähnlich, doch ist sie verhältnismäßig leicht zu unterscheiden durch den Blütenstand. Blütenfarbe weiß.

Gentiana stipitata Edgew.

Nepal, Pakistan, an steinigen Hängen in 3600 bis 4500 m Höhe. Eine kleine, 5 cm hohe Tuffs bildende Pflanze aus wenigen kurzen Trieben und einer fahl mauvefarbenen, röhrigen Blüte, innen grünlich, oft dunkler liniert. Diese sind bis 2,5 cm lang und haben fein gespitzte Zipfel. Die Blätter sind klein, elliptisch und gegenständig, 1 bis 2 cm lang und 0,5 bis 1 cm breit.

Gentiana stracheyi (Clarke) Kita.

Synonym: *G. detonsa* Fries. var. *stracheyi* Clarke ex Hook.

In den Bergen zwischen Kaschmir und Ladakh. Aufrechte Staude mit 3 bis 5 cm breiten Blättern. Die Blütenstengel sind 5 bis 15 cm lang, Kelchröhre 1 bis 1,5 cm, kräftig, 4fach gekielt. Die blaue Blütenkrone ist an der Spitze gefranst. Ungewöhnlich drüsig an der Basis. Blüte Juli-September.

Gentiana takedae Kitag.

Japan. Seltene, ein- oder zweijährige Art, 5 bis 25 cm hoch, Blüten fahl purpurblau, 1,6 bis 2,2 cm lang, Kronzipfel weißlich.

Gentiana thunbergii (G. Don) Griseb.

Japan, Korea, Mandschurei, China. Ein- oder zweijährige Art, bildet Rosetten, wobei die Basalblätter oval und etwa 3,8 cm lang sind, mit durchscheinenden Rand-Stengelblättern, schmaler und kürzer. Blüte kopfständig, gestielt, der Kelch ist halb so lang wie die Blumenkrone (etwa 2,8 cm lang), blau. In Japan ist eine *G. thunbergii* var. *minor* Maxim. bekannt, mit kleineren und fahleren Blüten.

Gentiana tongolensis Franch.

Westchina. Einjährige Art mit länglich-ovalen, grundständigen Blättern, die Stengelblätter sind länglich-lanzettlich und die Blüten kopfständig, gelb in der Farbe und etwa 5 cm lang, schmalröhrig.

Gentiana urnula Harry Smith

Östliches Nepal bis Südost-Tibet von 4500 über 6000 m gehend, auf Felsen und Schuttfeldern. Bildet mattenartige Klumpen mit 2,5 cm langen, dunkelblauen Blüten. Leicht an den ovalen, überlappenden Blättern erkennbar. Blüte September-Oktober.

Gentiana vernicosa Cheesem.

Neuseeland, Südinsel in subalpinen Höhen von 1200 bis 1500 m in von Schmelzwasser durchtränkten Kräutermatten. Etwa 10 cm hoch und breit, entwickelt 1 bis 5 kriechende Stengel, die dann in die aufrechten, beblätterten Triebe enden. Die Blätter sind dick, schmal und gespitzt, weiße kopfständige Blüten, zu 1 bis 7 stehend.

Gentiana yuparensis Takeda

Synonyme: *G. yezoalpina* Koidz., *G. yuparensis* var. *yezoalpina* (Koidz.) Kudo

Alpine Pflanze Japans. Zweijährige, 10 bis 20 cm hohe Art mit verkehrteiförmigen bis spateligen, grundständigen Blättern und weißlichen Blüten.

Gentiana zollingeri Fawc.

Japan. Ein- oder zweijährig, 15 cm hoch, Blätter einrund bis 1,2 cm lang. Blüten zu 1 bis 3, kopfständig, röhrig, 0,6 cm langer Kelch und blaue oder purpurgetönte, 2,5 cm lange Blütenkrone.

Enzian-Hybriden

Bei umfangreichen Gattungen wie bei den Enzianen ist die Bildung von Hybriden, sowohl durch Zufallskreuzungen in der Natur als auch durch systematische Züchtung fast selbstverständlich. In der Natur müssen zwei Faktoren vorhanden sein, die Vorkommen der Elternarten müssen sich berühren oder überlappen, und der Verwandtschaftsgrad muß nahe sein, die Chromosomen müssen stimmen.

Besonders zahlreich sind die Naturhybriden in der Sektion Coelanthe (Kusnetzow-Klassifikation) zu finden, z.B.:

Gentiana lutea L. × *Gentiana purpurea* L. = *Gentiana* × *hybrida* Schleich. nec Vill.

Gentiana lutea L. × *Gentiana punctata* L. = *Gentiana* × *doerfleri* Ronn.

Gentiana lutea L. × *Gentiana pannonica* Scop. = *Gentiana* × *haengstii* Hausmann

Gentiana purpurea L. × *Gentiana punctata* L. = *Gentiana* × *spuria* Lebert
Gentiana purpurea L. × *Gentiana pannonica* Scop. = *Gentiana* × *kusnezowiana* Ronn.

Die letztgenannte Kreuzung ist allerdings in einem Garten entstanden.

Eine sehenswerte Pflanze ist *Gentiana* × *marcailhouana* Rouy (*G. burseri* × *G. lutea*), die in den Pyrenäen vorkommt. Ein vom Altmeister der Alpinen-Liebhaberei, Wilhelm Schacht, gefundenes Exemplar hat sich im Alpinum des Botanischen Gartens München-Nymphenburg prächtig entwickelt. Identifiziert werden konnte die Pflanze durch Färbung und Blattform. In älterer Literatur wurde diese Kreuzung auch als *Gentiana* × *burserlutea* bezichnet.

Aus der Sektion Cyclostigma ist die Naturhybride *Gentiana* × *ambigua* Hayek bekannt (*Gentiana brachyphylla* Vill. × *Gentiana verna* L.). Aus Garten-kreuzungen *G. verna* × *G. pumila*, reinblaue Blüten mit weißer Narbe, etwa 7 cm hoch, im Mai-Juni blühend, etwas für Spezialisten. Bei der Firma Eschmann, Emmen (Schweiz), ist eine Kreuzung *G. verna* × *G. acaulis* entstanden, etwa 10 cm hoch, glänzend rein azurblaue Blüten im Mai-Juni.

Aus der Sektion Thylactis gibt es die Naturhybride *G.* × *digenea* Jak. (*G. clusii* Perr. et Song. × *G. acaulis* L.). Die Naturhybriden europäischer Enzianarten haben keine große Gartenbedeutung.

Herbstenzian-Züchtungen

Schon kurz nach der Einführung der chinesischen Herbstenzian-Arten in den ersten Jahrzehnten unseres Jahrhunderts entstanden in Großbritannien die ersten Hybriden. Sind schon die einzelnen Arten prachtvolle Gestalten, so zeigen viele dieser gärtnerischen Hybriden eine weitere Steigerung. Es ist eine Züchtertätigkeit, die auch heute noch anhält, wie neuere Hybriden aus Großbritannien, der Schweiz, Holland und auch aus der Bundesrepublik Deutschland zeigen. Ihrer Bedeutung entsprechend soll das ganze Heer dieser Kostbarkeiten alphabetisch aufgeführt werden. Man darf sich durch die unterschiedliche Namensgebung nicht verwirren lassen. Bei den ersten Kreuzungen wurden Teile der beiden Artnamen der Eltern zu einem neuen Namen zusammengefaßt, z.B. *Gentiana* × *hexafarreri* (aus *G. hexaphylla* × *G. farreri*). Auslesen aus solchen Kreuzungen, F_2-Hybriden und Zufallssämlinge erhielten dagegen einen Sortennamen. Um Nachsicht muß bei der Wiedergabe der Blautöne gebeten werden, auch diese sind mehr oder weniger unpräzise Phantasiebezeichnungen, und Enzianblau, Ultramarinblau, Spectralblau, Eisvogelblau, Preußischblau, Schmetterlingsblau, Lobelienblau, Orientalisch-Blau, Kobaltblau, Französisch-Blau, Wellensittichblau usw. können nur Andeutungen geben.

'Admiral'. Eine Auslese aus *Gentiana* × *macaulayi*, bei Eschmann, Emen (Schweiz) entstanden, intensiv azurblau mit weißem Schlund, mit zahlreichen mittelgroßen Blüten. Blütezeit Juli-September. Etwa 10 cm hoch, wüchsig.

'Alpha'. Eine in der Alpenpflanzengärtnerei Jack Drake in Aviemore, Inverness-shire (Schottland), entstandene Sorte aus einer Hexafarreri-Auslese, die im September-Oktober blüht. Die leuchtend blauen, grünstichigen Blüten sind groß und gut geformt, innen mit weißem Schlund. Reichblühend, wüchsig und leicht vermehrbar, 8 cm hoch.

'Apollo' ('Inverleith' × *G. ornata*). Eine in England (H. Bawden) entstandene Sorte mit deutlich über den beblätterten Trieben stehenden Blüten, die ein etwas tieferes Cambridgeblau zeigen. Ein kräftiger Wachser.

'Azurhimmel'. Züchtung von Walter Löw, Weiden. Stellt von der Größe und Schönheit etwas ganz Besonderes dar. Schöne Form und auffallende Größe, die Farbe ist ein leuchtendes Ultramarinblau mit ausgeprägter intensiver Streifung. Besonders gesund und wüchsig. Etwas Winterschutz mit feinen Nadelzweigen ist in kalten Gegenden anzuraten.

'Bernardii' *(G. sinoornata × G. veitchiorum)*. Etwas röhrige Blüten, dunkel azurblau mit etwas rotstichigem Schimmer und gelben Bändern auf der Außenseite. Blütezeit August-Oktober. Ein besonders kräftiger Wachser, leicht durch Teilung vermehrbar. Höhe etwa 8 cm.

'Blaue Grotte' (× *G. veitchiorum)* von Eschmann, Emmen (Schweiz). Tief azurblau mit Purpurschimmer. Juli-Oktober blühend, 7 bis 8 cm hoch, verbesserte Wuchskraft.

'Blauer Dom' (× 'Inverleith') von Eschmann, Emmen (Schweiz), rein ultramarinblau, mittelgroße Blütenkrone mit stark gebuchteten Kronzipfeln. In diesem Farbton eine der frühestblühenden Sorten.

'Blue Dusk' (Blaue Dämmerung). Großblumige, dunkelazurblaue Neuheit. 12 cm, Blütezeit: August–Oktober.

'Blauer Gnom' *(× G. veitchiorum)* von Eschmann, Emmen (Schweiz). Sehr niederes, festes Polster bildend, mit zierlichen, leuchtend azurblauen Blüten. Besonders lange Blütezeit im Juli-Oktober. Höhe etwa 6 cm.

'Blue Bird'. Eine verhältnismäßig früh blühende Züchtung von Eschmann, Emmen (Schweiz) mit rein dunkel azurblauen Blüten mit mittelgroßer Blütenkrone, etwa 8 cm hoch, August-September blühend.

'Blue Emperor' von Eschmann, Emmen (Schweiz) mit mittelgroßen, glänzend ultramarinblauen, weißschlundigen Blüten im August-Oktober, etwa 8 cm hoch.

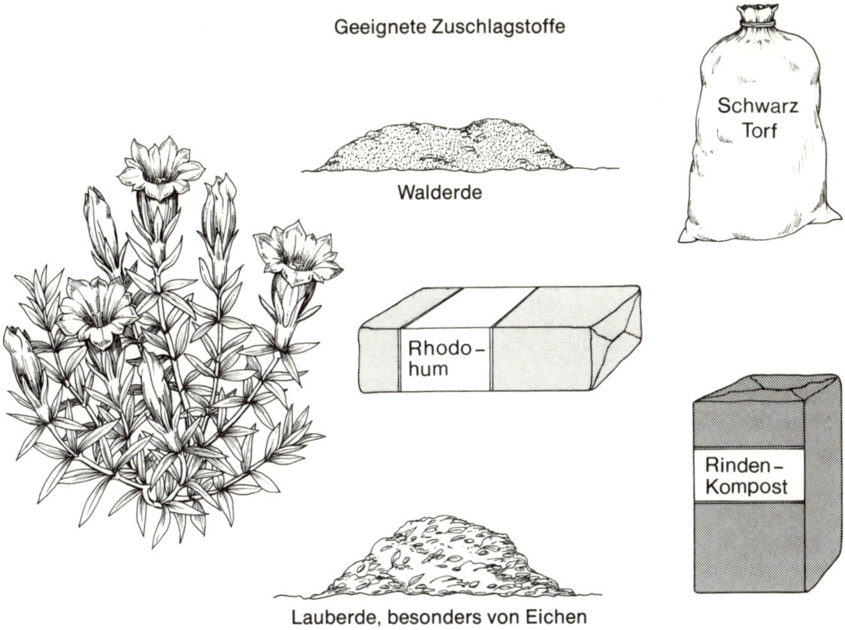

Chinesische Herbstenzian-Hybriden benötigen in Gegenden mit alkalischer (basischer) Bodenreaktion eine besondere Erd-Vorbereitung

'Blue Flame' ('Inverleith'-Hybride). Große Blütenglocken von leuchtendem, tiefem Azurblau, etwa 10 cm hoch, August-Oktober blühend. Eine Züchtung von Eschmann, Emmen (Schweiz).

'Blue Heaven'. Von Jack Drake, Aviemore (Schottland) gezüchtete Sorte mit mittelgroßen Blüten, tiefblaue Blütenkrone, 8 cm hoch, August-Oktober blühend.

'Blue King' von Eschmann, Emmen (Schweiz), ein 'Inverleith'-Sämling mit mittelgroßen, glänzend rein saphirblauen Blüten. Wüchsig, etwa 10 cm hoch, von Juli-Oktober blühend.

'Caroli' *(G. farreri × G. lawrencei).* Im Juli-Oktober verhältnismäßig früh und lange blühend. Die Farbe wird als Hellemailleblau bezeichnet, in anderen Katalogen als intensives Kupfersulfatblau. Nur 5 bis 6 cm hoch, aber sehr wüchsig und leicht vermehrbar, da die auf der Erde liegenden Triebe willig wurzeln.

'Caroli Azurea'. Ähnlich 'Caroli', jedoch etwas größer und später blühend, azurblau und weißschlundig. Bezaubernde frühblühende Sorte, oft schon im Juni mit der Blüte beginnend, auch für Tröge und Schalen geeignet.

'Christine Jean'. Mittelgroße Blüten in einem violettpurpurnen Ton, im September-Oktober.

'Coronation' *(G. farreri × G. veitchiorum).* Gedrungen wachsend, sehr gleichmäßiges, etwa 10 cm hohes Polster. Die Blätter sind schmal und ähneln denen von *G. farreri.* Blüte mittelgroß, reines tiefes Königsblau mit feinen dunklen Punkten in der Blütenkrone. Reichblühend im Juli-Oktober. Läßt sich leicht teilen.

'Davidii' *(G. prolata × G. lawrencei).* Hellhimmelblaue Blüten an verzweigten Stengeln, nur etwas über 4 cm hoch, im September-Oktober blühend.

'Dark Blue Perfection'. Züchtung von Eschmann, Emmen (Schweiz) aus *G. veitchiorum × G. sinoornata.* Ultramarinblau mit weißem Schlund, Röhre innen mit dunklen Streifen und Punkten, August-Oktober blühend, etwa 10 cm hoch.

'Delft'. Auslese von Hermann Fuchs, Hof. Auffallend großblütige Pflanze, deren Blüte im farblichen Gesamteindruck an Delfter Kacheln erinnert. Während das Blüteninnere weiß ist, sind die Zipfel himmelblau gerandet. Eine auffällige Pflanze, mit *Gentiana farreri* blühend.

'Devonhall' *(G. ornata × G. farreri).* Gute, kompakte Pflanze mit etwa 5 cm langen Blüten im August-September. Farbe Fahlblau mit hellerem, grünlich gepunktetem Schlund.

'Diamant' *(G. farreri × G. sinoornata).* Besonders in der DDR verbreitete Sorte, Auslese aus vielen Sämlingen. Kobaltblau, lange blühend, sehr wüchsig.

'Drakes Strain' *(G. farreri × G. sinoornata)* von Jack Drake, Aviemore (Schottland), 5 bis 7 cm hoher Frühherbstblüher. Die cambridge-blaue Farbe hat eine besondere Leuchtkraft, verstärkt durch den weißen Schlund.

'Drakes Strain White'. Ebenfalls von Jack Drake, Aviemore (Schottland), kleinblumige, 5 bis 6 cm hohe Sorte der vorhergenannten, mit weißen Blüten, die im Innern einen lilapurpurnen Schimmer und Strichelung zeigen.

'Edina' *(G. ornata × G. prolata).* In der Form der Mutter gleichend *(G. ornata),* aber mit einem dunkleren Blau. Es stehen am Kopf der Stengel meist mehrere Blüten.

'Elisabeth Brand'. Auslese aus *Gentiana* 'Macaulayi', hat im Aussehen Ähnlichkeit mit *Gentiana* 'Inverleith', die Blüten sind 5 cm groß und haben einen Durchmesser von 3,5 cm. Der Farbton muß als Eisvogelblau bezeichnet werden. Die Stengel sind verhältnismäßig kurz und bräunlich getönt.

'Elisabeth Eschmann' *(G. hexaphylla × G. farreri)*. Frühblühend von August-Oktober mit hell azurblauer Blütenkrone mit rötlichem Schimmer. Der Schlund ist weiß mit Punkten, etwa 8 bis 10 cm hoch. Eine Züchtung von Eschmann, Emmen (Schweiz).

'Emmen'. Einer der großen Würfe von Eschmann, Emmen (Schweiz). Typischer, leuchtend schmetterlingsblauer Herbstblüher mit weißem Schlund. Am Pflanzplatz gut ausdauernd. Höhe 12 cm, großblumig und von langer Blütezeit.

'Excelsior'. Von Eschmann, Emmen (Schweiz), die großblumigste Züchtung, auch sehr lange Blütezeit. Länge der Blütenröhre 8 cm, Höhe 15 cm, Kronendurchmesser 6 cm. Blüten von August bis in den November. Farbe glänzend Ultramarinblau mit weißem Schlund und außen mit intensiveren Streifen.

'Exploi'. Von Eschmann, Emmen (Schweiz). Ist im Aussehen einer großblumigen *G. veitchiorum* ähnlich, 12 cm hoch, im September-Oktober in leuchtend dunkelblauer Farbe blühend, weißer Schlund.

'Farorna' *(G. farreri × G. ornata)*. Partner der Kreuzung wie 'Devonhall', nur umgekehrt. Tendiert im gesamten Aussehen mehr zu *G. ornata* als zu *G. farreri*. Die Blüten zeigen ein mittleres Schmetterlingsblau mit einer weißen oder cremeweißen Kronröhre, außen mit parallelen grünlichen Linien. Verschiedene Herkünfte variieren.

'Fasta Highlands' (auch *G. × fasta* 'Highlands') aus *G. farreri × Gentiana* 'Stevangensis'. Ein sehr guter Wachser mit großen, rein himmelblauen, weißschlundigen Blüten. Spätblühend (September-Oktober). Etwa 12 cm hoch mit langem, spitzem, nadelartigem Laub.

'Glendevon' *(G. ornata × G. sinoornata)*. Wird 5 bis 6 cm hoch, hat kleine bis mittelgroße, eigenartig glänzende, azurblaue Blüten im September-Oktober, sehr reichblühend. Die Blüten sind außen purpurn angehaucht.

'Gloriosa' von Eschmann, Emmen (Schweiz). Wüchsige Sorte mit sehr großen, breiten, hell delphiniumblauen Blütenkronen und weißem Schlund. Etwa 12 cm hoch, Blütezeit August-Oktober.

'Goliath' von Eschmann, Emmen (Schweiz) aus 'Macaulayi' × 'Inverleith'. Großblumig, rein preußisch-blau, im September-Oktober blühend. Außen typische Streifung dunkelviolett-braungelb, etwa 12 cm hoch.

'Hexa-farreri'. Wie der Name sagt, eine Hybride zwischen *G. hexaphylla × G. farreri*. Ist ein guter Wachser und blüht oft schon im August. Kompakter als *G. farreri*, aber kräftiger im Wuchs und großblütiger als *G. hexaphylla*.

Die Blüten haben 6 langgespitzte Kronzipfel. Es gibt davon eine 'Aberchalder Form' in tiefem Himmelblau.

Die Sorte 'Sensation' von Eschmann hat tief azurblaue Blüten mit Imperial-Purpur, außen mit ausgeprägter Streifung. Blütezeit August-November. 6 bis 8 cm hoch.

'Ida K.' Ein *G. ornata*-Sämling aus original Nepal-Saatgut. Keine Hybride, sondern Standortform.

'Inez Weeks'. Ein 'Hexa-farreri'-Sämling mit wesentlich fahleren, aber 10 bis 14 Blüten pro Stengel. Sehr wüchsig.

'Inshriach Hybrids' ('Kingfisher' × 'Kidbrooke Seedling'). Bei Jack Drake, Aviemore (Schottland), entstanden. Spätblühend, September-November, mit tief ultramarinblauen Blüten, 8 cm hoch.

'Inverleith Seedling'. Heller als 'Inverleith'. Bei Jack Drake, Aviemore (Schottland), entstanden, 8 bis 10 cm hoch. Die Farbe kann als glänzendes Wellensittichblau bezeichnet werden. Weißschlundig, 8 bis 10 cm hoch.

'Inverleith' (*G. farreri* × *G. veitchiorum*). Ältere Standardsorte mit sehr großen (10 cm), tief dunkelblauen Blüten im August-November. Besonders reichblühend. Benötigt etwas mehr Platz, ist wüchsig, fällt im Alter aber etwas auseinander, oft auch etwas krankheitsanfällig.

Die hier abgebildeten Enzianarten gehören nach neuer Systematik nicht mehr zu der eigentlichen Gattung *Gentiana*, sondern zu den abgespaltenen Gattungen *Gentianella* und *Gentianopsis* (in Zukunft sind hier noch weitere Umgruppierungen zu erwarten). Es sind keine ausgesprochenen Gartenpflanzen, meist sind sie auch sehr kurzlebig; doch es wird heute öfter Samen in Tauschaktionen angeboten, so daß in Steinanlagen besonders Aussaat an Ort und Stelle versucht werden kann.
Oben: *Gentianella germanica* stellt in größeren Exemplaren eine Prachtgestalt dar. Der Deutsche Enzian kommt nicht nur in Deutschland vor, sondern in Mitteleuropa und darüber hinaus, meist auf mageren, kalkreichen Böden.
Unten links: *Gentianella campestris*, der Feldenzian, liebt einen ähnlichen Standort, sein Verbreitungsgebiet ist noch größer.
Unten rechts: *Gentianopsis ciliata* (syn. *Gentianella ciliata*) der Gefranste Enzian. Diese oft kurzlebige Art ist ein Spätblüher, durchaus attraktiv, aber keine Gartenpflanze. Befriedigender ist es, sich in der Natur bei herbstlichen Bergwanderungen an der Pflanze zu erfreuen.

'Kidbrooks Seedling.'. Unterschiedliche Angaben über die Eltern, einmal *G. farreri* × *G. ornata*, einmal *G. sinoornata* × *G. farreri*. Ähnlich *G. sinoornata*, jedoch 3 Wochen früher blühend, glänzend französisch-blau, etwa 8 cm hoch.

Außerdem ist eine Sorte unter der Bezeichnung 'Kidbrooke Seedling Nr. 6' (Drake) im Handel, tief cambridge-blau, die Leuchtkraft wird durch den weißen Schlund noch gesteigert.

'Kidora'. Sämling aus 'Kidbrooke Seedling × *G. ornata*.

'Kingfisher'. Unter diesem Namen geht eine Form von 'Macaulayi', die *G. sinoornata* ähnelt und im August-September blüht. Hat aber größere Blüten und dunklere Blätter. Weitverbreitet in England und durch Teilung im Frühling leicht vermehrbar. Eine Sorte, die man einfach haben muß.

'Kobaltauge'. Von Eschmann, Emmen (Schweiz) aus 'Kidbrooke Seedling' × *G. veitchiorum*. Blüht von August-Oktober mit einem warmen, leuchtenden Ultramarinblau mit Purpurschein, etwa 8 cm hoch.

'Kolibri'. Von Eschmann, Emmen (Schweiz). Die Pflanze wird nur 5 bis 8 cm hoch und ist sehr kleinblumig. Glänzend azurblaue Blüten mit weißem Schlund im August-Oktober.

Glockenblumen sind reizende Gartenpflanzen, die willig gedeihen und über lange Zeit erfreuen. Es gibt aber auch einige heikle Arten.
Oben links: Zu den heiklen Gesellen, die zudem oft auch nicht echt im Angebot sind, gehört *Campanula raineri*, die Insubrische Glockeblume. Sie kann nur erfahrenen Pflegern empfohlen werden.
Oben rechts: *Campanula carpatica*, die Karpatenglockenblume, ist eine der wichtigsten Glockenblumen für den Garten; es gibt sie in vielen Sorten. Diese Aufnahme zeigt die Art am Naturstandort in den Karpaten.
Mitte links: *Campanula carpatica* im Garten. Es gibt neuerdings auch Hochzuchtsorten, die treu durch Samen vermehrbar sind ('Blaue Clips' und 'Weiße Clips').
Mitte rechts: Altmeister Karl Foerster hat schöne Sorten gezüchtet, die auch heute noch in den Katalogen der Staudengärtnereien angeboten werden. Hier die hübsche Sorte 'Blaumeise'.
Unten links: Vielfältig gibt sich die Knäuelglockenblume, *Campanula glomerata*, sowohl was die Höhe als auch was die Farbe anbetrifft. Auch da gibt es samenvermehrbare Sorten, wie hier die hübsche weiße 'Schneekrone'.
Unten rechts: Die eigentliche und violette *Campanula glomerata*. Sie vermehrt sich manchmal durch unkontrollierte Selbstaussaat, wird aber nicht lästig.

'Lucerna'. 'Inverleith'-Sämling. Eine der besten Sorten von Eschmann, sehr guter Wuchs und großblumig, etwa 12 cm hoch und mit besonders langer Blütezeit im August-November. Blüten leuchtend saphirblau, weißschlundig.

'Macaulayi'. Eine der ältesten und verbreitetsten Hybriden dieser Gruppe. Aus *G. sinoornata* × *G. farreri* entstanden. Es ist ein guter Wachser und ähnelt etwas *G. sinoornata*, die Blütenfarbe ist aber heller und die Kelchzipfel sind länger. Blätter dunkler im Ton und leicht zurückgebogen. Von dieser Standardhybride gibt es einige Auslesen. Vermehrung durch Teilung.

'Macaulayi Selektion Eschmann'. Bei Eschmann in Emmen (Schweiz) entstanden. Pures Ultramarinblau mit weißer Innenseite, etwa 10 cm hoch.

'Macaulayi Wellsii'. Etwas blasserer Blauton, außen interessante Streifung.

'Magnificent' (*G. veitchiorum* × 'Macaulayi'). Blüten etwas größer und breiter als bei *G. veitchiorum*, mit leuchtendem und tiefem Königsblau. Außen interessant gestreift. August-November. 6 bis 8 cm hoch, Züchtung von Eschmann, Emmen (Schweiz).

'Midnight' *(G. sinoornata × G. veitchiorum).* Hübsche englische Züchtung mit rein tief nachtblauer Blüte. September-November blühend, 8 bis 10 cm hoch. Nicht bebändert oder gefleckt.

'Mount Everest'. Weißblühende Züchtung aus Holland. Blüht im August-Oktober, 10 bis 12 cm hoch.

'Nibelungen'. 'Inverleith'-Sämling. Guter Wachser, dunkel nachtblau mit weißem Schlund. Großblumig und sehr lange blühend, August-November, etwa 11 cm hoch. Man muß diese Sorte nicht unbedingt haben.

'Omega'. Ebenfalls ein Sämling aus dem Hexa-farreri-Komplex in Aviemore (Schottland) bei Jack Drake entstanden. Schöne Blütenform, 8 bis 10 cm hoch, innen gestreift, wüchsig und leicht vermehrbar. Farbton glänzend intensiv Dunkelblau.

'Opal' (× *G. veitchiorum).* Von Eschmann, Emmen (Schweiz). Rein glänzend opalblaue Blüten mit weißem Schlund, im August-November blühend, 8 bis 10 cm hoch.

'Orphylla' *(G. ornata × G. hexaphylla).* Mit kompakten, fahlblauen, weißschlundigen Blüten. Die Blütenkrone hat 6 Zipfel.

'Orva' *(G. ornata × G. veitchiorum).* Im August-Oktober mit kleinen, glänzend dunkel kobaltblauen Blüten, im Innern der Blütenkrone dunkelpurpurblaue Linien, etwa 6 bis 7 cm hoch, gedrungener Wuchs.

'Pilatusgeist'. Von Eschmann, Emmen (Schweiz) aus 'Inverleith' × *G. veitchiorum* mit leuchtend reinen, delphiniumblauen, weißschlundigen Blüten, die außen klar gestreift sind. Blütezeit August-Oktober, Höhe 10 bis 12 cm.

'Reuss'. Von Eschmann, Emmen (Schweiz). Glänzend schmetterlingsblau, weißschlundig, Blütezeit August-November. Im Innern feine Punktierung, etwa 12 cm hoch.

'Saphir' (× *G. veitchiorum*). Von Eschmann, Emmen (Schweiz). Dunkel saphirblau, weißschlundig im September-November blühend, 10 bis 12 cm hoch.

'Sensation'. Neuheit der Firma Eschmann, Emmen (Schweiz), tief dunkelazurblau mit Imperialpurpur außen mit ausgeprägter Streifung. 6 bis 8 cm hoch, August–November blühend.

'Sinorna' *(G. sinoornata × G. ornata)* mit glänzend tief schmetterlingsblauen Blüten und schmaler Blütenkrone.

'Splendeur'. Von Eschmann, Emmen (Schweiz). Schmetterlingsblau und weißschlundig, wobei die Kronzipfel am Rande rötlich getönt sind. Gedrungene, breite Blütenkrone, 9 cm hoch. Blütezeit August-Oktober.

'Starlight' *(× G. veitchiorum)*. Von Eschmann, Emmen (Schweiz). Kleine, gedrungen wachsende Sorte von leuchtend azurblauer Farbe, August-Oktober blühend, 7 bis 8 cm hoch.

'Stevenagensis' *(G. sinoornata × G. veitchiorum)*. Hat mehr ästige Triebe im Gegensatz zu *G. sinoornata*, auch schmalere Blütenkrone und dunkleren Blauton. Purpurblau, innen grüngelb liniert und gefleckt. Blüht August-November, 8 bis 10 cm hoch. Bei F. Barker, Stevenage, entstanden. Es gibt davon eine Auslese, die unter dem Namen 'Frank Barker' im Handel ist

'Susan Jane'. Von Jack Drake, Aviemore (Schottland). Eine Züchtung aus 'Inverleith'. Intensiv glänzend azurblau mit weißem Schlund. Die Kronzipfel sind stark und spitz ausgebuchtet. Ein guter Wachser mit kriechenden Trieben. Frühblühend, August-November, 6 bis 8 cm hoch.

'Thunersee' ('Inverleith' × *G. veitchiorum*). Von Eschmann, Emmen (Schweiz). Prächtig leuchtendes Saphirblau, etwas heller als 'Inverleith', mit weißem Schlund. Blütezeit August-Oktober, zwischen der Sorte 'Kingfisher' und *G. sinoornata* liegend. Bemerkenswerte, wüchsige, etwa 10 cm hohe Sorte.

'Veora' *(G. veitchiorum × G. ornata)*. Von G.H. Berry. Glänzende, frischgrüne Belaubung, lange Blütenstengel und leuchtend azurblaue, weißschlundige Blüten. Langblüher, von August-Oktober, 8 bis 10 cm hoch.

'VIP' *(G. veitchiorum* × 'Inverleith parents'). Leuchtend dunkel ultramarinblau mit Purpurschein. 6 bis 7 cm hoch, August–November blühend.

'Vorna' (wie 'Veora' aus *G. veitchiorum* × *G. ornata*). Von Dr. W.L. Lead, Stockport. Diese Hybride kommt im Farbton dem Stengellosen Frühlingsenzian nahe, man kann den Ton als tief 'Preußisch-blau' bezeichnen. Aus einer zentralen Rosette treiben längere, wüchsige Blütentriebe. Blütezeit September-November, etwa 12 cm hoch.

'Wealdensis' *(G.* × *hexafarreri* × *G. veitchiorum)*. Gesunder Wuchs, mit großen tiefblauen Blüten, 10 cm hoch. Die Kronzipfel sind stärker zurückgebogen.

'Wellensittich'. Von Eschmann, Emmen (Schweiz). Großblumige Sorte mit eleganter Blütenform, rein schmetterlingsblau mit weißem Schlund. August-November blühend, etwa 12 cm hoch.

'Zauberglocke' ('Inverleith' × *G. veitchiorum*). Von Eschmann, Emmen (Schweiz). Früheste dunkel purpurblaue Sorte, Juli-Oktober blühend, etwa 8 cm hoch.

'Zauberland'. Aus 'Inverleith'. Großblumig im Gegensatz zur Stammsorte, französisch-blau. Blütezeit August-Oktober, etwa 12 cm hoch. Ist nicht sehr starkwüchsig, wird von Liebhabern immer wieder gerne gekauft.

Acaulis-Abkömmlinge

Wenn von Enzian-Hybriden gesprochen wird, muß auch auf den Acaulis-Komplex hingewiesen werden. Dieser „Stengellose Enzian" (der in den meisten Fällen einen Stengel besitzt) ist in den Gartensorten in vielen Fällen herkunftsmäßig nicht mehr bestimmbar, dazu ist er schon viel zu lange in Kultur. Es kann oft auch nicht mehr gesagt werden, ob es Hybriden zwischen den Arten der Sektion Thylactitis (Megalanthe) sind oder besonders wüchsige Standortformen einer Art. Wir machen hier keinen Unterschied.

'Angustifolia-Hybride Frei'. Eine prachtvolle, großblumige, reichblühende Sorte der Firma Frei, Wildensbuch (Schweiz). Im eigenen Garten mit kalkhaltigem Boden eine der besten. Bei Nachlassen der Reichblütigkeit rechtzeitig aufteilen und verpflanzen.

'Coelestina'. Wohl die hellste Sorte der Acaulis-Gruppe. Große, trichterförmige, rein himmelblaue Blüten mit stark ausgebuchteten, spitzen Kronzipfeln. Blütezeit April-Mai, oft im Oktober-November remontierend, etwa 12 cm hoch.

'Dinarica'. Hier ist nicht die Art *G. dinarica* vom Naturstandort gemeint, sondern eine Selektion der Fa. Härlen, also eine reichblühende Handelssorte, die durch ein klares Ultramarinblau besticht. Höher als die Art, gut gestielt. Zur Samenreife etwa 12 cm hoch. Blütezeit April-Mai, im Oktober-November remontierend.

'Gedanensis'. Bei Wocke in Danzig entstanden (Gedania=Danzig). Großblumige, 12 cm hohe Gartenform. Die rein ultramarinblauen Blütenglocken haben einen Durchmesser von 4 bis 4,5 cm, aufsitzend. Die Kelchzähne sind abstehend. Blütezeit April-Mai, remontiert Oktober-November.

'Holzmann'. Auch unter der Bezeichnung *G. holzmannii* bekannt. Eine gut gestielte *G. angustifolia*-Hybride, großblumig, dunkel azurblau, mit 4,5 bis 5 cm Durchmesser, olivgrüne Flecken in der Kronröhre. Kronzipfel stark ausgebuchtet. April-Mai blühend, im Herbst remontierend.

'Krumrey-Enzian'. Besonders in den 60er Jahren machte ein Enzian der Acaulis-Gruppe durch seine Reichblütigkeit und die Leuchtkraft der blauen Blütenfarbe Furore. Er kam unter dem Namen 'Krumrey-Enzian' in den Handel, entstanden in der bayerischen Gärtnerei Krumrey aus einer Kreuzung zwischen einem blauen, leicht rotstichigen, Karpaten-Typ und einem Alpen-Typ der Acaulis-Gruppe. Um welche Arten oder Unterarten es sich botanisch gehandelt hat, ist unbekannt.

'Maxima'. Wunderschöne Sorte mit dunkel azurblauen Blüten mit rötlichem Schimmer. Besonders breite Kronröhre, 10 cm hoch. Guter Remontierer im Herbst.

'Nymphenburgensis'. Es ist fraglich, ob der von Altmeister Karl Foerster so hoch gelobte Typ noch irgendwo vorhanden ist. Ein extremer Reichblüher in lehmigen oder lehmangereicherten Böden.

'Saturn'. Sorte von Eschmann, Emmen (Schweiz). Großblumige, etwas später blühende, lichtblaue Hybride mit kurzen, breiten Kelch- und Kronzipfeln. Blütezeit Mai-Juni, etwa 12 cm hoch.

'Undulatifolia'. Nicht zu verwechseln mit *G. clusii* var. *undulatifolia*, hier handelt es sich um eine Sorte der Firma Jack Drake, Aviemore (Schottland). Leuchtend ultramarinblau blühend, etwa 12 cm hoch.

Gentiana × suendermannii

Eine etwas dubiose Pflanze, deren Herkunft trotz vieler Bemühungen nicht geklärt werden konnte. Die Pflanze blüht Ende August–Anfang September, etwas später als *G. septemfida* var. *lagodechiana,* welcher sie im Habitus ähnelt, jedoch mit kürzeren, breiteren Stengelblättern und straffer aufrecht wachsend, nicht niederliegend-aufstrebend. Höhe 12 bis 20 cm mit einem weniger traubigen Blütenstand, wenn auch nicht nur einzelblütig. Pflanzen am zusagenden Platz entwickeln öfter auch Blüten mit 8 bis 10 Kronzipfeln! Benötigt sonnigen Platz, schotterigen Boden und ist ein Kalkfeind, der im neutralen Bereich gerade noch fortkommt.

Auf der Basis völlig anderer Elternsorten sind in Japan einige Hybriden bekannt:

Gentiana × *brevidens* Fr. et. Sav. *(G. makinoi* × *G. scabra* var. *buergeri)* und *G.* × *iseana* Makino *(G. scabra* var. *buergeri* × *G. sikokiana)*. Beide sind bei uns kaum verbreitet. Kommerziell werden in Japan zwei weitere Enzian-Hybriden vermarktet. Die eine ist aus *Gentiana triflora* Pall. var. *japonica* Hara × *Gentiana makinoi* entstanden. Liefert Schnittblumen im Spätsommer für Vasen und Blumen-Arrangements (Ikebana). Möglicherweise besteht hier eine Verbindung zu der bei uns kultivierten *Gentiana* 'Royal Blue'. Weiterhin ist eine *Gentiana* 'Hybrida hort.' im Handel und sehr populär als Topfpflanze im Herbst. Massenanzuchten erfolgen in Kunststofftöpfen, die aus Juni-Stecklingen gezogen werden. Durch die Massenproduktion sind diese Topf-Enziane verhältnismäßig preiswert (1 bis 2 US $ pro Topf). Neben den blaublühenden gibt es auch rosa- und weißblühende Typen.

In *England* ist eine Hybride bekannt unter der Bezeichnung *Gentiana* × *hascombensis*; sie wurde schon bei *G. septemfida* aufgeführt, da es sich um keine Arthybride handelt.

Ebenfalls in England wurde eine Hybride bekannt unter dem Namen *Gentiana* 'Birch Hybrid' *(G. pneumonanthe* × *G. septemfida* var. *lagodechiana)*. Aufrechte, 30 cm hohe, starke Stengel, im Habitus wie *G. pneumonanthe*, besetzt mit mehreren, vorne weit geöffneten, röhrigen Blüten in zartem Blau, innen stark weiß gesprenkelt.

Gentiana ishizuchii

In den letzten Jahren ist dieser wunderschöne, rosarote Enzian zu uns gekommen. Anders als der botanisch klingende Namen vermuten läßt, handelt es sich nicht um eine beschriebene Art, sondern um eine attraktive Farbvariante des in Japan kommerziell ziemlich verbreiteten Hybrid-Enzians, die nach dem Mt. Ishizuchi (Shikoku) benannt wurde. Dieser Enzian ist in japanischen Gärtnereien, die alpine Pflanzen ziehen, kultiviert und verbreitet worden. Laut japanischen Unterlagen soll es sich um eine Hybride zwischen *Gentiana scabra* Bunge var. *buergeri* f. *procumbens* Toyokuni und *Gentiana septemfida* handeln. Es ist ein dunkelrosa, rosa oder rot blühender Enzian mit einer

Höhe von 20 cm, der in seinem Habitus etwas an *G. septemfida* erinnert. Beste Vermehrung ist die durch Stecklinge im Juni. Ein ziemlich sauer wirkendes Substrat ist Voraussetzung für eine erfolgreiche Kultur.

Interessant sind die Hybrid-Namen in alten Veröffentlichungen, die teilweise durch Zusammenziehen der Artnamen entstanden, jetzt aber kaum mehr gebräuchlich sind. So nannte „Möller's Deutsche Gärtner-Zeitung" im Jahre 1903 folgende Hybriden:

G. angubavarica Gusm. = *G. angulosa* × *G. bavarica*
G. angubrachyphylla Gusm. = *G. angulosa* × *G. brachyphylla*
G. vernabrachya Gusm. = *G. verna* × *G. brachyphylla*
G. bavarabrachya Gusm. = *G. bavarica* × *G. brachyphylla*
G. pumilimbricata Gusm. = *G. pumila* × *G. imbricata*
G. vernapula Gusm. = *G. verna* × *G. pumila*
G. burserlutea Gusm. = *G. burseri* × *G. lutea*
G. charpentieri Thom. = *G. lutea* × *G. punctata*
G. gaudiniana Thom. (*G. spuria* Leb.) = *G. punctata* × *G. purpurea*
G. kummeriana Sendt. (*G. haengsti* Hausm.) = *G. lutea* × *G. pannonica*
G. pannopurpurea Gusm. = *G. pannonica* × *G. purpurea*
G. thomasii Hall. fil (*G. rubra* Clairv.) = *G. purpurea* × *G. lutea*

Wie sieht die Zukunft der Enzian-Züchtung aus? Bei der wichtigsten Gruppe der chinesischen Herbstenziane (Sektion Frigidae) sind hinsichtlich Wuchs, Größe und Farbe kaum noch Wünsche offen. Wichtig wäre es hier, kalkfreundlichere Sorten zu schaffen. *G. farreri* und eine Reihe von Hybriden akzeptieren etwas Kalk, ohne ihn zu lieben. Bei den anderen Arten, an der Spitze *G. sinoornata*, wirkt jede Spur Kalk wie Gift.

Mit den besten Sorten der Acaulis-Gruppe ist auch schon sehr viel erreicht. Der Erwerbsgärtner würde sicher eine weitere Stengelverlängerung begrüßen, für kleine Sträuße und sonstige Bindereizwecke.

Ungeahnte Möglichkeiten gibt es jedoch noch bei vielen nordamerikanischen und ostasiatischen Arten. Da lassen sich bestimmt noch manche Steigerungen durch Kreuzungen erzielen, um schöne Schnittblumen für den Erwerbsgärtner zu bekommen. Allerdings sollte die Kalktoleranz dabei nicht unbeachtet bleiben, eingedenk der oft negativen Erfahrungen bei *Gentiana* 'Royal Blue'.

Weitere Enziangewächse

Gentianella, Kurzlebiger Enzian

Bei der Gattung *Gentianella* Moench handelt es sich um ein- oder zweijährige Pflanzen, normalerweise mit Stengeln, die mehr oder weniger verzweigt sind, beginnend oberhalb der Basalrosette oder beim Stengelbeginn. Der Kelch ist höchstens bis zur Hälfte eingeschnitten, und die 4 bis 5 Zipfel umfassen nicht ein inneres Häutchen. Die Blütenkrone ist zylindrisch oder verkehrtkegelförmig, mit 4 bis 5 mehr oder weniger offenstehenden Kronzipfeln, ohne einen kleinen Zipfel in der Ausbuchtung. Die Blütenkrone ist normalerweise im Schlund gefranst oder gewimpert.

Insgesamt ähneln die Pflanzen der Gattung Enzian, wichtigster Unterschied ist das Fehlen von Läppchen und Schuppen zwischen den Kronzipfeln und bei *Gentianella* die im Schlund vorhandenen Fransen und Wimpern.

Die Gattung *Gentianella* hat kaum allgemeinen Gartenwert, doch finden sich einige hübsche Arten, denen man in der Natur begegnet. Bei Samentauschaktionen der Pflanzenliebhaber-Gesellschaften werden zunehmend auch Samen von *Gentianella*-Arten angeboten, selbst in den Listen einiger Samenhandelsfirmen sind neuerdings solche vereinzelt zu finden. Deshalb sollen die Arten dieser Gattung nicht ganz unterschlagen werden, zumal sie früher vielfach zu *Gentiana* gerechnet wurden (vgl. Synonyme).

Systematisch wird die Gattung *Gentianella* in die Sektionen Comastoma, Gentianella und Arctophila unterteilt. Das ist aber nur botanisch interessant, wir gehen nach der alphabetischen Reihenfolge vor.

Die Ansiedlung im Steingarten oder an ähnlichen, geeigneten Plätzen ist nicht immer einfach. Frühzeitige Aussaat in Kistchen, im Kalten Kasten oder an Ort und Stelle dürfte noch am ehesten zum Erfolg führen. Bei Vorkultur dürfen die Sämlinge beim Pikieren oder Auspflanzen nicht zu groß sein.

Gentianella amarella (L.). Börner, Nördlicher Enzian

Synonyme: *Gentiana amarella* L., *Gentiana acuta* Michx.

Nord- und Zentraleuropa, Ukraine, nördliches Nordamerika. Einjährige, 15 bis 50 cm hohe Pflanze. Die oberen Blätter sind lanzettlich und eher scharf gespitzt, die unteren spatelig oder eirund und stumpf an der Spitze. Die Blüten variieren von purpurviolett und blau bis grünlichgelb oder weiß, sie sind 1 bis 2 cm lang und stehen in Büscheln in den oberen Blattachseln.

Gentianella anglica (Pugsley) E.F. Warburg

In England auf Wiesen vorkommend. Zweijährige, bis 20 cm hohe Art. Normal lang verzweigte Stengel, von der Basis an. Düster purpurfarbene Blütenkrone.

Gentianella anisodonta (Borbás) A. et D. Löve

Synonym: *Gentiana anisodonta* Borbás

Alpen, Apennin, Nordwest-Jugoslawien, auf Kalkunterlage. Ist *G. pilosa* sehr ähnlich, nur sind die unteren Stengelblätter verkehrt-eiförmig bis spatelig und die oberen dreieckig-lanzettlich, zwei Kelchzipfel sind breiter als die anderen. Blütenkrone 2 bis 3 cm, rötlich-purpurn.

Gentianella aspera (Hegetschw. et Heer) Sotal, Rauher Enzian

Synonym: *Gentiana aspera* Hegetschw.

Ost- und Zentralalpen, süddeutsche Mittelgebirge und westliche Tschechoslowakei. Zweijährige, bis 40 cm hohe Pflanze, meist von der Basis aus verzweigt. Die Stengelblätter sind oval bis oval-lanzettlich oder oval-dreieckig. Die Blütenkrone ist 1 bis 4 cm, violett, rosa oder weißlich.

Gentianella aurea (L.). Harry Smith

Synonym: *Gentiana aurea* L.

Arktische Küsten- und Ufer-Gebiete. Ein- bis zweijährige, bis 15 cm hohe Pflanze mit langer, aufrechter Verzweigung von der Basis an. Stengelblätter 2- bis 3mal so lang wie breit. Kleine, 4- bis 5teilige Blüten am Ende der Verzweigung, meist von den oberen Stengelblättern umschlossen. Blütenkrone 0,7 bis 1 cm lang, fahlgelb, selten blau.

Gentianella austriaca (A. et J. Kerner) J. Holub, Österreichischer Enzian

Synonym: *Gentiana austriaca* A. et J. Kerner

Ost- und Zentraleuropa. Zweijährige, meist 10 bis 20 cm hohe Pflanze, von der Basis an verzweigt. Doldentraubiger Blütenstand. Stengelblätter oval-lanzettlich bis lanzettlich. Blütenkrone 2,4 bis 4,5 cm, purpurviolett oder weißlich.

Gentianella barbata (Froel.) Berchtold et J. Presl

Synonym: *Gentiana barbata* Froel.

Nord- und Zentralasien, Alaska, kanadisches Yukon-Gebiet. Gleicht *Gentianopsis detonsa*, ist jedoch höher (40 cm). Nach meiner Meinung müßte diese Art zur Gattung *Gentianopsis* gestellt werden *(Gentianopsis barbata)*.

Gentianella barbellata Engelm.

Die kurzlebige Staude wächst in Arizona, Colorado, New Mexico in lichten Wäldern. 5 bis 15 cm hoch, blaue Blüten im August-September.

Gentianella bulgarica (Velen.) J. Holub

Synonyme: *Gentiana bulgarica* Velen., *Gentiana germanica* ssp. *bulgarica* (Velen.) Hayek

Teile der Balkaninsel. 5 bis 20 cm hohe Stengel mit langer, schlanker, ausgebreiteter oder aufstrebender Verzweigung von der Basis an. Die Stengelblätter sind länglich-lanzettlich. Blüten 1,2 bis 2 cm lang, weißlich oder fahlviolett.

Gentianella campestris (L.) Börner, Feld-Enzian

Synonym: *Gentiana campestris* L.

Pyrenäen, Alpen, Mazedonien, nördlicher Apennin, Island, trockene Magerwiesen, meist auf Kalk, selten auf Urgestein. Aufrechte Pflanze, 3 bis 30 cm hoch, oft mit rötlich überlaufenen Stengeln, meist verzweigt, lanzettliche Blätter. Vierzähliger Kelch, aus zwei großen und zwei kleinen Kelchzipfeln bestehend. Violetter, selten weißlicher, bärtiger Schlund. Blüht im Juni-September. Es gibt eine ganze Reihe von Subspecies.

Gentianella columnae (Ten.) J. Holub

Synonym: *Gentiana columnae* Ten.

Apennin. Zweijährige, bis 15 cm hohe, von der Basis an verzweigte Pflanze. Stengelblätter lanzettlich, vierteilig, 1 bis 2 cm lange, purpurviolette oder weißliche Blüte.

Gentianella crispata (Vis.) J. Holub

Synonym: *Gentiana crispata* Vis.

Süditalien, Teile des Balkans, in bergigem Gelände. Zweijährige, 2 bis 20 cm hohe Pflanze, an der Basis meist mit braunen, vertrockneten Resten des Vorjahrslaubs bedeckt. Verkehrt-eiförmige bis spatelige, grundständige Blätter. Stengelblätter mehr lanzettlich. Blütenstand doldentraubig. Blüten violett oder weißlich, 1,5 bis 2 cm lang. Kelchzipfel gekräuselt mit schwärzlichem Rand.

Gentianella diemensis (Griseb.) J.H. Willis, Australischer Berg-Enzian

Südost-australisches Bergland, Bergland von Tasmanien. Lockerbüschelig, 10 bis 25 cm, manchmal bis 30 cm hohe Pflanze. Basalblätter gegenständig. Blüten fünfteilig, weiß oder cremefarben mit feinen blauen oder violetten Adern, einzelstehend oder in lockerer Doldentraube. Zur Blüte im Februar-März (Heimatstandort) sehr hübsch.

Gentianella engadinensis (Wettst.) J. Holub

Synonym: *Gentiana engadinensis* (Wettst.) Br.-Bl. et Samuelsson

Gebiete der Alpen. Ist *Gentianella pilosa* sehr ähnlich, aber mit oval-lanzettlichen Stengelblättern und ungleichen Kelchzipfeln.

Gentianella falcata (Turcz. ex Karchin et Kir.) Harry Smith

Pakistan, Südwest-China, mehr trockene Böden in offenen Lagen. Alle Blätter sind grundständig und elliptisch, etwa 1 cm lang. Viele 6 bis 10 cm hohe, aufstrebende Stengel, die in einzelstehenden Blüten enden. Diese sind tief blauviolett, im Schlund bärtig weiß, 1 bis 2 cm lang, 5 ovale, ausgebreitete Kronzipfel. Blüht August-September.

Gentianella formosissima (Don) Gilg.

Hübsche südamerikanische, mehr als 1 m hohe Art, deren Stengel reich verzweigt sind, mit langen, breit-lanzettlichen Blüten. Die sehr zahlreichen, 3 bis 5 cm langen Blüten stehen an langen Stielen und zeigen eine purpurne oder dunkelrosa Farbe.

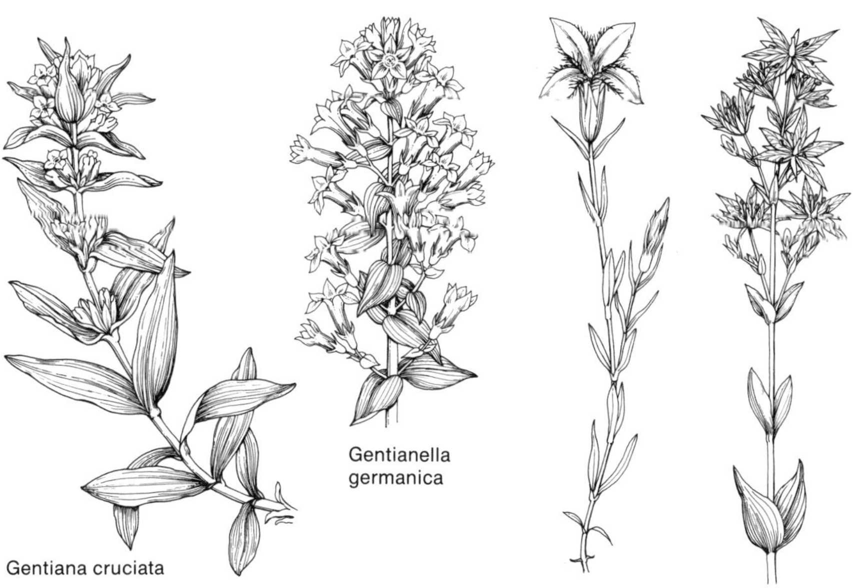

Bekannte Vertreter von Gattungen der Enzianfamilie

Gentianella germanica (Wild.) E.F. Warburg, Deutscher Enzian

Synonym: *Gentiana germanica* Willd.

Mitteleuropa, Schweden, Karpaten auf mageren Weiden, frische kalkreiche Böden. 5 bis 35 cm hohe, ästig verzweigte Pflanze, die grundständige Blattrosette ist zur Blütezeit meist schon verwelkt. Rotviolette, selten weiße 5zählige Blüte, trichterförmig, Kronzipfel bis 15 mm lang, im Schlund bärtig, Mai-Oktober blühend.

Gentianella hypericifolia (Murb.) Pritchard

West- und Zentralpyrenäen. Gleicht stark *Gentianella campestris*, die Stengelblätter sind elliptisch bis breit, eirund, die Kelchzipfel sind in der Mitte am breitesten. Blütenkrone 2,5 cm, oft weißlich.

Gentianella lutescens (Velen.) J. Holub, Karpaten-Enzian

Synonym: *Gentiana lutescens* Velen.

Ost- und Zentraleuropa und nördliche Balkan-Halbinsel, hauptsächlich im Bergland. Zweijährige, bis 40 cm hohe Pflanze, einfach oder verzweigt, mit einem traubigen Blütenstand. Stengelblätter schmal-oval. Blütenkrone 1,8 bis 2,5 cm, purpurn oder gelblich.

Gentianella moorcroftiana (Wallich ex G. Don) Airg Shaw

Pakistan bis Zentral-Nepal in offenen Lagen und wasserüberrieselten Plätzen. Einjährige, 5 bis 20 cm hohe, meist vielverzweigte Pflanze mit 1,5 bis 3 cm langen, lanzettlichen Blättern, die grundständigen Blätter sind zur Blütezeit nicht mehr vorhanden. Trägt viele fahlblaue bis dunkelmauve, trichterförmige Blüten in lockeren Büscheln. Blütenkrone 1,5 cm lang bei Blütenbeginn, bei der Reife verlängert. Blütezeit August-Oktober.

Gentianella nana (Wulfen) Pritchard

Synonym: *Gentiana nana* Wulfen.

Ostalpen auf feuchten Schuttfeldern, in Schneetälchen, auf Kalkunterlage. Ähnelt stark *Gentianella tenella*, aber nur 2 bis 3 cm hoch, und die Blütenstiele sind nicht mehr als zweimal so lang als die Blüten. Blüte dunkelblau.

Gentianella padulosa (Hook.) Harry Smith

Pakistan bis Südwest-China in offenen Lagen und zwischen Zwergstrauch-Flächen. Einjährige, schlanke bis 30 cm hohe Pflanze mit langgestielten, einzelstehenden, blauen oder weißen, aufrechten oder abstehenden Blüten. Die Blätter sind schmal-elliptisch, an der Spitze stumpf und 2 bis 4 cm lang. Die

Kronröhre ist bis 3,5 cm lang und hat vier rundliche bis breit-elliptische, blaue, abstehende Kronzipfel. Im Schlund ohne Haare oder Fransen. Blütezeit Juli-August.

Gentianella pedunculata (D. Don.) Harry Smith

Pakistan, Südost-Tibet in freien Lagen. Ähnelt stark *Gentianella falcata*, lediglich die ungleichen Kelchzipfel und die Länge des Kelches, welcher weniger als ein Drittel so lang ist wie die Kronröhre, unterscheiden diese Art. Blütezeit August-Oktober.

Gentianella propinqua (Richardson) J.M. Gillet

Von Alaska und Yukon bis Britisch-Kolumbien und Montreal und Quebec. Einjährige, bis 35 cm hohe Pflanze, bildet Rosetten aus etwa 3,5 cm langen, elliptischen bis spateligen Blättern, Stengelblätter schmaler. Blüten fahlviolett bis violett, einzelstehend oder zu wenigen vereint, kopf- und achselständig, 2 cm lang, trichterförmig.

Gentianella pygmaea Regel et Schmalh.

Mittelasien, Pamirgebiet, auf Riedgras-Gebirgswiesen, sehr selten, in Höhen von 4000 bis 4200 m. Zweijährige Pflanze mit schmalen Rosetten aus 2 bis 6 mm langen, lanzettlichen Blättern. Gesamthöhe 1 bis 4 cm, Blüte 7 bis 8 mm lang, cremefarben. Blütezeit Juli-August.

Gentianella quinquefolia (L.) Small

Synonym: *Gentiana quinquefolia* L.

Östliches Nordamerika. Einjährige, manchmal auch zweijährige, 30 bis 60 cm hohe, oben verzweigte Pflanze. Blätter oval zugespitzt. Blüte fahllila bis tiefblau 2,5 cm lang, in kopfständigen Büscheln zu 3 bis 5 stehend.

Gentianella ramosa (Hegetschw.) J. Holub

Synonym: *Gentiana ramosa* Hegetschw.

Zentral- und Südwestalpen auf Kalkunterlage. Zweijährige, bis 15 cm hohe Pflanze, normalerweise von der Basis an verzweigt, so daß ein büschelartiger Anblick entsteht. Stengelblätter oval-lanzettlich bis lanzettlich. Blütenkrone 1 bis 2 cm, fahlviolett oder weißlich.

Gentianella tenella (Rottb.) Börner, Zarter Enzian, Zierlicher Enzian

Synonym: *Gentiana tenella* Rottb.

Sehr verbreitet: Spanien, Pyrenäen, Alpen, Karpaten, östlich bis Zentralasien, Nordamerika. Auf Kalk und Urgestein, kurzrasige Weiden und Geröllflächen. Bis 10 cm hoch, Stengel an der Basis verzweigt mit 1 bis 2 Blättern. Blüten lila, hellviolett, seltener weiß, 4zählige Kronzipfel, wenig auseinandergebogen. Blüht Juli-September.

Gentianella turkestanorum Holub

Synonyme: *Gentiana turkestanorum, Gentiana pamirica, Gentiana aurea*

Zentralasien, Pamirgebiet, auf Gebirgswiesen, selten in Gruppen, sonst überall häufig in Höhenlagen von 1700 bis 3600 m. Zweijährige Pflanze, 3 bis 20 cm hoch mit 2 bis 4 Blüten, 9 bis 19 mm lang, Farbe rosa. Die Blätter bilden schmal-lineale Rosetten, 10 bis 35 mm lang, der Stengel ist immer klar erkennbar. Blütezeit Mai-Juli. Vereinzelt wird Samen angeboten.

Gentianella weberbaueri Gilg.

Südamerikanischer Enzian, der in höheren Lagen in Geröll und Felsen wächst. Aus einer dichten Rosette treibt ein einzelstehender, 30 bis 50 cm hoher Blütenstengel mit an der Spitze stehenden roten Blüten.

Gentianella yabei Hara

Synonyme: *Gentiana yabei* Taheda et Hara, *Gentiana detonsa* var. *albiflora* Yabe

Japan. Seltene, zweijährige, 5 bis 40 cm hohe, aufrechte Art, unverzweigt oder wenig verzweigt mit 2,5 bis 3,5 cm langen, fahlblauen Blüten.

Gentianopsis, Gefranster Enzian

Die Arten der neugebildeten Gattung *Gentianopsis* Ma werden in verschiedenen Veröffentlichungen (so auch in der „Flora Europaea“) noch unter *Gentiana* und *Gentianella* geführt. Die Selbständigkeit kann jedoch kaum mehr angezweifelt werden. Die Gattung umfaßt etwa 15 Arten oder einige mehr, alles ein- und zweijährige Pflanzen, die für den Garten keine allzu große Bedeutung haben. Andererseits wird in Tauschaktionen Samen angeboten, deshalb sollen die wichtigsten Vertreter hier nicht vorenthalten werden. Die Kronzipfel der vierteiligen Blüte sind gefranst.

Gentianopsis ciliata (L.) Ma, Gefranster Enzian

Synonyme: *Gentiana ciliata* L., *Gentianella ciliata* (L.) Borkh.

Mittel- und Südeuropa, Kaukasus, Vorderer Orient. Auf mageren Weiden und trockenen Wiesen, an Waldrändern, nur selten höher als 2000 m steigend. Auf mineralischen Böden, besonders auf Kalk, selten an moorigen Stellen. Spätblühend August-November. Eine zweijährige bis ausdauernde Art, 7 bis 25 cm hoch werdend, mit aufrechten und aufsteigenden Stengeln, die manchmal verzweigt und mit gegenständigen lineal-lanzettlichen Blättchen besetzt sind. Diese Triebe tragen eine endständige, kornblumenblaue, 4zählige Blüte. Die Form ist trichterförmig-glockig und tief 4spaltig mit eiförmigen, abstehenden Zipfeln, die am Rande stark auffällig gefranst sind.

Dieser häufig vorkommende Enzian ist normalerweise keine Gartenpflanze, da er in Kultur sehr schwierig ist, aber es ist ein liebenswerter Geselle, dem man auf herbstlichen Bergwanderungen begegnet. Beste Möglichkeit, es mit diesem Enzian zu versuchen, ist Aussaat an Ort und Stelle im Steingarten. Im Samenhandel wird zeitweilig Samen angeboten.

Gentianopsis contorta (Royle) Ma

Synonyme: *Gentiana contorta* Royle, *Gentianella contorta* (Royle) Smith

Himalaja, Japan, Mandschurei und China. 5 bis 10 cm hohe, zweijährige Art, aufrecht, unverzweigt oder wenig verzweigt. Röhrenförmige Blütenkrone, Farbe fahlmauve.

Gentianopsis crinita (Froel.) Ma

Synonyme: *Gentiana crinita* Froel., *Gentianella crinita* Froel.

Östliches Nordamerika. Einjährige, bis 90 cm hohe Pflanze mit tiefblauen, selten auch weißen Blüten, sie können einzeln, zu wenigen und zu mehreren vereint zusammenstehen. Blüten bis 5 cm lang, an den Kronzipfeln hübsch gefranst. Blätter oval bis lanzettlich.

Gentianopsis detonsa (Rottb.) Ma

Synonyme: *Gentiana detonsa* Rott., *Gentianella detonsa* (Rottb.) G. Don

Arktisches oder subarktisches Europa an küstennahen, feuchten Plätzen. Ein- oder zweijährige, 5 bis 25 cm hohe Pflanze mit spateligen, grundständigen Blättern und 2 bis 3 Paar lineal-lanzettlichen Stengelblättern. Blüten dunkelblau, 3,5 bis 4 cm lang, oft mit wenigen kurzen Fransen am Rand.

Die im vorliegenden Buch aufgeführten *Gentianopsis holopetala* und *Gentianopsis thermalis* werden von manchen Botanikern dieser Art zugeschlagen.

Gentianopsis halopetala (A. Gray) Iltis, Sierra-Enzian

Synonyme: *Gentiana halopetala* (A. Gray) F. Holm, *Gentianella halopetala*
Kalifornische Berge. Ein- oder zweijährige, 30 cm oder höher werdende, aufrechte Pflanze. Blätter meist nahe der Basis verkehrt-eiförmig bis lineal, bis 3,8 cm lang. Einzelstehende, 3,5 bis 5 cm lange, prächtig blaue Blüte.

Gentianopsis procera (T. Holm) Ma

Synonyme: *Gentiana procera* T. Holm, *Gentianella procera*
Nordamerika, an feuchten Plätzen. In der Gestalt *Gentianopsis crinita* ähnelnd, aber lineal-lanzettliche Blätter, und die Kronzipfel sind nur die Seiten entlang gefranst.

Auch die hohen Glockenblumen spielen eine wichtige Rolle im Garten, wo sie vielfältig angewendet werden können.
Oben links: *Campanula latifolia*, die Breitblätterige Glockenblume, ist gärtnerisch in der besseren Form 'Macrantha' verbreitet und im Handel. Es gibt davon wieder einige farblich unterschiedliche Auslesen. Im lichten Schatten fühlt sie sich besonders wohl.
Oben rechts: *Campanula lactiflora*, die Kuppelglocke, auch Riesen-Doldenglockenblume genannt, fühlt sich in der Sonne wie im Halbschatten gleich wohl. Es gibt sie in mehreren Farbsorten, aber auch in unterschiedlicher Höhenabstufung, hier die Sorte 'Prichard'. Nachbarstauden in verschiedenen Gelbtönen passen gut dazu, hier höhere *Oenothera.*
Unten links: Die abgebildete Art ist oft noch unter ihrem nicht mehr gültigen Namen in Staudenkatalogen zu finden, als *Campanula grandis* oder *Campanula sessiliflora.* Die gültige Bezeichnung ist jetzt *Campanula persicifolia* ssp. *sessiliflora*, die hier abgebildete Pflanze ist die Sorte 'Alba'. Die violetten wie auch die weißen Sorten sind ausgezeichnete Schnittblumen.
Unten rechts: *Campanula persicifolia*, die Pfirsichblätterige Glockenblume, ist zwar ein leichter Vagabund, aber man sollte nicht auf sie verzichten.

Gentianopsis stricta Ikonn.

Synonyme: *Gentiana stricta, Gentiana vvedenskyi, Gentiana barbata*

Pamir-Gebiet. Häufig auf Gebirgswiesen in Höhenlagen von 1800 bis 4000 m. Einjährige Art, 5 bis 25 cm hoch, mit leuchtend blauen Blüten.

Gentianopsis thermalis (O. Kuntze) Iltis, Gefranster Rocky-Mountains-Enzian

Synonyme: *Gentiana thermalis* O. Kuntze, *Gentiana elegans* A. Nels., *Gentianella thermalis*

Colorado, Arizona. Wächst bei den heißen Quellen im Yellowstone National Park (Name!). Schlanke, einjährige, bis 30 cm hohe Pflanze. Blätter verkehrt-eiförmig, Blüten tiefblau, bis 5 cm lang, oft mit hellblauen Streifen.

Unter den Glockenblumen gibt es allerlei hübsche Zwerge, die sich besonders in Trockenmauerfugen wohlfühlen.
Oben: Unter den verschiedensten Bezeichnungen ist dieser gefüllte Glockenblumenzwerg in den Katalogen zu finden, wie *Campanula warleyense* 'Plena' oder *Campanula* × *haylodgensis*. Die richtige Bezeichnung ist *Campanula cochleariifolia* 'Warleyense'.
Unten links: Elegant wirken die Büschel dieser röhrenförmig blühenden Glockenblume. Es dauert einige Jahre bis die volle Wirkung erreicht ist, doch das Warten lohnt! Es ist eine züchterisch nicht beeinflußte Art, *Campanula tommasiniana*, ein Gruß aus Nordwestjugoslawien. Die Pflanzplätze sollen nicht vollsonnig sein. Es werden westseitige Steinfugen oder absonnige Stellen geliebt.
Unten rechts: *Campanula cochleariifolia*, die Zwergglockenblume, bleibt nicht reglos an ihren Pflanzplatz, sondern erobert sich immer neue Stellen, was oft zu ganz reizenden Pflanzenbildern führt, wenn die zarten Glocken zwischen den Polstern der Nachbarpflanzen lugen. Also eine Pflanze, die nicht für den „Saubermann“ geeignet ist.

Megacodon

Megacodon stylophora (C.B. Clarke) Harry Smith

Synonym: *Gentiana stylophora* C.B. Clarke

Eine Pflanze des Himalaja, wo sie in Höhen von 4000 m und höher in Nepal und Südost-Tibet wächst. Es ist eine robuste Pflanze, die 1,8 m und höher werden kann. Die grundständigen Blätter sind elliptisch und etwa 30 cm lang, die Stengelblätter 15 cm. Die kurzgestielten Blüten sind kopf- und achselständig, der Kelch ist breitröhrig, etwa 1,8 cm lang, die Kelchzipfel sind oval. Die Blütenkrone ist breitröhrig, fahlgelb und 6,5 cm lang. Die Blütezeit liegt im Juli-August. Man könnte die Pflanze als asiatisches Gegenstück zur europäischen *Gentiana lutea* bezeichnen.

Es ist eine unverwechselbare Pflanze, auch von *Gentiana lutea* ist sie durch die breitröhirige Blüte zu unterscheiden. Die Pflanze benötigt tiefgründigen Boden in freier Lage. In Gärten kaum verbreitet.

Swertia, Tarant

Es handelt sich bei den Arten der Gattung *Swertia* L. keinesfalls um verbreitete Gartenstauden, sondern um Spezialitäten für den erfahrenen Liebhaber. Diese Enziangewächse besitzen auch nicht die Attraktivität wie die eigentlichen Enzianarten, es sind stillere, natürliche Schönheiten für den Kenner und Könner. Manche sind ausgesprochene Liebhaberpflanzen für moorige, feuchte Plätze (Moorbeet!), manche lieben sauren, humosen Waldboden, und nur wenige geben sich mit einem normalen Gartenboden, wie er im Stein- oder Naturgarten vorhanden ist, zufrieden. Heiße Sommer bedeuten für viele *Swertia* den Tod, was bei der Auswahl des Pflanzplatzes gleich zu berücksichtigen ist. Die Vermehrung erfolgt meist durch Aussaat, ältere Pflanzen lassen sich bei den meisten Arten auch teilen.

Swertia sind in Europa, im klimatisch gemäßigten Asien, in Nordamerika und auch in Afrika beheimatet, eine Häufung ist in Ostasien festzustellen. Es sind 50 oder mehr Arten bekannt, wobei es auch hier zu Unklarheiten in der Systematik gekommen ist. Von manchen Botanikern wird eine eigene Gattung *Frasera* anerkannt, bei anderen ist diese in der Gattung *Swertia* aufgegangen.

Swertia sind teils einjährig, teils staudig. Die Blätter sind gewöhnlich gegenständig und ganzrandig, die Blüten sind meist blau, seltener weiß, in straußähnlichem Blütenstand stehend. Sie sind fünfteilig, manchmal auch vierteilig. Die Blütenkrone ist radförmig, jeder Kronzipfel trägt am Grunde ein Paar Honiggrübchen. Die Griffel sind kurz oder nicht vorhanden.

Das Beschaffen von Pflanzenmaterial ist nicht einfach. Einige wenige Arten gibt es in speziellen Alpenpflanzengärtnereien, sonst hilft nur Eigenanzucht aus Samen, der manchmal in Samentauschaktionen von Pflanzen-Liebhabergesellschaften angeboten wird.

Swertia alternifolia Royle

Himalaja. Staude, leicht erkennbar an den wenigen, aber großen, fahlgelben Blüten mit blauen Staubgefäßen. Blütendurchmesser bis 2,5 cm. Höhe der Pflanze 15 bis 25 cm, mit schlanken Stengeln. Grundständige Blätter bis 10 cm lang. Durchaus attraktiv.

Swertia aucheri Boiss.

Armenien, Iran. Staudige Pflanze mit länglichen, zur Spitze hin verschmälerten Blättern. Blüten gelblich.

Swertia bimaculata Hook. f. et T. Thoms.

Ost-Himalaja. Vielverzweigte, einjährige Pflanze, kann mannshoch werden, elliptische Blätter bis 15 cm lang, 3nervig, zum Stiel hin verschmälert. Vielblütiger Blütenstand. Einzelblüte weißlich bis gelbgrün, schwarz gefleckt in der oberen Hälfte.

Swertia cuneata D. Don

Himalaja, an alpinen Hängen. Aufrechte, 10 bis 25 cm Staude mit spatelartigen Blättern, 3,5 bis 7,5 cm lang, wobei die unteren gestielt sind, die oberen fast stiellos. Der Stiel ist geflügelt. Blüten mit 2,5 bis 3,5 cm Durchmesser von düsterblauer Farbe, langgestielt. Blütezeit August-Oktober.

Swertia fedtschenkoana Pissjauk.

Pamir, auf feuchten Gebirgswiesen, ziemlich selten. 40 bis 50 cm hohe Staude mit breit-lanzettlichen Blättern und grünlichen Blüten. Blüht im Juli.

Swertia hookeri C.B. Clarke

Ost-Nepal bis Südost-Tibet an freien Hängen. Eine robuste, aufrechte Pflanze mit maroon-farbenen dunkel genervten, glockenförmigen Blüten mit abstehenden Kronzipfeln, in dichten, kurzgestielten Quirlen stehend, wobei sie einen kopfständigen, unterbrochenen ährenartigen Blütenstand bilden. Basalblätter 15 bis 20 cm, spatelig-elliptisch, obere Stengelblätter sind purpurrot überhaucht. Blüte Juni-September.

Swertia juzepczukii Pissjauk.

Pamir. Gebirgswiesen, verhältnismäßig selten. 30 bis 50 cm hohe Staude mit grünlichen Blüten im Juni-Juli.

Swertia marginata Schrenk

Pamir, häufig auf Gebirgswiesen, 5 bis 20 cm hoch mit grünlicher Blüte im Juli.

Swertia multicaulis D. Don

Himalaja. Staudig, etwa 20 cm hoch, Blätter schmal-länglich-spatelig, etwa 5 cm lang. Im Unterschied zu anderen Arten von der Basis an vielverzweigt. Die Blüten sind langgestielt und schieferblau, in einem vielverzweigten Blütenstand stehend. Kronzipfel 0,8 bis 1,3 cm lang, stumpf. Wird als hübsche Steingartenpflanze empfohlen. Blütezeit Juni-September.

Swertia perennis L., Moor-Enzian, Tarant, Blauer Sumpfstern

Europa, Asien, Nordamerika (von Kalifornien bis Alaska), auf kalkhaltigen Flach- und Quellmooren, bis 1800 m. Ausdauernd, 15 bis 40 cm hoch, meist um 30 cm, mit gegenständigen, bläulichgrünen, eiförmig bis elliptischen Stengelblättern. Die Basalblätter sind länglich-elliptisch und langgestielt. Der aufrechte, kantige Stengel ist kaum verzweigt. Die endständigen, stahlblauen Blüten sind sternförmig und fünfteilig. Es gibt auch dunklere und fast weiße Typen, manchmal auch grünlich oder weiß gefleckt. Ausgesprochene Liebhaberpflanze für moorig-sumpfige Stellen.

Japanische Alpinengärtnereien bieten eine *Swertia perennis* var. *cuspidata* an, die nur 10 bis 20 cm hoch wird. Weiter ist *Swertia perennis* var. *stenopetala* (Regel et Tiling) Maxim. bekannt, mit kleineren Blüten (Japan, Sachalin, Kurilen, Sibirien, Alaska).

Swertia perfoliata Royle ex G. Don

Synonym: *Swertia speciosa* Wallich ex D. Don (nicht G. Don)

Himalaja, glatte, bis 1 m hohe Staude, Stengel hohl, Blätter gegenständig, 7nervig. Grundständige, langgestielte Blätter, elliptisch-lanzettlich, bis 20 cm lang. Stengelblätter bis 12 cm lang, an der Basis zu einer etwa 1,2 cm langen Scheide vereinigt. Der Blütenstand ist eine schmale Rispe. Die Blütenkrone ist weiß mit unregelmäßigen, blauen Flecken.

Swertia petiolata Royle ex D. Don

Himalaja. Ähnelt *S. perfoliata.* Unterscheidet sich hauptsächlich durch die 5nervigen Blätter und durch die Samen. Blütezeit Juli-August.

Swertia schugnanica Pissjauk.

Synonym: *Swertia lactea*

Pamir, auf *Carex*-Kurzrasen, Gebirgswiesen, meist einzeln, selten in Gruppen. Staude mit gründlichweißer Blüte im Juni-Juli, etwa 60 cm hoch.

Campanula, Glockenblume

Geschichtliches und allgemeine Hinweise

Die Gattung *Campanula* L. hat einiges mit der des Enzians gemeinsam. Auch hier gibt es über lange Zeit eine Folgeblüte der einzelnen Arten; Frühsommer-, Hochsommer- und Spätsommerblüher sind uns bekannt. Auch hinsichtlich der Größenverhältnisse ist eine enorme Bandbreite im gleichen Maße vorhanden. Hier muß man Altmeister Karl Foerster zitieren: „Es sind Märchenzwerge für Puppenstuben der Pflanzenwelt und Waldglockenblumen, die uns über den Kopf wachsen." Hinzu kommt noch die gemeinsame Grundfarbe, wenn es bei den Glockenblumen auch nicht die reinen Blautöne, sondern mehr zarte bläuliche Pastelltöne sind, die in den rötlichen Bereich tendieren bis zum kräftigen Rotviolett. Auch hier gibt es die bekannten Ausnahmen, gelbliche und weißblühende Arten sind vorhanden.

Die Gattung umfaßt etwa 300 Arten, wobei selbstverständlich nicht alle gärtnerische Bedeutung haben. Ihr Vorkommen ist auf die nördliche Halbkugel beschränkt, Schwerpunkte liegen in den Alpen, im Mittelmeergebiet, in Spanien und den Pyrenäen, Japan, Pakistan, Nordamerika, speziell Kanada. Manche Arten gehen über große Gebiete, so *Campanula rotundifolia*, die ein Weltenwanderer ist. Es gibt bei Glockenblumen oft massenweises Auftreten, was in der betreffenden Pflanzendecke eine große Rolle spielen kann. Glokkenblumen gehören zu den Lieblingen der Kinder, und wer erinnert sich nicht selbst gerne an Begegnungen mit diesen bezaubernden Pflanzen?

Campanula werden schon lange in Gärten kultiviert, wenn sie auch in dieser Hinsicht nicht mit Rosen, Iris oder Lilien konkurrieren können. Aber schon im „Hortus Eystettensis" findet man eine ganze Anzahl von Glockenblumen abgebildet, zwar nicht alle unter dem Namen *Campanula*, doch in den exakten Holzschnitten leicht zu identifizieren. So wird dort die weiße und blaue Pfirsichblätterige Glockenblume als *„Campanula alba persicifolia"* und *„Campanula coerulea persicifolia"* bezeichnet, weiter die weiße und blaue Marien-Glockenblume mit der Unterschrift *„Medium flore argento"* und *„Medium flore purpureo"* und noch einige Arten. Der Artenreichtum war in den folgenden Jahrhunderten nicht viel größer. In englischen Samenkatalogen vom Beginn des vergangenen Jahrhunderts taucht hauptsächlich die schon genannte *Campanula persicifolia* auf. In Christian Reicharts „Land- und Gartenschatzes" von der Erziehung der Apothekergewächse und Zierpflanzen aus der gleichen Zeit sind aufgeführt: „Die großblüthige Glocke" *(Campa-*

nula medium), „die pyramidenförmige Glocke" *(Campanula pyramidalis)*, „die pfirsichblätterige Glocke" *(Campanula persicifolia)* sowie *Campanula barbata, Campanula pulla, Campanula rotundifolia* und einige weitere. Im Buch von H. Jäger „Die schönsten Pflanzen des Blumen- und Landschaftsgartens der Gewächshäuser und Wohnungen" aus dem Jahre 1873 sind bereits 42 Arten enthalten, obwohl zu diesem Zeitpunkt die Liebe zu Alpinum und Steingarten noch nicht sehr verbreitet war.

Laufend wurden neue Arten gefunden. Um 1830 waren den Botanikern 137 Arten bekannt, 1907 waren es bereits 206, und Farrer beschrieb in seinem bekannten Buch „The English Rock Garden" vor dem 1. Weltkrieg 220 Species. Heute sind es etwa 300 – eine wahre Glockenblumenflut. Die Gattung *Campanula* ist somit die umfangreichste und wichtigste innerhalb der Familie der Campanulaceae, alle anderen wie *Edraianthus, Wahlenbergia, Platycodon, Adenophora, Symphyandra, Phyteuma, Trachelium, Ostrowskia, Codonopsis* usw. spielen keine so große Rolle.

Von allen Glockenblumengewächsen sind
Campanula carpatica 'Blaue Clips' (Benary)
Campanula carpatica 'Weiße Clips' (Benary)
Campanula poscharskyana 'Stella' (Arends)
als Standardsorten von der Internationalen Stauden-Union anerkannt.

Flächenriesen unter den Glockenblumen

Die Wuchsform der Glockenblumen ist sehr vielfältig: aufrechte, hohe und niedere Arten, kleine kompakte, oft heikle Zwerge oder eben die bekannten Flächenriesen. Sie spielen im Garten die größte Rolle, hauptsächlich wegen ihrer Unempfindlichkeit und Wüchsigkeit, wobei es ganz gleich ist, ob es sich um eine vertikale oder horizontale Pflanzung handelt. Die senkrechte Verwendung ergibt sich bei der Bepflanzung von Trockenmauern, Mauerfugen und Mauerkronen. Diese großflächigen Glockenblumen sind sehr wichtig in Steingärten und ähnlichen Anlagen. Normalerweise bieten diese Gartenteile beim Hobbygärtner im April-Mai ein Bild überschwenglicher Blütenpracht. Blaukissen *(Aubrieta)*, Polsterphlox, Schleifenblume *(Iberis)*, Steinrich *(Alyssum)* und andere überbieten sich an Reichblütigkeit und Farbintensität. So prachtvoll zu dieser Zeit die Gärten aussehen, so arm an Blüten sind sie in den nachfolgenden Zeiten. Wer dagegen die vielen flächendeckenden Glokkenblumen verwendet, kann das Blütenfeuerwerk bis in den Juli hinein fortsetzen.

Die blauen, violetten und auch weißen Farben der verschiedenen Arten und Sorten würden dabei etwas eintönig wirken, wenn es dazu nicht die vielen staudigen Nelken gäbe, die zur gleichen Zeit blühen und die richtigen Partnertöne mit sich bringen: Rosa und Rot in jeder Schattierung. Dabei verbinden weißblühende Typen sowohl bei den Glockenblumen als auch vereinzelt bei den Nelken den blauvioletten und rosaroten Farbkomplex. Dazu können dann noch die weißen Blütenfahnen und -kerzen der krustigen Steinbrecharten *(Saxifraga)* kommen. Die Polster der wichtigsten für Trockenmauern geeigneten Glockenblumen *(Campanula portenschlagiana, C. poscharskyana, C. garganica)* sind nicht rund-kompakt, sondern kaskaden- und sternförmig ausgebreitet. Hier muß auch *C. thommasiniana* erwähnt werden, die nicht für „normale" Gartenbeete geeignet ist, aber alteingewachsen in Trockenmauerfugen große Büsche mit schmalröhrigen Blüten bildet. Die zierliche *C. cochleariifolia* wird in waagrechten Pflanzungen oft lästig, dagegen ist das Umherwuchern in Trockenmauerfugen oft sehr erwünscht, weil so ein großflächiges Blütenfeuerwerk entsteht. Die gefüllte Form, die meist als *C. × warleyensis* im Handel ist, verhält sich genau so.

Die erstgenannten, großflächig wachsenden Arten und ihre Sorten stehen auch sehr gut auf Trockenmauerkronen, von denen sie oft dekorativ – kaskadenförmig herabhängen können. Die Pflanzung in Mauerfugen unterscheidet sich nicht von der anderer für diesen Zweck geeigneten Pflanzen. Der Topfballen sollte lediglich etwas weiter nach hinten gepflanzt werden, damit die Pflanze zumindest am Anfang kompakt bleibt. *Campanula portenschlagiana* und *C. poscharskyana* wachsen nicht nur in Trockenmauern. Mit ihnen hat man großflächige, bodendeckende Pflanzen zur Verfügung, ohne eigentlich von Bodendeckern sprechen zu können. *C. portenschlagiana* sieht nach der Blüte leider etwas unschön aus, das ist nicht zu leugnen, später treibt sie wieder frischgrün durch. *C. poscharskyana* wuchert zwar etwas, hat aber in verschiedenen Sorten den Vorteil zu remontieren und kann in Verbindung mit mittelhohen Stauden großflächig gepflanzt werden. Besser ist jedoch die Verwendung in Tuffs zu drei oder fünf Stück. So bieten sie sich an für horizontale oder leicht geneigte Steingartenflächen, als Einfassungen oder in mobilen Gärten jeglicher Art. Dabei ist immer der Ausbreitungsdrang zu berücksichtigen, also nicht zu eng zu pflanzen. Bei flächiger Verwendung können die Polster mit robusten Zwiebelgewächsen und auch, wie erwähnt, mit staudigen, wüchsigen Nelken kombiniert werden.

Bei *C. portenschlagiana* gibt es eine ganze Reihe von Sorten unterschiedlichsten Wuchstemperaments, was bei den Pflanzplätzen und Partnerpflanzen zu berücksichtigen ist. So ist der Typ, der unter der Bezeichnung 'Major' im Handel ist, besonders großblütig und expansiv; als Gegenstück die Sorte 'B. Prövis', kleiner und etwas gesitteter. Ähnliche Temperamentsunterschiede gibt es bei Sorten von *C. poscharskyana.*

In Größe und Wuchsform steht die Karpaten-Glockenblume zwischen den flachwachsenden und den hohen Glockenblumen, von ihr gibt es eine ganze Reihe von Sorten. Alte Sämlingsware zeigt leider oft den Nachteil, daß die Blütenkuppeln im Alter auseinanderfallen und im Innern eine „Glatze" zeigen. Den Foersterschen Auslesen wurde dies weitgehend abgewöhnt. Es ist erfreulich, daß es gelungen ist, auch Sorten zu züchten, die durch Samen vermehrt werden können und einen gleichmäßigen Habitus und eine einheitliche Blütenfarbe zeigen. Es sind dies die Sorten 'Blaue Clips' und 'Weiße

Clips' von der Saatzuchtfirma Benary. Diese Sorten kann der Liebhaber, der nur eine geringe Stückzahl benötigt, in Staudengärtnereien und in Gartencentern kaufen. Bei größerer Stückzahl lohnt die Anzucht aus Samen, der in Samenfachgeschäften erhältlich ist. Bei den vegetativ vermehrten Sorten muß besonders auf die mit zwei Sternen bei der Staudensichtung ausgezeichnete 'Karpatenkrone' hingewiesen werden. Verzichtet werden sollte aber auch nicht auf andere wie 'Blaumeise', 'Isabell' und 'Violetta'. Auch für die Karpaten-Glockenblume gelten die schon genannten Anwendungsbeispiele, in Trockenmauerfugen können sie ebenso gepflanzt werden. Wegen des ordentlichen, halbkugeligen Wuchses können auch größere Flächen damit bepflanzt werden.

C. carpatica var. *turbinata* ist etwas niederer und hat offenere, halbschalige Glockenblüten. Der Wuchs geht etwas mehr in die Breite. Es gibt davon einige Varianten, wobei alle primär für den Steingarten geeignet sind. Die Sorten 'Karl Foerster' und 'Alba' sind besonders erwähnenswert.

Alle flächigen Glockenblumen lieben einen sonnigen Pflanzplatz, im Halbschatten wird der Wuchs unordentlich. Die Ansprüche dieser wüchsigen Glockenblumen an den Boden sind nicht sehr hoch, wenn sie auch zu schwere Böden weniger lieben. Mit der Düngung muß man besonders bei der Karpaten-Glockenblume vorsichtig sein, sonst werden die Pflanzen zu mastig und fallen bei längeren Regenperioden leicht auseinander. Diese Glockenblume remontiert sehr gut nach einem Rückschnitt, der allerdings nicht bis zur Basis hin erfolgen sollte, nur das Verblühte wird entfernt, wobei man gar nicht zimperlich zu sein braucht. Bei *C. portenschlagiana* können die verblühten Triebreste einfach mit der Hand entfernt werden. Den größten Schaden richten, besonders bei der Karpaten-Glockenblume, die Schnecken an, es ist manchmal zum Verzweifeln. Intensive Bekämpfung ist nötig (Igelhege, Schneckenfallen, Schneckenkorn, Sägemehlstreifen).

Glockenvielfalt in Trockenmauerfugen

Im vorhergegangenen Abschnitt wurde schon auf die Verwendung der „Flächenriesen" in Trockenmauern hingewiesen. Neben diesen gibt es aber eine Unzahl von Glockenblumen, die sich für den gleichen Verwendungszweck eignen, allerdings keine großflächigen Kaskaden bilden, sondern kleinere flächige oder aufrechte Glockenblumengestalten. Dabei kann es sich auch um heikle Zwerge handeln. Diese sind dann sehr stark von der Bodenreaktion abhängig, was unbedingt berücksichtigt werden muß. Der Anfänger auf diesem Gebiet sollte sich erst den einfacheren und wüchsigeren Arten zuwenden. Zu bemerken ist, daß ost- und westseitige Trockenmauern bei freier Lage südlichen vorzuziehen sind, da man den erwähnten heiklen Arten kaum die vom Naturstandort gewohnte hohe Luftfeuchtigkeit bieten kann. Zu den nur dem Spezialisten zu empfehlenden Arten gehört das Juwel der südlichen

Bei den Glockenblumen gibt es ideale Arten und Sorten für Trockenmauerkronen und Trockenmauern

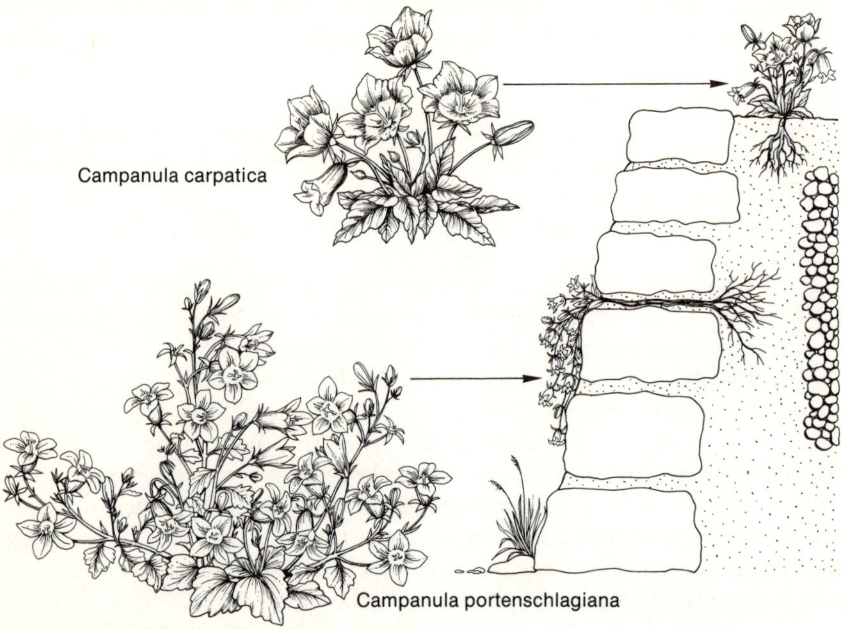

Kalkalpen, *Campanula zoysii*, mit den eigenartig geformten Blüten, die ostalpine *C. alpina* und die in den westlichen und südwestlichen Alpen wachsenden *C. alpestris*, *C. cenisia*, *C. excisa* und *C. morettiana* der Dolomiten.

Dem Glockenblumenliebhaber bleiben dennoch viele weitere geeignete Arten, die in Trockenmauerfugen gepflanzt werden können, wobei zu bemerken ist, daß sich fast alle auch für horizontale Steingartenpartien eignen. Neben der schon erwähnten *C. tommasiniana* sind besonders *C. fenestrellata*, *C. waldsteiniana*, *C. tridentata*, *C. velutina*, *C. aucheri*, *C. saxifraga* hervorzuheben, etwas heikler sind *C. pulla* und *C. raineri*. Die zuletztgenannte Art ist leider nur selten echt zu erhalten. Auch die etwas höher werdenden asiatischen Arten, wie *C. sarmatica*, *C. raddeana*, *C. punctata* und weitere, kommen auch noch gut in Trockenmauerfugen fort, wenn sie auch sonst meist auf ebenen Flächen gepflanzt werden. Wie erwähnt, gibt es in diesen Größenklassen kaum eine Art, die nicht auch in Trockenmauern gedeiht, bis hin zur hohen *C. pyramidalis*, die auch noch am Naturstandort in engsten Fugen wächst. Was für die Trockenmauer gesagt ist, gilt selbstverständlich auch für den Trockenmauerwall, besonders wenn dieser von Norden nach Süden zeigt, so daß eine west- und ostseitige Mauerfläche zur Bepflanzung zur Verfügung steht.

Die Trockenmauer wurde verschiedentlich schon in anderen Bänden dieser Buchreihe behandelt. Die wichtigsten Punkte, die zu beachten sind, sollen trotzdem noch einmal in Erinnerung gebracht werden:

1. Trockenmauern niemals senkrecht errichten, sondern immer mit einer Neigung nach hinten, 1/5 bis 1/6 der Höhe.
2. Niedere Trockenmauern können auf dem gewachsenen Boden errichtet werden, ab etwa 80 cm Höhe sollten diese ein Fundament aus Magerbeton erhalten.
3. Bei den einzelnen Schichten sollten nie Fugen aus zwei oder noch mehr Schichten übereinander stehen (Ausschwemmen der Erde bei stärkerem Regen).
4. Die Fugen nicht zu breiten halten.
5. Nicht zu unterschiedliche Gesteinsarten verwenden.
6. Gleichzeitig blühende Pflanzen punktförmig konzentrieren.
7. Wüchsige Pflanzen nicht neben heikle Zwerge setzen.

Trockenmauern können im Prinzip aus jeder Gesteinsart errichtet werden, aber nicht jede ist ansprechend. Besonders gut sind Schichtgesteine geeignet (Muschelkalk, Solnhofer Schiefer, Schiefer). Beliebt ist auch rötlicher Buntsandstein oder ockerfarbiger Travertin. Normalerweise wird das im nahen Gebiet vorkommende Gestein verarbeitet, schon aus Preisgründen.

Auch bei den Glockenblumen ist es angebracht, die Bepflanzung schon bei der Errichtung der Trockenmauer vorzunehmen. Nicht in jedem Fall ist dies jedoch durchführbar. Bei nachträglicher Bepflanzung benutzt man ein kleineres, handliches Hebeeisen, mit dem man den Fugenabstand einen Augenblick erweitert, um etwas Erde mit dem Handspaten zu entfernen und den flachgedrückten Topfballen der Jungpflanze hineinzudrücken. Mit etwas lehmhaltiger Erde wird dann beidseitig nachgestopft und die Pflanze, besonders im Herbst, mit einigen Steinchen verkeilt, damit die Pflanze nicht vom Frost herausgedrückt wird.

Man sollte immer versuchen, die Glockenblume mit einer anderen, gleichzeitig blühenden Pflanze zu kombinieren, wobei auf das Wuchstemperament zu achten ist. Andererseits können beispielsweise kompakte Nelken auch von den wuchernden aber zarten Glockengehängen der *C. cochleariifolia* umsponnen werden. Zarte Glockenblumenzwerge können natürlich keine großpolsterigen, wuchernden Nachbarn vertragen, sonst sind sie bald verschwunden oder der letzte, geschwächte Rest wird von den Schnecken aufgefressen.

Eine Warnung muß ausgesprochen werden, einige Glockenblumen sind in ihrem Drang zu wuchern und durch ihre Selbstaussaat wesentlich unangenehmer als *C. cochleariifolia* und später kaum mehr loszuwerden. Dazu gehören *C. rotundifolia*, *C. rapunculoides* und *C. alliariifolia*. Etwas anderes ist es, wenn man dies im Zeitalter des wildnishaften Gartens von vorneherein in Kauf nimmt.

Die Pflanzung erfolgt im Frühling nach einer einjährigen Kulturzeit. Dazu gehört auch die bleichgelb blühende Strauß-Glockenblume, *C. thyrsoides*, weiter *C. orphanidea* und eine Reihe weniger bekannte Arten. Bei den Glokkenblumen gibt es eine ganze Reihe von zweijährigen Arten, die gleichfalls eine Heimstatt in Trockenmauerfugen bekommen können; man muß sie eben immer wieder nachziehen.

Höhere Glockenblumen für Sonne und Halbschatten

Wenn im Liebhabergarten auch die polsterförmig wachsenden Glockenblumen die erste Geige spielen, zu verachten sind die höher und aufrecht wachsenden nicht. Es gibt davon eine ganze Reihe, sowohl für sonnige als auch für halbschattige Lagen.

Zu den wichtigsten Arten gehört die Pfirsichblätterige Glockenblume, *Campanula persicifolia.* Sie ist hübsch und kann an vielen Plätzen verwendet werden, doch ist sie etwas „undiszipliniert", an zusagenden Plätzen wuchert sie etwas. Trotz dieser kleinen Einschränkung sollte man nicht auf sie verzichten; es gibt Sorten mit unterschiedlichen Blautönen, aber auch weißblühende. Die flachschaligen Blütenkerzen sollten rechtzeitig eine Unterstützung in Form eines Staudenhalters bekommen, bei heftigen Gewitterstürmen liegt sonst manchmal alles durcheinander. Hier soll auf die Zwergform hingewiesen werden, die für Steingärten und auch Tröge geeignet ist. Fälschlich ist sie unter der Bezeichnung *C. nitida* und *C. nitida* 'Alba' verbreitet. Die richtige Bezeichnung muß lauten *Campanula persicifolia* f. *nitida* hort. Wer Zweifel hat, braucht nur Samen dieser Zwergform auszusäen, etwa 50% der Sämlinge werden dann wieder hohe *C. persicifolia* sein.

Gerne wird in Gärten *C. persicifolia* ssp. *sessiliflora* gepflanzt. Sie hat große, flachschalige, hellblaue bzw. weiße Blüten und liebt etwas mehr als die Art die Sonne. In den Staudenkatalogen ist sie meist nicht unter den genannten Namen zu finden, dort wird sie als *C. grandis* oder *C. latiloba* geführt. Als Frühsommerblüher findet sie in Akelei und Türkenmohn *(Papaver orientale)* geeignete Partner. Mit etwas Fingerspitzengefühl lassen sich solche Dreiklänge der Farbe noch steigern. Bei den Akeleien sucht man gelbblühende aus Sämlingsmischungen heraus, und beim Mohn gibt es jetzt neue zartrosa Sorten oder weiße mit lachsfarbenem Rand, die hübsch zu dem schönen Hellblau der Glockenblumen aussehen.

Im Halbschatten spielt die Waldglockenblume die Hauptrolle, *Campanula latifolia* 'Macrantha'. Ist ein etwas mehr feuchtigkeitshaltender Boden vorhanden, kann diese Glockenblume auch etwas sonniger stehen. Ist das nicht der Fall, sollten sie nicht an solche Plätze gepflanzt werden. Nichts sieht jämmerlicher aus als eine dürstende *C. latifolia* 'Macrantha'. Im frischen Halbschatten dagegen fühlt sie sich wohl, neben Geißbart *(Aruncus dioicus)*, Fingerhut *(Digitalis purpurea)*, Eisenhut *(Aconitum)* und Astilben. An solchen Plätzen kann sie auch aus niederen, teppichbildenden Pflanzen aufsteigen. Ideal sind auch die verschiedenen *Hosta*, von denen es jetzt so viele schöne Neuzüchtungen gibt. Nicht zu vergessen die weißblühende Form der Waldglockenblume, *C. latifolia* 'Alba'.

Noch zwei weitere hohe Glockenblumen zeigen einen gewissen Wildstaudencharakter, sie benötigen deshalb ebenfalls einige stillere Partner und auch sie ziehen etwas bodenfrischere Halbschattenplätze trockenen Sonnenplätzen vor. Da wäre erstens *Campanula lactiflora* zu nennen. Die Sorte 'Loddon

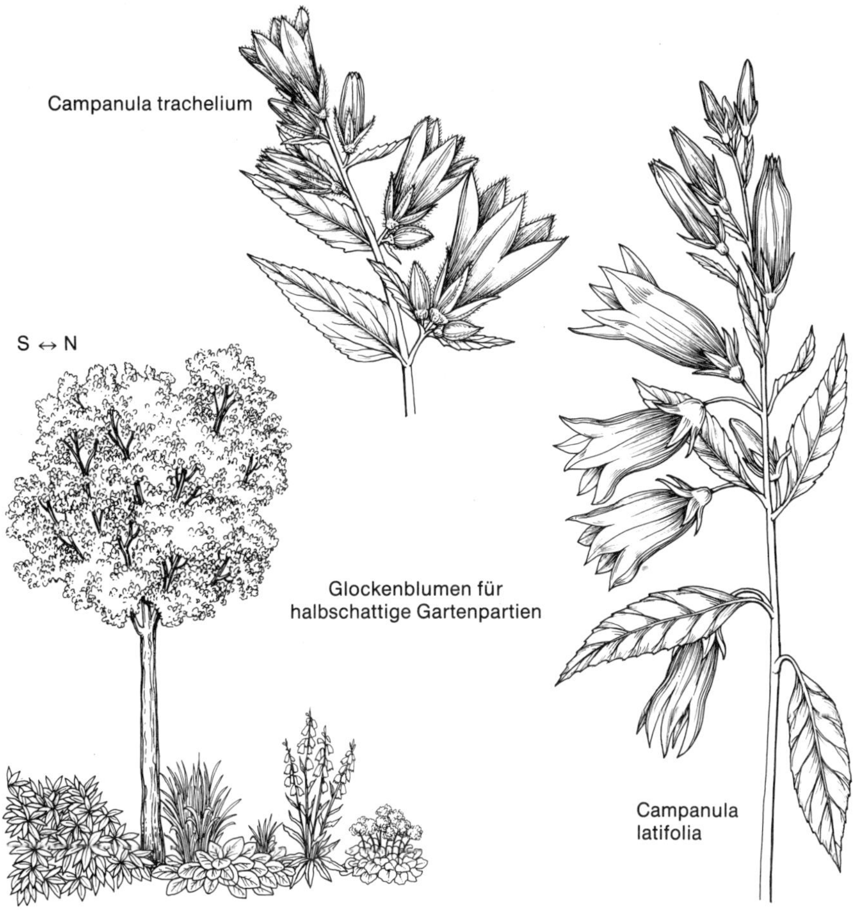

Anne' trägt auf etwa 90 cm hohen Stielen zartlilarosa Blütendolden, die weißblühende 'Alba' und die amethystviolette 'Prichard' können sich farblich ergänzen, wenn auch die zuletzt genannte nur etwa 60 cm hoch wird. Noch wesentlich niederer ist die fahlblau blühende 'Pouffe'. Die zweite hohe Glokkenblume mit ausgesprochenem Wildstaudencharakter ist die Nesselblättrige oder Nessel-Glockenblume, *C. trachelium.* Die violettblauen Blüten passen gut zu der Albinoform *C. trachelium* 'Album'. Interessant sind die seltenen, meines Wissens nur in England angebotenen gefüllten Formen, die lila Form 'Bernice' und die weiße 'Albo Plena'. Auch für *C. lactiflora* und *C. trachelium* gibt es genügend Partner aus ähnlichen Bereichen, niedere Silberkerzen *(Cimicifuga)*, Fingerhüte *(Digitalis)*, Geißbart *(Aruncus)* und andere.

Nicht vergessen werden darf die wichtige Büschel- oder Knäuel-Glockenblume, *Campanula glomerata*, wobei man sich aber bei einzelnen Formen schwer tut mit dem Einordnen, denn es gibt davon auch ganz niedere, die bei der Erwähnung der hohen Glockenblumen nichts zu suchen haben, wie 'Acaulis', 'Schneehäschen' und 'Schneekissen'. Die Knäuel-Glockenblume liebt sonnige Plätze, sie ist anspruchslos und wüchsig. Gerne gepflanzt werden die Sorten 'Dahurica', dunkelviolett, 'Joan Elliott', leuchtend tiefviolett, 'Superba', ebenfalls tiefviolett. In England ist 'Purple Pixie' wegen der späteren Blüte beliebt. Die neuere, weißblühende 'Schneekrone' läßt sich treu aus Samen vermehren. Die verschiedenen Sorten passen zu vielen mittelhohen Pflanzen gleicher Blütezeit, wie zu höheren Nachtkerzen (*Oenothera tetragona*-Sorten), Alant *(Inula orientalis)* und Fingerkräutern (*Potentilla nepalensis*-Sorten).

Schlecht einordnen läßt sich die Pyramiden-Glockenblume *(C. pyramidalis)*, sie wurde schon kurz im Trockenmauerabschnitt erwähnt. Obwohl sie ziemlich hoch wird, läßt sie sich nur im Steingarten oder an ähnlichen Plätzen unterbringen. Wer sie am Heimatstandort gesehen hat, wird sie auch im Garten richtig pflanzen. Aber auch die Verwendung in Töpfen und kleinen Kübeln ist möglich.

Campanula alliariifolia hat hübsche weiße, spitzzipfelige Blütenglocken. Aber es muß vor ihr gewarnt werden. Sie sät sich leicht selbst aus und kann zum lästigen Unkraut werden, zumindest müssen die Samenstände rechtzeitig entfernt werden. Wer eine Pflanze nicht vollständig entfernt, sondern Wurzelreste im Boden zurückläßt, darf sich nicht wundern, wenn sich aus den kleinen Wurzelresten wieder eine stattliche Pflanze bildet. Diese Art wird etwa ½ m hoch. Etwas zierlicher ist *C. sarmatica.* Ihre hellblauen Blüten kontrastieren gut zu den graufilzigen Blättern und anderen Pflanzenteilen.

Eine Reihe von Arten, die hinsichtlich ihrer Bedeutung zurückstehen, ist bei den Einzelbeschreibungen zu finden. Wenn man bedenkt, wie wenig blau und violettblau blühende höhere Stauden es gibt, muß man für jede Art und Sorte dankbar sein.

Glockenblumen für den Schnitt

Eine Reihe von Arten und Sorten, die im vorhergegangenen Abschnitt erwähnt wurden, eignen sich auch gut für den Schnitt. Dabei muß unterschieden werden, ob es sich um Schnittstauden für den Erwerbsgartenbau handelt oder um Glockenblumen, die der Liebhaber für den eigenen Bedarf verwenden will und kann; im letztgenannten Fall ist das Sortiment wesentlich umfangreicher.

Für den Erwerbsgärtner muß an erster Stelle *Campanula persicifolia* erwähnt werden mit ihren Formen und Varietäten, die gut haltbar ist, wenn sie frühzeitig geschnitten wird, ihre Nebenknospen blühen alle auf. Im Vorsommer ist das Angebot an Staudenschnitt sowieso nicht sehr umfangreich, Kombinationspflanzen finden sich aber auch aus anderen Bereichen. Aus dem Staudenbereich möchte ich rosa Päonien empfehlen, eine Zusammenstellung, die mich auf einer Ausstellung besonders begeisterte. Empfehlens-

Viele Glockenblumen sind ausgezeichnete Schnittblumen

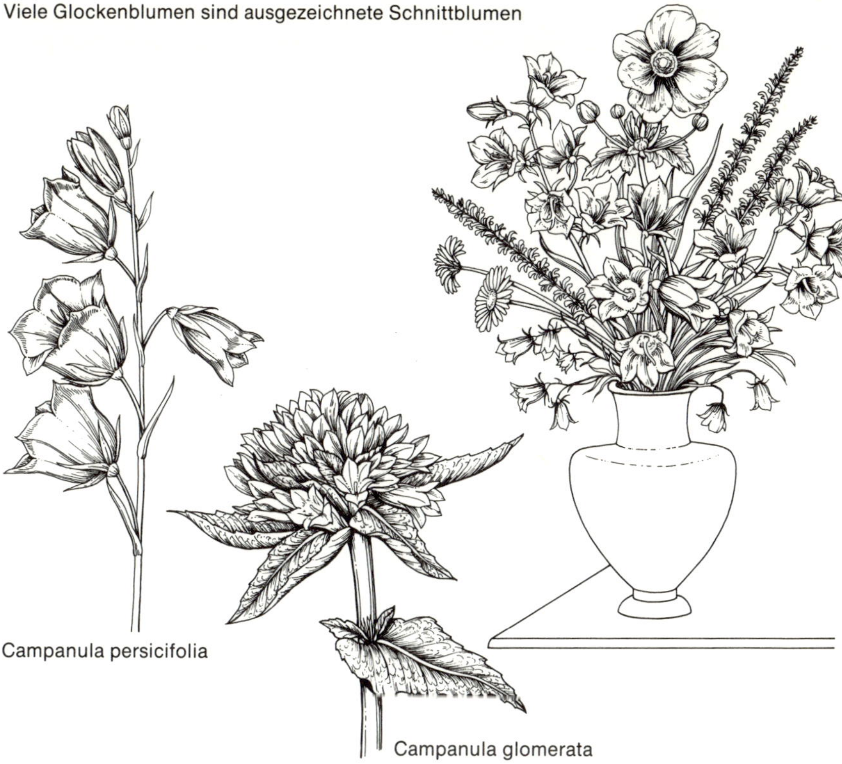

Campanula persicifolia

Campanula glomerata

wert für Schnittblumen ist noch *Campanula latifolia* 'Macrantha' und *C. latifolia* 'Alba'. Hier ist die dazu nötige Bodenfrische oder der halbschattige Standort wichtig. Vermehrt sieht man in Blumenfachgeschäften Knäuel-Glockenblumen als Schnittblumen *(C. glomerata)*, die es für diesen Verwendungszweck in erstklassiger Qualität gibt. Und schließlich sei die zweijährige *C. medium* genannt, sie ist aus einem bunten Bauerngartenstrauß eigentlich nicht wegzudenken.

Sieht man sich bei den Glockenblumen nach geeigneten Schnittblumenpartnern um, finden sich sicher auch im eigenen Garten genügend Arten. So können die tief purpurvioletten Knäuel-Glockenblumen, wie 'Joan Elliott' und 'Dahurica', mit rosa Margeriten kombiniert werden, falls die Blütezeiten nicht zu weit auseinanderklaffen. Sehr schön sieht diese Glockenblume in einer Schleierkraut-Umgebung aus, was aber hinsichtlich der Blütezeiten schwierig sein kann. Entweder man hat schon zur Hauptblüte das einjährige *Gypsophila elegans* durch Frühaussaat zur Verfügung oder man nutzt das oft längere Remontieren der Knäuel-Glockenblume, indem diese Stiele mit frühem staudigem Schleierkraut kombiniert werden (z. B. *Gypsophila paniculata* 'Virgo').

Man kann auch gut die Nessel-Glockenblume, *C. trachelium*, *C. lactiflora* und die Pyramiden-Glockenblume, *C. pyramidalis*, zum Schnitt verwenden.

Charlotte Ottens gibt aus ihrem langjährigen Umgang mit Schnittblumen für *Campanula* folgende Tips. Alle Arten und Sorten sollten sofort nach dem Schnitt ins Wasser gestellt werden, wobei der richtige Zeitpunkt des Schnitts beim Öffnen der ersten Blüten ist. Die Stielenden werden etwa 20 Sekunden in kochendheißes Wasser getaucht und in lauwarmes Wasser gestellt, oder die Schnittfläche wird kurz angesengt. Bei den Glockenblumen sollten die Stiele recht tief im Wasser stehen. Bei *C. persicifolia* und *C. pyramidalis* hat sich die Zugabe von Frischhaltemitteln (z. B. Chrysal, Etisso) als wirkungsvoll erwiesen.

Es ist selbstverständlich, daß der Blumenliebhaber für kleinere Sträuße und Gebinde noch viel mehr Glockenblumenarten verwenden kann, an Arten mit 25 cm bis 30 cm Höhe mangelt es nicht. Kulturhinweise für den Schnittblumengärtner sind bei den einzelnen Arten aufgeführt.

Diese Übersicht gibt die Glockenblumenvielfalt wieder und demonstriert das weite Vorkommen in der Natur.
Oben links: *Campanula punctata* 'Nana' kommt aus Ostasien und ist, wie auch die normale Form, ein Wucherer, wenn auch ein liebenswerter. Durch das unterirdische Herumvagabundieren ergeben sich oft hübsche Anblicke.
Oben rechts: Diese kleine, aufrechte Glockenblume wird in manchen Publikationen als Art angeführt (*Campanula nitida*), sie ist aber nichts anderes als eine Miniaturausgabe der Pfirsichblätterigen Glockenblume. Die korrekte Bezeichnung lautet *Campanula persicifolia* f. *nitida*.
Mitte links: Eine Jungpflanze von *Campanula turczaninovii* aus Gebieten der östlichen Sowjetunion. Ihre Gartenverbreitung steht noch bevor.
Mitte rechts: *Campanula betulaefolia* ist eine Felspflanze aus Armenien. Sie macht in Kultur kaum Schwierigkeiten, in den meisten Fällen reicht auch die Winterhärte aus.
Unten links: *Campanula bellidifolia*, aus dem Kaukasus stammend, ist *Campanula tridentata* sehr ähnlich und eine attraktive Steingartenpflanze.
Unten rechts: Auf dünnen Stengeln stehen die Blütenschalen von *Campanula stevenii* ssp. *altaica*. Wenn auch dadurch die Standfestigkeit nicht besonders gut ist, ist sie doch eine reizende Liebhaberpflanze.

Glockenblumen fürs Zimmer

Die Auswahl an Glockenblumen für das Zimmer ist nicht sehr groß. Es sind praktisch nur zwei Arten vorhanden, die als solche bezeichnet werden können, wenn auch noch einige andere hin und wieder für diesen Zweck verwendet werden (z.B. *C. pyramidalis*). Die wichtigste Art ist sicher *Campanula isophylla* mit hängenden Trieben und großen, weit offenen, hellblauen Blüten. Eine besondere Auslese ist unter der Bezeichnung *C. isophylla* 'Mayi' bekannt (in der Literatur auch oft als *C. isophylla* var. *mayi* hort. bezeichnet). Hübsch ist auch die weißblühende 'Alba'. Es ist vor allem eine dankbare Ampelpflanze, und da sie aus den Ligurischen Alpen stammt, nimmt sie mit verhältnismäßig niederen Temperaturen vorlieb, es ist jedoch für eine ausreichende Belichtung zu sorgen (1500 bis 2000 Lux). Außer als Hängepflanzen in Körbchen wird sie gerne an den Seiten von Stellagen verwendet, oder sie hängt vom Fensterbrett.

Der Gärtner hat *C. isophylla* in der Vergangenheit durch Stecklinge vermehrt, da großblütige Typen nicht durch Samenanzucht erhältlich waren, es mußte immer eine größere Stückzahl von Mutterpflanzen gehalten werden. Es ist jetzt gelungen, exzellente Sorten zu züchten, die treu aus Samen fallen, sie sind unter den Bezeichnungen 'Kristall Weiß' und 'Kristall Blau' im Angebot, weiterhin die F_1-Hybriden 'Stella Blau' und 'Stella Weiß'. Die F_1-Hybriden 'Stella Blau' und 'Stella Weiß' sind eine wertvolle Bereicherung des Topf-

Mit *Campanula poscharskyana* und *Campanula portenschlagiana* stehen dem Gärtner und Staudenfreund zwei Glockenblumenarten zur Verfügung, die unempfindlich und universell einsetzbar sind.
Oben: *Campanula poscharskyana* auf und an einer Trockenmauer, benachbart vom Lerchensporn (*Corydalis lutea*) und einer *Geranium*-Art. Sowohl auf horizontalen als auch auf vertikalen Pflanzplätzen erweist und bewährt sich die Pflanze als „Flächenriese“. Die Pflanze ist unempfindlich und bildet zur Blütezeit einen leuchtenden Farbfleck.
Unten links: Das Foto zeigt die gleiche Pflanze an ihrem Heimatstandort in Dalmatien, wo sie in engen Felsspalten wurzelt. Es gibt einige Arten, die auch in der Blütenfarbe Unterschiede aufweisen.
Unten rechts: Noch wertvoller ist *Campanula portenschlagiana*, die Dalmatiner Glockenblume, die das großpolsterige Blütenfeuerwerk im Steingarten bis in den Frühsommer fortsetzt. Auch von ihr gibt es etliche Sorten mit unterschiedlicher Wuchskraft und anderen Blütenfarbnuancen.

Campanula fragilis und Campanula isophylla mit ihren Züchtungen sind gute Zimmerpflanzen für nicht zu warme Räume

Campanula isophylla

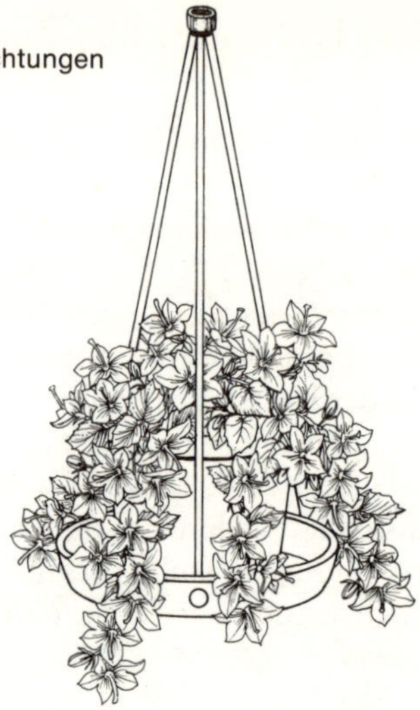

pflanzen-Angebots, sowohl im Frühjahr als auch als Sommer-Topf- und Ampelpflanze, wobei besonders die enorme Blühleistung auffällt. Hier werden etwas unterschiedliche Aussaattermine angegeben, Juli bis November für die Frühjahrsblüte (wobei Zusatzbelichtung nötig ist) oder November bis Februar für die Sommer- und Herbstblüte. Pikieren nach 2 Monaten in Multiplatten 4 bis 6 cm. Weiterkultur bei 15 °C, später 10 bis 13 °C. Endtopf 10 bis 11 cm mit einer Pflanze, oder für Ampeln 20- bis 25-cm-Topf mit drei Pflanzen. Wichtig ist, daß das sehr feine Saatgut bei der Aussaat nicht abgedeckt wird. Aussaattemperatur 15 bis 18 °C, Keimzeit etwa 21 Tage, Saatgutbedarf 1500 Korn für 1000 Pflanzen. (Quelle: Zwaan Pannevis, Kleve.)

Campanula isophylla wird üblicherweise im Frühling gesät. Aus einer Gärtnerportion erhält man etwa 250 Pflanzen. Gesät werden kann in normale Blumenerde (pH-Wert 6). Nach etwa 6 Wochen wird pikiert, wobei 2 bis 3 Sämlinge zu Tuffs zusammengefaßt werden. Nach weiteren 5 bis 8 Wochen wird in 12er-Töpfe gepflanzt, wobei das Substrat im Endtopf mehr in den leicht alkalischen Sektor gehen sollte, eine leicht kalkhaltige, lehmig-sandige Humuserde ist ideal. Wichtig ist eine helle, luftige kühle Kultur (+ 15 bis 18 °C). Es ist bei *C. isophylla* auch Stecklingsvermehrung durch Kopfstecklinge möglich, dabei wurzeln diese im Sand-Torf-Gemisch im Gegensatz zu vielen anderen Zimmerpflanzen schon bei einer Bodentemperatur von + 10 bis 15 °C. Es muß immer wieder darauf hingewiesen werden, daß *C. isophylla* und die folgende *C. fragilis* keinesfalls für eine Kultur im warmen Zimmer taugen. Kühlere helle Räume sind geeignet. Die Blüte liegt meist zwischen August und Oktober, wobei diese Art unter günstigen Umständen auch im

Winter blüht. Nach der Blüte wird die Pflanze kräftig zurückgeschnitten. Zum Überwintern genügen auch Räume, die nur wenig über dem Gefrierpunkt liegen.

Zimmer-*Campanula* lieben eine milde Bodenfeuchte, bei sehr kühler Überwinterung müssen die Wassergaben auf ein Minimum beschränkt werden. Während der Vegetationszeit darf wöchentlich mit einem geeigneten Kombinationsdünger gedüngt werden. Bei zu warmer Kultur und zu wenig luftigem Stand tritt hin und wieder Spinnmilben-Befall auf; dann ist mehrmaliges Spritzen mit Kelthane zu empfehlen. Ältere Pflanzen werden im März in frische Erde umgetopft, wobei selbstverständlich zurückgeschnitten wird.

Eine ähnliche Ampelpflanze ist die ebenfalls aus Südeuropa stammende *Campanula fragilis*. Gut durchgezüchteter Samen ist unter der Bezeichnung *C. fragilis* 'Schmuckstück' im Handel. Für sie gilt im wesentlichen das zu *C. isophylla* Gesagte. Sie muß allerdings etwas öfter gestutzt werden. Die Blütezeit liegt wesentlich früher, sie geht von April bis Juni. Die Erde des Endtopfes kann hier etwas mehr in den sauren Bereich tendieren. Auch von ihr gibt es eine weißblühende Form: *C. fragilis* 'Alba'.

Kommerzielle Bedeutung im Erwerbsgartenbau hat auch *Campanula hybrida* 'Azuro', ebenfalls als Topf- oder Ampelpflanze verwendbar, mit einer Blütezeit von August bis Oktober. Aussaat von Februar bis April bei etwa 18 °C. Pikieren nach etwa 4 Wochen mit 2 bis 3 Pflanzen. Topfen nach weiteren 6 bis 8 Wochen in 10-cm-Töpfe. Besonders luftig und hell bei 15 bis 18 °C kultivieren. Diese hellblaue Sorte hat einen leicht hängenden Wuchs.

Campanula pyramidalis, die Pyramiden-Glockenblume, kann nicht als ausgesprochene Zimmerpflanze bezeichnet werden, obwohl sie manchmal so verwendet wird. Die Pflanzen werden oft störend hoch, deshalb wird sie auch gern kreisförmig an Reifen gezogen, ähnlich der Wachsglocke und anderen Zimmerpflanzen. Im März-April wird gesät, später zu mehreren in Töpfe pikiert. Kühle und luftige Kultur ist nötig bei genügender Bodenfeuchte, als Substrat hat sich eine durchlässige, lehmhaltige Humuserde bewährt. Teilweise hat sich auch das Auspflanzen während des Sommers in den Garten bewährt; man topft dann im Herbst wieder ein. Oder die Töpfe werden während der warmen Jahreszeit im Garten eingesenkt. Während der Wachstumszeit gut feucht halten und alle 14 Tage düngen. Die Stecklingsvermehrung ist nicht sehr ergiebig und kommt in erster Linie nur für den Liebhaber in Betracht. An der Basis der Pflanze erscheinen etliche nicht mit Blüten besetzte Seitentriebe, die als Stecklinge verwendet werden können. Eingeordnet wird diese Art bei den Zweijahrspflanzen, oft kann sie jedoch auch wesentlich länger ausdauern. Topfgröße 14 bis 24 cm Durchmesser.

Alle bisher genannten Glockenblumen sind wegen ihrer niederen Temperaturansprüche ideale Pflanzen für Gewächshäuser, die als Kalthaus betrieben werden und im Winter nur +5 bis 12 °C aufweisen. Ab April blüht *C. fragilis*, ab Juli an diesen günstigen Plätzen *C. isophylla* bis in den Herbst (und oft noch länger). Ab Juli kann auch *C. pyramidalis* über lange Wochen bis in den Spätherbst blühen. Diese Angaben gelten für Normalkultur,

Angaben über abweichende Zeiten sind bei den Sorten zu finden. Neuerdings werden auch *C. carpatica* 'Blaue Clips' und 'Weiße Clips' als Topfpflanzen angeboten.

Das große Steingarten-Sortiment

Zieht man die im Abschnitt „Höhere Glockenblumen für Sonne und Halbschatten" genannten Arten ab, sind praktisch alle Glockenblumen für den Steingarten geeignet. Hinzu kommt, daß auch die niederen Formen von *C. glomerata* in den Steingarten gehören, und auch die genannten kompakten asiatischen Arten. Selbst die im Zimmerpflanzen-Abschnitt genannten *Campanula* lassen sich hier verwenden, wenn sie an eine günstige Stelle gepflanzt werden und Winterschutz erhalten. Das trifft besonders für Pflanzen zu, die vom Naturstandort aus Südeuropa stammen.

Diese enorme Vielfalt an Glockenblumen wird natürlich nicht wahllos im Steingarten verwendet. Um ein Optimum in jeder Hinsicht zu erreichen,

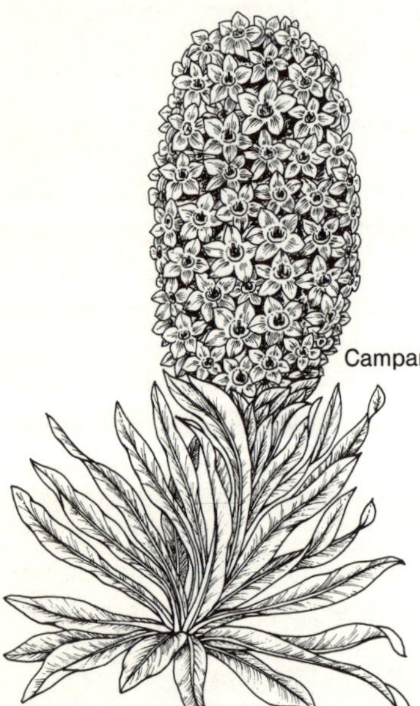

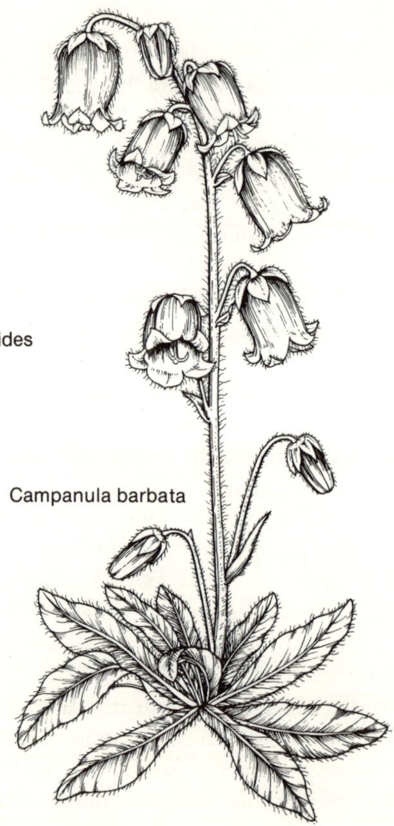

Kurzlebige Glockenblumen, auf die man im Steingarten aber nicht verzichten sollte

müssen Pflanzen und Pflanzplätze gut überlegt sein. Für bestimmte Situationen besonders geeignete Gruppen wurden in den Abschnitten „Flächenriesen unter den Glockenblumen“ und „Glockenvielfalt für die Trockenmauer“ bereits behandelt. In jedem Falle ist das Höhen- und Breitenwachstum sowie ein gewisser Ausdehnungsgrad bei ausläufertreibenden Arten zu berücksichtigen. Um ein Beispiel zu nennen, die Sternpolsterglocke, *C. garganica* vom Monte Gargano, bildet große, beachtenswerte Polster ohne Ausläufer; im Gegensatz dazu treibt die Hängepolsterglocke, *C. portenschlagiana,* Ausläufer, also muß ihr unterirdisches Umherwuchern bei der Pflanzung berücksichtigt werden.

Bei den aufrechtwachsenden Arten und Sorten kann keine Aussage gemacht werden, bis zu welcher Höhe eine Pflanze noch für den Steingarten geeignet ist. Das richtet sich in erster Linie nach der Größe der Anlage, und selbst in einer kleinflächigen Anlage kann vereinzelt auch einmal eine höhere Blütenfontäne emporsteigen. Bei Arten, die eine Reihe von Sorten beinhalten, gibt es meist höher und niederer wachsende, so daß für Anlagen unterschiedlichster Größe Material vorhanden ist. Beispielsweise sollte *C. persicifolia* nur in größeren Anlagen verwendet werden, andererseits sind *C. persicifolia* f. *nitida* und ihre Sorte 'Alba' ideal für kleine und kleinste Steingärten, ihre Wirkung geht in größeren Anlagen unter. Ein anderes Beispiel bietet die Kuppelglocke, *C. lactiflora.* Für normale Steingärten ist sie schon zu groß, es gibt aber auch einen nur 30 cm hohen reizenden Zwerg, *C. lactiflora* 'Pouffe', der mit seiner Juli-August-Blüte sehr erwünscht ist.

Der größte Teil der Glockenblumenarten ist hinsichtlich der Bodenreaktion ziemlich indifferent, wenn der pH-Wert nicht extrem nach einer Seite ausschlägt; nur bei den heiklen Zwergen ist das anders. Wichtiger bei den gängigen *Campanula* ist die Bodenbeschaffenheit, strenger Lehmboden wird kaum geliebt. Grob gesagt, hat der größte Teil folgende Wünsche: durchlässig und mildfeucht. Ist der Lehmanteil der Erde hoch, muß auf eine Dränageunterlage geachtet werden. Viele Arten lieben einen gewissen Anteil von kleinem Steinmaterial in der Erde.

Heikle Zwerge

Neben den wüchsigen, unproblematischen Glockenblumen gibt es eine Reihe von Arten, die dem Gartenbesitzer nicht empfohlen werden können, da sie in der Kultur ziemlich große Schwierigkeiten machen. Selbstverständlich wird sich der begeisterte und ehrgeizige Alpinenliebhaber nicht abhalten lassen, diese kleinen Kostbarkeiten zu pflegen und sein Können unter Beweis zu stellen. Es sind zum größten Teil zwergige Glockenblumen der europäischen Alpen.

Leider sind diese heiklen Raritäten im Angebot nicht immer echt. Ein typisches Beispiel ist *Campanula raineri*, meist sind es irgendwelche Hybri-

Pflanzen für enge Kalksteinfugen
(aber auch Leckerbissen für Schnecken!)

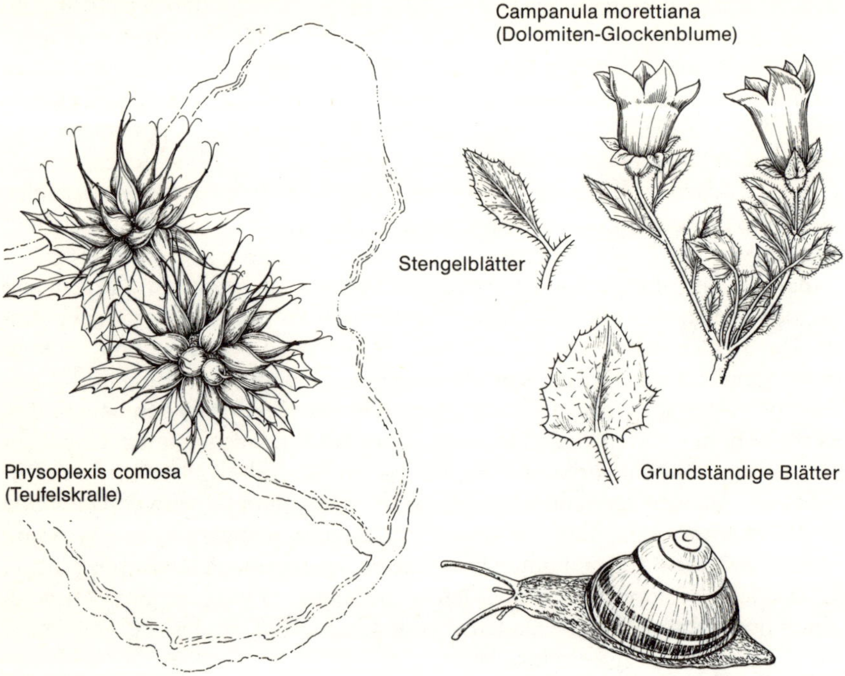

den, die man aus Gärtnereien erhält. Die echte Art liebt kalkhaltigen Boden, der ziemlich stein-durchsetzt ist. Insgesamt sollte der Standort ziemlich trokken und sonnig sein, wenn man auch beim Ansiedeln etwas feuchtes Sphagnum um den Topfballen geben sollte. Ebenfalls aus den Kalkalpen stammt *Campanula zoysii.* Sie liebt die volle Sonne nicht, sondern steht gerne absonnig oder nach Osten geneigt, wobei der steinchen-durchsetzte Boden feuchter sein sollte. Eine weitere kalkliebende Art aus dieser Gruppe ist *Campanula morettiana,* sie liebt besonders einen schotterigen Stand. Gute Erfahrungen wurden mit Kultur in Tuffstein-Spalten und -Löchern gemacht.

Den genannten kalkliebenden Arten stehen kalkfliehende gegenüber. *Campanula cenisia* haßt jede Spur von Kalk. Sie liebt keine vollsonnigen Plätze, sondern absonnige Lage oder Nordostlage, wobei eine Pflanzung in Spalten vorzuziehen ist. Auch *Campanula excisa* ist ein kalkfliehender Zwerg. Diese Pflanze verträgt mehr Sonne, dem Boden mischt man ziemlich Urgesteinsschutt bei und auch kleingehacktes Sphagnum-Moos. Auch *Campanula alpestris* (syn. *C. allionii*) kann nicht zu den besonders einfachen Glockenblumen gezählt werden. Sie ist ebenfalls kalkfliehend und liebt halbsonnige Plätze, der Boden sollte mit Urgesteinsschutt, Sand und Sphagnum angereichert sein.

Weitere Arten sind im beschreibenden Teil enthalten. Wer die empfohlene Lage berücksichtigt, die Bodenzusammensetzung und alles andere, darf einen

Zwergige Glockenblumen eignen sich gut zur Bepflanzung von Schalen und Trögen

Campanula pulla

Campanula raineri

wichtigen Punkt nicht vergessen. Es gibt vermutlich für Schnecken keinen größeren Leckerbissen als diese heiklen alpinen *Campanula.* Dabei unterscheiden sie keineswegs zwischen kalkliebenden und kalkmeidenden Arten, nur schwierig in der Kultur müssen sie offenbar sein und selten! In Sämlingsquartieren sind garantiert die Töpfe mit den heiklen *Campanula* zuerst abgeweidet. Alle zur Schneckenbekämpfung bekannten Maßnahmen sind zu ergreifen, sonst sieht man keine Blüte von seinen Pflanzen.

Die genannten Arten eignen sich auch gut zur Bepflanzung von alpinen Schalen, Trögen und anderen mobilen Pflanzgefäßen. Im Hinblick auf das Gewicht wird man dann poröses Steinmaterial vorziehen, Kalktuff für die kalkliebenden Arten und Lavatuff für die Kalkflieher. Alle angeführten sonstigen Ansprüche müssen ebenfalls erfüllt werden, um in diesen „Minigärten" Erfolg zu haben.

Vom Heimatstandort sind diese Arten an höhere Luftfeuchtigkeit gewöhnt. Diese Wünsche werden noch am besten im Voralpengebiet und in Mittelgebirgsgegenden erfüllt. Im Weinbauklima ist es wesentlich schwieriger mit einer erfolgreichen Kultur dieser Pflanzen. Sie müssen in diesen Regionen schattiger stehen oder während heißer Wochen öfter überbraust werden (Vorsicht, kein Kalkwasser auf Kalkflieher!).

Glockenblumen im Alpinenhaus

Ebenso wie es eine Reihe von Enzianarten gibt, die im Alpinenhaus gedeihen, gibt es für diesen Zweck auch geeignete Glockenblumen. Dazu muß gesagt werden, daß sich eine Reihe von Arten erst unter Glas oder transparentem Kunststoff zu voller Schönheit entfalten. Angaben über die wichtige Lüftung sind bereits im entsprechenden Enzianabschnitt gemacht worden.

Auch bei den Glockenblumen ist ein Auspflanzen in Grundbeete und Tischbeete möglich. Die Kultur in Tontöpfchen und -schalen wird jedoch vorgezogen, wobei bei den Glockenblumen eine Einfütterung der Töpfe in Sand, Splitt, Blähton, Lavalit, Bimskies empfohlen wird. Wird nicht eingefüttert, empfiehlt es sich zumindest, die Töpfe und Schalen auf eine Schicht der genannten Materialien zu stellen. Die Kulturerde in den Gefäßen sollte auch eine dünne Schicht von feinem Gesteinsplitt erhalten, um ein frühzeitiges Vermoosen zu verhindern. Das ist bei empfindlichen Glockenblumen noch wichtiger als bei den doch robusteren Enzianarten. Die Dränageschicht am Grund der Gefäße darf ebenfalls nicht vergessen werden.

Die im vorangegangenen Abschnitt genannten heiklen Zwerge können auch erfolgreich im Alpinenhaus kultiviert werden. Die gefürchtete Schneckengefahr ist in diesem Fall meist gebannt, allerdings kommt dann die erhöhte Sommerwärme und Lufttrockenheit hinzu. Hier ist Topfkultur unbedingt anzuraten, da dann die Töpfe nach der Blüte ins Freie in einen absonnigen oder halbschattigen Gartenteil kommen können, wo sie eingesenkt werden; oder sie kommen in den leicht schattierten Kalten Kasten. So wächst *C. alpestris* (syn. *C. allionii*) gut, breitere Schalen sind angebracht, und jährlich wird auf die Oberfläche etwas Lauberde und Sand im Verhältnis 1:1 vermischt gegeben. Hier können nebeneinander auch die verschiedenen Sorten gestellt werden, wie *C. alpestris* 'Alba' und *C. alpestris* 'Grandiflora'. In England sind auch Namensorten verbreitet, wie 'Silver Bells' und 'Frank Barker'. *C. cenisia* und *C. cenisia* 'Alba', *C. excisa*, *C. morettiana* und *C. morettiana* 'Alba', *C. raineri* und *C. raineri* 'Alba' wachsen hier bei Beachtung der jeweiligen Ansprüche gut. Bei *C. zoysii* haben sich tiefere Alpinentöpfe gut bewährt.

Außer den genannten Arten und Formen eignen sich für die Alpinenhauskultur besonders:

C. abietina
C. alpina und *C. alpina* 'Alba'
C. andrewsii
C. argyrotricha
C. arvatica und *C. arvatica* 'Alba'
C. atlantis
C. aucheri
C. barbata und *C. barbata* 'Alba'
C. betulaefolia

C. calaminthifolia
C. cashmeriana
C. dasyantha
C. elatines
C. formanekiana
C. fragilis
C. hercegovina var. *nana*
C. isophylla und *C. isophylla* 'Alba'
C. lanata
C. lasiocarpa
C. mirabilis und *C. mirabilis* 'Alba'
C. orphanidea
C. petrophila
C. piperi
C. planiflora und *C. planiflora* 'Alba'
C. rupestris
C. saxatilis
C. saxifraga
C. tridentata

Unter den genannten Arten befinden sich auch einige monokarpe Typen. Diese sind so attraktiv und setzen so reichlich Samen an, daß eine kontinuierliche Kultur keine großen Schwierigkeiten bereitet.

Glockenblumen und Nelken – ideale Partner

Auf diese Partnerschaft wurde schon kurz hingewiesen, die in Fortsetzung des Frühlingsflors einen reichblühenden Steingarten bis in den Sommer hinein garantiert. Die Ansprüche beider sind verhältnismäßig gleich, sie lieben in der Mehrzahl eine offene, sonnige Lage und durchlässigen Boden. Glockenblumen mögen zwar meist etwas mehr Bodenfeuchtigkeit als Nelken, sind aber hier tolerant genug. Dennoch lassen sich Glockenblumen und Nelken natürlich nicht über einen Kamm scheren. Verschiedene *Campanula* stehen in voller Sonne im trockenen Gesteinsschutt, andere lieben es absonnig und feucht, und auch nicht alle Nelken sind auf trockenste Standorte fixiert, es sei nur an *Dianthus superbus*, die Prachtnelke, erinnert, die einen feuchten Boden liebt.

Wichtigste Nelkenpartner sind *Campanula carpatica*, *C. portenschlagiana*, *C. poscharskyana*, *C. garganica*; sie alle finden in den verschiedensten Federnelkenarten ihren geeigneten Partner. Hier ist an attraktiv gestaltete Steingärten und Gartenplätze gedacht, nicht an ein Alpinum oder eine gestaltete Wildstaudenflur, dazu ist das Blütenfeuerwerk bei diesen Nelken zu auffallend, deren Blüten auch oft zweifarbig sind. Die Auswahl bei den Federnelken *(Dianthus plumarius)* ist sehr groß, einige wenige können genannt werden:

'Doris' hellachs mit roter Zone, 'Diamant', weiß gefüllt, 'Heidi', leuchtend blutrote gefüllte Blüten mit kontrastreichem braunem Laub, 'Munoth', leuchtend rot mit dunkler Zone, 'Ine', weiß mit rotem Ring, 'Mrs. Sinkins', weiß gefüllt, 'Maggie', dunkelrosa gefüllt, 'Helen', lachsrosa gefüllt, und 'Delicata', zartrosa gefüllt. Es handelt sich nur um eine Auswahl, es gibt noch viel mehr geeignete Sorten.

Bei Bedarf größerer Mengen beider Partnerpflanzen bietet sich auch die Anzucht aus Samen an, bei *Campanula* sind die in diesem Abschnitt bekannten Arten als Samen im Handel, wobei bei *C. carpatica* selbstverständlich die Hochzuchtsorten 'Blaue Clips' und 'Weiße Clips' (Benary) vorzuziehen sind. Bei den Federnelken gibt es sowohl Mischungen als auch Einzelfarben: *Dianthus plumarius* fl.pl. 'Roseus', 'Albus', 'Ballade', 'Frühlingswonne' und weitere Prachtmischungen.

Wie erwähnt, sollten Federnelken nicht in natürlich gestalteten Anlagen verwendet werden, hier steht genügend anderes Pflanzenmaterial zur Verfügung, so die vielen Pfingstnelkenarten, die niederer im Wuchs sind (5 bis 20 cm Höhe, je nach Sorte). Sie sind deshalb ideale Partner für die polsterförmig wachsenden Glockenblumen. Es ist nicht zu leugnen, daß einzelne Sorten auch sehr knallige Farbtöne zeigen, man muß also mit etwas Fingerspitzengefühl zu Werke gehen. Zu diesen besonders auffallend gefärbten Züchtungen gehören z.B. die Sorten: 'Feuerhexe', 'Emmen', 'Feuerzauber', 'Fanal', die wohl mehr in architektonische Anlagen gehören. Gut in natürlich gestaltete Gartenteile fügen sich die folgenden Sorten ein: *Dianthus gratianopolitanus* (syn. *D. caesius*) 'Pink Juwel', 'Rubin', 'Stäfa', 'Badenia', 'Blaureif', 'Eydangeri', 'La Bourbrille', 'Nordstjernen', 'Pummelchen', 'Scayness Hill', 'Märchenfee'. Auch hier kann nur eine kleine Auswahl wiedergegeben werden. Bei Sorten dieser Art ist auch Samenanzucht möglich, folgende empfehlen sich dafür: *Dianthus gratianopolitanus* 'Grandiflorus', 'Ornament', 'Rosenfeder', 'Rotkäppchen', 'Splendens'.

Eine weitere Empfehlung betrifft die annuellen *Dianthus chinensis*, die als kurzlebige Reservepflanzen in Lücken zwischen die Glockenblumen gesetzt werden können. Es gibt davon eine Reihe von F_1-Hybriden, die nieder bleiben, einfach blühen und wüchsig sind. Eine Ausnahme von der Einjährigkeit: Pflanzen der Sorte 'Firestorm' haben im eigenen Garten schon zwei Winter überdauert! Aus der Vielzahl neuer Sorten sei nur noch besonders auf 'Herzkönigin', 'Snowfire', auf die 'Charm-Serie', 'Telstar' und die 'Bradamante' -Mischung hingewiesen.

Nach den bisherigen Angaben kann der Eindruck entstehen, als gäbe es Nelkenpartner nur für die verbreiteten Glockenblumenarten. Dem ist aber durchaus nicht so. Es gibt viele echte Wildnelken ohne züchterische Beeinflussung, die zu vielen weniger verbreiteten *Campanula*-Arten passen. Erinnert sei an *Dianthus arenarius*, *D. subacaulis*, *D. anatolicus*, *D. crinitus*, *D. petraeus* u.a. Selbst für Tröge mit allerlei Glockenblumenzwergen finden sich niedliche Nelkenpartner, wie *Dianthus alpinus*, *D. callizonus*, *D. pavonius* (syn. *D. neglectus*), *D. simulans*, um nur einige zu nennen.

Bleibt am Schluß nur noch auf eine Art hinzuweisen, mit der man kaum etwas als Glockenblumenpartner falsch machen kann, es ist *Dianthus deltoides*, die Heidenelke. Die Anzucht aus Samen ist völlig problemlos, deshalb noch einige Samenempfehlungen: *Dianthus deltoides* 'Albus', weiß, 'Brilliancy', amarantrot, 'Brillant', leuchtend rot, 'Erectus', rot, besonders buschig, 'Leuchtfunk', scharlach, 'Maiden Pink', leuchtend rosa, 'Samos', lebhaft rot, 'Vampir', karmesinrot, und 'Microchips', vielfarbig in Mischung. Man kann seiner Phantasie freien Lauf lassen.

Andere Begleitpflanzen für niedere Glockenblumen

Außer den beschriebenen Nelken gibt es noch viele andere Partner für die kleinen Glockenblumen. Von den Glockenblumen für den Steingarten soll besonders *Campanula carpatica* hervorgehoben werden, da sie von Juni bis in den August und bei rechtzeitigem Rückschnitt auch noch später blaue und weiße Töne in die blütenarme Zeit des Steingartens bringen. Es gibt seit einigen Jahren neben den nur vegetativ vermehrbaren Hochzuchtsorten auch die beiden samenvermehrbaren 'Weiße Clips' und 'Blaue Clips', die in der Staudensichtung hoch bewertet wurden. Außer den schon erwähnten Nelken (besonders *Dianthus gratianopolitanus*-Sorten) gibt es allerlei interessante Partnerpflanzen, wie *Linum flavum* 'Compactum', *Gypsophila repens* und Nachblüten von *Armeria*, *Geum bulgaricum* hort., *Heuchera*-Hybriden (bei diesen an den Rückschnitt nach dem ersten Flor denken). Selbst ausgefallene Kombinationen, die sich manchmal durch Zufall ergeben, können begeistern. Im eigenen Garten stand hinter einer blühenden Silberdistel *(Carlina acaulis)* die Karpaten-Glockenblume eingerahmt von der leuchtend roten *Silene armeria*, eines ein- bis zweijährigen Leimkrautes, das sich im Steingarten immer wieder selbst aussät, aber kaum lästig wird. Weitere Partnerpflanzen sind *Geranium dalmaticum*, *Helianthemum*-Sorten, *Inula ensifolia* 'Compacta', *Anemone baldensis* und viele andere.

Trotz ihres unkontrollierten Wachstums kann man auf *Campanula cochleariifolia* im Steingarten kaum verzichten, zwischen weißen ('Alba'), silberblauen ('Miss Willmott') und dunkelblauen Farben ('Seibertii') gibt es noch allerlei Sorten mit Zwischentönen. Wird umgepflanzt, entwickeln sich aus zarten zurückgebliebenen Wurzelstückchen wieder neue Pflanzen. Wurden an solchen Stellen andere Pflanzen gesetzt, gibt es manchmal ein reizendes Durcheinander. Als Partner empfehlen sich niederes Schleierkraut (*Gypsophila repens*, besonders die rosa Formen), Alpenleinkraut *(Linaria alpina)*, Moosmiere *(Moehringia muscosa)*, Dalmatinisches Geranium *(Geranium dalmaticum)*, Gelber Zwergflachs (*Linum flavum* 'Compactum'), Zwergthymian (*Thymus serpyllum*-Typen), Felsennelken *(Petrorhagia* syn. *Tunica)*, besonders die weißen und rosa gefüllten Sorten. Der aufmerksame Beobachter wird noch weitere Partner entdecken.

Die großpolsterigen *Campanula portenschlagiana* und *C. poscharskyana* benötigen schon etwas kräftigere Partner. Das Dalmatinische Geranium wird sich auch hier behaupten *(Geranium dalmaticum)*, weiter kompakte Sonnenröschen (*Helianthemum*-Arten), wollige Strohblumen *(Helichrysum thianshanicum)*, orangerotes Habichtskraut *(Hieracium × rubrum)* Zwergflockenblumen *(Centaurea simplicicaulis)*, Olymp-Johanniskraut (*Hypericum olympicum* 'Citrinum'). Für *Campanula garganica* bieten sich etwas schwächer wachsende Kleinstauden an, wie der Strahlensame (*Silene alpestris* und die gefüllte Form *S. alpestris* 'Pleniflorum') oder die weißblühende Form von *Geranium dalmaticum.* Auch für die kleinsten finden sich noch Partner, als Beispiel sei *Campanula pulla*, die Ostalpenglocke, genannt, die in ihrer etwas absonnigen Lage andere Zwerge wie *Saxifraga oppositifolia* in ihren wüchsigen Formen oder *Haberlea rhodopensis* gerne zum Partner hat.

Auch im Hochsommer und Herbst gibt es noch Partnerschaften. *Campanula pyramidalis* blüht oft bis zum Frost. Im eigenen Garten blüht sie umgeben von einem duftigen Polster *Dianthus amurensis. Campanula poscharskyana* bringt meist Nachblüten bis zum Frost. Als besonders gut remontierend hat sich hier die porzellanblaue 'E.H. Frost' erwiesen, so daß oft nicht für möglich gehaltene zufällige Partnerschaften mit anderen, ebenfalls remontierenden Kleinstauden entstehen.

Partner für hohe Glockenblumen

Auch bei den höheren *Campanula* gibt es eine vielfältige Partnerschaft. Die angeführten Beispiele sind nur Anregungen. Nicht immer fallen die Blütezeiten zusammen, was auch für den vorangegangenen Abschnitt gilt. Ein Jahr kann die Blüte völlig parallel laufen, im kommenden Jahr durch einen anderen Witterungsverlauf sich noch in einer kurzen Phase berühren. Deshalb sollten außer den genannten blühenden Stauden auch genügend Gräser und im Halbschatten auch Farne als Verbindungsglieder berücksichtigt werden.

Besonders bei *C. latifolia* 'Macrantha' spielen Halbschattengräser und Farne eine große Rolle, auch am Heimatstandort im Kaukasus ist das eine wesentliche Nachbarschaft. Von den niederen Gräsern sollten die Seggen erwähnt werden, z.B. die weißgerandete Japansegge (*Carex morrowii* 'Variegata'), die Breitblattsegge *(Carex plantaginea)*, die Schattensegge *(Carex umbrosa)* und die Riesen- oder Pendelsegge *(Carex pendula)*. Halbschattige Lage vertragen aber auch noch die Morgensternsegge *(Carex grayi)* und eine aus England zu uns gekommene dekorative Form der Japansegge, *Carex morrowii* 'Ingwersen'. Sie hat einen großen weißen Mittelnerv und grüne Randstreifen, was Farbe in Halbschatten- und Schattenpartien bringt, andererseits muß man in natürlich gestalteten Gartenteilen sehr vorsichtig mit panaschierten Pflanzen umgehen. Bei den Schwingelarten kommen als Glockenblumenpartner der Riesenwaldschwingel *(Festuca gigantea)* und das Bärenfellgras in Betracht

(Festuca scoparia), die letztgenannte liebt aber keine zu tiefe Schattenlagen. Die Waldschmiele *(Deschampsia cespitosa)* bringt mit ihren vielen neuen Sorten Eleganz in solche Gartenpartien, schon die Namen lassen es ahnen: 'Bronzeschleier', 'Waldschratt', 'Tardiflora', 'Goldgehänge', 'Goldschleier', 'Tauträger', um nur einige zu nennen. Bleiben noch die Hainsimsen wie Schneemarbel *(Luzula nivea)* und Waldmarbel *(Luzula sylvatica)* mit den schönen Sorten 'Marginata', 'Tauernpaß' und 'Wäldler'. Nicht umsonst wurden die Gräserpartner ausführlicher erwähnt, in den meisten Pflanzungen werden wenige *C. latifolia* 'Macrantha' neben einer Vielzahl Gräser stehen.

Für die Wald-Glockenblume ist die Auswahl an Farnpartnern enorm groß, eine Aufzählung würde den Rahmen sprengen. Hingewiesen sei darauf, daß man hier ruhig auch einigen wuchtigeren Farnen die Partnerschaft anvertrauen kann, ich erinnere an den Glanzschildfarn *(Polystichum aculeatum)*, an den Trichterfarn *(Matteuccia struthiopteris)*, Goldschuppenfarn *(Dryopteris affinis)*, Breitwedeldornfarn *(D. dilatata)* und den Rotschleierfarn *(D. erythrosora)*. Man verwendet sie nicht massiert, sondern ähnlich den Glockenblumen vereinzelt oder in Trupps, aus einem niederen Teppich anderer staudiger Pflanzen wachsend. Auch aus dem weiteren Blütenstaudensektor bieten sich Nachbarpflanzen, so der Waldgeißbart *(Aruncus dioicus)*, Fingerhut (*Digitalis purpurea* und *D. grandiflora*), die Wiesenraute (*Thalictrum aquilegifolium* und Sorten), hohes Salomonssiegel *(Polygonatum commutatum)* und frühblühende Astilben.

Die Pfirsichblätterige Glockenblume, *Campanula persicifolia*, und ihre Unterart *C. persicifolia* ssp. *sessiliflora*, die in Katalogen meist unter der Bezeichnung *C. grandis* aufgeführt ist, kann auch halbschattig stehen und deshalb ebenfalls die schon bei der Wald-Glockenblume erwähnten Partner erhalten. Für sonnige Plätze und für die höheren Sorten der Knäuel-Glockenblume, *Campanula glomerata*, kommen die folgenden Partner in Betracht: Königskerzen (*Verbascum*-Arten), Salbei (*Salvia nemorosa*-Sorten), Felberich *(Lysimachia punctata)*, Nachtkerzen (*Oenothera tetragona*-Sorten), Fingerkraut (*Potentilla nepalensis*-Sorten), um nur einige zu nennen.

Die Kugelglocke, *Campanula lactiflora*, hat Ähnlichkeit mit einem lockeren, zart lilafarbenen Phlox. Auch hier kommen die zuvor genannten Pflanzen in die engere Wahl. Wunderschön wirken sie zwischen Sonnengräsern, bei den höheren wähle man schnelltreibende, wie etwa das nicht wuchernde Reitgras *Calamagrostis* × *acutiflora* 'Karl Foerster'. Bei der Sonnenbraut *(Helenium)* können die frühen und nieder bleibenden herangezogen werden, so die bewährten 'Moerheim Beauty' und 'Waltraud'. Die dunklere Sorte *C. lactiflora* 'Prichard' ist etwas niederer, sie sieht bezaubernd aus zwischen duftigem Schleierkraut (*Gypsophila paniculata* 'Virgo' und ähnlichen). Die weißblühende 'Alba' erhält Kugeldisteln als Nachbarn (*Echinops ritro* 'Veitchs Blue'), man könnte dazu sagen „Pauken und Paukenschlegel". Gärtnern mangelt es nicht an Phantasie, wer sucht, wird noch weitere schöne Pflanzenpartner finden.

Vermehrung durch Aussaat

Bei den Glockenblumen ist die generative Vermehrung, die Aussaat, wichtiger als die vegetative, zumindest soweit es sich um reine Arten und nicht um Züchtungen handelt. Der Samenansatz ist bei den meisten Arten sehr gut. Der Samen selbst ist überwiegend staubfein, was die Aussaat etwas erschwert. Ein Beispiel: 1 g Samen enthält bei *C. carpatica* etwa 40 000 Korn, bei *C. latifolia etwa 3300 Korn, bei C. persicifolia* etwa 10 000 Korn, bei *C. poscharskyana* etwa 10 000 Korn, oder praktisch ausgedrückt, – da normalerweise nicht alle Samen keimen – 1 g Glockenblumensamen gibt 1000 bis 4000 Pflanzen. Die Keimdauer beträgt etwa 10 bis 25 Tage, hohe *Campanula* sind keine ausgesprochenen Kaltkeimer, andererseits schadet eine solche Behandlung auch nicht. Die alpinen Arten werden wie Kaltkeimer behandelt. Hinsichtlich Hell- oder Dunkelkeimung sind sie indifferent, wobei die großblumigen mehr Hellkeimer sind.

Höhere Arten können auch auf Freilandbeete gesät werden, die anderen in Kästen, alle alpinen Arten und Raritäten in Töpfe und Schalen, und zwar in die übliche, möglichst unkrautfreie und sterile Erde. Der feine *Campanula*-Samen wird bei der Aussaat gegebenenfalls mit feinem Sand vermischt, damit die Aussaat nicht zu dicht wird. Diese wird nicht – oder nur hauchfein – mit Erde übersiebt. Vorsicht, die Aussaaten nicht austrocknen lassen. Keinesfalls mit grober Brause gießen (Samen werden zusammengeschwemmt)! Besser ist Bewässerung von unten oder Befeuchten der Oberfläche mit einem Zerstäu-

Aussaaten und Sämlinge nur mit feiner Haarbrause gießen!

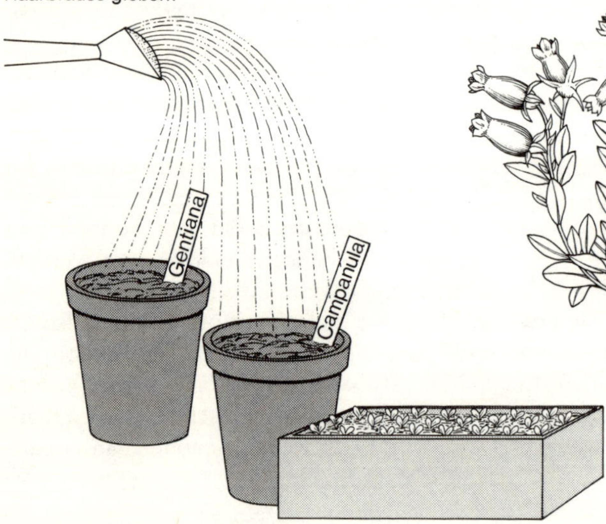

Campanula zoysii

ber. Trotz aller Vorsicht stehen die Sämlinge meist doch zu dicht, deshalb wird schon im verhältnismäßig frühen Zustand pikiert (vereinzelt), wenn das erste richtige Blattpaar nach den Keimblättern gut entwickelt ist. Normalerweise werden 2 bis 3 Sämlinge zusammengefaßt und gleich in Töpfe pikiert (7er-Töpfchen). Das gewünschte Substrat ist bei den heiklen Arten zu berücksichtigen. Gerade im Jugendstadium ist laufend auf Schneckenbefall zu kontrollieren. Genügend Luft geben!

Wie immer ist auch hier eine gute Etikettierung wichtig (Merken hilft nicht!). Die Kunststoffetiketten wählt man lieber etwas größer als zu klein. Für die wetterfeste Beschriftung empfiehlt sich ein wischfester Bleistift, ein schwarzer Fettstift oder der lichtechte Edding 750. Aussaatdatum und Herkunft des Samens vermerken.

Vegetative Vermehrung

Der Gartenliebhaber wird die Teilung alter Pflanzen bevorzugen. Diese kann im Frühling oder im Herbst erfolgen; Frühjahrsteilung ist besser. Diese ist bei den niederen Arten nicht nur im ruhenden Zustand möglich, sondern der Trieb kann ruhig etwas fortgeschritten sein. Auch nach der Blüte kann man schon wieder teilen, bei längeren Schönwetterperioden sollte dann anfänglich gewässert und schattiert werden. Von August bis Oktober lassen sich auch hohe Glockenblumen teilen, keinesfalls aber später, da die Gefahr des Hochfrierens im Winter besteht.

Vor allem bei selteneren Arten, aber auch bei besonderen Formen und Sorten, die nicht treu aus Samen fallen, wird Stecklingsvermehrung durchgeführt. Das bereitet hauptsächlich zur Frühsommerzeit keine Schwierigkeiten. Gesteckt wird in die übliche Substratmischung aus Torfmull und Sand 2:1 bis 1:1, eventuell unter Verwendung eines Bewurzelungshormons (z.B. „Wurzelfix“, „Seradix“), meist kommt man bei den Glockenblumen aber auch ohne diese Mittel zum Ziel. „Gespannte“ Luft ist wichtig (Abdecken mit einer transparenten Folie). In Staudengärtnereien, wo oft wegen anderer Arbeiten die sommerliche Vermehrung unterbleiben muß, kann auch Stecklingsvermehrung im Winter durchgeführt werden. Die Kistchen oder Schalen kommen nach dem Stecken dann in den Kasten. *Campanula rapunculoides* läßt sich auch durch Wurzelschnittlinge vermehren, was aber praktisch keine Bedeutung hat, und *C. persicifolia* ssp. *sessiliflora* (syn. *C. grandis*) durch Rißlinge.

Kultur und Pflegehinweise

Wie wir gesehen haben, gibt es Glockenblumen für viele Gartensituationen. Vor der Pflanzung ist deshalb der richtige Pflanzplatz gut zu überlegen. Die Wald-Glockenblume *C. latifolia* 'Macrantha' in brandheißer Lage wird nicht mitmachen oder nur ein kümmerliches Abbild der sonstigen Pracht sein, die im vollen Licht stehenden vergeilen in schattiger Lage. Das gleiche Augenmerk ist auf die Bodenzusammensetzung zu richten. Die hohen Arten und viele der verbreiteten niederen kommen mit jedem nur einigermaßen guten Gartenboden zurecht. Um so genauer muß man die betreffenden Ansprüche bei vielen heiklen alpinen Arten erfüllen.

Die Neuansiedlung wird wohl immer mit Topfballen aus Töpfen und Containern erfolgen, so daß es hier keine Schwierigkeiten geben wird. Bei kräftigen, im Behälterrand umhergewachsenen Wurzeln versucht man die Spitze aus dem Verbund zu bekommen und bei den fadenartigen Wurzeln vieler niederer Sorten werden die äußeren etwas gelockert. In beiden Fällen wird ein Verbund mit der neuen, umgebenden Erde gefördert. Anfänglich – wie bei anderen neugesetzten Stauden – muß besonders in sonnigen Perioden auf genügend Feuchtigkeitszufuhr geachtet werden. Das gilt im verstärkten Maße, wenn ältere Horste aufgeteilt und die Teilstücke wieder gepflanzt wurden.

Mit Dünger sollte man sparsam sein, mehr vertragen die hohen Arten, die auch dankbar für Gaben tierischen Düngers sind (Peru-Guano, California-

Auch das Glockenblumenreich beinhaltet eine ganze Reihe viel zu wenig bekannter Schätze, denen größere Verbreitung zu wünschen ist.
Oben links: *Campanula calaminthifolia* stammt von den griechischen Inseln, ist hart, aber nicht langlebig. An zusagenden Plätzen sät sich dieser dicht am Boden aufliegende Zwerg gerne selbst aus, so daß man ihn nicht verliert.
Oben rechts: Ein neuer Stern am Glockenblumenhimmel ist *Campanula* 'Maie Blyth', auch als 'Mythe Blith' bekannt, eine reizende Gestalt, die nur den Fehler hat, daß sie sich schlecht vermehren läßt.
Mitte links: *Campanula zoysii*, die Krönchen-Glockenblume, ist im Garten leider kein leichter Pflegling.
Mitte rechts: *Campanula aucheri* aus Transkaukasien gehört im Steingarten mit zu den frühblühenden Glockenblumen, sie ist besonders für enge Fugen geeignet.
Unten links: *Campanula bellidifolia*, auch an anderer Stelle abgebildet, zeigt sich hier als geschlossener Tuff – ein kleiner Steingartenschatz.
Unten rechts: Aus Japan stammt *Campanula dasyantha*, aber auch in der Mongolei und in Alaska kommt sie vor. Diese hübsche Pflanze steht seit Jahren in einem Trog des Verfassers.

Rinderdünger, Cofuna, Cuxin und auch gut verrotteter Rinderdünger vom Bauern). Ist der Dünger etwas zu strohig und stört das Bild, kann mit einer dünnen Schicht Torf oder gut verrottetem Rindenkompost überdeckt werden. Bei zu starker Düngung besteht die Gefahr, daß sich die Blütenstiele verstärkt umlegen. Bei verschiedenen Arten (z.B. *C. persicifolia*, *C. lactiflora*) sollte sowieso rechtzeitig ein Schnurhafter gegeben werden, was andere Arten (*C. glomerata*) nicht nötig haben. *C. persicifolia* verblüht etwas unschön, deshalb ist ein rechtzeitiger Rückschnitt angebracht. Bei allen höheren Arten werden die gänzlich verblühten Teile entfernt, auch um unkontrollierte Aussaat zu verhindern (die in meinem Garten vor allem bei den Sorten von *C. glomerata* zu beobachten war).

Während sich fast alle Glockenblumen als gut hart erwiesen, gibt es doch auch Ausnahmen. *C. lactiflora* und ihre Sorten benötigen in strengen Wintern einen Schutz, der in regelmäßig winterkalten Gegenden (Ostbayern) vorsichtshalber immer gegeben werden sollte. Das gilt auch für *C. fragilis* und *C. isophylla*, die bekannten Topfglockenblumen, die aber auch manchmal im Freiland gehalten werden.

Diese Übersicht zeigt verschiedene kurzlebige, aber attraktive *Campanula*-Arten und eine Zimmerglockenblume.
Oben links: *Campanula formanekiana* bildet hübsche, pyramidale Blütenstände, kann aber auch mit ihren Trieben dekorativ über Steinen lagern, wie auf diesem Bild. An zusagenden Plätzen sät sie sich oft selbst aus.
Oben rechts: *Campanula speciosa* kommt in den Cevennen und den Pyrenäen vor. Die Blüten dieser normalerweise zweijährigen Pflanze erinnern etwas an die Marienglockenblume.
Mitte links: *Campanula thyrsoides*, die Straußglockenblume, tanzt mit ihrer gelben Blütenfarbe etwas aus der Reihe. Die zweijährige Pflanze ist an der richtigen Steingartenstelle gepflanzt aber so attraktiv, daß sich laufende Nachzucht lohnt.
Mitte rechts: Die bekannte Marienglockenblume, ein alter Schatz der Bauerngärten, ist etwas aus der Mode gekommen. Es gibt sie in verschiedenen Farben. Hier *Campanula medium* 'Lilacina'.
Unten links: Die Zimmerglockenblumen sind dankbare Pflanzen für nicht zu warme Räume. Von der abgebildeten *Campanula isophylla* gibt es auch weiße Sorten.
Unten rechts: *Campanula orphanidea*, eine weitere zweijährige Glockenblume, ist gegen Winternässe empfindlich. In niederschlagsreichen Gegenden ist deshalb Alpinenhauskultur zu empfehlen.

Schädlinge und Krankheiten

Auch Glockenblumen bleiben nicht von Krankheitserregern und tierischem Befall verschont, wobei Pilzerkrankungen im Hausgarten weit seltener auftreten als beim Erwerbsgärtner mit seinen Monokulturen auf Beeten. Dagegen muß auch der Hobbygärtner auf einige tierische Schädlinge achten.

Mäuse scheinen besonderen Geschmack an *Campanula* zu finden und können im Winter, besonders unter einer Schneedecke oder Abdeckmaterial, großen Schaden anrichten. In meinem Garten wurden wiederholt in einer niederen Trockenmauer stehende große Polster von *Campanula portenschlagiana* abgefressen. Aus den in den Fugen geschützt liegenden Wurzeln und Stengelresten haben die Pflanzen dann aber wieder kräftig ausgetrieben. Bewährt hat sich das Auslegen von Giftweizen in seitlich gelegte leere Tontöpfe – falls nicht Katzen als Mäusejäger vorhanden sind.

Schnecken. Bei einzelnen Arten wurde schon auf die große Schneckengefahr hingewiesen, und es ist rätselhaft, weshalb sich diese Tiere fast immer ausgerechnet die teuersten und seltensten Arten zum Verzehr aussuchen. Die geringste Fraß- und Schleimspur muß den Pfleger hellwach werden lassen. Ideal ist es, wenn die Schneckenkontrolle im Garten von den natürlichen Feinden übernommen wird, wie Igel oder Kröten. Sonst muß man zu den üblichen Methoden greifen: Auslegen von halbierten Kartoffeln, Rüben oder Äpfeln; zwischen Anschnitt und Erde finden sich über Nacht die Nacktschnecken ein, die dann am Morgen eingesammelt werden. Ferner haben sich Gläser und glatte Gefäße aus Kunststoff, die mit etwas Bier gefüllt sind, bewährt. Das giftige Schneckenkorn Mesurol ist bekannt. Auch das Ausstreuen eines Bandes aus Sägemehl um besonders gefährdete Pflanzen bringt Abhilfe.

Echter Mehltau *(Erysiphe cichoracearum)* mit dem bekannten, weißen Pilzbelag auf den Blättern tritt hin und wieder auf. Bei den ersten Anzeichen der Krankheit mehrmals nach Vorschrift mit Netzschwefel, Karathane oder Morestan spritzen.

Ramularia Blattfleckenkrankheit *(Ramularia macrospora).* Unter dieser Pilzkrankheit leidet vor allem die manchmal auch als Topfpflanze verwendete *Campanula pyramidalis.* Auf der Blattunterseite zeigt sich ein weißer Pilzbelag, an der Oberseite sind helle Blattflecken mit dunkler Umrandung zu sehen, die sich oft über eine ganze Blatthälfte ausdehnen. Intensives Spritzen der Blattunterseiten mit Zineb oder Kupferspritzmittel unter Netzmittel-Zusatz.

Ringflecken-Krankheit. Es handelt sich um einen nicht zu unterschätzenden Virusbefall, der sich durch gehemmten Wuchs, helle Flecken, Ringe oder Zickzackmusterung auf den Blättern bemerkbar macht. Es bleibt leider nichts anderes übrig, als die Pflanzen sofort zu vernichten.

Glockenblumen-Rost *(Coleosporium campanulae)* ist zu erkennen an den kleinen, orangenfarbenen Sporenpusteln, die zahlreich die Blattunterseite bedekken, hauptsächlich bei *Campanula persicifolia*, aber auch bei *C. glomerata* und *C. trachelium*. Vorbeugend vom Austrieb an 14täglich, bei starkem Befall wöchentlich mit einem Zineb-, Maneb- oder Zineb-Schwefel-Präparat spritzen, auch Dithane Ultra wird empfohlen.

Klassifizierung

Als im 19. Jahrhundert die Anzahl der bekannten Glockenblumen enorm zunahm, wurden auch die ersten Versuche einer Übersicht, Einteilung, Klassifizierung, Systematik gemacht. Der Schweizer Botaniker Alphonse de Candolle, Verfasser vieler botanischer Schriften, schrieb 1830 die erste Monographie (Monographie des Campanulacées), in der 137 Arten beschrieben und eingeteilt wurden, viele davon mit Subspecies oder Formen. Im Jahre 1907 wurde im englischen Royal Horticultural Society's Journal eine Liste von 206 Arten durch Col. Beddome veröffentlicht, und einige Jahre später finden sich in dem bekannten Buch von Farrer „The English Rock Garden" 220 *Campanula*-Arten beschrieben. Weitere *Campanula* wurden nach diesem Zeitpunkt noch entdeckt. Im Jahre 1951 veröffentlichte H. Clifford Crook in seinem Werk „Campanulas, their Cultivation and Classification" eine Einteilung, ohne im streng botanischen Sinne eine umfassende Monographie zu sein. Frühere Einteilungen basierten auf dem Unterschied der drei- bzw. fünfteiligen Griffel. Die Klassifikation von Crook teilt die *Campanula* in solche, die am Kelch mit einem Anhängsel versehen sind und solche ohne Anhängsel. Die weitere Unterteilung richtet sich nach dem Vorhandensein von drei- und fünfteiligen Kapseln, radförmiger Blütenkrone und Kapseln mit Poren nahe der Spitze. Die folgende Übersicht berücksichtigt nach der Einteilung von Crook nur die in vorliegendem Buch beschriebenen Arten.

I. Sectio Medium
(Kelch mit Anhängsel)

A. Kapsel mit 5 Zellen:
Campanula laciniata
– *lyrata*
– *medium*
– *mollis*
– *orphanidea*
– *pelviformis*
– *reiseri*
– *rupestris*
– *saxatilis*
– *tubulosa*

B. Kapsel mit 3 Zellen:
Campanula alliariifolia
– *alpestris*
– *alpina*
– *autraniana*
– *axillaris*
– *barbata*
– *betulaefolia*
– *calaminthifolia*
– *dichotoma*
– *dasyantha*
– *formanekiana*
– *grossekii*
– *heterophylla*
– *hypopolia*
– *imeretina*
– *incurva*
– *kachethica*
– *kemulariae*
– *kolenatiana*
– *lanata*
– *lingulata*
– *macrostyla*
– *makaschvilii*
– *mirabilis*
– *oreadum*
– *papillosa*
– *punctata*
– *raddeana*
– *sarmatica*
– *sibirica*
– *speciosa*
– *teucrioides*
– *thessala*
– *tridentata*

II. Sectio Eucodon
(Kelch ohne Anhängsel)

A. Blütenkrone radförmig:
Campanula aparinoides
– *cymbalaria*
– *elatines*
– *elatinoides*
– *fragilis*
– *garganica*
– *parryi*
– *piperi*
– *poscharskyana*
– *versicolor*
– *waldsteiniana*

B. Kapseln mit Poren nahe der Spitze:
Campanula aizoon
- *americana*
- *arvatica*
- *aurita*
- *erinoides*
- *herminii*
- *lasiocarpa*
- *olympica*
- *peregrina*
- *ramosissima*
- *rapunculus*
- *spruneriana*
- *stevenii*
- *uniflora*

Die übrigbleibenden Arten, die kein Kelchanhängsel haben, dagegen Kapseln, die an der Basis aufspringen, bieten weitere botanische Merkmale zur Klassifikation. Diese brauchen uns aber nicht zu interessieren. Es wäre eine lobenswerte Aufgabe für Botaniker, eine umfassende, moderne Monographie über *Campanula* zu erarbeiten.

Die Glockenblumen-Arten

Campanula abietina siehe *C. patula* ssp. *abietina*

Campanula adsurgens Levier et Leresche

Art aus Spanien, nahe verwandt mit *C. elatines*, kaum in Kultur.

Campanula affinis Roem. et Schult. siehe *C. speciosa* Pourr. In der „Flora Europaea“ eigenständig geführt.

Campanula aizoon Boiss. et Spruner

Beheimatet in Griechenland und Kreta, wo sie an felsigen Stellen wächst. Auf 15 bis 30 cm hohen, verzweigten Stengeln stehen zahlreiche fahlblaue Blüten. Kaum in Kultur verbreitet.

Campanula alata Desf.

Algerien, Tunesien. Diese bis 1 ½ m hohe nordafrikanische Art ist in Kultur wenig verbreitet. Die Stengel sind dick, drüsenhaarig, die Blätter sind lanzettlich, am Rande gezähnt und bis 15 cm lang. Die breitglockigen Blüten sind etwa 4 cm im Durchmesser. Es gibt auch eine weiße Form.

Campanula albanica Witasek.

Balkan-Halbinsel. Felsige und steinige Plätze. Ausdauernde Art, die vielverzweigte, dünne Rhizome bildet, 8 bis 15 cm hohe Stengel mit einer, seltener mit 2 bis 3 Glockenblüten. Kaum in Kultur.

Campanula albovii Kolak.

Aus West-Georgien, wo sie auf subalpinen Wiesen wächst. Sie ist nahe verwandt mit *C. collina*, und es ist fraglich, ob der Species-Status zu recht besteht. Sie unterscheidet sich von *C. collina* hauptsächlich durch die Größe, sie erreicht 50 bis 70 cm, und durch die stärkere Verzweigung, die locker geformten Blütentrauben und die längeren Basalblätter.

Campanula alliariifolia Willd.

Kaukasus, Anatolien. Eine durchaus attraktive, mittelhohe Glockenblumenart, die aber leider durch Selbstaussaat lästig werden kann. Nach dem Entfernen der Pflanze treiben immer wieder Wurzelreste aus. Die Grundblätter sind herz-eiförmig, graubehaart und langgestielt. Die 30 bis 50 cm hohen Stengel sind einseitswendig, mit weißen, spitzzipfeligen Blütenglocken besetzt. Hauptblütezeit ist Juni-Juli. Trotz der Unarten sollte in sonnigen und halbschattigen Naturgärten auf diese Art nicht verzichtet werden. Staudensichtung: Wertvolle Wildstaude.

Campanula alpestris All., Allionis Glockenblume

Synonym: *Campanula allionii* Vill.

Südwestalpen. Eine schmalblätterige, bodennahe Pflanze, die unterirdische Ausläufer bildet. Aus den lockeren Rosetten treiben 3 bis 5 cm hohe (in Kultur auch höhere) Stengel, die je eine leuchtend violettblaue, große Blütenglocke trägt, manchmal bis 7 cm lang. Die Farbe kann variieren, auch weiße und weißrosa Formen sind bekannt. Am Naturstandort kommt die Pflanze meist auf Schieferschutt vor, in 1400 bis 2800 m Höhe. Die Blütezeit liegt im Juli-August. Nur für sehr erfahrene Liebhaber.

Sichere Erfolge im kalkfreien Geröllbeet mit Untergrundbewässerung. ⅔ des Substrats sollten aus Schiefer- und Urgesteinsschutt bestehen und ⅓ aus einer Mischung von Rasenerde mit Flußsand und kalkfreiem Splitt, wobei der Humusanteil nicht zu hoch sein sollte. Kein Lehm- oder Bentonit-Zusatz. Den Wurzelhals nur mit Steinschutt umgeben. Liebt Ostlagen, auch Westlagen werden noch akzeptiert, Schutz vor praller Mittagssonne ist angebracht. Die Winternässe muß gut abziehen können. Vorsicht vor Schnecken! Partner sind *Arenaria montana*, *Minuartia*, *Papaver rhaeticum*, *Petrohagia saxifraga* u.a.

Campanula alpina Jacq., Alpen-Glockenblume

Ostalpen, Karpaten, Balkangebirge. Besiedelt dort saure Magerrasen und Feinschutt in Höhenlagen zwischen 1200 und 2400 m. Mit der höheren *C. barbata* verwandt, doch viel zwergiger als diese. Bildet lockere Laubrosetten, aus denen steife, aufrechte Stengel treiben, die einen pyramidalen Blütenstand tragen, besetzt mit lavendelblauen Glockenblüten. An windexponierten Stellen ist die Pflanze auffallend niederwüchsig. Die Pflanze ist oft kurzlebig (zweijährig), unter günstigeren Verhältnissen aber auch oft staudig. Nicht immer einfach in Kultur. Liebt südöstliche Lagen. Empfehlenswerter ist *C. barbata.*

Campanula alsinoides Hook. f. et Thoms.

Nordwest-Himalaja. Eine lockere, niedere Art, selten über 10 cm hoch werdend. Aus der verholzenden Wurzel treibt eine Anzahl dünner, zickzackartiger Stengel, die mit feinbehaarten, gezähnten Blättern besetzt sind. Die kleinen, röhrenförmigen Blüten, kaum mehr als 12 mm lang, sind weißlich durchzogen mit purpurvioletten Adern, an bis 2 ½ cm langen Stielen stehend, die aus den Blattachseln treiben. In Kultur nicht sehr verbreitet.

Campanula americana L.

USA und Teile von Kanada. Eine hohe, aufrechte Art, die bis 2 m hoch werden kann. Kurzlebig, oft nur zweijährig. Liebt feuchte, schattige Plätze, blüht blauviolett oder weiß. Ohne gärtnerische Bedeutung.

Campanula amorgina Rech. f.

Griechenland. Nicht sehr verschieden von *C. heterophylla*, nur kleiner. In Kultur wenig verbreitet.

Campanula anchusiflora Sibth. et Sm.

Griechenland. An Kalksteinfelsen, blaublühende, zweijährige Art, gärtnerisch kaum verbreitet.

Campanula andrewsii A. DC.

Griechenland. Zweijährige Art, in Spalten von Kalkfelsen wachsend. Violette Blüten an 20 bis 30 cm hohen Stengeln. In Kultur wenig verbreitet.

Campanula aparinoides Pursh.

Nordamerika, in Finnland eingebürgert, auf feuchten Wiesen wachsend, etwa 35 cm hoch werdend, an zusagenden Plätzen bis 60 cm hoch. Weißliche, glockige Blüten. Gärtnerisch ohne Bedeutung.

Campanula apennina (Podl.) Podl.

Apennin. Höhere Art (40 bis 60 cm), ohne gärtnerische Bedeutung.

Campanula argyrotricha Wall. ex DC.

Himalaja. Von Liebhabern gezogene Art ähnlich den anderen Glockenblumen dieser Gegend. Ausdauernd und reichblühend. Sowohl für den Steingarten als auch für das Alpinenhaus geeignet. Je nach Standort erreicht diese Art eine Höhe von 8 bis 12 cm und bildet hübsche niedere Polster aus gräulichen Blättern. Die einzelnen Blätter sind schmal, am Rand oft leicht gesägt und mit silbrigen, feinen Haaren besetzt. Die Blütezeit geht über einen langen Zeitraum von Mai bis zum Herbst, und die Einzelblüte zeigt einen lavendelblauen Farbton und ist an der Außenseite fein behaart. Die Aussaat ist einfach, die Pflanze sollte stärker verbreitet werden.

Campanula aristata Wallich

Mittelasien, von Afghanistan bis Bhutan in Höhen von 3000 bis 4500 m auf alpinen Matten. Je nach Standort 8 bis 30 cm hoch werdend, unbehaart mit langgestielten, elliptisch-grundständigen Blättern. Stengel unverzweigt mit kleinen, oft hängenden, blauen, trichterförmigen Blüten, die 0,5 bis 1 cm lang sind. Blüht Juni-August.

Campanula arvatica Lag.

Heimat Nordwestspanien, wo sie in Felsspalten wächst. Eine Liebhaberpflanze, die kleine Matten aus gedrungenen Rosetten bildet, die Blätter selbst sind am Rande gekerbt. Aus jeder Rosette treibt ein 7 bis 8 cm langer Blütenstengel mit aufrechten, kleinen, aber ansehnlichen, sternförmigen Blüten von tiefer violettblauer Farbe. Eine weiße Albinoform ist *C. arvatica* 'Alba'. Eine leicht wachsende Art, die sowohl durch Aussaat als auch durch Teilung oder Stecklinge vermehrt werden kann. Liebt schwach kalkhaltiges Substrat und einen etwas geschützten Standort im Steingarten, in der Trockenmauer oder im Alpinenhaus.

Campanula aspera Moench

Eine gärtnerisch unwichtige zweijährige Pflanze.

Campanula aucheri DC.

Synonym: *Campanula argunensis* Rupr.

Transkaukasien bis Iran. Ein rübenförmiger Wurzelstock trägt Schöpfe länglich-spateliger, bis 4 cm langer Blätter mit gekerbten Rändern. Die Blüten stehen einzeln auf 8 bis 10 cm hohen Stengeln, sie sind etwa 2,5 cm lang, glockenförmig, violett und fein behaart. Gehört zu den frühestblühenden Glockenblumen im Steingarten, wo sie in engen Fugen gut wächst und auch gut ausdauert. In niederschlagsreichen Gegenden ist Alpinenhauskultur vorzuziehen.

Campanula aurita Greene

Die Heimat ist Alaska in der Nähe des Yukon-Flusses. Eine ausdauernde Art, die Tuffs von länglich-lanzettlichen Blättern bildet, 3 cm und länger, manchmal am Rande leicht gezähnt. Eine Anzahl schlanker, aufrechter, etwa 25 cm hoher Stengel, die mit wenigen Stengelblättern besetzt sind, tragen an der Spitze violette, etwa 1,5 cm lange Blüten. Wahrscheinlich nur eine Lokalform von *C. uniflora*. Hat kaum gärtnerischen Wert.

Campanula autraniana Albov

Heimat ist der Kaukasus. Bildet Tuffs von glatten, breit-eiförmigen bis halbherzförmigen, regelmäßig gekerbten Blättern an langen Stielen. Die Blütenstengel werden 20 bis 25 cm hoch, sie sind schlank, halbaufrecht und unverzweigt. Sie tragen an der Spitze 1 bis 3 große röhrig-glockige, tief purpurviolette Blüten mit einer weißen Basis. Die gesamte Pflanze ist drüsenhaarig. Nahe verwandt mit *C. betulaefolia* und *C. suanetica*. Leicht aus Samen zu ziehen, ist nicht schwierig in Kultur, liebt leichten Boden, ist aber wenig verbreitet.

Campanula axillaris, Boiss.

Eine 70 cm hohe Species aus der Südosttürkei, sehr nahe verwandt mit *C. grossekii* und *C. sclerotricha*, kaum in Kultur.

Campanula barbata L., Bärtige Glockenblume

Alpen, Südnorwegen, Ostsudeten. In den Alpen ist sie auf kalkfreiem Untergrund bis 2000 m Höhe zu finden. Eine unverwechselbare Art, teils zweijährig, am zusagenden Standort auch mehrjährig. Bildet im ersten Jahr eine am

Boden aufliegende Blattrosette aus lanzettlichen, rauhhaarigen Blättern. Im zweiten Jahr treiben die kräftigen, aufrechten, ebenfalls behaarten Stengel, an denen sich Blütenglocke an Blütenglocke reiht, oft bis 10 Stück und mehr im einseitswendigen Blütenstand. Die Einzelblüte ist verhältnismäßig groß, hell blau-lila, oft auch mehr zu Reinblau tendierend, seltener reinweiß. Die gesamte Pflanze ist mit 2 mm langen Haaren besetzt, selbst im Innern der Glockenblüte. Hübsch zusammen mit der etwas höheren gelben *Arnica montana.* Liebt saure Bodenreaktion, ist aber darauf nicht zu stark fixiert, in meinem Garten kam sie sogar auf Kalktuff zur Blüte. Sollte trotz ihrer Kurzlebigkeit im Steingarten mehr verwendet werden.

Campanula baumgartenii J. Becker

Eine 30 bis 50 cm hohe Staude Südwestdeutschlands und Ostfrankreichs. Nicht in gärtnerischer Kultur verbreitet.

Campanula bellidifolia Adams

Kaukasus. Zwergige Art, die aus verdickten Wurzeln Rosettenpolster treibt. Blüht bereits im Mai, 10 cm hoch. Sehr ähnlich *C. tridentata*, mit der sie nahe verwandt ist. Liebt steiniges Substrat.

Campanula betulaefolia C. Koch

Eine Felspflanze aus Armenien. Büschel von glatten, keilförmigen Blättern, die am Rand gezähnt sind, aus denen halbaufrecht die Blütenstengel ragen, die elegante Büschel verhältnismäßig großer Blüten tragen. In der Farbe von Weiß bis Zartrosa, die weinroten Knospen stehen dazu in gutem Kontrast. Die Pflanze zeigt eine gute Härte, aber auch Alpinenhauskultur ist empfehlenswert. Leicht aus Samen zu ziehen.

Campanula bononiensis L., Bologneser Glockenblume

In verschiedenen Teilen Europas wachsend. Ovale, etwas gezähnte Blätter. Die ganze Pflanze ist behaart und etwa 70 bis 80 cm hoch. Die Blüten sind bläulichviolett, aber auch weißblühende Typen sind bekannt (*C. bononiensis* 'Alba'). Leicht aus Samen vermehrbar, nur für Wildstaudenpflanzungen (zweijährig).

Campanula calaminthifolia Lam.

Kreta, Griechische Inseln. Bildet bis 12 cm breite, flache Rosetten aus grauen, wellig gesäumten, langgestielten, eiförmigen, kurzbehaarten Blättern. Aus dem Zentrum entwickeln sich niederliegende, nach allen Seiten wachsende Triebe, die mit zahlreichen aufrechtsitzenden, zylindrischen, weißen, oft auch zartblauen Blüten besetzt sind. Blütezeit ist im Sommer; erschöpft sich meist, so daß die Pflanze nach der Blüte abstirbt. Sät sich oft auch selbst aus, besonders in schotterigen Böden. Hübsch auch als Alpinenhauspflanze.

Campanula californica (Kellog) A. Heller

50 cm hohe Art an der kalifornischen Küste an feuchten Plätzen. Ohne Gartenbedeutung.

Campanula cana Wall.

Indischer Himalaja, etwa in Höhenlagen von 2000 bis 3000 m. Kaum in Kultur. Nomenklatorisch nicht ganz klar.

Campanula cantabrica Feer

Beheimatet in Spanien (Kantabrische Kordilleren). Eine ausdauernde Art mit verzweigten, schlanken Rhizomen. Diese treiben 5 bis 15 cm (manchmal auch bis 20 cm) hohe, aufrechte, blattlose, drüsenhaarige Stengel mit je einer aufrechten Blüte, selten 2 bis 3 Blüten, von meist hellblauvioletter Farbe. Die Basalblätter sind rundlich bis herzförmig. Erinnert insgesamt etwas an größere *C. cochleariifolia*. Wächst in mehr sandigem Boden, ist aber in Kultur kaum verbreitet.

Campanula carnica Schiede ex Mert. et Koch

Synonym: *Campanula linifolia* Scop. non L.

Südostalpen. Eine Felsenpflanze, die *C. rotundifolia* nahe steht. Treibt bis 30 cm lange Stengel, die mit schmal-linealischen Blättern besetzt sind. Die hübschen, einzeln, selten zu mehreren stehenden, glockigen, etwa 3 cm langen, blauvioletten Blüten erscheinen im Juli-August. Liebt absonnige Felsspalten und ist nicht ganz einfach in Kultur. Englische Gärtnereien bieten Pflanzen unter der Bezeichnung *Campanula linifolia* 'Covadonga' an.

Campanula carpatica Jacq., Karpaten-Glockenblume

Karpaten. Gärtnerisch eine der wichtigsten Glockenblumen. Botanisch werden zwei Varietäten unterschieden. *C. carpatica* var. *C. carpatica Jacq.* und *C. carpatica* var. *turbinata* (Schott, Nym. et Kotschy) Nichols. (syn. *C. turbinata* Schott, Nym. et Kotschy). Diese Unterteilung erfolgt auch bei den Gartentypen, obwohl diese teilweise hybriden Ursprungs sind.

Die var. *carpatica* wird 15 bis 30 cm hoch, von buschigem Wuchs. Die Blätter sind langgestielt, eirund-herzförmig, kerbzähnig, kahl, hellgrün. Die großen, breitglockigen, kurzzipfeligen Blüten erscheinen von Juli bis September und sind blau oder weiß. Leider fallen die Büsche der Naturform als ältere

Exemplare im nahrhaften Gartenboden leicht auseinander, was bei den Züchtungen und Auslesen nicht der Fall ist.

Die var. *turbinata* ist wesentlich gedrungener und wird nur 10 bis 20 cm hoch, die ganze Pflanze ist fein behaart. Die violetten Blüten stehen meist einzeln und aufrecht, sie sind mehr schalenförmig und die Kronzipfel schärfer ausgeprägt.

Wir haben es bei dieser Pflanze mit einem staudigen Dauerblüher zu tun, da die Blüte bei Rückschnitt nach der Hauptblüte insgesamt auf eine Blütezeit von 14 Wochen kommt. Am Heimatstandort ist sie eine Charakterpflanze halbsonniger bis sonniger Kalkfelsen, hat sich aber den Tieflandgärten voll angepaßt. Die Pflanze stellt keine großen Ansprüche und gedeiht überall willig, vorausgesetzt, der Boden ist nicht zu stark verdichtet und nicht zu lehmig. Außer für Steingärten und Trockenmauern eignet sie sich für die Randbepflanzung von Staudengruppen, aber auch für mobile Gärten. Vorsicht vor Schnecken! An zusagenden Plätzen verbreitet sie sich durch Selbstaussaat, aber ohne lästig zu werden. Die Hochzuchtsorten konnten bis vor wenigen Jahren nur vegetativ vermehrt werden, das gilt für die älteren Sorten nach wie vor. Es gibt jedoch zwei Züchtungen von Benary, die treu aus Samen fallen, 'Blaue Clips' und 'Weiße Clips', bei denen der kompakte Wuchs und die reiche Blüte auffällt.

Von dieser wichtigen Glockenblume sind zahlreiche Sorten im Handel:

Dunkelblau

'Isabel' (Prichard), 20 cm, dunkelblau, schalenförmige Blüten.

'Karl Foerster' 20 cm, tiefblau. Staudensichtung: Sehr wertvolle Sorte.

'Kobaltglocke' (J. L.), 40 cm, dunkelviolett. Staudensichtung: Liebhaberstaude.

'Spechtmeise' (K. Foerster), 30 cm, blauviolett. Staudensichtung: Liebhabersorte.

'Violetta', 20 cm, violette Blütenschalen.

'Riverslea', 20 cm, besonders tief violett.

Mittelblau

'Blaue Clips' (Benary), 20 cm, hellhimmelblaue Blütenglocken. Fällt treu aus Samen. Staudensichtung: Vorzügliche Staude.

'Blaumeise' (K. Foerster 1956), 20 cm, hellviolett mit weißer Mitte. Staudensichtung: Liebhabersorte.

'Blue Moonlight', 20 cm, hellgraublaue Schalenblüten.

'Chewton Joy', 15 bis 20 cm, zartblaue Schalenblüten.

'Karpatenkrone' (K. Foerster 1949), 20 cm, hellblau. Wertzeugnis der Deutschen Gartenbaugesellschaft. Staudensichtung: Sehr wertvolle Sorte.

'Blauer Zwerg', niedere Sorte von nur 15 cm Höhe, besonders in der DDR verbreitet.

Weiß

'Weiße Clips' (Benary), 20 cm, weiße Blütenschalen, fällt treu aus Samen. Staudensichtung: Vorzügliche Sorte.

'White Star', 30 cm, große, weiße Blütenglocken.

'Zwergmöve' (K. Foerster 1956), 20 cm, silberweiß. Staudensichtung: Liebhabersorte.

'Bressingham White', 15 cm, frühblühend, mit weißen Blütenschalen.

C. turbinata-Gruppe:

'Alba', herzförmige, behaarte Blätter, 20 cm hoch, weiße Blüten. Staudensichtung: Sehr wertvolle Sorte.

'Jewel', 150 cm, leuchtend blau.

Bei beiden dürfte es sich aber kaum um die reine Art handeln.

Besonders in Großbritannien sind die folgenden *Campanula carpatica*-Sorten verbreitet: 'Bees Var.', tiefblaue Blüten. 'Harvest Moon', 15 cm hoch. 'Queen of Somerville', 30 cm hoch. 'Riverslea', 30 cm, tief purpurblau.

Campanula cashmeriana Royle, Kaschmir-Glockenblume

Kaschmir. Wächst dort in Felsspalten in 3000 bis 4000 m Höhe. Aus holzigem, dünnem Wurzelstock sprießen im Frühling nur wenige niederliegende Triebe, die sich rankästig verzweigen. Die graugrünen, weichen Blätter erinnern etwas an Majoran. Die große Zahl lilablauer Blütchen bildet dazu einen hübschen Kontrast. Vermehrung durch Aussaat. Etwas für das Alpinenhaus und den Steingarten. Im Freien ist sonniger Stand Bedingung, ebenso Schutz vor Winternässe.

Campanula celsii A. DC.

Südostgriechenland. Normalerweise zweijährig, 20 bis 30 cm hoch, verzweigte, gebogene Blütenstengel. Die Basalblätter sind unregelmäßig gelappt. Aufrechte Blüten sowohl an der Spitze als auch in den Blattachseln stehend. Die Blüten sind röhrig, 1,8 bis 3 cm lang, lila oder blaulila. Von dieser Art gibt es vier verschiedene Subspecies, die gärtnerisch aber weiter nicht beachtenswert sind.

Campanula cenisia L., Mont-Cenis-Glockenblume

Zentralalpen. Zierliche, kriechende Staude, ein extremer Kalkflieher. Erreicht in den Alpen von allen Glockenblumen die größte Höhe, normal zwischen 2500 und 3000 m vorkommend, in den Westalpen wird sie sogar bis 3800 m gefunden. Die Wurzeln sind in dem steinigen Untergrund verankert und treiben Stolonen, von wo aus sich Rosetten aus kleinen, bläulichgrünen Blättern bilden. Aus diesen treiben die schmalbeblätterten Stengel, etwa 5 cm hoch, die mit hellilablauen Blütenglocken besetzt sind von Mai bis Juni. Liebt im Tiefland Nordostlagen. Als Substrat wird empfohlen: ¼ zerkleinertes Sphagnum, ¼ torfige Rasenerde mit Sand und ½ Urgesteinsschutt. Kommt am Heimatstandort zwar auch auf Kalkschieferfelsen vor, ist aber im Tiefland ausgesprochen kalkscheu. Vermehrung durch Aussaat.

Campanula cervicaria L., Borstige Glockenblume

Mittel- und Nordeuropa. Zweijährige, etwa 15 cm hohe, aufrechte Art. Selten kultiviert.

Campanula cespitosa Scop., Rasen-Glockenblume

Ostalpen, Nordwestjugoslawien. Ist *C. cochleariifolia* Lam. im Habitus sehr ähnlich, jedoch in Kultur wesentlich heikler. Die Grundblätter sind fast rhombisch, die anderen mehr lanzettlich. Zarte, 10 bis 30 cm hohe Stengel tragen den meist einseitswendigen Blütenstand mit hellblauvioletten, länglichglockigen, nach vorne leicht verengten Blüten. Blütezeit Juni-Juli. Sonnige Plätze und feiner Kalkschottergrus werden bevorzugt. Auch eine weiße Form ist bekannt (*C. cespitosa* 'Alba').

Campanula chamissonis Fedorov

Ostsibirien, Nordjapan, Kurilen, Alëuten. Ausdauernde Art mit bis 15 cm hohen Blütenstengeln. Basisblätter langgestielt, eine Rosette bildend. Einzelblätter verkehrt-lanzettlich-länglich, bis 4,5 cm lang. Blüten einzelstehend, bis 4 cm lang, glockig blau, am Rand zart weißhaarig. Vermehrung durch Aussaat. Gut in Alpinenhauskultur. Nicht verwechseln mit der ähnlichen *C. dasyantha* Bieb. (syn. *C. pilosa*). Im Handel ist auch eine weißblühende Form unter der Bezeichnung *Campanula chamissonis* 'Alba', und in Japan gibt es die Sorten 'Oyobei' und 'Shakotana'.

Campanula choziatowskyi Fom.

Berge von Sowjet-Armenien. Eine hübsche, aber seltene Art. Aus einem dikken, kriechenden Wurzelstock entspringen Tuffs von kleinen, dicken, gezähnten Blättern und aufrechten, verzweigten elastischen Stengeln, die zahlreiche, tief purpurblaue, trichterförmige Blüten tragen, die an der Spitze einen fahlblauen Streifen haben. Vermehrung durch Aussaat und Stecklinge.

Campanula cochleariifolia Lam., Zierliche Glockenblume, Zwerg-Glockenblume

Synonyme: *Campanula bellardii* All., *C. pumila* Curt., *C. pusilla* Haenke

Alpen und andere europäische Gebirge, wo sie kalkhaltige Böden bevorzugt, aber auch auf anderen gedeiht. An Felsen, in Schutthalden, im Bachgeschiebe. Ein Höhenwanderer bis in Lagen über 3400 m gefunden, durch Flüsse, aber auch ins Flachland herabgeschwemmt. Im Garten trotz der Zierlichkeit sehr dauerhaft. Aus den zarten, wild im Boden herumvagabundierenden Stolonen entspringen kleine Rosetten, die flache Rasen bilden. Die Grundblätter sind kahl, langgestielt, eiförmig bis rundlich, entfernt grobgezähnt, die

Stengelblätter sind lanzettlich und ebenfalls grob gesägt. Der Stengel ist 5 bis 15 cm hoch, 1- bis 6blütig, meist einseitswendig, die Blüten sind bauchig-glockig, bis 2 cm groß, nickend, meist hellblaulila, aber auch in anderen Nuancen und in Weiß vorkommend. Blütezeit Juni-August. Frühsorten schon im Mai. In der Gartenkultur völlig ohne Probleme, besonders geeignet für Steingärten, Trockenmauern, Tröge und Schalen, wobei dem Pflanzenden bewußt sein muß, daß die Zwerg-Glockenblume sich nicht auf ihren Pflanzplatz beschränkt, sondern mit ihren unterirdischen Ausläufern auch die Nachbarschaft erobert. Überall bilden sich kleine Blütendickichte, auch zwischen anderen in der Nähe stehenden Polsterpflanzen. Es gibt eine Reihe von Gartenformen, die sich im wesentlichen durch die Blütenfarbe unterscheiden.

'Alba', hübsche weiße Form, 10 cm hoch.

'Patience Bell', sattblaue Blütenglöckchen, 10 bis 15 cm hoch.

'Oakington Blue', dunkelblau, großblumig, 10 bis 15 cm hoch.

'Warleyense', lilablau, gefülltblühend, 10 cm hoch. Diese Sorte ist auch unter folgenden Bezeichnungen noch im Handel: *C. warleyensis* und *C. × haylodgensis*, ist aber nichts anderes als eine gefülltblühende Form von *C. cochleariifolia.*

'Miranda Bellardii' („Mondsteinglocke"), früher und mit blaßblauen Blüten blühend, 10 cm hoch.

'Miss Willmott', silbrig, leichtblaue, großblumige Sorte, 10 cm hoch.

'R.B. Loder', englische Sorte mit dunkelblauen Glocken, 10 cm.

'Seibertii', tiefdunkelblaue, 15 cm hohe Sorte, Belaubung dunkelgrün.

In England sind noch Sorten im Handel unter den Namen 'Pallida', fahlblau, 'Tyrolensis', tiefer blau, und 'Tubby', zwergig, blau.

Campanula collina M.B.

Kaukasus. Unterirdisch kriechender Wurzelstock, Blätter gestielt, oval, lang zugespitzt, gleichmäßig gesägt. Der Blütenstengel ist 10 bis 15 cm hoch mit meist einer oder wenigen großen Blüten. Blütezeit Juni. Wächst besonders an halbschattigen und nicht zu trockenen Stellen willig und bildet dichte Matten. Die Blüten sind trichterförmig und purpurblau. Eine besonders großblütige Form ist unter der Bezeichnung *C. collina* 'Major' in England bekannt.

Campanula colorata Wallich ex Roxb.

Himalaja, Kaschmir bis West-Tibet. Diese etwa 60 bis 70 cm hohe Art ist einjährig bis kurzlebig und kaum in Gartenkultur anzutreffen.

Campanula constantinii Beauverd et Top.

Griechenland (Euboea). Zweijährige Pflanze, die am Heimatstandort im felsigen Gebiet vorkommt und Rosetten aus zart behaarten Blättern bildet, die an langen gebogenen Stielen stehen. An den etwa 25 bis 35 cm langen Stengeln sitzen kopf- oder achselständig röhrenförmige, fahlblaue Blüten. Kaum Gartenwert.

C. crassipes Heuffel

Südwestrumänien, Ostjugoslawien, in Spalten von Kalksteinfelsen wachsend. Meist 30 bis 50 cm hoch, vielblütig, kaum in Kultur.

Campanula cymaea Phitos

Griechenland an Kalksteinfelsen. Zweijährige bis ausdauernde Pflanze, nicht in Kultur.

Campanula cymbalaria Sibth. et Sm.

Synonym: *Campanula billardieri* A. DC.

Bulgarien, Griechenland. Die Ausdauer ist zweifelhaft, etwa 20 bis 25 cm hoch, blaue, glockenförmige Blüten. Wenig in Kultur, obwohl durchaus attraktiv für den Steingarten. Besser ist es, die Pflanze als zweijährig anzusehen, sie sät sich auch an zusagenden Pflanzplätzen selbst aus.

Diese Bildwiedergaben zeigen hübsche Vertreter des Glockenblumenreiches am Naturstandort. Manche sind Endemiten, deren Vorkommen auf ein kleines Gebiet beschränkt ist, andere dagegen sind Weltenwanderer.
Oben links: Ein reizender Zwerg, oft nur wenige Zentimeter hoch, ist *Campanula lasiocarpa*, eine *Glockenblume* des hohen Nordens. Hier in den Ogilivie Mountains im kanadischen Yukon-Territorium.
Oben rechts: Ein Weltenwanderer ist *Campanula rotundifolia*, die Rundblätterige Glockenblume. Die abgebildete Pflanze stand in engen Felsspalten nahe dem Valdez-Gletscher in Alaska. Sie geht auch unter dem Namen *Campanula alaskana*.
Mitte links: *Campanula tridentata* im schmalen Humusstreifen zwischen Schneeflocken-Obsidian am Elbrus nahe 3000 m (Kaukasus).
Mitte rechts: *Campanula alpestris*, oft noch unter dem Synonym *Campanula allionii* bekannt, in der alpinen Geröllflur.
Unten links: *Campanula rhomboidalis*, die Rautenblätterige Glockenblume, eine aufrechte Staude der Bergwiesen, hier in natürlicher Pflanzengesellschaft.
Unten rechts: *Campanula macrorhiza*, das hauptsächliche Vorkommen liegt in den Seealpen, wo sie besonders in engen Felsspalten wächst, wie die Aufnahme vom Naturstandort zeigt.

Campanula dasyantha M.B.

Synonym: *Campanula pilosa* Pall. ex Roem. et Schult.

Berge des Altai, Mongolei bis Alaska. In der Literatur meist noch unter der synonymen Bezeichnung bekannt. Oft auch verwechselt mit *C. chamissonis*, die sich durch ihr spitzes, drüsiges schmaleres Basallaub unterscheidet. Sehr oft handelt es sich bei dem als *C. dasyantha* oder *C. pilosa* im Handel befindlichen Material um *C. chamissonis*. *C. dasyantha* ist 5 bis 15 cm hoch, das Basallaub ist lanzettlich bis lineal, spatelförmig über 2,5 cm lang, vorne spitz. Jeder Stengel trägt 1 bis 3 lilablaue Blüten. Vermehrung durch Aussaat oder durch Abtrennen der kurzen Ausläufer. Hübsch im Alpinenhaus. Eine großblütige Form ist in England unter der Bezeichnung *C. pilosa* 'Major' verbreitet.

Campanula decumbens A.DC.

Spanien. Eigenständiger Species-Status ist zweifelhaft, wohl eher *C. patula* var. *decumbens* (A.DC.) Cuatrec.

Campanula delicatula Boiss.

Nordost-Griechenland, Ägäische Region, Anatolien, Cypern. Eine einjährige Art, kaum Wert für die Gartenkultur.

Hier wird noch einmal die Vielförmigkeit der Glockenblumengattung deutlich.
Oben links: *Campanula raddeana*, die Kaukasusglocke, spielt gärtnerisch mehr und mehr eine Rolle. Es ist eine wüchsige, gut vermehrbare und lange am gleichen Platz ausdauernde Art.
Oben rechts: Von den kleinen Glockenblumen mit aufrechten Trieben gibt es eine Reihe von dankbaren Gartenpflanzen. Zu ihnen gehört die gezeigte *Campanula* 'G.F. Wilson'.
Mitte links: *Campanula grossekii* ist eine Wildstaude, die etwa 70 cm hoch wird, an nährstoffreichen Plätzen noch höher. Im Garten des Verfassers fügt sie sich an den verschiedensten Plätzen gut ein.
Mitte rechts: *Campanula alpina*, die mit *Campanula barbata* nahe verwandte Alpenglockenblume, ist im Garten nicht immer einfach. *Campanula barbata* ist wesentlich gartenfreundlicher.
Unten links: *Campanula hawkinsiana* wächst hauptsächlich auf Serpentin. Die Pflanze ist selten in Kultur. Auch im Garten sollte man ihr Serpentin- oder Schieferschutt geben.
Unten rechts: *Campanula pulla*, hier in einer helleren und rotstichigeren Form, die von der Gärtnerei Sommer, Berchtesgaden, verbreitet wird. Im Garten sollte der Ostalpenglocken keinesfalls warme Südlage gegeben werden.

Campanula dichotoma L.

Mittelmeerregion. Eine gärtnerisch unbedeutende, einjährige Art.

Campanula divaricata Michx.

Synonym: *Campanula flexuosa* Michx. non Waldst. et Kit.

Nordamerika, Alaska. Eine der wenigen amerikanischen Arten, denen ein gewisser Charme zugesprochen werden muß. Sie wächst in der Natur an Felsbänken in Sonne und Halbschatten und wird 25 bis 60 cm hoch. Die Pflanze bildet Gruppen von Blattrosetten, die aus dunkelgrünen, länglichen oder lineal-lanzettlichen Einzelblättern bestehen, an beiden Enden zugespitzt. Aus den Rosetten entspringen blattlose, aufrechte, verzweigte Stengel, die einen lockeren Blütenstand bilden mit herabhängenden, glockenförmigen, fahlblauen Blüten, die einzeln zwar klein sind, aber durch die Vielzahl einen guten Effekt bringen. Leicht aus Samen zu ziehen. Bei der unter dem Namen *C. flexuosa* Michx. verbreiteten Glockenblume handelt es sich um eine zwergige, alpine Form dieser Art.

Campanula elatines L.

Piemont. Eine langsamwachsende, ausdauernde Pflanze, wertvoll für die Gartenkultur, leider oft verwechselt mit den nahe verwandten *C. garganica*, *C. fenestrellata*, *C. istriaca* und *C. elatinoides*. Die Stengel sind 10 bis 15 cm hoch, aufsteigend, die Blätter herzförmig (efeuförmig), spitz gezähnt. Die Blüten sind blau oder weiß und 8 bis 10 mm lang. In der Natur an halbschattigen Felsen wachsend. Sie ist etwas kalkscheu, was man bei der Kultur berücksichtigen sollte.

Campanula elatinoides Moretti

Italienische Meeralpen, wo sie in einem verhältnismäßig kleinen Gebiet vorkommt (Berge zwischen dem Comer- und dem Garda-See). Sehr nahe verwandt mit *C. garganica*. Bildet Tuffs aus graugrünen, behaarten Blättern, mit über den Fels hängenden Stengeln, die über ihre ganze Länge Büschel von purpurblauen Blüten tragen, die aus den Blattachseln treiben. Die Blätter selbst sind breit-oval-herzförmig und scharf gezähnt, sie stehen an ansehnlichen Stielen. Die Blüten sind tief gelappt. Insgesamt gesehen ist die Pflanze weniger attraktiv als andere nahe Verwandte, da sie kleinere Blüten hat und lockerer im Polster ist, keinesfalls kann sie mit guten Formen von *Campanula garganica* konkurrieren. Vermehrung durch Aussaat. Teilung leicht, Stecklinge sollten in einen geschlossenen Kalten Kasten kommen. Jungpflanzen eignen sich für das Alpinenhaus.

Campanula elegans Roem. et Schult.

Sibirien. Schon 1819 beschrieben, die echte Pflanze ist aber unklar. Was unter diesem Namen kultiviert wird, ist *C. rapunculoides*.

Campanula ephesia Boiss

Anatolien. Eine monkarpe Art. Es werden kräftige Rosetten gebildet aus leierförmigen, behaarten, gräulichen Blättern. Sie benötigt etliche Jahre bis zur Blühfähigkeit, dann treibt sie einen etwa 40 cm hohen oder höheren, kräftigen Stengel. Die röhrenförmigen, großen, reinblauen Blüten stehen einzeln an kurzen Stielen in den Achseln der Stengelblätter. Vermehrung durch Aussaat. Empfehlenswert ist die Kultur in tiefen Töpfen im Alpinenhaus.

Campanula erinoides L.

Südliches Spanien. Einjährige Art ohne gärtnerische Bedeutung.

Campanula erinus L.

Mittelmeerregion. Eine einjährige Art. Es gibt zwar eine Form mit prächtig blauen Blüten, sie hat aber ebenfalls keinen Gartenwert.

Campanula euboica Phitos

Ostgriechenland an Kalksteinfelsen. Zweijährig bis ausdauernd. Bisher nicht in Kultur verbreitet.

Campanula evolvulacea Royle ex A.DC.

Synonym: *Campanula incanescens*
Mittelasien, Pamirgebiet, in Höhen von 2000 bis 3500 m vorkommend, auf Felsen. 5 bis 15 cm hohe Stauden mit weißrosa Blüten. Blütezeit Juni-Juli.

Campanula excisa Schleich, ex Murith, Ausgeschnittene Glockenblume

Grajische und Penninische Alpen. Diese endemische Art wächst in Höhenlagen von 1400 bis 2350 m auf Silikatfelsen und -schutt. Treibt unterirdische Ausläufer, die dünne, wirre Stengel haben, die mit schmalen, glatten Blättern besetzt sind. Die Grundblätter sind kreisrund und gestielt. Diese tragen je eine leicht hängende, zierliche, blaulila Blüte. Sie zeigen eine besondere Eigenart: am Grunde der Kronzipfel sind auffällige ausgeschnittene Buchten. Blütezeit Juni-August. In der Kultur nicht einfach, sie ist sehr kalkscheu und gedeiht in feuchtem Urgesteinsschutt in Ost- und Nordostlagen. Nur etwas für Kenner. Alpinenhauskultur möglich.

Campanula exigua Rattan

Berge der kalifornischen Küstenregion. Einjährig, ohne Gartenwert.

Campanula fedschenkoana Trautv.

Ugamsker Gebirge (Tienschan, UdSSR) besonders in Flußtälern cañondurchzogener Gebirge, wo sie über Felsen hängt und in Geröll vorkommt. Seltene Art, kaum in Kultur. Auch als *C. fedtschenkiana* bekannt.

Campanula fenestrellata Feer

Synonyme: *Campanula elatines* var. *fenestrellata* (Feer) Fiori, *Campanula garganica* ssp. *fenestrellata* (Feer) Hayek

Westjugoslawien, Ostalbanien, an Kalksteinfelsen. Ist nahe verwandt mit *C. garganica*, in der Wuchsform jedoch kompakter, die Blätter sind kleiner, glatt und kurzgestielter, und die sternförmigen Blüten sind nicht so flach ausgebreitet. Die Blütezeit liegt im Juni-Juli, in milden Gegenden schon Ende Mai. Die „Flora Europaea" unterscheidet eine ssp. *debarensis* (Rech. f.) Damboldt und eine ssp. *istriaca* (Feer) Federov. Bei der letztgenannten Pflanze besteht die Gefahr der Verwechslung mit *C. garganica* ssp. *istriaca* (Feer) Hayek.

Campanula filicaulis Durieu

Marokko, Algerien. Kaum in Kultur, was unter diesem Namen angeboten wird, ist meist *C. sarmatica*.

Campanula finitima hort.

Iran. Im Handel angeboten. Fraglich ob der Artstatus zu recht besteht wahrscheinlich eine Form von *Campanula betulaefolia*. Ein guter Wachser, der Polster aus birkenähnlichen Blättern formt, etwa 8 cm hoch. Große weiße Blüten, im knospigen Zustand rosa. Leicht gedeihend in voller Sonne und gut dränierten Böden. Gut für Trockenmauerfugen.

Campanula formanekiana Degen et Dörfler

Mazedonien, besonders in Felsspalten. Bildet ansehnliche, gräuliche Rosetten von etwa 17 bis 20 cm Durchmesser, welche dicht an den Grund gepreßt sind. Das Einzelblatt ist leierförmig, am Rand gesägt und grau behaart. Aus dieser Rosette treibt ein kräftiger Stengel, 10 bis 30 cm, oft auch mehr als 50 cm hoch werdend, welcher eine Anzahl großer, weiter, glockenförmiger, weißer Blüten trägt, gewöhnlich einfach an langen Stielen stehend, die aus den Blattachseln treiben. Es gibt auch bläuliche und leicht rosa getönte Formen, doch sind diese in der Minderzahl. Der Blütenstand ist hübsch pyramidenförmig. Die Pflanze ist monokarp und benötigt einige Jahre bis zur Blühfähigkeit. Liebt volle Sonne und möglichst senkrechte Kalksteinspalten, in denen sie sich leicht durch Selbstaussaat wieder ansiedelt. Wegen des schönen pyramidalen Blütenstandes auch für Topfkultur im Alpinenhaus geeignet. Sie ist absolut hart, doch gibt es winterliche Ausfälle durch zu viel Feuchtigkeit, deshalb ist Nässeschutz angebracht.

Campanula forshythii (Arcangeli) Podl.

Sardinien, ausdauernde Art an Kalksteinfelsen. Aus einem wenig verzweigten, holzigen Rhizom treiben 10 bis 30 cm hohe, kahle Stengel, die wenige einzelstehende Blüten tragen. Basalblätter rund oder herzförmig. Kaum in Kultur.

Campanula fragilis Cyr.

Mittel- und Süditalien. Bekannt als Kalthaus- und Zimmerpflanze. Es gibt jedoch auch etwas härtere Typen, die bei uns als Freilandpflanzen gehalten werden können, wenn ein entsprechender Schutz vor Winternässe gegeben wird. Besonders Typen von Gran Sasso eignen sich gut. Der Typ von Neapel hat mehr behaarte Blätter, ist großblumiger, reinblau und empfindlicher. Der verholzende, ausdauernde Wurzelstock treibt langgestielte, rundliche, herzförmige, meist am Rande gekerbte Blätter, die einen tiefen Grünton zeigen. Die Stengelblätter sind ähnlich, nur kleiner. Die Blütenstengel sind 30 bis 40 cm lang und tragen eine Anzahl von ansehnlichen, mittelblauen Blüten, sie hängen locker über Felsen. Sie ist nahe verwandt mit der ebenfalls im Topf kultivierten *C. isophylla*. Der Hauptunterschied besteht in den derberen, fleischigen Blättern und in den längeren und kleineren Blütensegmenten bei *C. fragilis*. Vermehrung durch Teilung, Frühjahrsstecklinge und Aussaat.

Campanula garganica Ten., Sternpolsterglocke

Synonym: *Campanula elatines* var. *garganica* (Feer) Fiori

Südostitalien (Monte Gargano). Prachtvolle, ausläuferlose Polster an steilen Felsen. Grundständige, herz-eiförmige, kerbzähnige, langgestielte, meist feinbehaarte Blätter in immergrünen, rosettigen Tuffs. Die Blütentriebe sind bis 15 cm lang, zahlreich, strahlig ausgebreitet, fest dem Boden angeschmiegt, aufstrebend, reich mit sternförmigen, blaulila Blütchen besetzt, aus deren weißem Grund die Griffel weit herausragen. Blütezeit Mai-Juni.

Keine andere Gruppe gibt bei den Glockenblumen so viel Anlaß zu Verwechslungen wie *C. garganica* (und die Arten *C. fenestrellata*, *C. elatines*, *C. elatinoides*). Die „Flora Europaea" unterscheidet von *C. garganica* selbst folgende Subspecies:

C. garganica ssp. *fenestrellata* (Feer) Hayek
C. garganica ssp. *istriaca* (Feer) Hayek
C. garganica ssp. *debarensis* (Rech. f.) Damboldt

Auch im Handel werden unterschiedliche Formen angeboten. Eine auffallend grau behaarte Form ist als *C. garganica* 'Hirsuta' im Angebot. Sie hat hellila Sternblüten und ist wohl mit *C. garganica* ssp. *istriaca* identisch. *C. garganica* 'Erinus Major' trägt größere Blüten mit einer dunkler blauen Färbung und weißem Auge auf flachen, etwa 10 cm hohen Polstern, sie steht wohl *C. fenestrellata* näher. Eine weiße Sorte heißt *C. garganica* 'W.H. Paine', und 'Blue Diamond' ist saphirblau und 10 cm hoch. *C. garganica* gehört wohl zur Grundausstattung jedes Steingartens. An günstigen Standorten kann es zur Selbstaussaat kommen, doch gute Formen sollten vegetativ vermehrt werden durch Teilung oder Frühlings- und Frühsommerstecklinge. Bewertung bei der Staudensichtung: Liebhaberstaude.

Campanula glomerata L., Büschel- oder Knäuel-Glockenblume

Europa, Kaukasus, Iran. Eine auch in der Natur vielgestaltige Glockenblume. Die „Flora Europaea" unterscheidet allein sieben verschiedene Subspecies, die hier aber außer acht gelassen werden sollen. Die Basalblätter sind rauh, mehr oder weniger behaart, gestreckt-herzförmig. Die Stengelblätter sind breit-lanzettlich, sitzend, rauh. Die Blüten sind normalerweise dunkelviolett in endständigen und in den oberen Blattachseln sitzenden, dichten, bis 20blütigen Schöpfen. Die Blütezeit ist Juli-August, es gibt aber auch noch früher im Juni blühende Formen. Liebt Kalkböden. Die Höhenunterschiede der Kulturformen schwanken zwischen 15 und 60 cm. Die Knäuel-Glockenblume ist ein alter Gartenschatz. Manche Typen sind nicht besonders ausdauernd. Es kommt leicht zur Selbstaussaat, das sollte aber kein Hindernis sein, sie zu pflanzen. Folgende Gartensorten seien genannt:

'Acaulis', Zwergform, 15 cm hoch, kleine Rasen bildend, blüht von Mai bis August, dunkelviolett.

'Alba', weißer, höherer Typ der Art.

'Dahurica', Blätter rauh, breit-lanzettlich, Blütenschöpfe dunkelblau, 60 cm. Botanisch richtig: *C. glomerata* L. var. *dahurica* Fisch.

'Joan Elliott', Blütenschöpfe mit auffallend großen, tiefvioletten Einzelblüten, 40 cm hoch, sehr früh blühend. Gute Schnittsorte.

'Purple Pixie', spätblühendes Gegenstück zu 'Joan Elliott'.

'Schneehäschen', weißes Gegenstück zu *C. glomerata* 'Acaulis', 15 cm hoch, die einzelnen Blüten sind größer als bei der Stammform. Zur Blütezeit wirkt der Wuchs halbkugelig. Staudensichtung: Liebhabersorte.

'Schneekrone' (Benary), reinweiße Blütenschöpfe, 50 cm hoch, fällt gleichmäßig aus Samen. Staudensichtung: Liebhabersorte.

'Superba', dunkelviolette Blüten, etwa 50 cm hoch, besonders wüchsig.

Gute Partner sind *Coreopsis verticillata* 'Zagreb', *Helianthemum*-Arten, *Potentilla nepalensis*, *Potentilla recta*.

Campanula grandis Fisch. et Mey. siehe *C. persicifolia* ssp. *sessiliflora*

Campanula grossekii Heuff.

Ungarn, Bulgarien, Jugoslawien, Rumänien, Steinig-felsige Plätze in Wäldern. Oft mit *C. trachelium* verwechselt. 70 cm hohe, kräftige, einfache Stengel, manchmal auch verzweigt, kantig. Basalblätter herzförmig-dreieckig, am Rande gesägt und langgestielt. Blüten einzeln oder zu wenigen Büscheln am Stengel entlang stehend. Die Einzelblüte ist blau bis blauviolett, 2,5 bis 3 cm lang, schlank-glockenförmig. In der Gartenkultur wenig verbreitet. Unempfindliche Staude, für die man in Wildstaudenpflanzungen sicher einen Platz findet. Wächst im eigenen Garten sogar aus Tuffsteinspalten.

Campanula hawkinsiana Hauskn. et Heldr. ex Hauskn.

Berge von Nordgriechenland und Albanien, wächst dort in Spalten und an Bändern von Serpentinfelsen. Kleine Staude, der 10 bis 20 cm lange Stengel treibt aus einem zentralen Wurzelstock, ausgebreitet oder aufgerichtet gebogen, beblättert, einfach oder verzweigt. Die Basalblätter sind kreisförmig bis oval, die Blüten stehen an langen Stielchen und sind von blauvioletter Farbe, radförmig-glockig. Schöne Pflanze, aber selten in Kultur. Benötigt zum guten Gedeihen Schiefer- oder Serpentinschutt. Trotzdem stirbt die Pflanze oft plötzlich aus unerklärlichen Gründen. Vermehrung durch Aussaat und Stecklinge.

Campanula hemschinica C. Koch

Balkanhalbinsel, Bergwiesen und Wälder. Zweijährige Glockenblumenart, manchmal auch länger ausdauernd. Die Basalblätter sind länglich-eiförmig, der Blütenstengel ist 30 bis 50 cm, aufrecht, die Blüten bilden einen kopfständigen Büschel und sind in der Farbe blau, 2,5 cm lang, röhrig-glockig. Wenig in Kultur.

Campanula herzegovina Degen et Fiala

Bergland Südwestjugoslawiens, zwischen Kalksteinfelsen wachsend. Ausdauernd mit kräftigem, verholzendem Rhizom mit reichverzweigten Stengeln 12 bis 20 cm, oft auch niederer oder höher, aufsteigend bis herabhängend, bewimpert bis behaart in den unteren Teilen. Die Basalblätter sind herz- bis eiförmig, am Rande eingeschnitten bis gesägt. Der Blütenstand ist mehr oder weniger verzweigt, die blauvioletten Blüten sind etwa 2 cm lang und glockig-aufrecht. Hübsche kleine Büschel, gut im Steingarten zu verwenden. In England ist eine Zwergform ‘Nana’ bekannt, die nur etwa 5 cm hoch wird.

Campanula herminii Hofmann

Zentral- und Südspanien, Portugal. Feuchte Bergwiesen. Staudige Art, selten in der Kultur.

Campanula heterophylla L.

Wächst in Griechenland zwischen Felsen. Ähnelt etwas *C. calaminthifolia*, kaum in Kultur.

Campanula hieracioides Kolak.

Seltene Art, die nur in Felsschluchten des Flusses Gega in den Bergen oberhalb Sukhumi (UdSSR) vorkommt. Eine Staude mit verlängerten Blattstielen. Zur Blütezeit etwa 20 bis 30 cm hoch. Die verhältnismäßig großen, blauen Blüten bilden eine Traube an der Spitze der Stengel. Bereits im Jahr nach der Aussaat blühend, auch leicht durch Stecklinge zu vermehren.

Campanula hypopolia Trautv.

Kaukasus. Auffallend durch die grasartig wirkenden Büschel der nur 4 mm breiten bis 10 cm langen, oberseits dunkelgrünen, unterseits grauen Blätter. Die Blütenglöckchen stehen einzeln am Ende der dünnen, verzweigten Stengel, hängend, lila im Juni-Juli blühend. Die Kultur ist leicht an einem steinigen Platz in voller Sonne, besonders in tiefen, engen Felsspalten. Läßt sich im Frühling leicht durch Stecklinge vermehren oder durch Abtrennen der Ausläufer. Vorsicht, Leckerbissen für Schnecken!

Campanula imeretina Rupr.

Kaukasus. Formt Polster aus ovalen Blättern. Die Blütenstengel sind 15 bis 25 cm hoch und tragen zahlreiche tiefpurpurviolette Blütenglocken. Selten echt in Kultur, oft handelt es sich dabei um *C. rapunculoides*.

Campanula incurva Aucher ex A. DC.

Ostgriechenland, felsige und steinige Plätze. Eine monokarpe Art mit Rosetten aus langgestielten, eiförmigen Blättern, leicht behaart und von gelbgrüner Farbe. Die Blütenstengel sind niederliegend, etwa 35 cm lang, dicht besetzt mit verhältnismäßig großen, bauchigen, lavendelblauen Blüten, die etwas an die Marienglockenblume erinnern, unterscheidet sich aber außer durch die Größe durch den dreigeteilten Griffel und die dreizellige Samenkapsel. Leicht aus Samen zu ziehen, sie ist von den aus Griechenland kommenden Arten eine der am leichtesten zu kultivierenden und härtesten.

Campanula isophylla Moretti

Ligurische Alpen. Meist als Topfpflanze verbreitet. Nicht durch Gewächshauskultur verweichlichte Typen halten bei etwas Schutz auch im Freien aus, sicherer ist jedoch Alpinenhauskultur. Blüht Juli-September. Etwa 10 cm hoch, große, himmelblaue oder weiße Blütensterne. Eine nähere Beschreibung dieser bekannten Pflanze erübrigt sich.

Campanula istriaca siehe *C. garganica*

Campanula jaubertiana Timb.-Lagr.

Zentral- und Ostpyrenäen, zwischen Kalksteinfelsen. Aus dünnen, kriechenden, verzweigten Rhizomen treiben kreisförmig-elliptische Basalblätter, die am Rande unregelmäßig gekerbt sind. Die Stengel sind aufstrebend bis aufrecht, 3 bis 8 cm hoch, die Blüten stehen einzeln, selten zu 2 bis 4. Die Pflanze ähnelt etwas *C. excisa*, ist jedoch viel leichter zu kultivieren.

Campanula justiniana Witasek

Westjugoslawien, zwischen Kalksteinfelsen. Kleine 12 bis 20 cm hohe Staude mit herzförmigen, am Rande gesägten Basalblättern und wenigblütigen Blütenstand. Kaum in Kultur.

Campanula kachethica Z. Kantsch.

Kaukasus. Staudige, aufrechte etwa 30 cm hohe Blütenstiele, die weißlichrosa bis rosaviolette Blüten tragen, etwa 2 cm lang und schlank-glockig. Kaum verbreitet.

Campanula kantschavelii Zagar.

Kaukasus. *C. kachethica* sehr ähnlich mit tieflavendelfarbenen 2,5 cm langen, röhrig-glockigen Blüten. Ebenfalls etwa 30 bis 35 cm hoch.

Campanula kemulariae Fomin

Transkaukasien. Aus einem kriechenden Wurzelstock treiben Polster mit leuchtend grünen, herzförmigen, am Rande gesägten Blättern an langen Stielen. Am 30 cm hohen, verzweigten Blütenstengel sitzen die schöngeformten offenen Blütenglocken in mauveblauer Farbe. In den letzten Jahren stärker in der Kultur verbreitet.

Campanula kolenatiana A. Mey.

Kaukasus. Monokarpische Art mit rübenförmigem Wurzelstock und langgestielten, herzförmigen Blättern. Der Stengel ist wenig verzweigt, bis 30 cm hoch mit jeweils wenigen, einseitswendigen, hängenden, violettblauen Blütenglocken mit zurückgeschlagenen Zipfeln besetzt. Die Kelchzipfel sind ebenfalls zurückgeschlagen und länger als der auffallend breite Kelch. Hat eine gewisse Ähnlichkeit mit *C. sarmatica*. Leicht durch Samen vermehrbar. Blütezeit Juni-August.

Campanula komarovii Maleev.

Kaukasus, Schwarzmeerregion der Sowjetunion. Zweijährig bis staudig mit verholzendem Rhizom, spatelförmige Blätter an geflügelten Stielen, unregelmäßig gezähnelt. Aufstrebende Blütenstengel (bis 40 cm hoch) mit kopfständigen, wenigblütigen Blütentrauben. Blütenkrone tiefviolett, bis 5 cm lang, breitglockig. Verwandt mit *C. sibirica*. Kann in ihrer Schönheit mit mancher anderen Gartenpflanze konkurrieren.

Campanula laciniata L.

Synonym: *Campanula erucifolia* Feer

Ägäische Inseln, Kreta, zwischen Kalksteinfelsen. Die Blätter sind größer als bei den meisten anderen Arten und immer glatt. Der aufrechte Blütenstengel kann bis 60 cm hoch werden und treibt zahlreiche kopf- und achselständige Blüten in einer lockeren Rispe. Die Blütenfarbe ist lavendelblau mit einem weißen Zentrum. Kaum fürs Freiland, besser als zweijährige Pflanze für das Alpinenhaus zu behandeln.

Campanula lactiflora M.B., Kuppelglocke, Riesen-Doldenglockenblume

Kaukasus, Westasien. In der Tschechoslowakei nach Schott. eingebürgert. Der Wurzelstock ist dick, fleischig, der Stengel kantig, je nach Standort 1 bis 2 m hoch, schwach rauhhaarig mit sitzenden, oval-lanzettlichen, gesägten Blättern. Die Blüten sind breitglockig, milch-hellblau bis lilablau in endständigen, verzweigten, sehr reichblütigen Rispen. Blütezeit Juni-August. Sehr empfehlenswert für sonnige und halbschattige Staudenpflanzungen. Säen sich oft selbst aus, werden aber kaum lästig. Gartenformen: 'Alba', weiß, 'Loddon Anna', lilarosa 90 cm, 'Prichard', amethystviolett, 50 cm, 'Pouffe', lichtblau, 30 cm. Ideale Partner zu Strauchrosen, Madonnen- und Isabellen-Lilie (*Lilium candidum* und *L. testaceum*), zu *Cimicifuga racemosa*, *Deschampsia*-Sorten, *Digitalis*, *Luzula*, *Lysimachia punctata*. Bei der Staudensichtung erhielten *Campanula lactiflora* und die Sorten 'Prichard' und 'Loddon Anne' die Bewertung: Liebhabersorte.

Campanula lanata Friv.

Synonym: *Campanula velutina* Vel.

Mittelbulgarien, Südostjugoslawien, Nordostgriechenland. Zweijährige, lokkere, graufilzige Rosetten bildende Art, mit langgestielten, herzförmigen Blättern. Die bis 60 cm langen, beblätterten Blütenstengel tragen gelblichweiße, oft rosa getönte Blüten, in der Art der Marienglockenblume, *C. medium*. Blütezeit Juni-Juli. Sät sich an zusagenden Plätzen (z. B. auf Tuffstein) gerne selbst aus. Benötigt Schutz vor Winternässe, sonst aber nicht schwierig zu halten.

Campanula lasiocarpa Cham.

Westliches Nordamerika und Japan. Eine kleine duftende Art, hübsche Tuffs bildend, 8 bis 15 cm hoch. Die Blätter sind spatelförmig-verkehrt-eiförmig oder lineal, am Rand gesägt. Die Blüten sind kopfständig, aufrechtstehend, dunkelviolettblau, 2,5 cm lang, breitglockig. Hübsche Pflanze für den Steingarten (Schotter) und für das Alpinenhaus. Eine weiße Form ist bekannt, doch ist dies eine Rarität, *C. lasiocarpa* 'Alba', Vermehrung durch Aussaat.

Campanula latifolia L., Breitblätterige Glockenblume

Europa, Sibirien, Iran. Der Wurzelstock ist dick, fast rübenförmig, ohne Ausläufer. Die Stengel sind 80 bis 150 cm hoch, bis zur Spitze mit sitzenden oder nur ganz kurz gestielten, länglich-eiförmig, vorne zugespitzten Blättern besetzt. Die Blüten sind weitglockig, spitzzipfelig, bis über 5 cm lang, innen behaart, violettblau, einzeln oder bis zu 3 in den Achseln der oberen Stengelblätter eine durchblätterte Traube bildend; Juni-Juli blühend. Wirkungsvoller mit den größeren und dunkleren Blüten ist *C. latifolia* 'Macrantha' vom Kaukasus. Sie ist zweifelsfrei die wertvollste der hohen Glockenblumen. Die violettblauen Blüten alter Stöcke sind nicht nur auf den Staudenbeeten schön, sondern auch neben *Aruncus* und Farnen in waldartigen Naturgarten-Partien und im Park von großartiger Wirkung, auch zusammen mit *Polygonatum*, *Pulmonaria*, *Uvularia* und *Lysimachia punctata* (wuchert!). Bei sonniger Pflanzung sollte der Boden ein Minimum an Feuchte aufweisen. Sehr schön als Schnittblume ist die weißblühende *C. latifolia* 'Alba'. Alle Formen kommen gut aus Samen. Aus England sind weitere Formen bekannt: 'Brantwood', purpur, 'Burghaltii', fahlblau, und 'Highcliffe', tiefviolett. *C. latifolia* 'Macrantha' und *C. latifolia* 'Macrantha Alba' erhielten bei der Staudensichtung die Bewertung Sehr wertvolle Sorte.

Campanula lavrensis (Tocl et Rohlena) Phitos

Griechenland, an Kalksteinfelsen. Eine 20 bis 40 cm hohe Art, nicht in Kultur.

Campanula lingulata Waldst. et Kit.

Balkaninsel, Südwestrumänien, Süditalien. Zwischen Sträuchern und an grasigen Plätzen wachsend. Zweijährige Art mit ein bis zahlreichen, 10 bis 30 cm hohen einfachen Blütenstengeln. Blüten in mehrblütigen Trauben, hübsche Einzelblüten, lila, zylindrische Form. Insgesamt aber kaum großer Gartenwert. Vermehrung durch Aussaat.

Campanula linifolia Scop. siehe *C. carnica* Schiede ex Mert.

Campanula longisepala Podl.

Südostfrankreich. Ausdauernde, 30 bis 40 cm hohe Art ohne gärtnerische Bedeutung.

Campanula longistyla Fomin

Kaukasus, nördlich von Tiflis. Eine 50 bis 90 cm hohe zweijährige Pflanze, manchmal auch länger ausdauernd, die für die Gartenkultur empfohlen werden kann. Der Wurzelstock verholzt und bildet eine oder mehrere Rosetten aus dicken, groben Blättern. Der Blütenstengel ist von der Basis aus locker verzweigt und bringt Trauben von amethystvioletten Blüten. Nahe verwandt mit *C. sibirica.*

Campanula lostrittii Ten.

Italien. *C. rotundifolia* sehr ähnlich. Kaum Gartenwert.

Campanula lyrata Lam.

Europäische Türkei, Vorderasien an trockenen Hängen. Nur zweijährig, aber durchaus attraktiv. Aufrechte Blütenstengel mehr oder weniger verzweigt. Basalblätter eiförmig, unregelmäßig gelappt, die Stiele sind geflügelt. Vielblütiger Blütenstand mit sitzenden Einzelblüten, blau, röhrenförmig.

Campanula macrantha siehe *C. latifolia*

Campanula macrorrhiza J. Gay ex A.DC.

Meeralpen. Ist *C. rotundifolia* sehr ähnlich, besiedelt aber gerne enge Felsspalten. Bildet Polster aus kleinen runden Blättern und aufrechten, etwa 22 cm hohen Stengeln, die mit vielen purpurblauen Blütenglöckchen besetzt sind. Vermehrung durch Aussaat.

Campanula macrostyla Boiss. et Heldr.

Zentraltürkei. Eine einjährige Art, die starr-aufrechte, 20 bis 25 cm hohe, buschige Pflanzen bildet. Die verzweigten Stengel tragen kopfständige wie auch achselständige Blüten. Diese stehen mehr oder weniger aufrecht an einem kurzen Blütenstiel, die Blüte ist lilapurpur. Nur zum Kennenlernen, lohnt nicht für jährliche Aussaat.

Campanula makaschvilii E. Busch

Kaukasus. Sehr ähnlich *C. alliariifolia*, jedoch kleiner und weniger behaart.

Campanula medium L., Marien-Glockenblume

Synonym: *Campanula grandiflora* Lam. not Jacq.

Nord- und Mittelitalien, Südostfrankreich, in verschiedenen anderen europäischen Ländern eingebürgert. Bekannte, zweijährige Bauerngarten-Glockenblume, schon seit dem 16. Jahrhundert in unseren Gärten heimisch. 50 bis 90 cm hoch, bildet kräftige, breit-pyramidale Büsche, Äste aufrecht-steifhaarig. Die Basalblätter sind zu Rosetten angeordnet, und die Stengelblätter sind sitzend bis halbstengelumfassend. Die großen, etwas hängenden, glockenförmigen, am Grunde bauchig erweiterten Blüten zeigen in der Natur bläuliche Töne oder sind weiß. In der Kultur sind jedoch auch verschiedene Rosatöne hinzu gekommen. Zusätzlich gibt es solche mit gefüllten Blüten. Der Liebhaber sät im Juni ins Frühbeet, in Saatkisten oder auf ein gut vorbereitetes Freilandbeet. Meist wird der sehr feine Samen zu dicht gesät, an solchen Stellen muß rechtzeitig ausgedünnt werden. Die kräftigen Jungpflanzen in etwa 40 cm Abstand auf den vorgesehenen Platz bringen, gefordert ist sonnige Lage und nahrhafter, kalkhaltiger Boden. Im Winter vor Kahlfrost mit Fichtenreiser schützen. Blütezeit Juni-Juli.

Verwendet wird die Marien-Glockenblume auf Schnittblumenbeeten. (Schneiden, wenn sich die untersten Blüten öffnen). Als Lückenfüller in Staudengruppen ist sie gut zu gebrauchen, jedoch nicht die gefülltblühenden. Als Gruppenpflanze vor einem ruhigen Hintergrund, wie Wände, Koniferengruppen, wirken diese Glockenblumen sehr gut. Für den Erwerbsgärtner ist die Marien-Glockenblume für den Jungpflanzenverkauf interessant, aber auch als Schnittblume. Der Erwerbsgärtner sät normalerweise schon Anfang Mai.

Die Marien-Glockenblume wird nur unter Farbbezeichnungen angeboten, ohne Sortennamen, also als 'Weiß', 'Blau', 'Rosa' und 'Lila'. Von denen gibt es, wie erwähnt, einfache, doppelkronige, aber auch gefülltblühende Typen. Sorten mit halskrausenartigem Kelch gehen als *C. medium* 'Calycanthema' syn. *C. medium* var. *calycanthema* T. Moore, *C. calycanthema* hort.). Seltener sieht man die kleinere *C. medium* 'Nana'.

Campanula mirabilis Albov

Kaukasus. Eine auffallende, aber zweijährige Art, die aber auch öfter mehrere Jahre bis zur Blühfähigkeit benötigt, deshalb wohl eher als monokarp zu bezeichnen. Die Basisblätter formen eine große Rosette aus dunkelgrünen, glänzenden Blättern, etwa 15 cm lang, die Blattstiele sind geflügelt. Die Blütenstengel werden 22 bis 30 cm hoch. Aus den Blattachseln entwickeln sich die gestielten Blüten, einzeln oder bis zu vier stehend, von fahllila Farbe. Vermehrung durch Aussaat. Sowohl für den Steingarten in gut dränierten, etwas absonnigen Lagen aus auch für das Alpinenhaus geeignet. Auch weiße Typen sind bekannt.

Campanula modesta Hook. f. et Thoms.

Von Kaschmir bis Bhutan, an offenen Hängen. Hat starke Ähnlichkeit mit *C. aristata*, mit kopfständigen, einzelstehenden, geneigten, kleinen, blauen, kegelförmigen Blüten. Unverzweigte Stengel, Gesamthöhe 8 bis 12 cm. Blüht Juni-August.

Campanula moesiaca Velen.

Berge der Balkanhalbinsel, subalpin. Ziemlich nahe mit der Knäuel-Glockenblume, *C. glomerata* verwandt, wird oft bis 1 m hoch. Blütezeit Juni-August, mit prächtigen, dunkelvioletten Blütenbüscheln. Vermehrung durch Aussaat. Kalkliebend, akzeptiert sowohl trockenere als auch feuchtere Plätze.

Campanula mollis L., Weichbehaarte Glockenblume

Süd- und Südostspanien, zwischen Kalksteinfelsen. Steht *C. isophylla* (Zimmerglockenblume) sehr nahe. Bei einigem Schutz, besonders vor übermäßiger Winternässe, hält *C. mollis* auch im Freien durch. Liebt mehr absonnige Plätze. Die Polster sind mit großen, offenen, lilablauen Blüten bedeckt.

Campanula morettiana Rchb., Dolomiten-Glockenblume

Südliche Kalkalpen, Dolomiten östlich der Etsch, Felsen- und Schuttsiedler. Nur wenigtriebig, 3 bis 6 cm hoch, mit kleinen, dicht- und steifbehaarten, rundlichen, eckig gezähnten Blättchen besetzt. Die 3 cm großen Blüten sind violettblau, am Grunde heller, sie stehen einzeln, sehr kurz gestielt, breitschalig aufrecht. Blütezeit Juli-August. Eine heikle Pflanze, nur für sehr erfahrene Alpinenliebhaber. Tuffsteinpflanzung ist zu empfehlen. Es gibt auch eine Albinoform 'Alba'. Im Alpinenhaus in schotterigem Boden zu halten. Gehört mit zu den schönsten Alpenpflanzen.

Campanula nitida siehe *C. persicifolia*

Campanula oblongifolia (C. Koch) Charadze

Kaukasus. Große, 1 m hohe Art, die kaum in Kultur verbreitet ist.

Campanula ochroleuca Kem. Nat.

Heimat Kaukasus. Bis 80 cm hohe Staude. Rosettenblätter langgestielt, herzförmig-rundlich, lichtgrün bis 13 cm lang. Vereinzelte Stengelblätter, die nach oben, zum ährig-traubigen Blütenstand zu stark reduziert sind. Blüte fahlgelb, groß schmalglockig.

Campanula olivieri Rouy et Gautier

Östliche Pyrenäen. Zwergige, zweijährige Art, kaum in Kultur. Eigener Species-Status muß angezweifelt werden. Wahrscheinlich zwergige Lokalform von *C. alpina.*

Campanula olympica Boiss.

Griechenland, Olymp. Kurzlebige, kriechende Art, Rosetten aus elliptischen bis verkehrt-eirunden Blättern mit gekerbtem Rand. Die unverzweigten Blütenstengel sind 30 cm lang. Aufrechte Blüten in Trauben, Einzelblüten röhrenförmig, fahl violettblau, etwa 3 cm lang. Nahe verwandt mit *C. abietina.* Samen ist öfter im Angebot. Besonders für schotterige Böden. Nicht zu verwechseln mit *C. rotundifolia* 'Olympica'.

Campanula oreadum Boiss. et Heldr.

Griechenland, an Kalksteinfelsen wachsend. Wertvolle, aber seltene Art, Rosetten breiter, leicht flaumiger Blätter. Auf gut verzweigten Stengeln stehen zahlreiche, tiefviolette Blüten, 10 cm hoch werdend. Besser als im Freiland ist die Kultur im Alpinenhaus.

Campanula orphanidea Boiss.

Bulgarien und Nordostgriechenland, im felsigen Gelände. Bekannter Fundort ist der Berg Athos. Zweijährige Pflanze, aber bei Alpinenliebhabern ziemlich verbreitet. Gräuliche Blätter, die Blüten stehen an einem kurzen Stengel, der 10 bis 15 cm hoch wird, die Basisfärbung ist blau mit einem gräulichen Anflug. Es wird reichlich Samen angesetzt. Etwas empfindlich bei Winternässe. Sicherer ist Kultur im Alpinenhaus.

Campanula papillosa Halácsy

Südgriechenland, zwischen Kalksteinfelsen. Bildet ausdauernde Matten von kurzen, mehr oder weniger rhizomähnlichen Wurzeln, die in Rosetten von kurzgestielten Blättern enden. Die kurzen Blütenstengel tragen einzelstehende Blüten. Kaum in Kultur.

Campanula parryi A. Gray

Synonym: *Campanula planiflora* Engelmann

Subalpine Zone in den Rocky Mountains, Wyoming bis New Mexico und Arizona. Aus kriechenden Wurzeln entwickeln sich kleine Tuffs riemenförmiger Blätter. Der Blütenstengel ist 8 bis 25 cm hoch mit aufrechten, meist kopfständigen, einzelstehenden Blüten, violettblau etwa 2,5 cm im Durchmesser, röhrenförmiggedreht.

C. parryi var. *idahoensis* McVaugh hat insgesamt kleinere Blüten mit ungeteilten Kelchlappen. Eine weiße Kulturform heißt 'Alba'.

Den Glockenblumen ist eine größere Anzahl Gattungen nahe verwandt, die teils bekannte Gartenpflanzen sind, teils aber auch heikle Pflegekinder für den ausgesprochenen Staudenliebhaber.
Oben: Ein solcher gesuchter Schatz ist die Schopfige Teufelskralle, *Physoplexis comosa*, oft noch unter ihrem alten Namen *Phyteuma comosum* bekannt. Sie wächst in den südlichen Kalkalpen, meist in engen Felsspalten an nicht zu trockenen Stellen. Die Pflanze ist der Traum jedes Alpinenfreundes. Aber solche Prachtpflanzen wie die abgebildete werden in den wenigsten Fällen erreicht; meist sorgen die Schnecken dafür, daß der Traum ein Traum bleibt.
Unten links: *Cyananthus lobatus* kommt von Nordwesthimalaja bis Südwestchina vor. Die verschiedenen Arten der Blaublumen sind in den Gebirgen Zentral- und Ostasien beheimatet. Im Garten sind sie nicht so einfach wie Polsterphlox und Gänsekresse, aber bei Beachtung der Ansprüche zufriedenstellend kultivierbar.
Unten rechts: Eine weit verbreitete, universell verwendbare Staude, die keine Probleme macht, ist dagegen die Ballonglocke, *Platycodon grandiflorum*. Ob im Steingarten, in der Rabatte oder in freier Wildstaudenpflanzung, überall paßt sie hin.

Campanula patula L., Wiesen-Glockenblume

Europa, in vielen Ländern. In diese Art ist jetzt *C. abietina* Griseb. et Schenk aufgenommen, deshalb wird in vier Subspecies unterteilt:

C. patula ssp. *patula*
C. patula ssp. *costae* (Willk.) Fedorov
C. patula ssp. *epigaea* (Janka) Hayek
zweijährig
C. patula ssp. *abietina* (Griseb.) Simonkai
staudig

Die zweijährigen Subspecies sind durchaus attraktiv und eignen sich trotz ihrer Kurzlebigkeit für Steingarten und Alpinenhaus. Leicht durch Aussaat zu vermehren. Bildet im ersten Jahr eine Rosette aus glatten Blättern, die sich im zweiten Jahr verlängern. Aus dem Zentrum entwickeln sich bis 50 cm hohe Blütenstengel, eine Rispe purpurner bis purpurblauer Blüten.

C. patula ssp. *abietina* ist ausdauernd und ähnelt im Wuchs unserer Wiesen-Glockenblume und bildet kleine Rasen. Die Blüten stehen auf dünnen, 20 bis 30 cm hohen Stengeln, sie sind weit offen, großzipfelig, rötlichviolett. Blütezeit Juli. Verwendung in Natur- und Steingärten an nicht zu trockenen, leicht beschatteten Stellen. Aussaat oder Teilung.

Auch hier zeigen wir nochmals nahe Verwandte der Glockenblumen, die sich mehr oder weniger die Gärten erobert haben.
Oben links: *Phyteuma scheuchzeri*, Scheuchzers Rapunzel, steht hier im Steingarten zwischen Hornveilchen und niederem Mohn. Die Pflanze bereitet im Garten keine Schwierigkeiten und kann lange am gleichen Platz ausdauern.
Oben rechts: Kurzlebig dagegen sind die aus Neuseeland und Tasmanien stammenden *Wahlenbergia*, hier *Wahlenbergia saxicola.* Die Samenanzucht ist aber nicht schwierig.
Mitte links: *Edraianthus pumilio*, die Zwergige Büschelglocke, ist eine wertvolle, reichblühende Art. Die Aufnahme stammt aus Dalmatien, wo sie vorkommt (hier seitlich im Straßenbankett).
Mitte rechts: *Edraianthus dalmaticus*, eine etwas größerblütige, attraktive Art. Auch bei den Büschelglocken ist Schutz vor Schnecken nötig, die auch die Blüten nicht verschmähen.
Unten links: *Codonopsis ovata* gehört zu den nichtschlingenden Arten der Gattung und wünscht etwas tiefgründigen, mildfeuchten Humusboden.
Unten rechts: *Symphyandra hofmannii* ist zweijährig. Wer sie einmal im Garten hat, verliert sie dennoch kaum, da sie sich selbst aussät – ohne lästig zu werden. Die bis 60 cm hohe Pflanze wirkt an passender Stelle recht attraktiv.

Campanula pelviformis Lam.

Synonym: *Campanula corymbosa* Desf.

Kreta. Zweijährige, 20 bis 30 cm hohe, breitglockige, blaulila, seltener weiße *Campanula.* Selten in Kultur.

Campanula peregrina L.

Mittelmeerregion. Zweijährige, 60 bis 90 cm hohe Pflanze. Bildet Rosetten mit stumpfen, ei- bis spatelförmigen Blättern, am Rande unregelmäßig gekerbt. Die unverzweigten Blütenstengel tragen fast sitzende Blüten in der oberen Hälfte, einzelstehend in den Blattachseln. Einzelblüten tiefviolett. Ohne Gartenbedeutung.

Campanula persicifolia L., Pfirsichblätterige Glockenblume

Synonyme: *Campanula amabilis* Leichtl., *C. grandis* Fisch. et C.A. Mey., *C. latiloba* A.DC., *C. nitida* Ait., *C. phyctidocalyx* Boiss. et Noë, *C. planiflora* hort. non Lam., non Engelm., *C. subpyrenaica* Timb.-Lag.

Balkaninsel, Sibirien. Kriechende Grundachse, reichfaserig, dichte Nester schmalblätteriger, glänzendgrüner Blätter bildend. Der Stengel ist aufrecht, 60 bis 100 cm hoch, locker beblättert, meist unverzweigt, 3- bis 8blütig. Blütezeit Juni-Juli. Große, breitglockige Blüten in lockerer Traube. Eine der prächtigsten in lichten Hainen und auf Wiesenhängen wachsende Wildpflanze. Wertvoll für die Staudenpflanzung als auch zum Schnitt. Sowohl für Heide als auch für Schattenpartien, liebt etwas lehmigen Boden und verträgt viel Sonne. Vermehrung: Teilung nach der Blüte. Die Art erhielt bei der Staudensichtung die Beurteilung Wertvolle Wildstaude.

Von dieser hübschen Glockenblume sind eine ganze Reihe von Sorten im Handel:

'Grandiflora Alba', schmal-lanzettliche Blätter und weiße Blütenglocken, 1 m hoch, attraktiv. Staudensichtung: Wertvolle Sorte.

'Grandiflora Coerulea', große Blütenglocken, leuchtend blau. Staudensichtung: Wertvolle Sorte.

'Beechwood', zart blau.

'Highcliff Variety', tief violettblau.

'Misty Morn', kühles Blau.

'Porzellan', porzellanblau.

'Telham Beauty', große blaue Blüten.

Folgende sind gefülltblühend:

'Blaukehlchen', blau, gefüllt.

'Duett' weiß, halbgefüllt, großblumig, Neuheit von Demmel, Seeshaupt.

'Moerheimii', weiß, gefüllt.

'Pride of Exmouth', halbgefüllt, echtes Lavendelblau.

'Wirral Belle', gefüllt, tiefblau.

Vertreter der Glockenblumen-Verwandtschaft

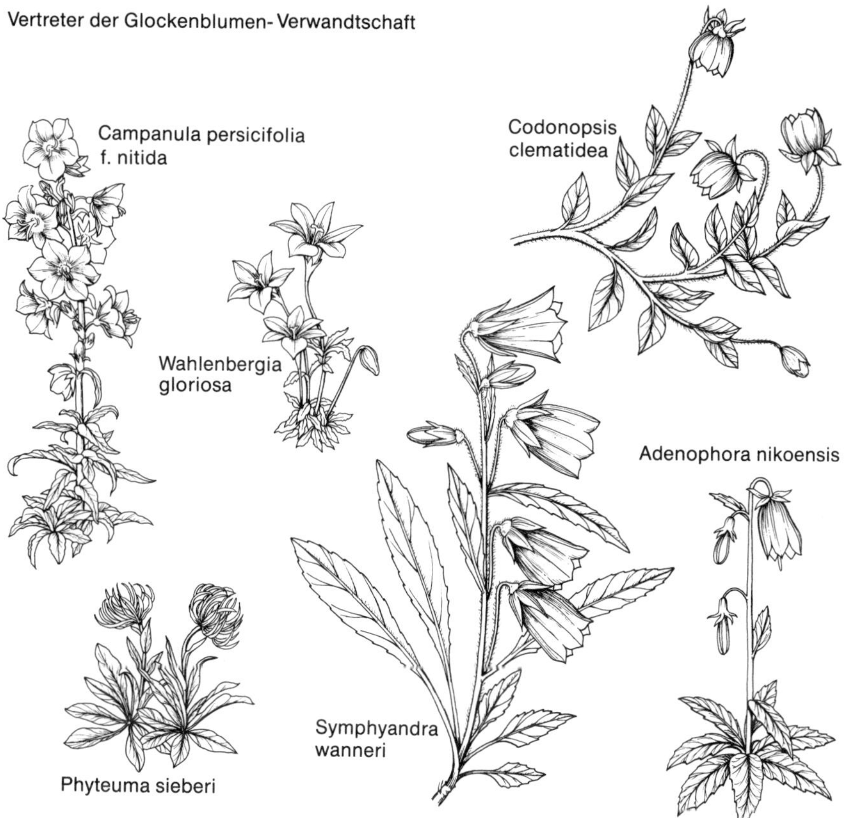

Unter der Bezeichnung *C. nitida* und *C. nitida* 'Alba', die richtig *C. persicifolia* f. *nitida* und *C. p. f. n.* 'Alba' heißen müssen, sind Zwergformen der Stammart, die nur 15 bis 20 cm hoch werden und verhältnismäßig große seitliche Blütenschalen tragen, im Handel. Blütezeit Mai-Juni. Daß es sich um keine selbständige Art handelt, ersieht man bei Aussaaten, die überwiegende Anzahl von Pflanzen sind meist wieder ganz normale *C. persicifolia.* Reizende Pflanzen für Schalen und Tröge.

Campanula persicifolia ssp. *sessiliflora* (K. Koch) Velen.

Synonyme: *Campanula latiloba* A. DC., *C. grandis* Fisch. et Mey., *C. sessiliflora* K. Koch

Im Garten meist unter der Bezeichnung *C. grandis* bekannt. Stammt vom Balkan (Olymp). Aus den flachen Rosetten aus schmalen, langen, welligen Blättern treiben im Juni bis 1 m lange, straff-aufrechte Blütentriebe, die mit großen, sehr flachen, hellblauen oder weißen Blüten besetzt sind. Wertvolle Schnittblume für große Sträuße. Die Sorte 'Highcliff Variety' blüht zart violettblau. Effektvolle, aber etwas steife Rabattenstaude. Bei der Staudensichtung erhielten *Campanula persicifolia* ssp. *sessiliflora* und *Campanula persicifolia* ssp. *sessiliflora* 'Alba' das Prädikat: Wertvolle Sorte zum Schnitt.

Campanula petraea L.

Südfrankreich, Italien, Südalpen. Eine oft nur zweijährige Art. Bildet rauhbehaarte, graugrüne Rosetten, aus denen 20 bis 25 cm hohe, aufrechte Blütenstengel treiben. Lange Blütentrauben mit kleinen, weißen, manchmal auch leicht gelblich getönten Blüten. Blütezeit Juni-Juli. Nicht besonders attraktiv.

Campanula petrophila Ruprecht

Kaukasus. Kommt dort in größeren Höhen an feuchten, kühlen, felsigen Stellen vor. Bildet Büschel von Rosetten mit eiförmigen Blättern, ganzrandig oder dreigezähnt. Niederliegende, etwas über 10 cm lange Blütenstengel, die ein oder bis fünf große, aufrechte, breit-röhrenförmige bis glockenartige, violettblaue Blüten tragen.

Campanula pilosa siehe *C. dasyantha*

Campanula piperi T.J. Howell

Nordwest-USA (Olympic Mountains). Endemisch wachsende Pflanze, die kleine Felsspalten besiedelt. Benötigt kalkfreien Boden, besser für das Alpinenhaus als für das Freiland. Kriechende Wurzeln treiben hübsche Rosetten mit glatten, kleinen, dunkelgrünen Blättern, die vorne zugespitzt sind. 2,5 bis 3 cm hohe, zarte Blütenstengel tragen 1 bis 2 gestielte große, tiefviolettblaue Blüten. Die scharlachroten Staubbeutel sind besonders auffallend. Eine etwas schwierige Art, für Kenner. Vermehrung durch Aussaat oder Teilung im Frühling.

Campanula polymorpha Witasek

Russische Art, kaum in Kultur, *C. rotundifolia* nahestehend. Was unter dieser Art verbreitet wird, ist meist falsch.

Campanula portenschlagiana Schult., Dalmatiner Glockenblume

Synonym: *Campanula muralis*

Dalmatien. Zahlreiche kurze bis 10 cm lange, aufrechte Triebe mit glänzendgrünen Blattschöpfen. Blätter rundlich-herzförmig mit unregelmäßig scharfgezähnten Rändern. Die Blütentriebe sind niederliegend bis 15 cm lang mit zahlreichen, aufrechten 5 bis 6 cm breiten, violetten, breitzipfeligen, glokkigen Blüten, Juni-Juli blühend, mit Nachflor im September. Beste und dankbarste Glockenblume für Trockenmauern. Ist enorm anspruchslos, verträgt gut Trockenheit und auch Halbschatten. Unterirdisch bescheiden kriechend, füllt und schmückt sie langsam aber sicher alle benachbarten Mauerfugen mit frischgrünen Polstern und verwandelt diese im Frühsommer in ein Blütenkissen. Kann das ganze Jahr durch Stecklinge vermehrt werden. In Kultur sind von dieser wertvollen Steingartenpflanze eine Reihe von Sorten:

'Birch Hybrid', Hybride zwischen *C. portenschlagiana* und *C. poscharskyana*. Lichtblaue Blüten im Juli-August, 15 cm hoch.

'Major', besonders großblütiger, purpurblauer Typ, 15 cm hoch.

'B. Prövis', zierlicher als die Art, besonders reichblühend, hellviolett, 6 bis 8 cm hoch. Gut für Tröge geeignet.

Gute Partner sind *Alchemilla alpina*, *Centaurea simplicicaulis*, *Hypericum polyphyllum*, *Hypericum olympicum*, *Silene schafta* 'Splendens'. Staudensichtung: Sehr wertvolle Wildstaude.

Campanula poscharskyana Degen., Hängepolsterglocke

Dalmatien (bei Dubrovnik). Diese bekannte Glockenblume hat sehr viel Ähnlichkeit mit *C. garganica*, ist jedoch krautiger, wüchsiger und lockerer. Flach ausgestreckte Triebe (bis 70 cm lang) mit weitgeöffneten, fast sternförmigen, lavendelblauen Blüten, sind fast doppelt so groß wie bei *C. garganica*. Ihre Vitalität (unterirdisches Umherwuchern und Selbstaussaat) kann manchmal lästig werden, doch finden sich zahlreiche edlere Sorten in Kultur.

'Blauranke' (Kayser & Seibert), sehr robuste, starkwüchsige Neuheit an besonders langen Trieben. Vorzüglich zur Balkon- und Schalenbepflanzung. Hellblaue Blüten von Juni-November, 20 cm hoch. Staudensichtung: Wertvolle Sorte.

'E.H. Frost', porzellanweiß, sternförmige Blüten, blaugeäugt, 15 cm hoch. Staudensichtung: Wertvolle Sorte.

'Stella' (Arends 1956), besonders dunkellila, sternförmige Blüten, 15 cm hoch, dunkle Stiele, schöner als der Typ. Staudensichtung: Vorzügliche Sorte.

'Blue Gown', mittelblau, großblumig, 10 cm, aber schwachwüchsig.

'Lilacina', lilarosa, 20 cm.

'Werner Arends' (G. Arends), dunkellila, 15 cm.

'Rosea', hübsch, rosablühend.

'Glandore', die blauen Sternblüten haben ein weißes Auge.

'Lys Duggan', helles mauve-rosa, 15 bis 20 cm.

Campanula primulaefolia Brot.

Portugal. An feuchten und schattigen Plätzen. Ausdauernde, 40 bis 70 cm hohe Glockenblume mit einer Basisrosette aus breit-eiförmigen bis verkehrteiförmigen Blättern an geflügelten Stielen. Blüten 2 cm im Durchmesser, blau mit einer weißlichen Basis. Kaum in Kultur.

Campanula pulla L., Ostalpenglocke

Nordöstliche Kalkalpen, im alpinen Rasen, im Felsschutt und an der Basis von Felsen wachsend, meist in Höhenlagen zwischen 1500 und 2200 m, aber oft auch bis ins Tal gehend. Dünner Wurzelstock, der unterirdische Ausläufer treibt. Die Grundblätter sind glänzend, rundlich-spatelig, stumpf gesägt, untere Stengelblätter breit-elliptisch, obere lanzettlich. Der Stengel ist 5 cm (bis 20 cm) hoch und einblütig. Die Blüten sind breit-trichterförmig, hängend, bis 22 mm lang, purpurblau bis dunkelviolett, Mai-Juni blühend. Hübsche, im Tiefland aber heikle Art, liebt kühlen Boden, Kalkschotter und absonnigen Standort. Williger wachsend sind ihre Hybriden (siehe bei Glockenblumen-Hybriden). Staudensichtung: Liebhaberstaude.

Campanula punctata Lam.

Synonym: *Campanula nobilis* Lindl.

Japan, Nordwestchina, Korea, Ostsibirien. Durch unterirdische Ausläufer rasenbildend. Blätter gestielt, herz-eiförmig, mit grobgesägten Rändern. Die Stengel sind 20 bis 30 cm hoch, schwach verzweigt mit 5 cm großen, röhrenförmigen, cremeweißen oder seltener rosa Blüten, die innen gesprenkelt sind, Juni-Juli blühend. Auffallende, interessante Glockenblume, die in der Kultur keine Schwierigkeiten macht. Vermehrung durch Aussaat und Teilung. Sehr hübsch ist die bis 20 cm hohe Zwergform *C. punctata* 'Nana Alba'.

Botaniker unterscheiden noch *C. punctata* var. *hondoensis* (Kitam.) Ohwi (syn. *C. hondoensis* Kitam., *C. punctata* ssp. *hondoensis* (Kitam.) Kitam.) mit tiefer gefärbten, leicht gepunkteten Blütenkronen, Kelchsegmente ohne zurückgebogenes Anhängsel in der Ausbuchtung. Weiterhin *C. punctata* var. *microdonta (Koidz.) Ohwi (syn. C. microdonta* Koidz., *C. punctata* ssp. *microdonta* (Koidz.) Kitam.). Weniger auffallend, behaart in allen Teilen, Blüten kleiner und fahler in der Färbung. Aus Korea ist die *C. punctata* nahestehende *C. tachasamense* bekannt und deren rahmfarbene Form *(C. t.* f. *alba).*

Campanula pyramidalis L., Pyramiden-Glockenblume

Norditalien, Dalmatien und nordöstliche Teile der Balkan-Halbinsel, wo sie zwischen Felsen wächst. Aus einem möhrenähnlichen Wurzelstock entspringt eine Rosette aus langgestielten, ei-lanzettlichen, grob gesägten, glänzenden Blättern. Der Blütenstand ist oft bis mannshoch, schlank pyramidal, im Juli dicht besetzt mit flachen, hellblauen, sternförmigen Blütenschalen. Nur in klimatisch günstigen Lagen zu empfehlen. Schneidet man nach dem Flor die Blütenstengel ab, so treibt die sonst meist nur zweijährige Pflanze am Grunde neue Sprosse, die auch als Stecklinge abgetrennt werden können, sonst Vermehrung durch Samen. Kann auch als Topfpflanze gehalten werden. Verschiedentlich sind besondere Auslesen im Angebot, wie 'Alba' mit weißen, 'Caerula' mit kräftiger blauen Blüten; 'Compacta' ist eine Zwergform.

Campanula raddeana Trautv., Kaukasusglocke

Kaukasus und Transkaukasien, wo sie in Höhenlagen über 1300 m zwischen Kalkstein in lockeren Böden wächst. Sie ist in Kultur keinesfalls schwierig. Bildet Rosetten aus kleinen, glänzend dunkelgrünen, dreieckig-herzförmigen, scharf gezähnten Blättern, die auffallend geadert sind. Aus jeder Rosette entwickelt sich ein aufrechter, steifer, verzweigter, etwa 10 bis 25 cm hoher Blütenstengel, der mit wenigen Stengelblättern besetzt ist, die den Basalblättern gleichen. Diese tragen zahlreiche glänzendviolettblaue, glockige Blüten. Blütezeit Mai-Juni. Teilung ist meist leichter als Aussaat, der Samen wird aber meist reichlich ausgebildet. Sehr zu empfehlen, da die Pflanze auch nach Jahren die Proportionen nicht sprengt.

Campanula raineri Perpenti, Insubrische Glockenblume

Südalpen (zwischen Luganer- und Garda-See), zwischen Kalksteinfelsen. Eine hübsche Glockenblume mit fast sitzenden, weitbauchig-schalenförmigen, bis 3 cm langen und 3 cm breiten, lilablauen Blüten, im Juli und August blühend. Diese Fels- und Schuttpflanze hat einen kriechenden Wurzelstock, der Blattrosetten treibt. Die Blätter sind klein elliptisch und stumpfkerbsägig. Die gesamte Pflanze wird nur etwa 5 bis 23 cm hoch. Diese sehr hübsche Pflanze ist in Kultur nicht ganz einfach und kann nur erfahrenen Liebhabern empfohlen werden. Fühlt sich in Steinspalten mit sandigem Humusboden wohl. Was sich unter der Bezeichnung *C. raineri* im Handel befindet, sind meist Hybriden dieser Art, die wüchsiger sind.

Campanula ramosissima Sibth. et Sm.

Synonym: *Campanula attica* Boiss. et Heldr.

Griechenland, Italien, Jugoslawien. An grasbewachsenen und steinigen Plätzen in den Bergen. Nur eine 20 bis 40 cm hohe Glockenblume, die es aber wert ist kultiviert zu werden, bildet lockere, belaubte etwa 20 cm hohe Büsche. Der aufrechte, etwas wirre Stengel trägt einzelne sternförmige, beachtenswerte Blüten, violettblau, oft mit weißer Basis.

Campanula rapunculoides L., Acker-Glockenblume

Fast in ganz Europa, ausgenommen die arktischen Zonen und verschiedene Inseln. Bekannte, anspruchslose, heimische Wildstaude mit bis über 1 m hohen schlanken Stengeln, die mit zahlreichen, einseitswendigen, blauvioletten Glocken besetzt sind. Ist zwar hübsch, auch die weißblühende 'Alba', und zum Schnitt zu gebrauchen, kann aber im Garten zum gefürchteten Unkraut werden. Für Wildgärten, wo sie sich ausbreiten kann oder für isolierte Gartenplätze. Formen können auch durch Wurzelschnittlinge vermehrt werden.

Campanula rapunculus L., Rapunzel-Glockenblume

Ganz Europa, südlich der Linie Niederlande – Zentralrußland. An Waldrändern, in Wiesen und Ödlandplätzen. Zweijährige bis ausdauernde, bis 1 m hohe Pflanze mit aufrechten, unverzweigten Stengeln. Die Basalblätter sind verkehrt-eiförmig. An einem verzweigten Blütenstand trägt sie kleine, violette Blüten.

Campanula rechingeri Phitos

Ägäis, zwischen Kalksteinfelsen. Zweijährige bis ausdauernde Pflanze, nicht in Kultur.

Campanula reiseri Halácsy

Ägäis, Kalksteinfelsen. Zweijährig, 25 bis 30 cm hoch, mit violetten Blüten, die in kurzen Ähren stehen. Kaum in Kultur.

Campanula reuteriana Boiss. et Bal.

Einjährige Glockenblume aus der Türkei und dem Iran, ohne Bedeutung.

Campanula rhomboidalis L., Rautenblätterige Glockenblume

Südwest- und Meeralpen, Jura. In Belgien, Holland, Deutschland und der Tschechoslowakei eingebürgert. Besonders auf Bergwiesen vorkommend. Aufrechte Staude, etwa 50 bis 60 cm hoch werdend. Die unteren Blätter sind langgestielt, eirund und gekerbt, die oberen Blätter sind aufsitzend, bis 5 cm lang. Die kopfständigen Blütentrauben sind hängend und von violettblauer Farbe. Mehr für den Naturgarten als für den Steingarten. Blütezeit Juni-Juli.

Campanula rotundifolia L., Rundblättrige Glockenblume

Synonyme: *Campanula marchesetii* Witasek, *C. potiolasa* A.DC., *C. rotundifolia* var. *alaskana* A. Gray, *C. sacajaweana* Peck

Europa, Sibirien, Nordamerika. Auf Wiesen, Weiden, in lichten Wäldern, auf Schutthalden und an Felsen. Eine weitverbreitete Art mit vielen Formen. Bildet aus dem vielverzweigten Wurzelgeflecht lockere Rosetten, oft mattenbildend, aus denen aufrechte Blütenstengel treiben, 10 bis 40 cm hoch werdend. Die Rosettenblätter sind langgestielt, eirund oder kreisförmig, etwa 2,5 cm im Durchmesser, ganzrandig oder gezähnt. Aufsitzende Stengelblätter lineal bis lanzettlich-eirund. Blüten in lockeren, kopfständigen Trauben oder auch einzelstehend, knospig aufrecht, voll erblüht hängend bis nach außen stehend. Blüte weiß bis tieflavendelblau, bis 2,5 cm lang, glockenförmig. Diese heimische Glockenblume kann wegen ihres unterirdischen Wucherns zum

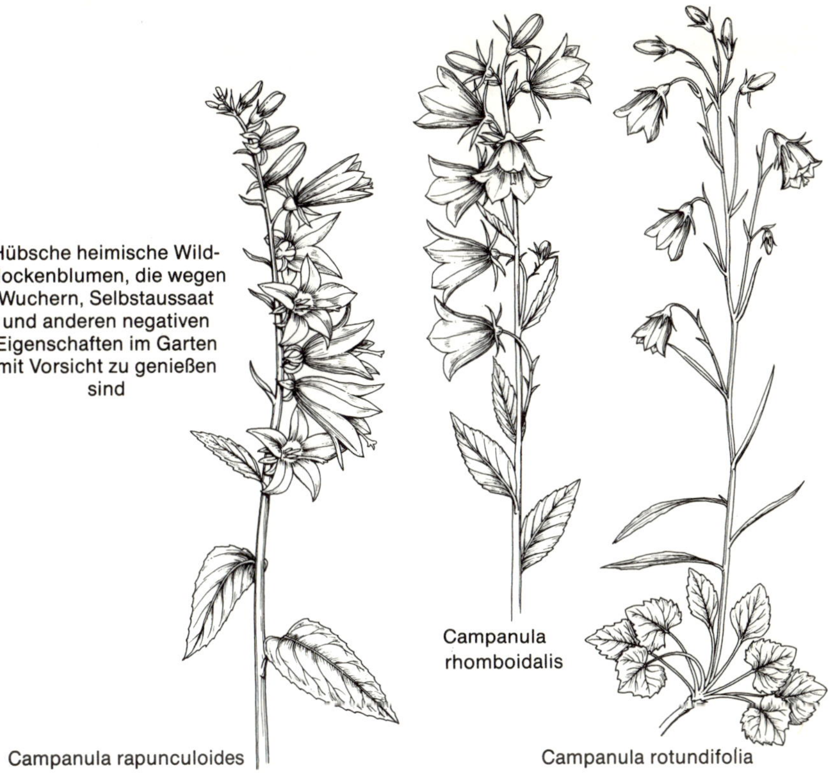

Hübsche heimische Wildglockenblumen, die wegen Wuchern, Selbstaussaat und anderen negativen Eigenschaften im Garten mit Vorsicht zu genießen sind

gefürchteten Unkraut im Garten werden, so hübsch sie auch ist. Höchstens für große Naturgärten zu verwenden. Im Steingarten muß unbedingt eine urterirdische, dauerhafte Kunststoffmanschette eingelassen werden. Verschiedene Auslesen sind bekannt: 'Alba', 'Hostii', 'Linifolia', 'Nana', 'Olympica', 'Superba'.

Campanula rupestris Sibth. et Sm.

Süd- und Zentralgriechenland, an Kalksteinfelsen. Zweijährig bis monokarp. Bildet ansehnliche Rosetten von grauen, behaarten, leierförmigen Blättern, aus denen die niederliegenden bis aufsteigenden, verzweigten Blütenstengel treiben, die aufrechte, röhrenförmige, lila Glockenblüten tragen. Sicherheitshalber sollte man immer durch Aussaat für Jungpflanzen sorgen. Mehr für das Alpinenhaus als für das Freiland. Juni-Juli blühend.

Campanula sarmatica Ker.-Gawl., Sarmatische Glockenblume

Kaukasus. Graugrüne, flaumhaarige, klumpenförmige Staude, die unteren Blätter sind langgestielt, spießförmig-eirund, bis 7,5 cm lang, unregelmäßig am Rand gezähnt. Die Stengelblätter sind kleiner, mehr länglich. Die Höhe der Blütenstengel ist je nach Standort variabel, meist 20 bis 30 cm, aber auch bis 50 cm hoch werdend. Die Kelchblätter sind weißlichbehaart, die Blüten nickend, in einseitigen Trauben stehend, fahl graublau, über 2,5 cm lang. Auch Albino-Formen gibt es. Eine anspruchslose reizvolle Glockenblume für den Steingarten oder steppenheideähnlichen Blumenmatten. Blütezeit Juni-Juli. Partner sind höhere *Androsace*, *Dianthus*-Arten und -Sorten, *Geranium subcaulescens* 'Splendens', *Gypsophila repens*.

Campanula sartorii Boiss. et Heldr.

Griechenland, an Bergfelsen. Eine weitere griechische monokarpe Art mit hübschen Rosetten aus gezähnten, leicht behaarten, herzförmigen Blättern. An kurzen, verzweigten Stengeln stehen meist weiße, oft rosa überhauchte Blüten, etwa 10 bis 15 cm hoch werdend. Eine Felsspalten liebende Pflanze, die auch im Garten mit Steinen angereicherte Plätze will. Im kalkfreien Boden wesentlich besser gedeihend.

Campanula saxatilis L.

Kreta. Bildet kleine Tuffs aus dicken Blättern. Die Rosettenblätter sind gestielt, länglich-spatelig bis 5 cm lang und gezähnt. Trägt zahlreiche halbaufrechte Blütenstengel mit je einer lockeren Traube aus 3 bis 5 Blüten. Diese sind fahlblau mit dunkleren Adern. Höhe der gesamten Pflanze etwa 15 cm. Diese Art ist besser im Alpinenhaus zu halten, im Freiland benötigt sie guten Schutz besonders vor Winternässe. Vermehrung durch Aussaat.

Campanula saxifraga MB.

Kaukasus. Gehört zur *C. tridentata*-Gruppe. Etwa 10 bis 15 cm hoch werdend und im Aussehen *C. aucheri* DC. ähnelnd. Hat aber 3 cm lange, tiefviolettblaue, kahle, aufrechte Blüten und lineal-lanzettliche, am Rande graubehaarte Blätter. Hübsche Felspflanze, die im Mai-Juni blüht, manchmal auch schon Ende April.

Campanula scabrella Engelm.

Nordwestliche USA. Diese niedere amerikanische Art ist kaum verbreitet. Kleine Büschel bildende Pflanze, bis 10 cm hoch. Die Basalblätter sind spatelförmig, die Stengelblätter lineal, ganzrandig und bis 3,5 cm lang. Blüten aufrecht, einzelstehend oder zu 2 bis 5 und etwa 1,2 cm lang in blauer Farbe.

Campanula scheuchzeri Vill., Scheuchzers Glockenblume

Zentral- und Südeuropa, auf Bergwiesen. Zierliche Art mit größeren, dunkelvioletten Blüten. Diese sind weitglockig und stehen einzeln oder in wenigblütigen Rispen. Erinnert etwas an *C. rotundifolia.* Nur am natürlichen Standort schön, im Garten meist heikel und enttäuschend. Sowohl auf Kalk als auch auf Urgestein wachsend. In den Alpen in Höhenlagen von 1400 bis 3100 m.

Campanula secundiflora Vis. et Pančić

Jugoslawien, an Bergfelsen. 15 bis 20 cm hohe Staude. Zahlreiche, lockere Basalblätter. Verzweigter Blütenstand mit langgestielten Blüten, 3 cm im Durchmesser, Blüte violett. Kaum in Kultur.

Campanula sibirica L.

Synonym: *Campanula hohenackeri* F. Fisch. et C. A. Mey.

Eurasien. Wegen ihrer weiten Verbreitung sind zahlreiche Subspecies bekannt. Zweijährige Pflanze mit bis 45 cm hohen, aufrechten Blütenstengeln und 2,5 cm langen, violettblauen, röhren-glockenförmigen Blüten. Es sind in Kultur zwar Auslesen bekannt ('Alba', 'Major'), doch ist die Pflanze wenig verbreitet.

Campanula sparsa Friv.

Balkan-Halbinsel. Eine nur einjährige, 30 bis 70 cm hohe Art mit meist einzelnen Stengeln, die vielfach verzweigt sind, mit 12 bis 28 mm langen, glockenförmigen Blüten. Hat kaum Gartenwert.

Campanula spathulata Sibth. et Sm.

Südlicher Teil der Balkan-Halbinsel, Kreta. Subalpine Wiesen. Gut ausdauernde Art. Aus einer knolligen Wurzel treiben Polster mit gekerbten Blättern an dünnen Stielen. Die verzweigten Stengel sind etwa 30 cm hoch und mit vielen violettblauen Blüten besetzt.

Es werden zwei Unterarten unterschieden: *C. spathulata* ssp. *sprunerana*, die in tieferen Lagen auf Wiesen und zwischen Gebüsch vorkommt, mit 2- bis 5blütigen Stengeln, und *C. spathulata* ssp. *spathulata* aus subalpinen Zonen (am Olymp in Höhen von 1700 bis 2000 m). Diese Pflanzen sind wesentlich kürzer, einblütig und von dunklerer Blütenfarbe.

Campanula speciosa Pourret

Zentral- und Ostpyrenäen, Cevennen, an Kalksteinfelsen. Bei dieser Art herrscht ein nomenklatorisches Durcheinander, das schwer zu entwirren ist. *C. affinis* Roem. et Schult. wird teilweise als Synonym von *C. speciosa* Pourret angesehen. Die „Flora Europaea" führt jedoch beide als eigenständige Arten.

Die in Kultur verbreitete, zweijährige Pflanze hat eine kräftige Pfahlwurzel. Die Blätter der 20 cm großen Rosette und die der Blütenstengel sind lineal-lanzettlich, glatt, mit welligem, behaartem Rand. Der Blütenschaft ist steif bis 40 cm hoch, pyramidal. Die Blüten sind in den Blattachseln, röhrig-glockig, groß, lichtblau, an *C. medium* erinnernd. Blütezeit Juni-Juli. Perennierend, wenn der Blütenstand sofort nach dem Flor abgeschnitten wird.

Campanula spicata L.

Alpen, südlich ausbreitend bis Mittelitalien. Eine behaarte Zweijahrspflanze mit aufrechten, 70 cm langen oder noch höheren Blütenstengeln. Basalblätter ganzrandig, lineal-lanzettlich, vorne zugespitzt. Vielblütiger Blütenstand. Blüte blauviolett, trichterförmig, tief und schmal gelappt.

Campanula spruneriana Hampe siehe *C. spathulata* Sibth. et Sm. Laut „Flora Europaea" ist *C. spruneriana* eine Subspecies von *C. spathulata.*

Campanula stenosiphon Boiss.

Griechenland, besonders in Wäldern. Nahe verwandt mit *C. glomerata* und nicht so schön wie diese.

Campanula stevenii Bieb.

Kaukasus. Nahe verwandt mit *C. patula* ssp. *abietina.* Aus den stolonenartigen Wurzeln bilden sich Rosetten mit glatten, leicht gesägten Blättern, die langgestielt sind. Die beblätterten Blütenstengel von unterschiedlicher Höhe, meist 25 bis 30 cm hoch, tragen lilablaue, trichterförmige Blüten. Meist einblütig, ausnahmsweise auch mehrblütig. Eine Zwergform geht als 'Nana'. Die „Flora Europaea" teilt die Art in zwei Unterarten: *Campanula stevenii* ssp. *wolgensis* (P. Smirnov) Fedorov (syn. *C. wolgensis* Smirnov) und *Campanula stevenii* ssp. *altaica* (Ledeb.) Fedorov. Die letztgenannte ist in den Gärten meist unter ihrer synonymen Bezeichnung *C. altaica* Ledeb. verbreitet. Beide Unterarten unterscheiden sich nur durch die Kelchzähne, die bei der ssp. *altaica* kahnförmig sind, bei der ssp. *wolgensis* dagegen flach. Weiter ist die Blütenfarbe unterschiedlich, violett bei der ssp. *wolgensis* und fahlblau bei der ssp. *altaica.* In reichgedüngten Böden nicht gut aufrechtstehend, sondern lagernd.

Leicht vermehrbar durch Teilung im Frühling. Auch Aussaat.

Campanula sylvatica Wallich

Pakistan bis Bhutan, an Ufern, in Kiefernwäldern. 10 bis 30 cm hohe Pflanze mit behaarten, schlanken, aufrechten Stengeln. Blüte blau, schmal, trichterförmig, in wenigblütigen, lockeren Büscheln stehend. Blätter lineal, bis 5 cm lang. Blütezeit April-Mai.

Campanula teucrioides Boiss.

Westliches Kleinasien. Mehr oder weniger ausgebreitete Staude. Rosettenblätter kurz gestielt, eiförmig, bis 12 mm lang, gezähnt oder fiederspaltig, gräulich. Blüten zu 1 bis 5 in einseitiger Ähre, Lappen dreieckig, bläulich oder lila, etwa 12 mm lang, röhrig-glockig.

Campanula thessala Maire

Zentralgriechenland, Felspflanze (Kalk). Niederliegende, gräulich behaarte Staude. Basalblätter länglich, leierförmig, gelappt. Stengelblätter sitzend, länglich-verkehrt-eiförmig, gezähnt. Blüten in lockeren Trauben, fahl violett bis 2,5 cm lang, röhrig-trichterförmig. Unter diesem Namen wird öfter nicht die Art, sondern *C. rotundifolia* angeboten.

Campanula thyrsoides L., Straußblütige oder Strauß-Glockenblume

Jura, Alpen, Gebirge des Balkans. Tritt allgemein sehr zerstreut und nur auf Kalkböden auf. Ist nur zweijährig. Bildet im ersten Jahr große flache, schmalblätterige, rauhhaarige Rosetten. Im folgenden Jahr entwickelt sich ein 30 bis 50 cm hoher, dichtblütiger, walzenförmiger, gelblichweißlicher Blütenstand. Die wollig behaarten Glocken bilden einen dichten Strauß. Die Pflanze stirbt dann im Herbst nach der Samenbildung ab. Blütezeit Juli-August.

Von dieser eigenartig schönen Glockenblume gibt es eine besonders wüchsige Varietät, *C. thyrsoides* var. *carnicolica* Sünd. aus Kärnten. Sie bildet eine mehr zugespitzte Blütenkerze aus und ist mehr cremeweiß.

Campanula tommasiniana W.D.J. Koch ex F.W. Schulz

Nordwestjugoslawien, in felsigen Buchenwäldern. Bildet einen festen, vielköpfigen Wurzelstock, hängend, bis 30 cm lange dünne Triebe. Die Blätter sind spitz-lanzettlich. Die auffallend röhrenförmigen, zahlreichen Blüten sind lilablau und 2 cm lang. Blütezeit Juli. Liebt keine vollsonnigen Plätze, sondern mehr absonnige Stellen, wie solche an Trockenmauern. Ist mit *C. waldsteiniana* nahe verwandt. Vermehrung durch Aussaat oder durch Stecklinge aus nicht blühenden Trieben im frühen Frühling oder im August. Blütezeit Juni-Juli. Staudensichtung: Liebhaberstaude.

Campanula trachelium L., Nesselblättrige oder Nessel-Glockenblume

Eurasien, Nordafrika, Syrien, Sibirien, in Nordamerika eingebürgert. Ist eine Staude mit dicker Grundachse ohne Ausläufer, etwa 1 m hoch werdend. Die Blätter sind herzförmig-dreieckig, doppelt gesägt. Die Blüten sind kurz gestielt, bis 5 cm groß in den Achseln der oberen Stengelblätter stehend. Die Einzelblüte ist trichterförmig bis glockig mit bewimperten Zipfeln, Blüte lila, im Juli-September blühend. Ist nicht allzu ausdauernd, doch versamt sich die Pflanze gerne auf frischen Böden in schattigen Gartenteilen. Hübsche heimische Wildpflanze, von der besonders die weißblühende Form 'Album' zur Verwilderung in Naturgärten empfohlen werden kann. Gute Partner sind *Astilbe*, *Geranium*, *Symphytum*, aber auch Gräser und Farne *(Carex, Deschampsia)*. *C. trachelium* wurde bei der Staudensichtung als wertvolle Wildstaude anerkannt, ebenso die weißblühende *C. trachelium* 'Album'; die Sorte 'Steigerwald' befindet sich noch in der Neuheitenprüfung.

Campanula transsilvanica Schur ex Andrae

Siebenbürgen, Bulgarien, auf alpinen Matten und Weiden. Nur zweijährig, etwa 25 bis 40 cm hoch werdend, im Habitus etwas an *C. thyroides* erinnernd, mit in den Blattachseln sitzenden kleinen Büscheln hellblauer Blüten. Hübsch in Stein- und Naturgärten, liebt volle Sonne. Leicht Selbstaussaat. Erinnert auch etwas im Gesamtaussehen an *C. glomerata*, sie ist aber kleiner und bildet als zweijährige Pflanze keine Wurzelausläufer.

Campanula trautvetteri Grossh. ex Fedorov

Ostkaukasus. Eine meist flaumhaarige, 10 bis 30 cm hohe Staude. Rosette aus gestielten Blättern, eiförmig-länglich, am Rande fein gesägt, plötzlich an der Basis verschmälert. Stengelblätter kleiner, kopfständige Blüten, lila, 1,8 bis 3 cm lang. Kaum in Kultur.

Campanula tridentata Schreb.

Kaukasus. Weitverstreut vorkommend und sehr variabel, nahe verwandt mit *C. aucheri*. Eine sehr früh (April-Mai) blühende Art für sonnige Steingartenfugen. Die Blätter sind behaart, spatelförmig, an der Spitze mit 3 oder mehreren Kerbzähnen. Blüten auf 10 bis 15 cm langen Stengeln, einzelstehend, aufrecht, glockenförmig, außen lila, innen bläulichweiß, Kelchzipfel bewimpert, Blütenkrone kahl. Oft nicht besonders reichblühend, speziell in oder in der Nähe von Großstädten. Die Samenanzucht ist nicht schwierig, Vorsicht vor Schnecken!

Campanula tubulosa Lam.

Westkreta, in feuchten Felsspalten. Rauhhaarige, zweijährige Glockenblume. Die Stengel sind gabelartig verzweigt. Röhrenförmige, 2 cm lange Blüten in Blaulila. Nahe verwandt mit *C. corymbosa* Desf, von manchen Botanikern dieser zugeordnet. Nur Aussaat, benötigt im Garten ähnliche Plätze wie in der Natur.

Campanula turbinata Schott, Nym. et Kotschy
siehe *C. carpatica* var. *turbinata* (Schott, Nym. et Kotschy) Nichols.

Campanula turczaninovii Fed.

Vom Altai bis zur Mongolei. Wächst dort in lichten Nadelwäldern der alpinen Stufe. Hübsche etwa 10 bis 20 cm hohe Staude mit 2 bis 5 verhältnismäßig großen Blüten am Stengel, die unterschiedlich in der Größe sein können (2 bis 5 cm). Die Basisblätter bilden eine büschelige Rosette. Sehr schöne Glockenblume, deren weitere Verbreitung erwünscht wäre.

Campanula uniflora L.

Arktisches und subarktisches Europa, steinige Plätze, kalkscheu. Die Staude hat 10 bis 15 cm hohe, einfache Stengel, ist einblütig und hat dunkelblaue, fast schwarze Blüten, aber auch hellere Typen sind bekannt. Juni blühend. Hat eine gewisse Ähnlichkeit mit *C. alpestris* (syn. *C. allionii*). Schwierig in Kultur!

Campanula velebitica Borbás

Nördlicher Teil der Balkan-Halbinsel, zwischen Felsen und an steinigen Hängen. Kleine, staudige, etwa 15 bis 25 cm hohe Glockenblume, die kaum in Kultur ist.

Campanula velutina siehe *C. lanata*

Campanula versicolor Andrews

Berge Mittelitalien bis Griechenland, an steinigen Plätzen. Aus einem kräftigen Wurzelstock treiben lockere Rosetten mit länglich-herzförmigen, glänzenden Blättern. Die Blütenstengel sind unverzweigt, steif, 20 bis 25 cm hoch. Die Blüten sitzen in den Blattachseln, sie sind flach schalenförmig, im Grunde violettblau zu den Zipfeln hin heller, fast weiß werdend. Blütezeit Juli-August. Wirkt wie eine zwergige *C. pyramidalis*, mit der sie nahe verwandt ist. Eine sonnen- und wärmeliebende Felspflanze. Vermehrung durch Aussaat oder durch Abstechen von neu gebildeten Rosetten im Spätherbst, die dann als Stecklinge behandelt werden.

Campanula vidalii H. Wats.

Azoren. Differiert durch ihren strauchigen Wuchs von den anderen *Campanula.* Die Winterhärte ist sehr zweifelhaft, in Mitteleuropa nur im Alpinenhaus zu halten. Die Stengel sind holzig und von der Basis aus verzweigt und bedeckt mit dicken, fleischigen Blättern, die am Rande grob gezähnt sind. Die Blüten stehen in kopfständigen Trauben, wachsweiß mit einem prächtig orangefarbenen Ring im Zentrum. Dieser morphologisch sehr unterschiedlichen Art wurde im vergangenen Jahrhundert schon einmal ein eigener Gattungsstatus gegeben, doch setzte sich diese Abtrennung nicht durch.

Campanula waldsteiniana Schult.

Dalmatien, an steinigen Berghängen. Halbkugelige Büschel aus 10 bis 12 cm langen, wirren, dünnen, lanzettlich beblätterten Stengeln. Zahlreiche kleine, stern- bis flach trichterförmige, aufrechte, lila Blüten im Juni-Juli. Sollte man wegen der späten Blütezeit im Steingarten nicht vergessen. Kann auch etwas halbschattiger stehen und verträgt im Substrat auch mehr Humus.

Campanula zoysii Wulf., Krönchen-Glockenblume

Italienische und österreichische Alpen, besonders in den Karawanken und Julischen Alpen, wo sie auf Kalkfels oder Kalkschutt wächst und dichte Kissen bildet. Aus den unterirdisch kriechenden Rhizomen treiben verzweigte, kurze Stämmchen, die mit kleinen eiförmigen Blättchen besetzt sind. Blüten meist einzeln bis 18 mm lang, flaschenförmig, lilablau, im Juli. Dieser nur wenige Zentimeter hohe Zwerg, der im Steingarten am besten in tiefen, absonnigen engen Steinspalten gedeiht oder in feinem Kalkgries, benötigt Untergrundbewässerung, ist kein leichter Pflegling. Vorsicht, Leckerbissen für Schnecken!

Hybriden von Glockenblumen

Im Verhältnis zu der Vielzahl der vorhandenen *Campanula*-Arten, hält sich die Anzahl der vorhandenen Hybriden in Grenzen. Andererseits befinden sich darunter eine ganze Anzahl von guten Gartenpflanzen. Hier bietet sich noch ein weites Feld, denn sicher sind noch längst nicht alle Möglichkeiten ausgeschöpft, um noch bessere und schönere Glockenblumen-Sorten für den Garten zu erhalten.

'Birch Hybrid'. Hybride zwischen *C. portenschlagiana* und *C. poscharskyana*, bei *C. portenschlagiana* aufgeführt, siehe dort.

C. × burghaltii. Keinesfalls ein Name mit botanischer Berechtigung, dahinter verbirgt sich eine Hybride zwischen *C. latifolia* und *C. punctata*. Verschiedentlich wird auch angenommen, daß es sich nur um eine Form von *C. punctata* handelt. Aufrechte, etwa 90 cm hohe Pflanze mit großen, hängenden, fahl lavendelfarbigen bis graublauen, etwa 7,5 cm langen Glockenblumen.

C. × fergusonii hort. ex André. Eine Hybride zwischen *C. pyramidalis* und *C. carpatica*, im Aussehen viel mehr zu *C. carpatica* tendierend. Etwa 15 cm hoch, Blüten aufrecht, glockig. Liebt sonnige Felsfugen.

'G.F. Wilson' (syn. *C. × pulloides* 'G.F. Wilson'). Entstammt einer Kreuzung zwischen *C. pulla* und *C. carpatica* var. *turbinata*. Bildet hübsche Blatt-Tuffs, zu Gelbgrün tendierend. An kurzen Stengeln stehen glockenförmige, violette Blüten. Eine wüchsige Glockenblume. Staudensichtung: Liebhabersorte.

'Hallii'. Die Herkunft ist nicht völlig geklärt, wenn auch verschiedene Angaben besagen, daß es sich um eine Hybride zwischen *C. cochleariifolia* 'Alba' und *C. portenschlagiana* handeln soll. Ein Zwerg, der hübsche Tuffs bildet mit vielen weißen Blütenglocken an etwa 10 cm hohen Stengeln.

C. × haylodgensis hort. Angeblich eine Hybride aus *C. carpatica* × *C. cochleariifolia* mit gelbgrünen Blättern und lockeren, kurzen Stengeln, etwa 7,5 bis 12 cm hoch werdend. Mit blauen, einfachen, halbgefüllten oder gefüllten Blüten. Diese Pflanze dürfte aber nichts anderes sein als eine gefülltblühende *C. cochleariifolia*.

C. × jenkinsae hort. Vermutlich eine Hybride zwischen *C. carpatica* 'Alba' und *C. rotundifolia*. Aufrechte Blütenstengel, bis zu 30 cm hoch. Vielblütige, lockere Blütentrauben in Weiß, offenglockig, größer und mehr becherförmig als die von *C. rotundifolia*. Manchmal auch unter dem Sortennamen 'Spetchley' angeboten.

C. × kewensis. Eine Hybride zwischen *C. arvatica* und *C. excisa*. Hübsche, zwergige Glockenblume, die in ihrem Aussehen zwischen den Eltern steht, dunkellila Blüten.

'Joe Elliott'. Eine wunderschöne neue Hybride aus *C. morettiana* × *C. raineri*. Bildet niedere Tuffs mit vielen großen, zartblauen, offenen Blütenglocken. Ideale Trogpflanze, 8 bis 10 cm hoch, Blütezeit Juni-September.

'Lynchmere'. Aus einer Kreuzung von *C. elatines* × *C. rotundifolia*, die spontan im Garten eines Pflanzenliebhabers in Großbritannien entstanden ist. Trotz der Eltern eine empfindliche Pflanze mit ihren weichen, regenempfindlichen Blättern.

'Maie Blyth', verbreitet auch als 'Mythe Blüth', eine ganz neue Züchtung aus Neuseeland, eine reizende Gestalt, hat Ähnlichkeit mit einer sehr kompakten *C. carpatica*, etwa 5 bis 10 cm hoch, mit blauen, sternförmigen Blüten. Langsamwachsend und schwer vermehrbar.

'Molly Pinsent'. Eine außergewöhnlich reichblühende Hybride, von kompaktem Wuchs und hübschen, aufrechten Blütenstengeln, die eine Vielzahl von lavendelfarbenen Blütenglöckchen tragen, etwa 12 cm hoch. Blütezeit im Sommer. Neuerdings gibt es davon auch eine weiße Sorte, 'Molly Pinsent Alba'.

'Norman Grove'. Angeblich eine Hybride zwischen *C. isophylla* und *C.* × *stansfieldii*. Kurze, aufrechte Blütenstengel mit hellpurpurblauen Blüten.

'Peter Nix'. Eine Hybride, deren Elternschaft kaum zu klären ist. Wüchsige, reichblühende Pflanze mit lichtblauen Blütenglocken an 20 bis 25 cm hohen Stengeln.

C. pseudoraineri. Eine dankbare Hybride aus einer Kreuzung von *C. raineri* und *C. carpatica* var. *turbinata*. Schotterig-humose Plätze für Sonne und Halbschatten sind geeignet. Hübscher Ersatz für die oft schwierige *C. raineri*.

C. × pulloides hort. Hübsche Hybride zwischen *C. carpatica* var. *turbinata* und *C. pulla*. Kräftige, 15 bis 20 cm hohe Pflanze mit großen, breitglockigen, purpurblauen Blüten, etwas heller im Ton als *C. pulla*. Dankbare Pflanze.

C. × pyraversi. Hybride von *C. pyramidalis* und *C. versicolor*, ohne größeren Gartenwert.

C. × stansfieldii hort. aus *C. waldsteiniana* × *C. carpatica*. Andere Autoren geben auch *C. carpatica* × *C. tommasiniana* oder *C. tommasiniana* × *C. waldsteiniana* an. Hübsche Hybride, etwa 10 cm hoch, dichte Matten bildend aus gestreckt-herzförmigen, welligen, stark gesägten, kurz-weichhaarigen Blättern. Die zahlreichen Stengel tragen weit geöffnete, 2 cm breite, lilablaue, hängende Blütenglöckchen. Vermehrung leicht durch Teilung und Stecklinge.

C. × tymonsii hort. Eine Hybride zwischen *C. carpatica* und *C. pyramidalis*. Etwas kleiner als der zweitgenannte Elter. Blüten violett weißgrundig. Wohl aufgrund der Eltern nichts anderes als eine synonyme Bezeichnung von *C.* × *fergusonii*, bei der *C. pyramidalis* die Mutterpflanze ist.

C. × vanhouttei Carriére. Eine Hybride zwischen *C. latifolia* und *C. punctata*, aber mehr zu *C. punctata* tendierend. Wächst besonders gut im Halbschatten und trägt im Juli auf 30 bis 40 cm hohen, wenigblütigen Stengeln lilapurpurne, hängende, 4 cm lange Glocken. Vermehrung durch Teilung.

C. × warleyensis (syn. *C. × haylodgensis*). Gefüllte Form von *C. cochleariifolia*, manchmal wird darunter auch nur die weiß gefüllte Form verstanden, die als *C. × haylodgensis* 'Warley White' in England verbreitet ist. Manchmal als echte Hybride aus *C. cochleariifolia × C. carpatica* aufgefaßt.

C. × wockei hort. Eine Hybride zwischen *C. pulla* und *C. waldsteiniana*. Von Wocke wird eine andere Paarung angegeben *(C. waldsteiniana × C. tommasiniana)*. Es sind aus dieser Kreuzung zwei Formen bekannt. Die verbreitetste Form steht zwischen den Eltern. Nickende, blaßviolette Glöckchen an mehrblütigen Stengeln. Schön für Fugen. Etwa 10 bis 20 cm hoch, dankbar und reichblühend. Blüht Juli-August.

C. × wockei 'Puck' *(C. × wockei × C. pulla)*. 10 cm hohe Pflanze, sehr reichblühend, purpurblau. Kräftiger Wachser.

Weitere, weniger bekannte Hybriden:

'Abundance' *(C. rotundifolia × C. carpatica)*. Ähnelt mehr der Vaterpflanze.

C. × *arrecta (C. primulaefolia* × ?). Zweijährig, etwa 60 cm, mit tiefblauvioletten Blüten.

'Avalon' *(C. raineri × C. turbinata)*. Attraktive Pflanze mit dem kompakten Wuchs der Mutterpflanze.

C. × *balchiniana (C. isophylla × C. fragilis)*. Ähnelt stark *C. fragilis*, nicht hart.

C. × *besseana (C. bononiensis × C. carpatica* var. *glomerata)*. Blüten weniger stark geöffnet als bei *C. bononiensis*.

'Brookside' *(C. carpatica* var. *turbinata × C. × stansfieldii)*. 5 bis 8 cm hohe, beblätterte Stengel mit zartviolettblauen Blüten.

C. × *chevalieri (C. trachelium × C. rapunculoides)*. Naturhybride aus Andorra.

'Clarence Elliott' *(C. cochleariifolia* 'Lilacina' × *C. isophylla* 'Mayi'). Vielverzweigte Stengel mit schalenförmigen, lavendelfarbenen Blüten.

C. × *digenea (C. barbata × C. glomerata)*. Naturhybride aus Tirol.

'Enchantress' (C. 'Norman Grove' × *C. waldsteiniana*). Fahlblaue, sternige Blüten, 15 cm hoch.

C. × *glomeratiformis (C. spicata × C. glomerata)*. Naturhybride aus der Gegend um den Brennerpaß. Ähnelt mehr *C. glomerata*.

'Gremlin' *(C. isophylla × C. cochleariifolia)*. 15 cm hohe, behaarte Stengel tragen glockenförmige, lavendelfarbene Blüten.

C. × *innesii* hort. *(C. carpatica × C. pyramidalis)*. 30 cm lange, reichverzweigte Stengel mit sternigen Blüten.

C. × *lundstroemii (C. rapunculoides × C. trachelium)*.

C. × murithiana (C. christii × *C. rhomboidalis × C. scheuchzeri)*. Steht zwischen den Eltern.

C. × *pechlaneri (C. glomerata × C. spicata)*. Ähnelt stark *C. spicata*.

'Peter Pan' ('Norman Grove' × *C. carpartica* var. *turbinata* × 'White Star').

'Profusion' *(C. carpatica × C. isophylla)*. Ähnelt stark *C. carpatica.*

C. × rotarvatica (C. rotundifolia × C. arvatica). Hübsche Pflanze, bis 15 cm hoch, mit sternigen Blüten.

C. × semproniana (C. cochleariifolia × C. scheuchzeri). Naturhybride, im Kanton Valais vorkommend.

C. × ursaria (C. scheuchzeri × C. rhomboidalis).

'Woodstock' ('Profusion × *C. arvatica*). 15 cm hoch, mit hellvioletten Blüten.

Weitere Glockenblumengewächse

Adenophora, Becherglocke, Schellenblume

Der Gattung *Adenophora* Fisch., im englischen Sprachraum Ladybells, wird in letzter Zeit verstärktes Interesse entgegengebracht. Sie umfaßt etwa 50 Arten harter, sommerblühender Stauden, die in Eurasien und Japan beheimatet sind. Die Schellenblumen werden oft mit Glockenblumen verwechselt, zeigen auch botanisch wenig Unterschiede. Bei *Adenophora* befindet sich an der Griffelbasis eine schalenförmige Scheibe oder Drüse. Viele Arten stehen sich sehr nahe, was oft zu Verwechslungen führt. Meist kleine Glockenblüten an 40 bis 60 cm hohen Pflanzen. Ein sonniger bis halbschattiger Standort und normaler Gartenboden genügen, größer sind die Ansprüche nicht. Verwendung in Staudenrabatten (auch zum Schnitt), in größeren Steingärten, im Gehölzrandbereich. Vermehrung durch Aussaat, z. T. vorsichtige Teilung. Wichtig zur Fortsetzung des Glockenblumenflors.

Adenophora bulleyana Diels

Westchina. Aufrechte, 90 bis 120 cm hohe Stengel, schwach flaumhaarig, obere Blätter länglich-eiförmig und wechselständig, bis 7,5 cm lang, am Rande gesägt, beidseitig kurzborstig behaart. Die Blüten stehen in Rispen, lavendelblau, schmal-trichterförmig, etwa 12 mm lang, die Griffel stehen weit heraus. Blüht Juli-August.

Adenophora confusa Nannf.

Synonym: *A. farreri* hort.

Westchina. Starr aufrecht, Stengel 90 cm oder höher, unbehaart oder unbedeutend behaart. Stark mit Stengelblättern besetzt, aufsitzend oder kurzgestielt, manchmal geöhrt, ei-rautenförmig bis eiförmig-lanzettlich und bis 7,5 cm lang, am Rande gezähnt-gekerbt. Die Blüten stehen in wenig verzweigten Rispen, hängend mit schmal-dreieckigen Kelchlappen. Sie sind glokkig und tiefblau gefärbt. Liebt frische bis mäßig sommertrockene Böden. Für größere Steingärten, in Wildstaudenpflanzungen, am Gehölzrand. Blüht Juni-Juli.

Adenophora coronopifolia Fisch., Zwerg-Schellenblume

Synonym: *Adenophora himalayana* Feer

Mandschurei. Wird nur 30 bis 50 cm hoch, hat mehr oder weniger strohige, aufrechte Stengel, schlank, verzweigt mit aufsitzenden oder kurzgestielten Stengelblättern, am Rande sparsam gezähnt oder ungezähnt, lineal-lanzettlich, 7,5 bis 10 cm lang und etwa 6 mm breit. Die Basalblätter sind breit-herzförmig geformt mit rundgezähntem Rand. Die traubigen Blütenbüschel haben bis zu 10 Einzelblüten, lila bis purpurblau, 2,5 cm lang. Blüht Juli-August.

Adenophora diplodonta Diels

Westchina. Aufrechte, bis 90 cm hohe Stengel, schwach flaumhaarig, Blätter eiförmig, bis 7,5 cm lang, doppelt gesägt, unten rauhhaarig, Blüten in einer länglichen Traube, manchmal gepaart. Die Blüten sind trichterförmig, weißblau, fast 2,5 cm lang.

Adenophora divaricata Fr. et Sav.

Synonym: *A. polymorpha* var. *divaricata* (Fr. et Sav.) Makino

Japan, Korea, Mandschurei. 60 bis 100 cm hohe, aufrechte Staude, 3 bis 5 Stengelblätter, eiförmig-elliptisch oder verschmälert-eiförmig, 5 bis 10 cm lang und 2 bis 4 cm breit. Der Blütenstand ist kopfständig, langverzweigt, lockerrispig. Glockenförmige, 1,5 bis 2 cm lange, blaue Blüten im August-September.

Adenophora hatsushimae Kitam.

Japan, im felsigen Bergland. 30 bis 40 cm hohe Pflanze mit 3 bis 4 cm langen und 1,8 bis 2,8 cm breiten, eiförmig-herzförmigen Stengelblättern. Blüten in einer kopfständigen Traube, blau, etwa 1 cm lang.

Adenophora koreana Kitam.

Korea. Aufrechte bis 90 cm lange Stengel, oben verzweigt, die unteren Stengelblätter sind mehr oder weniger quirlförmig, fast aufsitzend und kurz gestielt, länglich-verkehrt-eiförmig bis 12,5 cm lang, zugespitzt, an der Base fast keilförmig, am Rand gesägt. Die Blüten sind mehr oder weniger hängend, sie stehen in kopfständigen Rispen, sind offenglockig, blau und etwa 12 mm lang.

Adenophora liliiflora (L.) Ledeb. ex A.DC., Sibirische Schellenblume

Synonym: *Campanula liliifolia* L.

Mandschurei, Mitteleuropa bis Sibirien. Sie wird 50 bis 100 cm hoch. Die Blätter sind wechselständig, elliptisch-lanzettlich. Die Blüten stehen in reichblütiger Traubenrispe, trichterförmig, blaßblaulila, wohlriechend, die Kelchzipfel sind dreieckig-lanzettlich. Nicht wuchernd. Blüht Juli-August. Besonders schön vor Gehölzrand.

Adenophora maximowicziana Mak.

Japan. Der Stengel ist ausgebreitet bis 70 cm hoch und glatt. Die Blätter sind herz-eiförmig, nach oben in lineal-lanzettliche Form übergehend, 7,5 cm bis 20 cm lang. Der Blütenstand ist kopfständig, doldentraubig bis rispig. Die glockenförmigen blauen Blüten sind etwa 12 mm lang.

Adenophora megalantha Diels

Mittelchina. Glatte, 60 bis 70 cm hohe Stengel mit Trauben von etwa 5 cm langen, glockenförmigen Blüten, auch ein weißblühender Typ ist bekannt.

Adenophora nikoensis Franch. et Sav.

Japan (Honshu). Eine verbreitete Art, deren Auftreten jedoch extrem variabel ist, entsprechend ihrem Standort. Vorkommen in subalpinen bis alpinen Regionen, 800 bis 2500 m Höhe. Wegen ihrer geringeren Höhe auch gut für kleinere Steingärten, Trockenmauerfugen und Geröllbeete zu gebrauchen. Aufrechte, 15 bis 40 cm hohe Stengel. Die Blätter sind sitzend lineal bis lineal-lanzettlich, 2,5 bis 10 cm lang, gesägt. Die Blüten stehen in kopfständigen Trauben, glockenförmig, 1,5 bis 2,5 cm lang, in der Farbe fahl bis kräftig purpurviolett, selten weiß. Blütezeit August-September. Es ist eine Varietät mit ungeteilten Kelchlappen bekannt: *A. nikoensis* var. *stenophylla* (Kitam.) Ohwi (syn.: *A. nipponica Kitam.*). Neuerdings sind in Gärtnereien weitere Varietäten und Sorten: *A. nikoensis* 'Alba', weißblühend, *A. nikoensis* var. *macrantha*, *A. nikoensis* f. *macrocalyx*, *A. nikoensis* var. *leariifolia* und die Sorte 'Tateshinae'.

Adenophora ornata Diels

China. Stengel 30 bis 120 cm hoch, behaart, Blätter aufsitzend, verkehrt-eiförmig bis verkehrt-lanzettlich, bis 6 cm lang, gesägt, wechselständig. Die dunkelblauen Blüten sind trichterförmig, bis 2,5 cm lang, Kelchzipfel breit-dreieckig, Blütezeit Juni-Juli.

Adenophora palustris Kom.

Japan. Aufrechte, steife, bis 90 cm hohe, purpurn angehauchte Stengel. Aufsitzende, dicke, elliptische bis längliche Blätter, bis 7,5 cm lang, gesägt. Blüten hängend in schmalen Trauben, glockenförmig, fahllavendel, 9 bis 21 mm lang.

Adenophora pereskiaefolia (Fisch.) Fisch.

Bekannt ist davon die in Japan und auf den Kurilen vorkommende *A. pereskiaefolia* var. *heterotricha* (Nakai) Hara (syn. *A. maiwana* Nakai, *A. onoi* Kitam., *A. ishiyamae* Miyabe et Tatew. 30 bis 50 cm hohe Staude. Basisblätter nierenförmig oder herz-eiförmig, langgestielt, Stengelblätter lanzettlich bis eiförmig. Der Blütenstand ist eine eher dichte Traube aus glockenförmigen, 1,5 bis 2 cm langen, blauen Blüten.

Adenophora polymorpha Ledeb.

Was unter diesem Namen geht ist ein Konglomerat und keine eindeutige Art. Unter dieser Bezeichnung wird meist *A. liliifolia* oder *A. nikoensis* angeboten.

Adenophora potaninii Korsh.

Westchina. Die Stengel sind an der Basis schwach bis rankend, dann aber aufrechtstehend, bis 90 cm hoch, behaart. Die Stengelblätter sind eiförmig-lanzettlich bis lanzettlich, bis 5 cm lang, stark gezähnt bis nahezu ganzrandig, drüsenhaarig. Die Blüten sind hängend in einfachen Rispen, breitglockig, violett bis 18 mm lang und meist breiter.

Adenophora remontiflora (Siebold et Zucc.) Miq.

Japan, Korea, Mandschurei. Stengel aufrecht oder ausgebreitet, bis 90 cm hoch, glatt oder spärlich behaart. Die unteren Stengelblätter sind gestielt, herzförmig bis eiförmig oder schmaler bis 20 cm lang, gespitzt, am Rande gesägt oder gezähnt. Die oberen Blätter sind schmaler und aufsitzend. Die Blüten sind hängend in lockeren Trauben oder Rispen, bläulich und schmalglockig, 1,8 bis 3 cm lang. Eine weißblühende Form ist im Angebot: *A. remontiflora* 'Alba'.

Adenophora sinensis A. DC.

Synonym: *Adenophora chinensis* hort.

China. Aufrechte, bis 80 cm hohe Stengel, Blätter schwach flaumhaarig, aufsitzend, lanzettlich-eiförmig, bis 7 cm lang, doppelt gesägt, auf der Unterseite fahler grün. Die Blüte ist bläulichviolett, offenglockig, bis 18 mm lang.

Adenophora stenanthina (Ledeb.) Kitag.

Synonym: *A. marsupiiflora* (Roem. et Schult.) Fisch.

Sowjetunion, Mandschurei. Schwacher, bis 90 cm hoher Stengel. Untere Blätter herz-eiförmig, gesägt, obere Blätter lineal-lanzettlich bis 7,5 cm lang, fast ganzrandig. Hängende Blüten in Rispen, schmalglockig, bläulich, 1,5 cm lang.

Adenophora stricta Miq.

Japan. Sehr schlanke, bis 90 cm hohe Stengel, stark verzweigt, schwach weiß behaart, Basisblätter langgestielt, nieren-herzförmig, Stengelblätter aufsitzend, eiförmig-länglich, bis 6,5 cm lang, grob gesägt. Nach unten hängende Blüten in dichten Ähren, fahlviolett, glockig, bis 18 mm lang, die Kelchblätter sind schmallanzettlich. *A. stricta* var. *lancifolia* Honda hat schmalere Blätter.

Adenophora takedae Mak.

In Japan, wo die Pflanze beheimatet ist, oft auch *A. takedai* geschrieben. Dünne niedergebogene bis 60 cm lange, glatte Stengel. Die Stengelblätter sind lineal bis verschmälert-eiförmig, 4 bis 15 cm lang, gezähnt bis nahezu ganzrandig. Blüten in offenen, beblätterten Trauben, gestielt, 2,5 bis 5 cm lang, breitglockig, violettblau, bis 2,5 cm im Durchmesser.

In japanischen Alpinengärtnereien wird *A. takedae* var. *howozana* angeboten, eine seltene Pflanze von der Insel Honshu. Dort in alpinen Regionen auf Urgestein in Felsspalten und zwischen Steinschutt wachsend. Ist wesentlich niederer als die Art, nur 5 bis 15 cm hoch. Basisblätter breit, obere Blätter lineal. Blüte im August-September, purpurviolett, selten weiß (*A. takedae* var. *howozana* 'Alba'). Für Steingärten, Trockenmauerkronen. Japanische Gärtnereien bieten weiter an: *A. takedae* 'Albiflora', *A. takedae* 'Angustifolia' und *A. takedae* 'Yashajinense'.

Adenophora thashiroi Mak. et Nakai

Japan. Stengel niederliegend, 15 bis 30 cm lang, fast glatt, Blätter eiförmig bis 3,5 cm lang, grob gezähnt, Blüten in Trauben, manchmal auch einzeln, glokkig, violett, 1,5 cm lang. Ein Zwerg für den Steingarten.

Adenophora tricuspidata Fisch.

Mittelasien, Pamirgebiet an Flußufern und Bewässerungsgräben. 45 bis 60 cm hohe Staude mit blauvioletten Blüten im Juli-August.

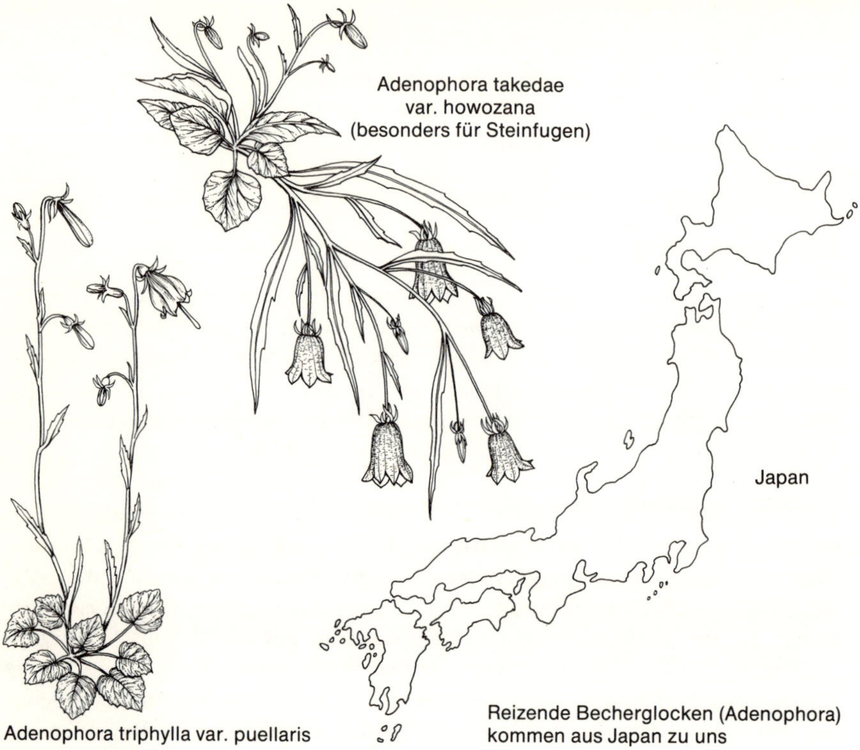

Reizende Becherglocken (Adenophora) kommen aus Japan zu uns

Adenophora triphylla (Thunb.) A. DC.

Synonym: *Adenophora verticillata* (Pall.) Fisch.

Taiwan, Japan, China bis östliche Sowjetunion. Aufrechte, 60 bis 120 cm hohe Stengel, glatt oder weißlich behaart. Blätter gewöhnlich in Quirlen von vier Stück, länglich bis länglich-elliptisch oder lineal, bis 10 cm lang, gesägt. Die unteren Blätter in Quirlen an sehr schlanken Stielen. Blüten auch oft quirlständig, blau, röhrig-glockig mit pfriemlichen Kelchzipfeln. Eine sehr veränderliche Art.

Folgende Varietäten sind besser bekannt: *A. triphylla* var. *angustifolia* Miq., *A. triphylla* var. *hakusanensis* (Nakai) Kitam. (syn. *A. hakusanensis* Nakai), nur etwa 50 cm hoch werdend, Blütenstand dichter. *A. triphylla* var. *japonica* (Regel) Hara (syn. *A. thunbergiana* Kudo), Blüten mehr offenglockig, bis 2,5 cm lang. *A. triphylla* var. *puellaris* (Honda) Hara, Japan, sehr selten, vom Mt. Higashiakaishi (Shikogu) an sonnigen Serpentinfelsen in Höhen über 1600 m. Nur 20 bis 30 cm hoch. Blüten blau, Blütezeit Ende Juni-Mitte Juli. Für das Geröllbeet, Steingarten, Trockenmauerkronen.

Adenophora uehatae Yamamoto

Hochgebirge von Formosa, endemisch, in einer Höhe von 3500 bis 3900 m an Felsen und im Gesteinsschutt wachsend. Kleine Staude, etwa 8 bis 12 cm hoch mit länglich-elliptischen, lanzettlichen oder lineal-lanzettlichen, 2,5 bis 3,5 cm langen, wechselständigen Blättern. Einfache, kopfständige, etwa 3 cm lange Blüten mit 2 bis 3 cm Durchmesser, breitglockig, bläulichviolett. Eine neue Briefmarkenserie von Hochgebirgspflanzen aus Taiwan zeigt diese Pflanze.

Codonopsis, Tigerglocke

Die Gattung *Codonopsis* Wall. umfaßt etwa 40 bis 50 Arten. Alles sind niedere, teils auch kriechende Stauden oder Annuelle aus dem zentral- und ostasiatischen Raum. Der Wurzelstock ist fleischig, rüben- oder spindelförmig. Der Wuchs ist teils niederliegend-aufstrebend, teils schlingend. Die wechsel- oder unregelmäßig gegenständigen Blätter sind am Rande meist gekerbt. Die achsel- oder endständigen Blüten sind meist glockig, einzelstehend und hängend, bei wenigen Arten auch radförmig ausgebreitet. Die meisten Arten führen einen weißen, milchähnlichen Saft. Alle *Codonopsis* haben einen strengen Geruch, der an den von Raubtieren erinnert. Die Blütenfarben-Palette ist ziemlich umfangreich, blaue, purpurviolette, weiße und gelbliche Töne sind vorhanden.

Codonopsis eignen sich besonders für Liebhaber von Steingärten und sonstigen naturnahen Steinanlagen. Ein sandig-lehmiger bis lehmiger Boden sagt ihnen besonders zu, wobei eine leicht saure Bodenreaktion vorgezogen wird. Die Lage kann sowohl sonnig als auch halbschattig sein. Blütezeit Juli-August, also wenn es im Steingarten weniger blüht. Nicht alle Arten sind in kalten Gegenden ohne Schutz voll hart.

Die aufrechten Arten können in halbschattigen Gartenteilen vor Gehölzen stehen oder in Steinanlagen in Nischen zwischen größeren Steinen, wobei immer auf eine sehr gute Dränage geachtet werden muß. Die rankenden und kletternden Arten sind anfänglich duftig und nur mit einzelnen Trieben versehen, sie können jedoch im Alter Nachbarpflanzen unterdrücken. Deshalb ist es vorteilhaft, sie über Zwerggehölze ranken zu lassen oder auch über größere Gesteinsbrocken, was oft den Vorteil hat, daß man die schön gezeichneten Blüten und auch das Innere der Blüten besser betrachten kann.

Die vegetative Vermehrung ist nicht einfach, zumindest ist die Ergiebigkeit durch Teilung alter Pflanzen sehr gering. Die Aussaat macht dagegen keine Schwierigkeiten. Bei robusten Arten, wie bei der sehr verbreiteten *Codonopsis clematidea*, kommt es auch leicht zur Selbstaussaat.

Schlingende Codonopsis an Kleingehölzen hochranken lassen

Codonopsis pilosula

Codonopsis convolvulacea

Codonopsis ussuriensis

Codonopsis affinis Hook. f. et T. Thoms.

Östlicher Himalaja, besonders Sikkim. Eine windende Art mit verlängert-eiförmigen Blättern, 5 bis 10 cm lang, unten tief-herzförmig eingeschnitten, fast ganzrandig, unten behaart. Blüten einzeln oder zu wenigen an seitenständigen Zweigen stehend, Kelchlappen pfriemförmig, etwa 1 cm lang. Blüten grünlich mit violetter Zeichnung, glockenförmig, etwa 2 cm im Durchmesser. Selten in Kultur.

Codonopsis bulleyana Forrest ex Diels

Nordwest-Yunnan, Südost-Tibet. Aufrecht wachsend mit behaarten Stengeln, etwa 35 cm hoch. Die herzförmigen Blätter sind zart behaart. Die reinhellblauen bis wasserblauen, von dunkleren Adern durchzogenen, glockigen Blüten, in der Form einer chinesischen Laterne ähnelnd, in der Mitte etwas eingeschnürt, unten ausgeschweift, sind langgestielt und endständig. Blütezeit Juni.

Codonopsis cardiophylla Diels ex Kom.

Zentral-China bis Tibet. Aufrechte, bis 50 cm hohe Staude mit beblätterten Stengeln, mäßig behaart. Die Blätter sind dicklich, eiförmig bis verlängert-eiförmig, etwa bis 4 cm lang, am Blattrand zurückgebogen, manchmal auch weißlich. Einzelstehende Blüten oder zu wenigblütigen Trauben vereinigt, Kelchlappen verlängert-eiförmig bis 12 mm lang. Die Blüten sind weiß oder leicht bläulich überhaucht, im Innern purpurviolett gepunktet, breitglockig, bis 2,5 cm lang.

Codonopsis clematidea (Schrenk) C.B. Clark

Mittelasien, besonders Kaschmir, Turkestan. Aufrechte, manchmal auch gebogen-aufstrebende, bis 50 cm hohe Staude mit einer Tendenz zum Schlingen. Die Blätter sind eiförmig-lanzettlich bis eiförmig, bis 2,5 cm lang, unten herzförmig eingeschnitten, ganzrandig, kurzhaarig, gegenständig. Die Blüten sind meist hängend, einzeln und kopfständig oder zu wenigen in den oberen Blattachseln vereinigt. Die Kelchlappen sind verlängert-eiförmig, nach außen stehend oder zurückgebogen, etwa halb so lang wie die Blüte. Diese ist fahlblau, oft mit dunkleren Adern und breitglockig-bauchig. Am Grunde sehr hübsch braungelb und schwärzlich gezeichnet. Blütezeit Juni-Juli. In Kultur die häufigste Art, macht keine Schwierigkeiten.

Codonopsis convolvulacea Kurz

Synonym: *Codonopsis vinciflora* Kom.

China (Yunnan, Szechuan). Knolliger Wurzelstock mit glatten Stengeln, kann bis 2 m, unter günstigen Bedingungen auch noch höher ranken. Blätter lineal-lanzettlich, eirund, bis 7,5 cm lang, ganzrandig oder kräftig gezähnt. Blüte einzelstehend, flachglockig bis radförmig, violettblau; eine Form mit reinweißen Blüten ist ebenfalls bekannt.

Noch attraktiver ist *C. convolvulacea* var. *forrestii* (Diels) Ballard mit bräunlichgrünen Stengeln, breit-ovalen Blättern mit herzförmigem Grund, 4 cm breiten, lavendelblauen Blüten, die einen rötlichpurpurnen Grundfleck aufweisen. Blütezeit Spätsommer bis Herbst. Auch als *C. forrestii* bekannt. Die großblütige, reinweiße Form ist unter der Bezeichnung *C. convolvulacea* 'Summer Snow' im Handel.

Codonopsis cordifolia Kom.

China (Yunnan). Schlanke, verzweigte, glatte, windende Stengel. Blätter eiförmig bis 7,5 cm lang, vorne zugespitzt, an der Basis herzförmig eingeschnitten. Blüten einzelstehend an kurzen, blattwinkelständigen Stielen. Die Kelchlappen abstehend, verlängert-lanzettlich, bis 12 mm lang. Blüten grüngelb, schwach violett gezeichnet, glockenförmig bis 2,5 cm lang. Selten in Kultur.

Codonopsis dicentrifolia (C.B. Clarke) W.W. Smith

Zentral-Nepal bis Sikkim auf felsigen Hängen und an Felsgruppen. Unbehaarte, bis 40 cm hohe Staude mit schlanken, verzweigten Stengeln, die einzelstehende, breit-trichterförmige, milchigblaue, etwa 3 cm lange Blüten tragen, gleichmäßig zur Öffnung zu erweitert. Blätter breit-elliptisch, stumpf und kurzgestielt, etwa 1,5 bis 3 cm lang. Blütezeit Juli-September.

Codonopsis handeliana Nannf.

China (Yunnan). Stengel windend oder klammernd, 1 m hoch und höher, schwach flaumhaarig. Blätter eirund bis dreieckig-eirund, an der Basis herzförmig eingeschnitten, am Rande fein gekerbt. Blüten an unbehaarten Stielen, Kelchlappen dreieckig-eiförmig, Blüten grünlichgelb bis violett überhaucht, breitglockig, 12 bis 20 mm lang. Selten in Kultur.

Codonopsis lanceolata (Siebold et Zucc.) Enth. et Hook f.

Japan, Korea, Mandschurei, China, Ussuri. Windende, glatte Stengel, Blätter dicht gehäuft oder annähernd quirlständig an den Enden der kurzen Nebenzweige, lanzettlich bis eiförmig-elliptisch, bis 7,5 cm lang, an der Spitze und Basis verschmälert, ganzrandig oder fast ganzrandig. Kelchlappen blattähnlich bis 2,5 cm lang. Blüten lichtblau oder lila mit violetten Linien oder Punkten auf der Innenseite, glockig, bis 3 cm lang. Auch als *Campanula lanceolata* bekannt. In Japan ist eine Form ohne Flecken auf der Innenseite der Blüten bekannt: *Codonopsis lanceolata* f. *emaculata* (Honda) Hara.

Codonopsis macrocalyx Diels

Synonym: *Codonopsis tubulosa* Anthony

Yunnan. Knolliger, langgestreckter Wurzelstock mit 60 bis 80 cm langen, schlingenden, glatten, wenig verzweigten Trieben. Länglich-eiförmige, wechselständige, kerbzähnige Blätter. Die Blüten sind breit-röhrenförmig-glockig, an der Basis etwas eingeschnürt. Blüten gelblichgrün, am Grund purpurn gezeichnet. Blütezeit Juli.

Codonopsis meleagris Diels

Yunnan. Bis 15 cm langer, rübenförmiger Wurzelstock. Aufrechte Stengel 15 bis 30 cm lang, an zusagenden Plätzen auch bis 60 cm. Nur am Grunde beblättert, oft rosettenartig zusammengedrängt, Blätter fast sitzend, breitelliptisch bis eiförmig, bis 7,5 cm lang, dunkelgrün, unterseits glänzend mit weichen, weißen Haaren bedeckt. Glockige, endständige, meist einzelstehende Blüten, auf cremefarbenem Grund dicht schokoladenbraun genetzt, 3 bis 3,5 cm lang. Blütezeit Juni-Juli.

Codonopsis mollis Chipp.

Südtibet. Vielstengelige Tuffs bildend, bis 90 cm hoch werdend. Unterscheidet sich von *C. thalictrifolia* Wallich durch die 3,8 cm langen, eirunden, graugrünen, zartbehaarten Blätter und durch die Blütenröhre, die blau ist mit purpurfarbenem Schlund und Aderung.

Codonopsis ovata Benth.

West-Himalaja. Fleischiger, zylindrischer Wurzelstock mit bis 30 cm langen, ansteigenden Stengeln, fast glatt, nur spärlich behaart. Die ovalen, vorne zugespitzten Blätter sind fast sitzend. Die fahlblauen bis himmelblauen Blüten sind trichterförmig, 2 cm lang und 2,5 cm breit, sie sind mit dunkleren Adern durchzogen und stehen einzeln an dünnen Stielen. Der Blütengrund ist schwarz, grün umsäumt. Die Zipfel der Blumenkrone sind deutlich länger als breit. *C. ovata* ist eine hübsche, aber wesentlich empfindlichere Art. Feuchter Stand und humusangereicherter Boden ist Voraussetzung.

Codonopsis pilosula (Franch.) Nannf.

Synonym: *Codonopsis sylvestris* Kom.

Nordost-Asien. Windende bis 2 m hohe Stengel. Die Blätter sind eiförmig, meist weniger als 2 cm lang, an der Basis herzförmig oder abgestumpft, ganzrandig oder fast ganzrandig, auf der Unterseite behaart. Die Blüten stehen an den beblätterten Seitenzweigen. Die Kelchlappen sind eiförmig, 9 bis 21 mm lang. Die Blüten sind fahlgrünlich-purpur überhaucht, glockig, über 2,5 cm lang.

Codonopsis rotundifolia Royle

West-Himalaja. In Kultur ist eher *C. rotundifolia* var. *angustifolia* Nannf. zu finden. Stark schlingende, 80 bis 100 cm lange, glatte, vielverzweigte, bräunlich getönte Stengel. Kurzgestielte, wechselständige Blätter, oval-lanzettlich, vorne zugespitzt, unregelmäßig gezähnt, oberseits sehr spärlich behaart, unterseits reichlicher behaart und glänzend. Blüten einzelstehend am Triebende, gelbgrün, purpurn geadert, breitglockig, 2,5 cm lang und 2,5 cm breit, Blütezeit Juni-Juli.

Codonopsis tangshen Oliv.

Auch *C. tang-she* geschrieben. Westchina (Hupeh und Szechuan). Hat dicke, fleischige Wurzeln, aus denen bis 1 m lange schlingende Stengel treiben. Die Blätter sind breit-lanzettlich, am Rande grob gesägt. Die Blüten sind breitröhrenförmig bis glockig, grünlich, innen purpurn genetzt und am Grunde mit einem purpurnen Fleck. Blütezeit Juni-Juli. Hat Ähnlichkeit mit *C. pilosula*.

Codonopsis thalictrifolia Wallich

Nepal, Sikkim, Tibet. Mehr oder weniger aufrechte Tuffs bildend mit fadenartigen Verzweigungen. Die Blätter sind ei-kreis- bis nierenförmig, ganzrandig, zart behaart, bis 5 mm lang. Einzelstehende Blüten an kopfständigen, 5 bis 15 cm langen Stielen, Kelchlappen 6 mm lang, Blüte bläulich, schmalröhrig, 2,5 cm lang.

Codonopsis tubulosa Kom.

Nordbirma, Südwest-China. Glatte, windende Stengel, sparsam beblättert. Die Blätter sind lanzettlich-eiförmig bis länglich-eiförmig, bis 5 cm lang, verschmälert an der Basis und Spitze. Die Blüten sind einzelstehend, röhrenförmig über 3,5 cm lang, die Farbe ist gelblichgrün. In einigen Formen ist eine purpurmarone Strichelung vorhanden, die zusammen mit dem gelblichen Untergrund einen orangefarbenen Effekt ergibt.

Codonopsis ussuriensis Rupr. et Maxim.

Korea, Mandschurei, Ussuri, Amur. Ist *C. lanceolata* sehr ähnlich, aber kleiner und zarter mit Blättern besetzt, die weniger als 5 cm lang sind. Die Kelchlappen sind weniger als 14 mm lang, Blüte tief purpurn an der Außenseite, im Innern purpurn gefleckt, 2,5 cm lang.

Codonopsis viridiflora Maxim.

Kansu, Szechuan. Schwach aufrechtwachsend, bis 1,2 m oder höher. Die Blätter sind lanzettlich bis eiförmig, über 2,5 cm lang, halb-herzförmig, der Blattrand ist gedreht und zurückgebogen. Die Blüten sind endständig an langen Stielen. Die Kelchlappen sind eiförmig, unregelmäßig gesägt, Blüten gelbgrün, an der Basis innen purpurn gepunktet, glockig, bis 12 mm lang.

Codonopsis viridis Wallich

Himalaja, an strauchbewachsenen Stellen. Eine windende Staude mit 2 bis 3 cm langen, röhrenförmigen, grünlichgelben Blüten, im Innern purpurviolett gefleckt oder gestreift, an 2 bis 7 cm langen Stengeln stehend, Blätter elliptisch-länglich, 5 bis 7,5 cm lang, unten fein behaart und gestielt. Blütezeit August-September.

Cyananthus, Blaublume, Blauröhre

Die Gattung *Cyananthus* Wallich ex Benthan besiedelt mit 25 bis 30 Arten die Gebirge Zentral- und Ostasiens. Die Blüte erinnert etwas an Enzian oder an Immergrün, gehört aber zu den Glockenblumengewächsen. Bisher haben nur wenige Eingang in die Kultur gefunden. Es sind meist niedere, sommer- und herbstblühende Stauden mit niederliegenden bis aufstrebenden, mehr oder weniger verzweigten Stengeln mit wechselständigen Blättern. Diese sind elliptisch oder spatelförmig, mehr oder weniger gekerbt und von frischgrüner Farbe. Die Blüten sind kopfständig, einzeln, trichterförmig mit flacher, fünflappiger, ausgebreiteter Krone. Die Blüte ist blau bis violett.

Die Kultur ist nicht ganz einfach, ein heller, absonniger Platz wird gewünscht mit möglichst hoher Luftfeuchtigkeit, im Sommer müssen sie öfter überspritzt werden. Andererseits lieben sie keine größere Winternässe, deshalb muß auf gute Dränage geachtet werden. Geeignet sind entsprechende Steingartenplätze, Moorbeete, zwischen Zwergrhododendron. Die hübschen Pflanzen verdienen den etwas hohen Pflegeaufwand. Vermehrung meist durch Aussaat oder durch weiche Stecklinge, die im August geschnitten werden und die im Kalten Kasten oder im ungeheizten Gewächshaus bis zum Frühling bewurzeln.

Cyananthus delavayi Franch.

Yunnan. Eine Art mit schlanken, niederliegenden, vielverzweigten, behaarten Stengeln. Die graugrünen, nierenförmigen Blätter sind an der Unterseite mit borstigen Haaren bedeckt. Die Blüten sind einzel- und kopfständig, glockenförmig, blau mit Haarbüscheln an der Basis jedes Kronzipfels. Blütezeit August.

Cyananthus formosus Diels

Yunnan. Hat Ähnlichkeit mit *C. delavayi* und wird über 8 cm hoch, treibt behaarte, purpurrote Stengel, die dicht umgeben sind von graugrünem Laub, die Blätter sind an der Unterseite mit seidigen Haaren bedeckt. Die einzelstehenden, kopfständigen, großen Blüten sind aufwärtsgewendet, glockenförmig, behaart an der Basis der Zipfel. Blütezeit August. Eine hübsche und verhältnismäßig harte Art.

Cyananthus forrestii Diels

Yunnan. Wenig verbreitete Art, eine schwache Pflanze mit lavendelblauen Blüten. Blütezeit September.

Cyananthus incanus Hook f. et Thoms.

Zentral-Nepal bis Südwest-China in Höhenlagen von 2000 bis 4500 m. Eine niedere, ausgebreitete Staude, etwa 10 cm hoch, mit kurzen, belaubten Stengeln, die an der Spitze je eine röhrenförmige, azurblaue bis puderblaue Blüte tragen mit länglichen zugespitzten Kronzipfeln und mit langen, weißen Haaren im Schlund. Die Blätter sind oval, gelappt und am Rande graugrün behaart, 0,6 bis 1 cm lang. Die Blüten haben einen Durchmesser von 2 bis 2,5 cm, die Kronröhre ist etwa 1,5 cm lang. Blütezeit August. Ziemlich selten in Kultur.

Cyananthus integer, Wallich ex Benth.

West-Himalaja. Alles was unter dieser Bezeichnung im Handel angeboten wird, ist nicht *C. integer* Wallich ex Benth., sondern eine Form von *C. microphyllus*. Auch die echte Art ist *C. microphyllus* ziemlich ähnlich und unterscheidet sich nur durch das mehr keilförmige Laub an der Basis, dessen dichtere Behaarung auf beiden Seiten und der mehr trichterförmigen blauen Blüte mit ärmlicher Behaarung im Schlund.

Cyananthus lobatus Wall. ex Benth.

Nordwest-Himalaja bis Südwest-China. Wohl die verbreitetste Art in der Gartenkultur. Etwa 10 bis 15 cm hohe Kleinstaude mit etwa 30 cm langen, niederliegenden Trieben, die lockere Matten bilden. Die Blätter sind spatel- bis keilförmig, 2,5 cm lang, in der oberen Hälfte spärlich fiederlappig. Der Kelch ist aufgeblasen, grünborstig, dicht bräunlich behaart, er ist etwa gleichlang wie die Kronröhre. Die Blütenkrone ist violett- bis enzianblau, trichter- bis tellerförmig, etwa 3,5 cm breit, der Schlund ist weißlich und speckig glänzend. Am Heimatstandort von Juli bis September blühend.

Aus Südost-Tibet ist eine besonders hübsche Varietät bekannt mit bis 4 cm großen dunkelviolettblauen Blüten und gelbgrünen Stengeln: *Cyananthus lobatus* var. *insignis* Marquand. In Gärtnereien finden sich ebenfalls allerlei hübsche Formen. *C. lobatus* 'Albus' ist das weißblühende Gegenstück. *C. lobatus* 'Sherriff's Variety' ist eine schon lange bekannte Gartenform mit lieblichen, zart chinablauen Blüten. *C. lobatus* 'Giant Form' ist eine Selektion von Jack Drake, Aviemore (Schottland) mit lilablauen Blüten. *C. lobatus* 'Dark Seedling', ebenfalls von Jack Drake, ist eine besonders hübsche Sorte mit großen, tiefvioletten Blüten.

Cyananthus microphyllus Edgew.

Diese Pflanze ist identisch mit *C. integer* hort. Heimat Nepal und die anschließenden indischen Gebiete. Nur 3 bis 5 cm hohe, mattenbildende Art mit niederliegenden bis 30 cm langen, bräunlichen Trieben, die einem verholzenden Wurzelstock entspringen. Die sehr kurz gestielten, fast sitzenden Blätter sind länglich-lanzettlich, an der Basis stumpf oder herzförmig, etwa 12 mm lang, unterseits weiß behaart, Rand eingerollt. Der Kelch ist glockig, über 12 mm lang, dicht behaart mit anliegenden, dunkelbraunen Haaren. Die Blütenkrone ist violettblau, weiß behaart am Schlund, die Röhre ist zylindrisch und die Krone tellerförmig mit schmalen Kronzipfeln. Eine hübsche Art mit ihren 2 bis 3 cm großen Blüten. Blütezeit Juli-August.

Cyananthus pedunculatus C.B. Clarke

Nepal. Mit hübschen blauen Blüten, die Pflanze ist aber kaum in Kultur.

Cyananthus sheriffii Cowan

Aus Südtibet und Bhutan, wo die Pflanze in 5000 m Höhe in trockenen Zonen wächst. Eine der hübschesten Arten der Gattung. Blätter und Triebe, besonders der frühe Austrieb, sind dicht bedeckt mit silbrigen Haaren, die dünner werden je länger der Trieb wird. Die Blätter sind elliptisch und sitzend. Die Blüten sind 2 cm groß, glocken- bis röhrenförmig, stumpf an der Spitze, von lichtblauer Farbe, im Schlund, wie die meisten anderen Arten auch, behaart. Verträgt mehr Trockenheit als die anderen Arten und steht gern in Felsspalten. Ist andererseits empfindlich gegen stehende Nässe. Gute Erfahrungen wurden im Alpinenhaus gemacht. Blütezeit August.

Edraianthus, Büschelglocke

Synonym: *Hedraeanthus*

Die Gattung *Edraianthus* A.DC. hat viel Gemeinsames mit der Gattung *Wahlenbergia*, trotzdem sind beide einfach zu unterscheiden. Bei *Edraianthus* stehen die Blüten büschelartig zusammen, bei *Wahlenbergia* stehen sie immer einzeln und sind ohne Hüllblätter. Es sind niedere Stauden, die nahe verwandt mit den Glockenblumen sind, je nach Art werden sie meist zwischen 5 und 20 cm hoch. Botanisch lassen sie sich von den Glockenblumen durch die Samenkapseln unterscheiden, die sich bei den *Edraianthus* oben unregelmäßig öffnet, während die der *Campanula* seitlich aufspringt. Es gibt davon in Südosteuropa etwa 9 bis 12 verschiedene Arten, die genaue Anzahl kann nie mit letzter Sicherheit angegeben werden, da je nach Autor die Ansicht über den Artstatus schwankt. Bei den sechs häufig in Kultur befindlichen Arten gibt es oft Verwechslungen, mit Hilfe des folgenden Schlüssels lassen sie sich aber gut unterscheiden.

I	Blüte einzeln, am Ende einer kurzen Verzweigung	*E. pumilio*
A	Blüten in den oberen Blättern sitzend	

AA Blüten gestielt oberhalb der Hüllblätter oder des Hüllkelches
B Blätter an der Oberseite behaart, Blütenzipfel spitz *E. dinaricus*
BB Blätter beidseitig glatt, Blütenzipfel annähernd oder ganz stumpf *E. serpyllifolius*

II Blüten kompakt in eingehüllten Köpfen
A Der Kelch hat ein kleines Öhrchen oder Läppchen in jeder Ausbuchtung *E. kitaibelii*
AA Kelch ohne diese Öhrchen
B Kelchzipfel so breit wie lang *E. dalmaticus*
BB Kelchzipfel lang und schmal *E. tenuifolius*

Insgesamt wachsen die *Edraianthus*-Arten lockerpolsterig bis rasenbildend, die wechselständigen, mattdunkelgrünen Blätter sind meist spatelig-lineal. Die violetten Blüten sind glockenförmig und aufrechtstehend, meist in endständigen Köpfen vereint, aber auch einzeln. Die Blütezeit liegt im Juni-Juli.

Alle sind Pflanzen für warme, trockene Stellen, und ihrem Charakter nach sollten sie möglichst in Verbindung mit Steinen verwendet werden, also im Alpinum, im Steingarten, im Steinbeet oder an ähnlichen Plätzen. Ideal sind sie für Stein- und Trockenmauerfugen oder auch im Steingeröll. Sonnige Lage ist Voraussetzung für gutes Gedeihen. Der Boden sollte locker, leicht humos und kalkhaltig sein. Selbstverständlich ist auch die Kultur in Kalten Kästen, im Alpinenhaus oder in Trögen zu empfehlen. Wichtig ist immer eine gute Dränage, stehende Winternässe bedeutet oft den Tod der Pflanze. Die gebräuchlichste Vermehrungsart ist die Aussaat oder die durch krautige Stecklinge, hin und wieder ist Teilung möglich. Es gibt viele Möglichkeiten der Benachbarung, hier nur einige Varianten: *Jovibarba heuffelii*-Sorten, *Dianthus gracilis* var. *simulans*, *D. subacaulis*, gelbblühende *Sedum*-Arten, *Chrysanthemum haradjanii*, *Andryala agardhii*. Vorsicht vor Schnecken!

Hinsichtlich der Arten richten wir uns nach der „Flora Europaea“.

Edraianthus dalmaticus (A. DC.) A. DC., Dalmatinische Büschelglocke

Synonyme: *Edraianthus caudatus*, *Wahlbergia dalmatica* A. DC.

Dalmatien, Kroatien. Wuchs insgesamt polsterbildend. Mit linealen, weißwimperigen Basalblättern und 3 bis 7 cm hohen, aufstrebenden bis aufrechten Blütensprossen, die den schopfigen 5- bis 10blütigen Blütenstand tragen. Die blauvioletten Blüten sind trichterförmig, die Kelchzähne breit, dreieckig.

Edraianthus dinaricus (A. Kerner) Wettst., Dinarische Büschelglocke

Dinarische Alpen, Dalmatien. Polsterförmiger Wuchs, im Habitus ähnelt diese Art *E. pumilio*, ist aber etwas lockerer im Aufbau, und die Blütenstiele sind länger (2 bis 6 cm). Die Blätter sind 3 cm lang, graugrün, ohne silbrigen Glanz und pfriemenförmig. Kelchartige Hüllblätter fast 2,5 cm lang, die aufrechte, einzelstehende, glockenförmige, blauviolette Blütenkrone mit kurzen, spitzen, nicht zurückgebogenen Kronzipfeln.

Edraianthus graminifolius (L.) A.DC., Grasartige Büschelglocke

Synonyme: *Campanula graminifolia* L., *Edraianthus croaticus* Kerner

Gebirge in Süd- und Mittelitalien, Sizilien, auf dem Balkan. Im Habitus sehr unterschiedlich, besonders hinsichtlich Form und Länge der Hüllblätter und Blütenkrone sowie der Anzahl von Blüten. Die Basalblätter sind bis 10 cm lang, lineal bis lineal-lanzettlich, wenig gespitzt oder stumpf, ganzrandig, bewimpert nur an der Basis. Stengelblätter in gleicher Form, doch kleiner. 5 bis 10 cm hohe Blütentriebe, manchmal auch bis 25 cm. Die Hüllblätter sind gespitzt-eirund bis verschmälert. Die leuchtendblauen bis violettblauen, schmalen Blüten stehen in kopfständigen Büscheln, halbaufsitzend zu 3 bis 6 Stück, vereinzelt auch bis zu 8. Sie sind 1,2 bis 2 cm lang. Es wurden wiederholt zwergige Abarten aus alpinen Regionen beschrieben, was oft zu einem Namenswirrwarr führte. Die „Flora Europaea" erkennt nur zwei Unterarten an:

Edraianthus graminifolius ssp. *graminifolius* mit 10 bis 20 cm hohen Blütenstengeln und bläulichvioletten Blüten.

Edraianthus graminifolius ssp. *niveus* (G. Beck) Janchen mit 3 bis 10 cm hohen Blütenstengeln und weißen Blüten.

Edraianthus parnassicus (Boiss. et Spruner) Halácsy, Griechische Büschelglocke

Griechenland. Rasenartig wachsende, kurz- und feinbehaarte Staude mit kräftigem, holzigem, verzweigtem Wurzelstock. Basalblätter 1 bis 4 cm lang, 0,5 bis 1 cm breit, länglich-lanzettlich bis verkehrt-eiförmig-spatelig und gestielt. Stengelblätter aufsitzend, kleiner, oval-lanzettlich bis schmal-lanzettlich, an der Basis gerundet. 10 bis 13 cm hohe Blütenstengel, Blüten meist zu 3 bis 4 in rundlichen, kopfständigen Büscheln, Hüllblätter eirund, vorne spitz bis lang zugespitzt. Kürzer oder so lang wie die Blüte. Blüte 1 bis 1,5 cm lang, violett.

Edraianthus pumilio (Portenschl.) A. DC., Zwergige Büschelglocke

Synonym: *Wahlenbergia pumilio* A. DC

Westliches Jugoslawien. Zwergige, polsterbildende Art, 5 bis 10 cm hoch, fein behaart. Die Blätter sind steif und nadelförmig, 1 bis 1,5 cm lang, sie erscheinen durch die silbrigen, angepreßten Haare graugrün. Die Blüten sind fast sitzend, schmalglockig, einzelstehend, 2,5 cm lang. Die Kelchzipfel sind 1/3 bis 1/2 so lang wie die Blütenkrone, spitz und abstehend. Die Blütenzipfel sind spitz nach außen stehend, amethystviolett bis blauviolett, sehr reichblühende, wertvolle Art.

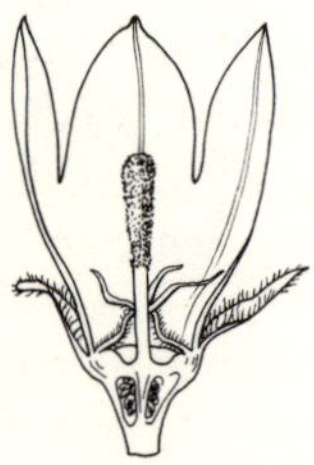

Edraianthus serpyllifolius

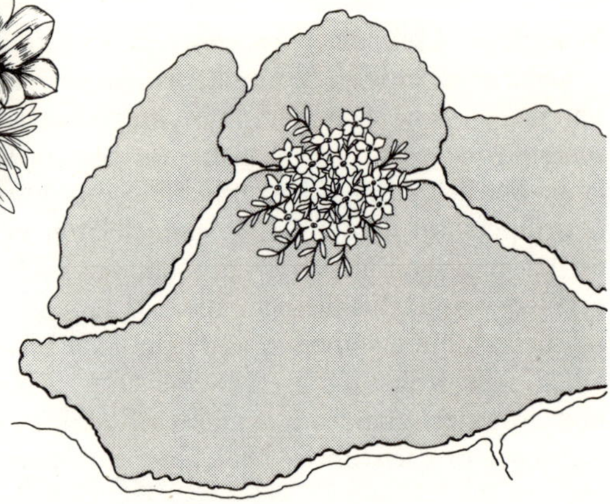

Alle Edraianthus-Arten (Büschelglocken) eignen sich gut für enge Steinspalten und für Tuffsteinlöcher

Edraianthus serbicus Petrović, Serbische Büschelglocke

Berge von Serbien, West- und Zentralbulgarien. Ähnelt sehr *E. graminifolius*, aber mit feinbehaarten, 5 bis 8 cm langen Blättern. Die äußeren Hüllblätter sind kürzer oder gleichlang wie die Blüten, die meist zu 6 bis 12 stehen. Blüte 3 cm lang, violettblau.

Edraianthus serpyllifolius (Vis.) A. DC., Thymianblätterige Büschelglocke

Synonyme: *Campanula serpyllifolia* Vis., *Wahlenbergia serpyllifolia* G. Beck

Westjugoslawien, Nordalbanien. Bildet flache, glänzendgrüne Blattpolster. Die Blätter sind nur 1,5 bis 2 cm lang, lineal-spatelig. Die Blütenstengel sind meist nur 2 bis 5 cm hoch, niederliegend oder aufstehend, sparsam beblättert und einblütig. Die Blüten sind offenglockig, dunkelviolett mit breiten, mehr oder weniger stumpfen Kronzipfeln. Insgesamt erinnert die Blüte etwas an *Campanula portenschlagiana.*

Edraianthus tenuifolius (Waldst. et Kit.) A. DC., Dünnblätterige Büschelglocke

Synonym: *Wahlenbergia tenuifolia* A. DC.

Westbalkan. Kompakte, mattenformende Art, 10 bis 15 cm hohe Blütenstengel. Die Blätter sind schmal-lanzettlich, bis über 5 cm lang, am Rande sind sie steif bewimpert. Die Blüten stehen zu 6 bis 15 in dichten Köpfen, umgeben von lang zugespitzten Hochblättern. Die Blüten sind verhältnismäßig groß, violettblau mit hellerer Basis. Die Kronzipfel sind kurz und ziemlich stumpf, die Kelchzipfel sind schlank und lang. Eine weißblühende Form *E. tenuifolius* 'Albus' ist im Handel.

Edraianthus wettsteinii Halácsy, Wettsteins Büschelglocke

Berge von Nordalbanien und anschließende jugoslawische Gebiete. Hat viel Ähnlichkeit mit *E. pumilio*, doch sind die Blätter noch kleiner, die Blüten sind einzelstehend, selten auch zu 2 bis 3. Die Blütenkrone ist 1 bis 1,2 cm lang, mehr oder weniger dicht behaart, blauviolett.

Jasione, Sandglöckchen

Von der etwa neun Arten umfassenden Gattung *Jasione* L. sind nicht alle von gärtnerischem Wert. Leider haben Umbenennungen dazu geführt, daß ein nomenklatorisches Durcheinander herrscht. Teils handelt es sich um annuelle, teils um staudige Arten, die in Europa und in Kleinasien beheimatet sind. Die für den Garten geeigneten Arten sind für den Steingarten, das Alpinum oder den Heidegarten zu gebrauchen. Alle haben wechselständige, ungeteilte Blätter und endständige Blütenköpfe, wobei die Blütenkrone bis zur Basis in fünf schmale Zipfel getrennt ist.

Jasione bulgarica Stoj. et Stefanov

Bulgarien, auf Weiden und in Kiefernwäldern. Ähnelt stark *Jasione laevis* (syn. *J. perennis*), lediglich die Stengel, Blätter und die hüllblattartigen Hochblätter sind unbehaart, die Blätter sind verkehrt-lanzettlich, die Blütenkrone ist blauviolett.

Jasione crispa (Pourr.) Sampaio

Südwesteuropa. Mehr oder weniger behaarte Kleinstaude mit kräftigem, verholzendem Wurzelstock und gewöhnlich kurzen, nichtblühenden Trieben. Die 2 bis 10 cm, manchmal bis 40 cm langen Blütentriebe sind aufrecht oder emporstrebend. Die Blätter sind länglich-lineal bis lineal-lanzettlich oder selten auch verkehrt-eirund, ganzrandig oder nur unmerklich gezähnt, eher lederig. Die Blüte ist blau. Die „Flora Europaea" unterscheidet bei dieser Art allein die folgenden 10 Unterarten:

J. crispa ssp. *amethystina* (Lag. et Rodr.) Tutin, Südspanien (Sierra Nevada)

J. crispa ssp. *centralis* (Rivas Martinez) Rivas Martinez (syn. *J. humilis* ssp. *centralis* Rivas Martinez), Zentral- und Ostspanien

J. crispa ssp. *arvernensis* Tutin, Südliches Zentralfrankreich

J. crispa ssp. *serpentinica* P. Silva, Nordostportugal

J. crispa ssp. *mariana* (Willk.) Rivas Martinez, (syn. *J. mariana* Willk.), Zentralspanien, Sierra Morena, Montes de Toledo

J. crispa ssp. *maritima* (Duby) Tutin (syn. *J. montana* var. *maritima* Duby), Küstengebiet von Südfrankreich und Nordwestspanien

J. crispa ssp. *sessiliflora* (Boiss. et Reuter) Rivas Martinez (syn. *J. sessiliflora* Boiss. et Reuter), Zentralspanien, Nord- und Zentralportugal

J. crispa ssp. *tomentosa* (A. DC.) Rivas Martinez (syn.: *J. humilis* var. *tomentosa* A. DC.), westliches und Zentralspanien

J. crispa ssp. *cavanillesii* (C. Vicioso) Tutin (syn. *J. cavanillesii* C. Vicioso), Berge von Nordwestspanien

Alle genannten Unterarten können im Steingarten und Alpinum verwendet werden, doch ist ihre Härte und Widerstandsfähigkeit gegen Winternässe nicht immer gewährleistet. Öfter in Gärten ist dagegen die folgende Unterart, die allerdings in Katalogen und Samenlisten meist unter ihrer synonymen Bezeichnung *Jasione humilis* aufgeführt ist.

Jasione crispa ssp. *crispa*

Synonym: *Jasione humilis* (Pers.) Loisel.

Pyrenäen und Nordostspanien. Bildet 5 bis 10 cm hohe, dichte Polster mit einem schlanken Wurzelstock. Die Blütenstengel sind sparsam beblättert, und ein kurzes Stück unter den Blütenköpfchen ist blattlos. Die Blätter (0,5 bis 1 cm lang) sind ganzrandig. Die Blüten bilden dichte, kleine, blaue Köpfchen.

Jasione laevis Lam.

Synonym: *Jasione perennis* Vill. ex Lam.

In der Gartenliteratur, in Pflanzen- und Samenlisten meist noch unter der synonymen Bezeichnung verbreitet. Westeuropa, westliches Mitteleuropa, Balkan bis Südwestrumänien und Süditalien. 15 bis 30 cm hohe Pflanzen, Ausläufer bildend mit vielen nichtblühenden Trieben. Die Blütenstengel sind aufrecht oder aufsteigend, oben blattlos. Die Blätter sind länglich-lineal bis lineal-verkehrt-lanzettlich. Die Blüten haben weit herausragende Griffel, sie bilden bis 3 cm breite, kugelige Köpfchen. Blütezeit Juli-August. Liebt sonnige Lagen, sandigen, kalkfreien bis kalkarmen, trockenen Boden. An zusagenden Stellen Selbstaussaat, auch leicht zu teilen.

Jasione montana L.

Meist nur zweijährige Pflanze. Heimat Europa, Nordafrika und Kleinasien. Bis 30 cm hohe, fahlblaublühende Pflanze. Triebe einfach oder verzweigt, Blätter lineal bis lanzettlich, etwa 3,5 cm lang, gezähnt. Ohne größere Bedeutung.

Unter der Bezeichnung *Jasione perennis* 'Blaulicht' brachte die bekannte Samenzuchtfirma Benary, Hann. Münden einen neuen, verbesserten Stamm in den Handel. Die Pflanzen werden etwa 50 cm hoch und tragen himmelblaue Blütenbälle. Blütezeit Juni-August. Aufgrund der Höhe eher für die Rabatte oder für das Schnittblumenbeet geeignet als für den Steingarten. Eine Pflanze mehr für den Erwerbsgärtner.

Ostrowskia

Ostrowskia magnifica Regel, Prachtglocke, Riesenglockenblume

Turkestan, nahe Bakhara in 2000 m Höhe. Diese Art ist die einzige der Gattung. Sie unterscheidet sich von *Campanula* durch die quirlständigen Blätter, die 5- bis 9teiligen Blüten und durch die Samenkapseln, die an zwei oder mehreren Schlitzen bei den Kelchzipfeln aufspringen.

Diese prächtige Staude hat einen knolligen Wurzelstock, der 1 bis 1,5 m hohe Stengel (vereinzelt noch höher) treibt. Die Blätter sind graugrün, glatt, eiförmig, gezähnt, zu 4 bis 5 quirlständig, nur die oberen sind wechselständig, sie sind 10 bis 15 cm lang. Die Blüten stehen in wenigblütigen, endständigen Rispen im Juni-August. Die großen Einzelblüten haben einen Durchmesser von 10 bis 12 cm, die Kelchzipfel sind langgespitzt, halb so lang oder etwas länger als die Blütenkrone ohne Anhängsel in den Ausbuchtungen. Die Blüte ist fahllila, die Kronzipfel sind kurz und breit, die Blüten sind langgestielt und glockenförmig.

Diese prachtvolle, beherrschende Pflanze ist leider selten in Kultur anzutreffen. Kultur nur in durchlässigen, warmen, austrocknenden Böden in voller Sonne. Der Platz sollte möglichst windgeschützt sein, Winterschutz ist angebracht. Da der Frühjahrsaustrieb frostgefährdet ist, in kalten Lagen Schutz bereitlegen. Winternässe ist Gift für die Pflanze.

Verpflanzen nimmt die Prachtglocke übel, auch schmollt sie nach Teilung des Wurzelstockes. Übliche Vermehrung durch Samen, was aber Geduld erfordert. Aussaat sofort nach der Samenreife bringt die besten Erfolge. Von der Aussaat bis zur ersten Blüte vergehen üblicherweise 3 bis 4 Jahre. Auch ist Stecklingsvermehrung von jungen Trieben möglich, ebenso durch Wurzelschnittlinge.

Physoplexis, Teufelskralle

Physoplexis comosa (L.) Schur, Teufelskralle, Großköpfige Rapunzel, Schopf-Rapunzel

Synonyme: *Phyteuma comosum* L., *Synotoma comosum* R. Schulz

Vorkommen in den südlichen Kalkalpen zwischen Comersee und Kärnten, auf kleinem Areal am Mont Cenis und einigen anderen Orten. In feuchten, schattigen Kalk- und Dolomit-Felsspalten, in Schluchten und ähnlichem Gelände. Etwa bis 2700 m steigend. Uralte Reliktpflanze, die in den Südalpen die Eiszeiten überstanden hat. Die Basalblätter sind nierenförmig, grob gesägt und gestielt. Die gezähnten Stengelblätter sind unten verkehrt-eirund bis elliptisch und die oberen mehr länglich. Der Blütenstand ist eine halbkugelige Scheindolde mit 8 bis 20 Blüten, die von wenigen Hüllblättern umgeben sind. Die etwa 3 cm großen Blüten sind an der Basis aufgeblasen und hellrosa bis hellviolett gefärbt, nach oben zu mehr röhrenförmig verengt und dunkelviolett, aus der Spitze ragt der Griffel mit zwei gebogenen Narben heraus. Die insgesamt krallige Form des Blütenstandes hat der Pflanze den Namen Teufelskralle gegeben. Blütezeit Juni-Juli.

Es ist der Traum jedes Alpinenfreundes. Bietet man Pflanzplätze, die den natürlichen Gegebenheiten am Heimatstandort etwa entsprechen, ist die Pflanze weniger schwierig, als allgemein angenommen wird. Es müssen absonnige Lagen oder Ostlagen im Steingarten oder Alpinum sein, zwischen engen Ritzen und Steinspalten mit möglichst hoher Luftfeuchtigkeit. In Kew Garden bei London sah ich sie auch im Trog gepflanzt in guter Verfassung. Der Kalkstein sollte möglichst porös sein. Als Kulturerde wird ⅔ Kalkschutt und ⅓ alte humose Rasenerde empfohlen. Wocke erwähnt auch eine Mischung von feingehacktem Sphagnum und kleinen Ziegelsteinbrocken. Eine weitere Empfehlung besteht aus 1 Teil gut abgelagerter, mooriger Rasenerde und 1 Teil einer Mischung aus Kalkschutt, Ziegelbrocken und Sand. Gute Erfahrungen wurden auch mit Alpinenhauskultur gemacht, tiefe Töpfe und ein entsprechendes mit Kalksteinsplitt angereichertes Substrat ist Bedingung.

Sehr schön ist auch die überaus seltene *Physoplexis comosum* 'Alba' (syn. *P. comosum* var. *album*).

Vermehrung durch Aussaat, Teilung alter Pflanzen ist problematisch und risikoreich. Die Ansiedlung sollte nur mit jungen Sämlingspflanzen erfolgen, die etwa 1 Jahr alt sind und gut bestockt sein sollten. Es wäre unverantwortlich, alte Stöcke aus der Natur zu entnehmen, die Pflanzen stehen unter strengem Naturschutz, und eine Umsiedlung führt in den allermeisten Fällen zum Totalausfall. Alpenpflanzengärtnereien bieten zeitweilig Jungpflanzen aus Samennachzucht an. Der größte Feind der Teufelskralle im Garten sind die Schnecken.

Phyteuma, Rapunzel

Nachdem die eigentliche Teufelskralle, *Physoplexis comosa* (syn. *Phyteuma comosum*) nicht mehr zur Gattung *Phyteuma* L. gehört, sollte man die deutsche Bezeichnung Rapunzel gebrauchen. Auch die Gattung *Phyteuma* gehört zu den Glockenblumengewächsen, sie umfaßt etwa 50 Arten. Es sind interessante Pflanzen, die in Europa und im gemäßigten Klima Asiens beheimatet sind. Meist aufrechte, manchmal auch niederliegende Stauden mit rübenartigen, fleischigen Wurzeln. Die grundständigen Rosettenblätter unterscheiden sich von den Stengelblättern. Die Blüten stehen in endständigen Köpfel oder länglichen Ähren, die Blütenkrone ist blau, violett, purpurviolett oder auch weiß, verhältnismäßig klein, unten 5-geteilt, röhrenförmig und normalerweise im oberen Teil gekrümmt, jede mit einem lang hervortretenden, 2- bis 3lappigen Griffel. Insgesamt Liebhaberpflanzen, die niederen Arten sind für das Alpinum, das Steinbeet, den Steingarten geeignet oder auch für Tröge, wobei der Platz zwar hell, aber nicht zu heiß sein soll. Die größeren Arten sind gut für halbschattige Lagen in Wildstaudenpflanzungen geeignet. Vermehrung durch Aussaat mit baldigem Pikieren. Ansiedlung mit Topfballen ist empfehlenswert. Am zusagendem Platz manchmal Selbstaussaat.

Phyteuma betonicifolium Vill., Ziestblätterige Rapunzel

Synonym: *Phyteuma michelii* Rehb. non All.

Alpen, Gebirge Norditaliens, auf Wiesen und in Wäldern. Eine höhere Art, 20 bis 70 cm hoch, aufrecht, im oberen Drittel fast blattlos. Die grundständigen Blätter sind gestielt, am Grunde herzförmig, die oberen sind lineal. Die Blütenkrone ist tiefblau, rötlichblau oder rotviolett. Blütezeit Juni-August.

Phyteuma charmelii Vill.

Gebirge von Südwesteuropa, Apennin. Unterscheidet sich von *Phyteuma scheuchzeri* nicht sehr, nur alle Blätter sind dünner, auffallend grün. Grundständige Blätter zur Blütezeit meist schon abwesend. Die Stengelblätter sind ganzrandig bis weit gesägt, mit langen Spitzen. Die Blüten sind dunkelblau. Die Pflanze wird 12 bis 15 cm hoch. Gedeiht leicht im Halbschatten.

Phyteuma cordatum Balbis, Herzförmige Rapunzel

Synonym: *Phyteuma balbisii* A.DC.

Meeralpen an Kalkfelsen. Hin- und hergebogene, 15 bis 25 cm hohe Stengel. Die grundständigen Blätter sind rund bis nierenförmig und langgestielt. Die Stengelblätter (4 bis 7) sind rhomboid bis herz-eiförmig, scharf und in Abständen gesägt. Der Blütenstand ist mehr oder weniger kugelig bis länglich. Die Blütenkrone ist bläulichweiß.

Phyteuma confusum A. Kerner

Gebirge vom östlichen Zentraleuropa und Südosteuropa bis Zentralbulgarien, auf felsigen und steinigen Weiden. Kalkflieher! Hat Ähnlichkeit mit *Phyteuma globulariifolium*. Bis 15 cm hoch, die Blätter sind lineal bis spatelig, gewöhnlich mehr oder weniger plötzlich verschmälert zur gekerbten oder gesägten Basis und Spitze. Blütenkrone dunkelblauviolett, selten weiß.

Phyteuma globulariifolium Sternb. et Hoppe, Armblütige Rapunzel

Synonym: *Phyteuma pauciflorum* auct., non L.

Alpen und Pyrenäen. Auf Felsen und steinigen Böden mit entsprechender saurer Humusauflage. Meist in exponierten Lagen. 1 bis 12 cm hoch, meist 5 cm. Die Grundblätter bilden eine Rosette aus verkehrt-eiförmigen bis verkehrt-lanzettlichen Blättern, die zum Stiel hin verschmälert sind. Die Blüten sind tiefblauviolett, die Blütenkrone ist 1 cm lang. Hüllblätter lanzettlich, etwa gleichlang wie der Durchmesser des 4- bis 12blütigen Köpfchens.

Phyteuma hedraianthifolium R. Schulz, Rätische Rapunzel

Synonym: *Phyteuma carestiae* auct.

Östliche Zentralalpen und Ostalpen, auf felsigen und steinigen Weiden und in Felsspalten. Liebt kalkarmes Gestein. Bis 20 cm hoch aufrechte oder aufstrebende Stengel. Alle Blätter sind lineal. Der Blütenstand ist kugelig, die Blütenkrone dunkelblauviolett. Heikel im Garten. Wocke empfiehlt sphagnum-reichen Boden oder eine Mischung von ⅔ kiesigem Granit- oder Gneissplitt und ⅓ moorige Rasenerde bei bester Dränage. Ostlagen werden bevorzugt.

Phyteuma hemisphaericum L., Halbkugelige Rapunzel

Alpen, Karpaten, an steinigen Berghängen, auf Schuttfeldern, humusreichen Felsbändern. Schopfige, etwa 12 bis 15 cm hohe Staude mit aufrechten, fast blattlosen Stengeln. Die Grundblätter sind lineal-grasartig. Blüten in dichten, runden Köpfchen, blauviolett, selten weiß, 1 bis 2 cm Durchmesser. Blütezeit Juli-August. Starker Kalkflieher, heikel in Kultur, hat nur Liebhaberwert.

Phyteuma humile Schleicher ex Gaudin, Niedere Rapunzel

Westliche Zentral- und Südwestalpen, auf steinigen und felsigen Weiden, Kalkflieher! Bis 13 cm hohe Stengel, grundständige, 1 bis 6 cm lange, zahlreiche Blätter, lineal zur Spitze hin leicht erweitert. Die Stengelblätter sind schmal-lineal, kugeliger Blütenstand, 1,5 bis 3 cm im Durchmesser, Blütenkrone dunkelblauviolett. Nicht ganz einfach.

Phyteuma orbiculare L., Kugelige Rapunzel

Von Südengland und Lettland südlich bis nach Südspanien und Albanien. Auf trockenen Wiesen und Matten, auf steinigem Grund, meist auf Kalk. Von unterschiedlicher Höhe, 10 bis 50 cm, mit aufrechten, selten auch aufsteigenden, wenig belaubten Stengeln. Mit verschieden geformten, meist herz-eiförmigen, kahlen Blättern. Blütenstand 1 bis 2,5 cm im Durchmesser, mehr oder weniger kugelförmig, mit 15 bis 20 Blüten. Blütenkrone blau bis dunkelviolettblau, selten weiß. Mai-Juni blühend.

Phyteuma michelii All., Michelis Rapunzel

Südalpen. Meist auf Wiesen, wenig in Gesteinsschutt, Stengel 25 bis 40 cm hoch. Grundständige Blätter mehr als zweimal so lang als breit, lineal-lanzettlich bis spitz-herzförmig, zur Blütezeit meist schon abwesend, kurzgestielt, gewöhnlich gekräuselt-gefranst nahe der Basis. Die Stengelblätter sind ähnlich. Der Blütenstand ist dicht, stumpf, zylinderförmig, die Blütenkrone ist klar lilablau. Blütezeit Mai-Juni. Ebenfalls ein Kalkflieher.

Phyteuma nigrum F. W. Schmidt, Schwarze Rapunzel

Ardennen und Vogesen bis ins östliche Mitteleuropa, auf Bergwiesen und in Wäldern. Aufrechte, 20 bis 60 cm hohe Stengel, im oberen Drittel mehr oder weniger blattlos. Grundständige Blätter, 3 bis 5 cm lang, meist doppelt so lang wie breit, stumpf-herzförmig-eilanzettlich, Blütenstand erst eiförmig, später zylindrisch. Die Blütenkrone ist schwarzviolett, selten blau oder weiß. Blütezeit Juni-Juli.

Phyteuma ovatum Honckeny, Hallers Teufelskralle

Synonym: *Phyteuma halleri* All.

Südeuropa, südliches Zentraleuropa, von den Pyrenäen bis Nordwest-Jugoslawien, auf Bergwiesen. Hat viel Ähnlichkeit mit *P. spicatum*, lediglich die Hochblätter sind eirund und gewöhnlich länger als der Durchmesser des zylindrischen Blütenstandes. Die Blütenkrone ist schwärzlichviolett, selten weißlich. Blütezeit Juni-Juli.

Phyteuma scheuchzeri All., Scheuchzers Rapunzel

Südalpen, Nordalpen, Apennin, auf steinigen Abhängen. In Gärten von Liebhabern ziemlich verbreitete Art. 12 bis 45 cm hohe Stengel (meist 25 cm) aufrecht oder auch niederliegende Basalblätter, zur Blütezeit meist schon abwesend, spitz-eirund bis lanzettlich, unten tief herz- oder keilförmig eingeschnitten, lang gestielt, am Rande gekerbt oder gezähnt. Die Stengelblätter sind gestielt oder aufsitzend, lineal-lanzettlich, bläulichgrün. Der Blütenstand ist kurz-eirund bis kugelig, die Blütenkrone ist tiefblau. Blütezeit Juni-Juli. Wünscht kalkhaltigen Boden und ist eine dankbare Steingartenpflanze. Auch weißblühende Typen sind manchmal im Angebot. Hübsch zu Zwergnelken und niederem Teppich-Schleierkraut *(Gypsophila repens)* in Sorten.

Phyteuma scorzonerifolium Vill.

Südwestalpen und südliche Zentralalpen, Nord- und Zentral-Apennin, auf Wiesen und an Waldrändern. Eine höhere (30 bis 90 cm) Art mit zur Blütezeit bereits abwesenden Basalblättern, sonst schmal-lanzettlich bis elliptisch, zum Stiel hin gleichmäßig verschmälert. Untere Stengelblätter bis 15 cm lang, schmal-lanzettlich bis lineal. Der Blütenstand ist gewöhnlich zylindrisch, lokker und spitz. Die Blütenkrone ist fahlblaulila, selten weiß.

Phyteuma sieberi Spreng., Siebers Rapunzel

Dolomiten, an felsigen und steinigen Hängen, liebt Kalk. Diese Art steht *P. orbiculare* nahe, aber mit eirund-lanzettlichen bis eirunden Blättern, die oberen Stengelblätter sind aufsitzend. Leicht gedeihend in mit Kalkschotter durchsetztem Boden, in sonnigen bis halbschattigen Lagen. Höhe etwa 20 cm, Blütezeit Juni-Juli.

Phyteuma spicatum L., Ährige Rapunzel

Südnorwegen und Estland, südlich bis Nordspanien und Montenegro, auf Wiesen und besonders in Wäldern. 30 bis 80 cm hoch, mit aufrechten Stengeln, die Grundblätter sind langgestielt, tief-herzförmig und kahl. Der Blütenstand ist anfangs eiförmig bis mehr oder weniger kugelig und später zylindrisch-ährig. Die Blütenkrone ist gelblichweiß, an der Spitze grünlich.

Phyteuma vagneri Kerner

Ost- und Südkarpaten an alpinen Hängen. Nicht sehr verschieden von *P. spicatum*, doch ist der Blütenstand kürzer eirund bis mehr kugelig und nicht länglich. Die Blütenkrone ist schwarzviolett, etwa 30 cm hoch.

Phyteuma zahlbruckneri Vest, Zahlbruckners Rapunzel

Synonym: *Phyteuma betonicifolium* ssp. *zahlbruckneri* (Vest) Hayek

Ostalpen und Nordwestjugoslawien, auf Wiesen und an Waldrändern, Kalkflieher. 25 bis 90 cm hohe Stengel. Die lanzettlichen bis oval-lanzettlichen, grundständigen Blätter sind an der Basis rundlich bis leicht herzförmig, langgestielt und zur Blütezeit bereits abwesend. Die Stengelblätter sind ähnlich, nur an der Basis keilförmig. Zylindrischer Blütenstand, selten eiförmig. Blütenkrone tiefblau.

Von den bisher in alphabetischer Folge genannten Arten finden sich die niederen verstärkt in Steingarten und Alpinum, die höheren sind seltener und gehören in Wildstaudenpflanzungen. Die folgenden Arten sind bis jetzt kaum in Kultur, sie sollen deshalb nur kurz erwähnt werden.

Phyteuma gallicum R. Schulz

Südliches Zentralfrankreich. Ähnelt *P. nigrum*, jedoch mit himmelblauer Blütenkrone.

Phyteuma pseudoorbiculare Pant.

Westliche Balkan-Halbinsel. Ähnlich *P. orbiculare*, Unterschiede in den Blattformen.

Phyteuma pyrenaicum R. Schulz

Pyrenäen, Berge von Nord- und Zentralspanien. Ähnelt *P. spicatum*. Unterschiede bei den Blättern, Blütenkrone bläulich.

Phyteuma rupicola Br.-Bl.

Ostpyrenäen, auf Granit. Ähnelt *Ph. globulariifolia*. Unterschiede in Blattform und Blütenstand.

Phyteuma tetramerum Schur

Karpaten. 40 bis 80 cm hoch. Blütenkrone blau.

Platycodon, Ballonblume, Ballonglocke

Die Gattung *Platycodon* A.DC. wird nur durch eine Art vertreten. Attraktive Staude aus Ostasien, von *Campanula* hauptsächlich unterschieden durch die endständige, aufspringende, fünfklappige Kapsel und die vor dem Öffnen ballonartige Blütenknospe. Eine sehr wichtige Staude, von der es viele Formen gibt. Mittelhohes, aufrechtes Glockenblumengewächs mit rübenartigen, fleischigen Wurzeln. Gegenständigen oder quirligen Blättern, meist blaugrün getönt. Die ansehnlichen Blüten sind endständig, blau, weiß oder leicht rosa, öffnen sich sternförmig. Beliebte Rabatten- und Steingartenstaude für sonnige bis halbschattige Lagen. Verlangt einen kräftigen, gut durchlässigen Boden. Nur Samenvermehrung.

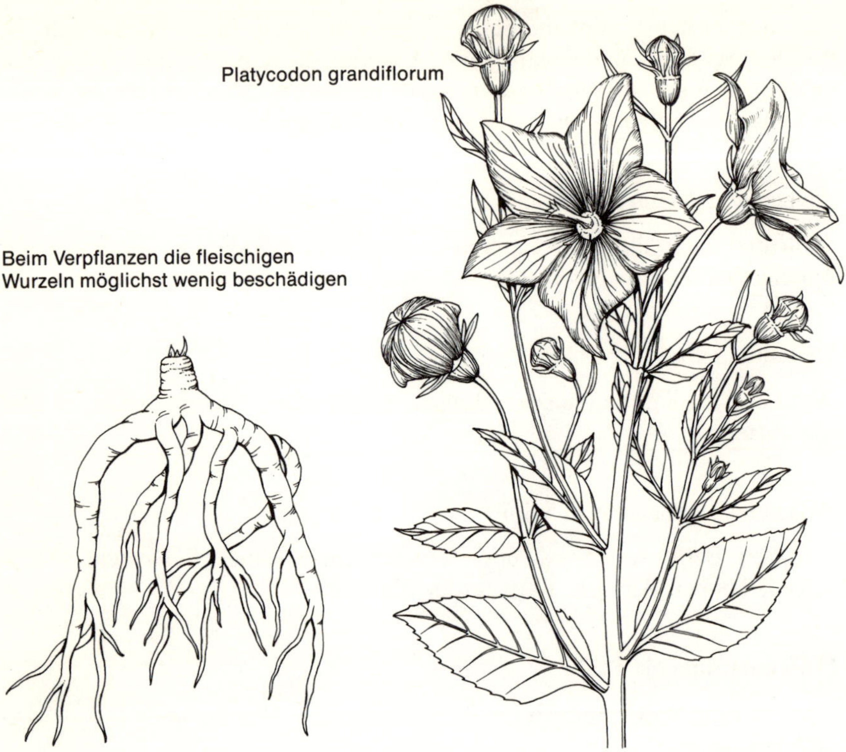

Platycodon grandiflorus (Jaq.) A. DC.

Synonyme: *Campanula grandiflora* Jacq., *Wahlenbergia grandiflora* (Jacq.) Schrad.

Japan, Nordchina, Mandschurei, Ussuri. Die Art wird etwa 70 cm hoch. Die Blätter sind lanzettlich bis ei-lanzettlich und gesägt. Folgende abweichende Sorten und Formen sind bekannt:

'Apoyama', hübsche und interessante Standortform, die vom Berg Apoy von der japanischen Insel Hokkaido stammt. Besonders für kleine Pflanzplätze. Wird nur 15 bis 20 cm hoch und hat violettblaue Schalenblüten.

'Album', weiße Albinoform mit zartblauer Aderung.

'Perlmutterschale', Züchtung von Kayser & Seibert, wird etwa 60 cm hoch und hat perlmutterrosa Blütenschalen. Fällt echt aus Samen.

'Mariesii', mit die wichtigste Sorte, hat leuchtend blaue Blüten und wird nur etwa 40 cm hoch. Blütezeit Juli-August. Schön zu *Oenothera tetragona*-Sorten. Reichblühend.

'Plenum', lichtblaue, halbgefüllte Sorte, im ausländischen Schrifttum auch als 'Semiduplex' oder 'Semiplenus' bezeichnet.

Im Ausland auch noch weitere Formen wie 'Autumnalis', besonders spätblühend, 'Azureus' und 'Caeruleus', blaue Farbauslesen, 'Japonicus', 10-gelappte Blütenschalen, 'Micranthus', kleinblütig, 'Praecox', frühblühend.

Symphyandra

Die kleine Gattung *Symphyandra* A. DC. hat keine allgemeine Gartenbedeutung, ist beim Liebhaber jedoch ein gerngesehener Gast. Insgesamt etwa 8 Arten, teils ausdauernd, teils zweijährig. Meist im Mittelmeerraum beheimatet, eine auch in Asien. *Campanula* sehr ähnlich, doch von ihnen durch die Staubbeutel, die röhrig um den Griffel vereinigt sind, unterschieden, dreizellige Kapsel. Im Garten eignen sie sich besonders für größere Steingartenpartien. Aus fleischigen Wurzeln treiben rosettige Blätter und ein pyramidaler, verästelter Blütenstand mit weißen oder blauen, nickenden Glockenblüten. Sie sind hinsichtlich Boden und Standort nicht sehr wählerisch, sowohl Sonne als auch lichter Halbschatten wird akzeptiert.

Symphyandra armena (Steven) A. DC.

Kaukasus, Armenien. Aufrechte oder ausgespreizte Staude, etwa 35 bis 50 cm hoch. Die Blätter sind eirund-herzförmig bis keilförmig, am Rande tief und unregelmäßig gesägt, die unteren Blattstiele sind bis 15 cm, viel länger als die Blattspreite. Die aufrechten, kopfständigen Blüten sind lavendelblau oder weiß, etwa 1,5 cm lang und samtartig behaart. Die Kelchlappen sind schmaldreieckig.

Symphyandra cretica A. DC.

Synonym: *Campanula cretica* (A. DC.) D. Dietr.

Griechenland, Kreta. Felsen und Mauern in niedrigen Höhenlagen. Unbehaarte Staude, etwa 45 bis 60 cm hoch, die unteren Blätter sind gestielt, die Blattspreite ist herz-nierenförmig, am Rande gekerbt, die oberen Blätter sind aufsitzend. Die Blüten sind hängend und stehen in einer wenigblütigen, einseitswendigen Traube. Die Kelchlappen sind 1,5 cm lang, lineal-lanzettlich. Die Blüten sind etwa 3 cm lang, fahlblau oder weiß.

Die „Flora Europaea“ unterscheidet drei Subspecies: *S. cretica* ssp. *cretica* ssp. *samothracica* und ssp. *sporadum*.

Symphyandra hofmannii Pant.

Jugoslawien, an felsigen Plätzen. Nur zweijährig oder monokarp. Im Garten verliert man sie kaum, da sie durch Selbstaussaat für Jungpflanzen sorgt, wird nicht lästig. Drüsenhaarig, bis 60 cm hoch, Blätter 5 bis 10 cm lang, eiförmig bis lanzettlich, gleichmäßig zur Basis zu verschmälert, am Rande grob gesägt. Die unteren Blattstiele sind geflügelt, die oberen Blätter aufsitzend. Die Blüten sind hängend, cremeweiß, 2 bis 3 cm lang und bilden einen einseitswendigen Blütenstand. Blütezeit Juli-August.

Symphyandra ossetica (M. B.) A. DC.

Synonym: *Campanula ossetica* M. B.

Kaukasus. Eine weniger bekannte Art mit großen Rosetten aus am Rande gezähnten Blättern. Etwa 30 cm hoch werdend, trägt Trauben aus silberlila, röhrenförmigen Blüten. Am zusagenden Platz auch wesentlich höher werdend. Am Naturstandort im trockenen Geröllschutt und an senkrechten Felswänden herabhängend. Meist zweijährig.

Symphyandra pendula (Bieb.) A. DC.

Kaukasus. *Symphyandra hoffmannii* sehr ähnlich, unterschieden durch die herz-eiförmigen bis länglichen Blätter, samtartig-drüsenhaarige Blattstiele nicht geflügelt. Die gelblichweißen Blüten stehen in Trauben und werden etwa 3,5 cm lang.

Symphyandra wanneri (Rochel) Heuff.

Synonym: *Campanula wanneri* Rochel

Berge von Bulgarien, Rumänien und Ostjugoslawien, an beschatteten, felsigen Stellen. Drüsenhaarige Staude 10 bis 40 cm hoch, Blätter 2 bis 11 cm lang, länglich-lineal bis lanzettlich, zur Basis hin gleichmäßig verschmälert, am Rande gesägt, die untersten Blätter mit einem geflügelten Stiel, die oberen aufsitzend. Die Blüten bilden eine verzweigte, einseitswendige Traube. Die Blüten sind 2 bis 3,5 cm lang und violett in der Farbe. Liebt auch im Garten Halbschatten.

Vermehrung von *Symphyandra* aus Samen nicht anders als bei *Campanula*. Bei einzelnen Arten können Stecklinge von Frühjahrstrieben gemacht werden.

Trachelium

Bei uns auch als Halskraut bekannt. Die Gattung *Trachelium* L. ist in Südeuropa, auf dem Balkan und in Nordafrika beheimatet und umfaßt etwa 7 Arten. Die Blüten haben lange, schmale Kronröhren, aus denen der Griffel weit herausragt. Die kleinen Blüten sind zu vielblumigen, kopfartigen Doldenrispen vereinigt. Die Bedeutung als Gartenpflanzen ist nicht sehr groß, wenn sich auch einige Arten durchaus im Steingarten und Alpinum gut unterbringen lassen. Vermehrung durch Aussaat oder durch Stecklinge.

Trachelium asperuloides Boiss. et Orph.

Südgriechenland, besonders in Felsformationen. Eine nur 2 bis 4 cm hohe, zwergige Polsterpflanze, die einen kräftigen Wurzelstock besitzt. Hat kleine bis 5 mm lange, sitzende, eirund-spatelige bis halbkreisförmige, glänzende Blättchen. Die Blüten stehen einzeln oder bis 5 in den Achseln der oberen Blättchen. Sie sind zahlreich, aufrechtstehend und sternförmig und rosa bis lila gefärbt. Die Kronröhre ist etwa 6 mm lang, mehr als doppelt so groß wie die Kronzipfel.

Stecklingsvermehrung. Ist empfindlich gegenüber Winternässe, deshalb ist die Kultur im Alpinenhaus vorzuziehen. Ausgepflanzt soll diese *Trachelium*-Art so sonnig und trocken wie möglich stehen. Nach der Blütezeit kurz zurückschneiden, hält die Pflanze kompakt und verlängert die Dauerhaftigkeit.

Trachelium caeruleum L.

Westliches Mittelmeergebiet, Portugal. Bei uns keine eigentlich winterharte Staude. Geeignet als Kalthauspflanze, für Topfkultur mit frostfreier Überwinterung oder als Einjahrspflanze. Die Pflanze wird bis 1 m hoch, hat eine verholzende Basis und treibt bläulich bis violett überlaufene, wenig verzweigte Stengel. Die Blätter haben einen zweifach gesägten Rand, sind eiförmig, spitz auslaufend und kurz gestielt. Der locker-doldige Blütenstand trägt viele violettblaue, sehr schlanke Blüten mit einem Durchmesser von 0,6 bis 1,2 cm.

Außer der blauvioletten Art gibt es die Farbsorten 'Album', weiß, 'Carneum', fleischrosa, und 'Isabellinum', schmutziggelb mit bläulichem Hauch. Die „Flora Europaea" unterscheidet zwischen *T. caeruleum* ssp. *caeruleum* mit ovalen bis breit-lanzettlichen Blättern, spitzen bewimperten Zähnen und ungeflügeltem Stiel und *T. caeruleum* ssp. *lanceolatum* (Guss.) Arcangeli mit schmal-lanzettlichen Blättern, stumpfen, nicht bewimperten Zähnen und geflügeltem Blattstiel.

Empfohlen wird Aussaat im Hochsommer in Töpfen mit frostfreier Überwinterung, Blütezeit dann im Hochsommer. Bei einjähriger Kultur wird im frühen März gesät, rechtzeitig pikiert und nach den Eisheiligen ausgepflanzt. Blüte im Spätsommer.

Trachelium jacquinii (Sieber) Boiss.

Synonym: *Diosphaera jacquinii* (Sieber) Buser

Bulgarien, Griechenland und an der Ägäis. Glatte oder kurz behaarte Kleinstaude mit kräftigem Wurzelstock. Blätter länglich bis eiförmig, entfernt gesägt, die niedersten sind kurz gestielt, die anderen aufsitzend. Trägt endständige, dichte Blütenköpfe in Lilablau, die Kronröhre ist etwa 5 mm lang. Die „Flora Europaea" unterscheidet zwei Unterarten:

T. jacquinii ssp. *jacquini*. Pflanzen werden nicht höher als 15 cm, mit 2,5 bis 5 cm langen, lederigen, gesägten oder gekerbten Blättern.

T. jacquinii ssp. *rumelianum* (Hampe) Tutin (syn. *T. rumelianum* Hampe, *Diosphaera rumeliana* (Hampe) Bornm.). Höhe der Pflanze 15 bis 35 cm, Blätter weniger lederig, Rand spitzer gesägt.

In Kultur meist noch unter der Bezeichnung *Trachelium rumelianum* verbreitet. Hübsche dauerhafte Steingartenpflanze, besonders wegen der späten Blütezeit erwünscht. Ist kalkliebend, benötigt sonnig-halbschattige Lage, gedeiht besonders gut in Steinfugen. Vermehrung durch Aussaat und Stecklinge.

Wahlenbergia

Die Gattung *Wahlenbergia* Schrad. ex Roth beinhaltet über 13 einjährige und staudige Arten, hauptsächlich weit verstreut in der südlichen Hemisphäre vorkommend. Von *Campanula* und *Edraianthus* unterschieden durch die mit endständigen Poren aufspringenden Kapseln. Hat im gärtnerischen Sektor oft zu einem Durcheinander geführt, da *Edraianthus*-Arten früher als *Wahlenbergia* gingen. Später war dann diese Gattung aus dem gärtnerischen Gesichtskreis verschwunden, und erst in den letzten Jahren rückten die *Wahlenbergia* aus Neuseeland, Tasmanien und den höheren australischen Gebirgen wieder in den Interessenkreis der Alpinenliebhaber. Besonders ausländische Gärtnereien bieten hin und wieder Arten an, die Hauptverbreitung findet jedoch durch die Samentauschaktionen der Liebhabergesellschaften alpiner Pflanzen statt. Die Samenvermehrung gleicht der der *Campanula*-Arten, die perennierenden Arten können auch durch Stecklinge vermehrt werden. Die bekanntesten Arten sollen hier genannt werden. Bei uns in erster Linie wohl für das Alpinenhaus geeignet.

Wahlenbergia albomarginata Hook.

Neuseeland. Kommt sowohl in Niederungen als auch in Höhen bis 1400 m vor, an grasbewachsenden Stellen und besonders in niederschlagsreichen Gebieten im Geröll. Eine kleine, staudige Art mit verzweigten, wirren, unterirdischen Stengeln, die zerstreute Rosetten bilden, etwa 1 bis 2 cm breit. An sehr schlanken Blütenstengeln, 3 bis 20 cm hoch, steht eine weiße oder fahlblaue, normalerweise hängende Blüte, oft mit kräftiger gefärbten Adern. Die Rosettenblätter sind 5 bis 15 mm lang und 1 bis 10 mm breit, haben gewöhnlich eine lederartige Textur, sind weiß gerandet und ganzrandig. Alpinenhaus, oder Sommerkultur im Alpinum und für den Winter eintopfen und Schutz unter Glas.

Wahlenbergia annularis A. DC.

Südafrika. 20 bis 60 cm locker verzweigte Pflanze. Blätter in bodenständigen Tuffs, lineal-lanzettlich oder verschmälert, 2,5 bis 5 cm lang, mehr oder weniger gezähnt. Die Blüten einzelstehend oder zu mehreren, tief gelappt und annähernd radförmig, etwa 2,5 cm im Durchmesser, geöffnet von weißer Farbe, oft in Hellviolett changierend, innen gefleckt.

Wahlenbergia cartilaginea Hook f.

Neuseeland, Südinsel, in Höhenlagen von 1100 bis 1700 m, besonders an schotterigen Hängen. Eine charakteristische, rhizombildende Pflanze, leicht erkennbar durch ihre kleinen, sternartigen Rosetten aus dicken, lederartigen, gräulichen, manchmal auch purpurfarben angehauchten Blättern, 6 bis 20 mm lang und 5 bis 15 mm breit mit verdicktem, ganz fein gezähntem, weißem Rand. Die Blüten sind weiß bis lichtblau, immer aufrecht und süß duftend. Liebt leichten, schotterigen Boden mit einem Anteil an Steinen, milde Feuchtigkeit.

Wahlenbergia ceracea Lothian

Australische Alpen, Tasmanien, in alpinen und subalpinen Lagen in Rasenschmielenwiesen, an feuchten Stellen und Bachufern. Am Naturstandort im Februar-März blühend. Die Staude wird 15 bis 30 cm hoch, vereinzelt auch höher (bis 60 cm). Schlanke, verzweigte Rhizome, Stengel schlank, zuerst niederliegend, später nach außen gerichtet oder aufrecht, gewöhnlich glatt, nach oben etwas behaart. Blätter meist wechselständig, 2 bis 3 cm lang, verkehrt-lanzettlich oder spatelig, am Rande unregelmäßig gekerbt-gezähnt. Die Blüten, 3 bis 4,5 cm im Durchmesser, sind fahlblau bis fahlviolett, in der Knospe hängend, aufgeblüht sternig-glockig.

Wahlenbergia congesta (Cheesman) N. E. Br.

Neuseeland. Niedere, mattenbildende Staude mit vielverzweigten Stengeln. Blätter kreisförmig bis elliptisch-spatelig, über 2,5 cm lang. Stiele schlank, gefranst, 2- bis 3mal so lang wie die Platte. Aufrechte, 5 cm lange Blütenstiele, Blüten weiß oder blau, beinahe 12 mm im Durchmesser.

Wahlenbergia gloriosa Lothian

Australische Alpen, hauptsächlich in subalpinen Wäldern, geht nicht über die Baumgrenze. Entsprechend ist bei uns nur Alpinenhauskultur möglich. Unterscheidet sich von der ebenfalls in den australischen Alpen vorkommenden *W. ceracea* hauptsächlich durch die niederliegenden oder niedergebogenen Stengel, die zur Basis hin stärker behaart sind. Die Blätter sind gegenständig, gewöhnlich gedrängt-gehäuft, verkehrt-eiförmig-länglich oder spatelig. Die Blüten sind tief purpurviolett.

Wahlenbergia gracilis (G. Forst.) A. DC.

Synonym: *W. vinciflora* (Venten.) Decne., manchmal auch *W. vincaeflora* geschrieben. Es ist schwierig zu klären, ob der hier aufgeführte Artname oder die synonyme Bezeichnung der korrekte Name ist.

Neuseeland. Aufrechte, gewöhnlich verzweigte, kurzlebige Staude, über 25 cm hoch, Stengel holzig. Blätter meist steifborstig behaart nahe der Basis. Die unteren Blätter sind meist verkehrt-lanzettlich bis lanzettlich, die oberen sind schmaler. Die Blüte ist weiß bis dunkelblau, glockig bis radförmig, etwa 18 mm im Durchmesser. Bei dem meist in Kultur angebotenen Material (oder unter der synonymen Bezeichnung) handelt es sich fast immer um *W. trichogyna*.

Wahlenbergia hederacea (L.) Rchb.

Synonym: *Campanula hederacea* L.

Westeuropa, von Schottland bis Portugal und Spanien. Eine Staude mit schlanken, kriechenden Stengeln, gestielten, halbkreisförmigen Blättern bis 13 mm Durchmesser. Blüten mehr oder weniger hängend, fahlblau.

Wahlenbergia lobelioides (L. f.) Link

Synonym: *W. pendula* Schrad.

Madeira, Kanarische Inseln. 5 bis 30 cm hohe Annuelle, ohne Bedeutung.

Wahlenbergia marginata (Thunb.) A. DC.

Synonym: *Campanula marginata* Thunb.

Japan, Formosa, China, Korea, auf grasbewachsenen, sonnigen Stellen im Flachland und niederem Bergland. Schlanke, 20 bis 40 cm hohe Staude mit aufrechten, oft verzweigten Stengeln. Die Stengelblätter sind breit-spatelförmig oder verkehrt-lanzettlich, 2 bis 4 cm lang. Wenigblütig, Blüten kopfständig oder den oberen Achseln entspringend, langgestielt. Blaue glocken- bis trichterförmige, 5 bis 8 mm lange Blüten. Härte bei uns fraglich.

Wahlenbergia mathewsii Cockayne

Neuseeland. Unbehaarte Tuffs bildende Staude mit fleischigen bis holzigen Rhizomen. Blätter in Rosetten, lederig, lineal, bis 3,8 cm lang, ganzrandig oder gezähnt, viele schlanke Blütenstengel, einfach oder verzweigt, bis 20 cm hoch. Blüten aufrecht, glockig, weißlich oder fahllila, 18 mm bis 3 cm im Durchmesser.

Wahlenbergia pygmaea Col.

Neuseeland, Nord- und Südinsel, von den vulkanischen Bergen südwärts in die Gebiete mit höheren Niederschlägen. Höhenlage 700 bis 1700 m, zwischen Sträuchern und auf Grasmatten, immer mit guter Dränage. Hat viel Ähnlichkeit mit *W. albomarginata*, oft schwer von ihr zu unterscheiden. Sie ist insgesamt kleiner, die Blätter haben immer eine fleischig-glänzendgrüne Platte, und die Blattränder sind unverdickt und nur flach gezähnt. Die Blüten sind verhältnismäßig groß für die Pflanze, sie nicken, sind fahlblau mit auffallenden Adern, der Schlund ist viel breiter als bei *W. albomarginata.*

Wahlenbergia saxicola (R. Br.) A. DC.

Tasmanien. Etwa 30 cm hohe Kleinstaude. Blätter in Rosetten, verkehrtlanzettlich bis lanzettlich, über 2,5 cm lang, ganzrandig, gewöhnlich etwas gewellt. Die Blütenstengel sind aufrecht, ebenfalls die Blüte, diese ist lichtblau, offenglockig, 12 bis 18 mm im Durchmesser.

Wahlenbergia tasmanica ist ein Name ohne botanische Berechtigung. Was unter dieser Bezeichnung angeboten wird, ist meist *W. saxicola.*

Wahlenbergia trichogyna Stearn

Neuseeland, australische Alpen. Aufrechte, vielstämmige Staude, etwa 25 bis 60 cm hoch werdend. Blätter gegenständig oder wechselständig, an den unteren Teilen der Stengel lanzettlich bis verkehrt-lanzettlich, bis 4 cm lang, gezähnt, behaart. Reichblühend, Blüten kopfständig oder seitenständig, blau mit gelblichem Zentrum, trichterförmig, 3 cm Durchmesser.

Wahlenbergia vincifolia ist eine synonyme Bezeichnung für *W. gracilis.* Andererseits handelt es sich bei in der Praxis unter dem Namen *W. vincifolia* aufgeführte Pflanzen um *W. trichogyna.*

Alles sind Pflanzen, über deren Härte in Mitteleuropa man noch nichts Endgültiges aussagen kann, doch lohnt es sich, Versuche mit dieser hübschen Glockenblumen-Verwandtschaft zu machen.

Übersichten und Verzeichnisse

Synonyme bei den Enziangewächsen

Chondrophylla fremontii = *Gentiana aquatica L.*
Dasystephana affinis (Griseb.) Rydb. = *Gentiana affinis* Griseb.
– *andrewsii* (Griseb.) Small = *Gentiana andrewsii* Griseb.
– *calycosa* Rydb. = *Gentiana calycosa* Griseb.
– *flavida* (Gray) Britt. = *Gentiana andrewsii* Griseb. f. *albiflora* Britt.
– *linearis* Britt. = *Gentiana linearis* Froel.
– *parryi* Rydb. = *Gentiana parryi* Engelm.
– *puberula* (Michx.) Small = *Gentiana puberulenta* Pringle
Ericoila clusii (Perr. et Song.) A. et D. Löve = *Gentiana clusii* Perr. et Song.
– *kochiana* (Perr. et Song.) A. et D. Löve = *Gentiana acaulis* L. s. str.
Gentiana acaulis L. p. p. = *Gentiana clusii* Perr. et Song.
– *alpina* L. var. *alpina* (Vill.) Griseb. = *Gentiana alpina* Vill.
– *algida* var. *igarashii* Miyabe et Kudo = *Gentiana algida* f. *igarashii* (Miyabe et Kudo) Toyokuni
–– var. *sibirica* Kusn. = *Gentiana algida* Pall.
– *amarella* L. = *Gentiana amarella* (L.) Börner
– *angulosa* Bieb. = *Gentiana verna* L.
– *anisodonta* Borbás. = *Gentianealla anisodonta* (Borbás) A. et D. Löve
– *aspera* Hegetschw. et Heer = *Gentianella aspera* (Hegetschw. et Heer) Dostál ex Skalický
– *aurea* L. = *Gentianella aurea* (L.) H. Sm.
– *austriaca* A. et J. Kerner = *Gentianella austriaca* (A. et J. Kerner) J. Holub
– *axillariflora* Lév. et Van = *Gentiana triflora* var. *japonica* (Kusn.) Hara
–– var. *horomuiensis* (Kudo) Hara = *Gentiana triflora* var. *horomuiensis* (Kudo) Hara
– *axillariflora* var. *montana* Hara = *Gentiana triflora* var. *montana* (Hara) Hara
–– var. *naitoana* Lév. et Faurie = *Gentiana triflora* var. *japonica* (Kusn.) Hara
– *barbata* Froel. = *Gentianella barbata* (Froel.) Bercht. et J. Presl
– *bigelovii* A. Gray = *Gentiana affinis* Griseb. ex Hook.
– *buergeri* Miq. = *Gentiana scabra* var. *buergeri* (Miq.) Maxim.
– *bulgarica* Velen. = *Gentianella bulgarica* (Velen.) J. Holub
– *caespitosa* Hayata = *Gentiana arisanensis* Hayata
– *calycina* (Koch) Wettst. = *Gentianella anisodonta* (Borbás) A. et D. Löve
– *campestris* L. = *Gentianella campestris* (L.) Börner
– *ciliata* L. = *Gentianopsis ciliata* (L.) Ma
– *columnae* Ten. = *Gentianella columnae* (Ten.) J. Holub
– *cordifolia* C. Koch = *Gentiana septemfida* Pall.
– *crinita* Froel. = *Gentianopsis crinita* (Froel.) Ma

- *crispata* Vis. = *Gentianella crispata* (Vis.) J. Holub
- *depressa* D. Don = *Gentiana stipitata* Edgew.
- *detonsa* Rottb. = *Gentianopsis detonsa* (Rottb.) Ma
- *elegans* A. Nels. = *Gentianopsis thermalis* (O. Kuntze) Iltis
- *elliotii* (Hapm. not Raf.) = *Gentiana catesbaei* Walt.
- *engadinensis* (Wettst.) Br.-Bl. et Samuelsson = *Gentianella engadinensis* (Wettst.) J. Holub
- *excisa* W. D. J. Koch = *Gentiana acaulis* L. s. str.
- *favratii* (Rittener) Favrat = *Gentiana brachyphylla* Vill. ssp. *favratii* (Rittener) Tutin
- *flavida* A. Gray = *Gentiana alba* Mühlenb.
- *fremontii* (Torr.) A. Nels. = *Gentiana aquatica* L.
- *frigida var. algida* (Pall.) Froel. = *Gentiana algida* Pall.
- *germanica* Willd. = *Gentianella germanica* (Willd.) E. F. Warburg
-- ssp. *bulgarica* (Velen.) Hayek = *Gentianella bulgarica* (Velen.) J. Holub
-- ssp. *calycina* (Koch) Hayek = *Gentianella anisodonta* (Borbás) A. et D. Löve
-- ssp. *pilosa* (Wettst.) Hayek = *Gentianella pilosa* (Wettst.) J. Holub
- *glauca* var. *major* (Ledeb.) = *Gentiana glauca* Pall.
- *halopetala* (A. Gray) T. Holm = *Gentianopsis halopetala* (A. Gray) Iltis
- *heterostemon* H. Smith = *Gentiana pedicillata* (D. Don) Griseb.
- *hopei* hort. = *Gentiana trichotoma* Kusn.
- *horomuiensis* Kudo = *Gentiana triflora* var. *horomuiensis* (Kudo) Hara
- *humilis* Stev. = *Gentiana aquatica* L.
- *imbricata* Froel. = *Gentiana terglouensis* Hacq.
- *jesoana* Nakai = *Gentiana triflora* var. japonica (Kusn.) Hara
- *igarashii* Miyabe et Kudo = *Gentiana algida* f. *igarashii* (Miyabe et Kudo) Toyokuni
- *karelinii* Griseb. = *Gentiana aquatica* var. *karelinii* Clarke
- *kawakamii* (Makino) Makino = *Gentiana jamesii* Hemsl.
- *kesselringii* Regel = *Gentiana walujewii* Regel et Schmalb. var. *kesselringii* (Regel) Kusn.
- *kochiana* Perr. et Song. = *Gentiana acaulis* L. s. str.
- *lacimata* Kit. = *Gentiana pyrenaica* L.
- *lagodechiana* hort. = *Gentiana septemfida* Pall. var. *lagodechiana* Kusn.
- *lutescens* Velen. = *Gentianella lutescens* (Velen.) J. Holub
- *makinoi* Lév. et Van non Kusn. = *Gentiana nipponica* Maxim.
- *menziesii* A. Gray = *Gentiana sceptrum* Griseb.
- *moorcroftiana* Wallich ex Griseb. = *Gentianella campestris* (L.) Börner
- *naitoana* Lév. et Faurie = *Gentiana triflora* var. *japonica* (Kusn.) Hara
- *nana* Wulfen = *Gentianella nana* (Wulfen) Pritchard
- *nipponica* var. *kawakamii* Makino = *Gentiana jamesii* Hemsl.
- *nipponica* var. *robusta* Hara = *Gentiana jamesii* var. *robusta* (Hara) Ohwi
- *nubigena* Edgew. = *Gentiana algida* Pall.
- *ochroleuca* Froel. = *Gentiana villosa* L.
- *orfordii* T. J. Howell = *Gentiana sceptrum* Griseb.
- *parvifolia* (Chapm.) Britt. = *Gentiana catesbaei* Walt.
- *phlogifolia* Schott et Kotschy = *Gentiana cruciata* L. ssp. *phlogifolia* (Schott et Kotschy) Tutin
- *pilos* Wettst. = *Gentianella pilosa* (Wettst.) J. Holub

- *plebeja* Cham. ex Bunge = *Gentianella amarella* (L.) Börner
- *porphyrio* J. F. Gmelin = *Gentiana autumnalis* L.
- *praecox* A. et J. Kerner = *Gentianella austriaca* (A. et J. Kerner) J. Holub
- *primulaefolia* Griseb = *Gentiana dilatata* Griseb.
- *procera* T. Holm = *Gentianopsis procera* (T. Holm) Ma
- *propinqua* Richardson = *Gentianella propinqua* (Richardson) J. M. Gillet
- *prostrata* Boiss. = *Gentiana aquatica* L.
- *puberula* Michx. = *Gentiana saponaria* L.
- *puberula* auct. not Michx. = *Gentiana puberulenta* Pringle
- *quadrifaria* Clarke = *Gentiana pedicillata* (D. Don) Wall. ex Griseb.
- *quinquefolia* L. = *Gentianella quinquefolia* (L.) Small
- *ramosa* Hegetschw. = *Gentianella ramosa* (Hegetschw.) J. Holub
- *rigescens* var. *japonica* Kusn. = *Gentiana triflora* var. *japonica* (Kusn.) Hara
- *romanzovii* Ledeb. ex Bunge = *Gentiana algida* Pall.
- *saxatilis* (Honda) Honda = *Gentiana scabra* var. *buergeri* (Miq.) Maxim.
- *scabra* var. *buergeri* f. *angustifolia* Kusn. = *Gentiana scabra* var. *buergeri* f. *stenophylla* (Hara) Toyokumi
- *scabra* var. *buergeri* subvar. *saxatilis* Honda = *Gentiana scabra* var. *buergeri* (Miq.) Maxim.
- *scabra* var. *intermedia* Kusn. = *Gentiana scabra* var. *buergeri* (Miq.) Maxim.
- *scabra* var. *stenophylla* = *Gentiana scabra* var. *buergeri* f. *stenophylla* (Hara) Toyokuni
- *sceptrum* hort. non Griseb. = *Gentiana septemfida* Pall. var. *lagodechiana* Kusn.
- *stylophora* C. B. Clarke = *Megacodon stylophorus* (C. B. Clarke) Harry Smith
- *subpetiolata* Honda = *Gentiana scabra* var. *buergeri* (Miq.) Maxim.
- *tenella* Rottb. = *Gentianella tenella* (Rottb.) Börner
- *thermalis* O. Kuntze = *Gentianopsis* thermalis (O. Kuntze) Iltis
- *uliginosa* Willd. = *Gentianella uliginosa* (Willd.) Börner
- *verna* var. *alata* Griseb. = *Gentiana verna* var. *angulosa* Wahlenb.
- *verna* var. *favratii* Rittener = *Gentiana brachyphylla* Vill. ssp. *favratii* (Ritt.) Tutin

Hippion vernum (L.) F. W. Schmidt = *Gentiana verna* L.
Kudoa yakushimensis (Makino) Masum. = *Gentiana yakushimensis* Makino
Pneumonanthe affinis (Griseb.) Greene = *Gentiana affinis* Griseb.

- *andrewsii* (Griseb.) W. A. Weber = *Gentiana andrewsii* Griseb.
- *asclepiadea* Schmidt = *Gentiana asclepiadea* L.
- *calycosa* (Griseb.) Greene = *Gentiana calycosa* Griseb.

Nicht alle aufgeführten Arten sind im Buch näher beschrieben, da sie besonders bei der Gattung *Gentianella* für die Gartenkultur oft unbedeutend sind. Andererseits kann die Übersicht vielleicht helfen, nomenklatorische Unklarheiten auszuräumen.

Kultur- und Gartenwert der Enzian-Arten

1. Kultur ziemlich aussichtslos
Gentiana nivalis
Gentianopsis ciliata
2. Kultur möglich, aber schwierig
Gentiana bavarica
- *montana*
- *pyrenaica*
- *rostanii*
- *stragulata*
- *trichotoma*
- *tubiflora*
- *waltonii*

3. Kultur erfolgreich, wenn die Ansprüche der einzelnen Arten berücksichtigt werden, besonders ein **Minimum an Wasser** während der Wachstumsperiode
Gentiana calycosa
- *corymbifera*
- *farreri*
- *hexaphylla*
- *kurroo*
- *loderi*

Gentianopsis crinita
- *detonsa*
- *ornata*
- *parryi*
- *prolata*
- *veitchiorum*
- *verna*

4. Leichte Kultur bei entsprechendem Boden und Standort
Hybriden der chinesischen Herbstenziane
Gentiana andrewsii
- *angustifolia*
- *clusii*
- *cruciata*
- *decumbens*
- *dinarica*
- *freyniana*
- *lutea*
- *pneumonanthe*
- *przewalskii*
- *scabra*
- *sceptrum*
- *sinoornata*

5. Leichte Kultur in feucht-schattiger Lage
Gentiana asclepiadea
- *saponaria*

6. Leichte Kultur bei Mindestmaß an Feuchtigkeit
Gentiana septemfida und Varianten
7. Leichte Kultur bei Berücksichtigung der Ansprüche, oft faule Blüher
Gentiana acaulis (echte Art)
- *alpina*

8. Leichte Kultur, doch keine großen Schönheiten
Gentiana cruciata ssp. *phlogifolia*
- *grombczewskii*
- *straminea*
- *tibetica*
- *walujewii* var. *kesselringii*

Ansprüche der Enzian-Arten

1. Enzian-Arten für kalkfreien Boden

Gentiana affinis
- *amoena*
- *austromontana*
- *bisetaea*
- *cachemirica*
- *corymbifera*
- *frigida*
- *gilvostriata*
- *hexaphylla*
- *jesoana*
- *ishizuchii*
- *linearis*
- *loderi*
- *makinoi*
- *newberry*
- *oregana*
- *ornata*
- *ornata* var. *congestifolia*
- *parryi*
- *pneumonanthe*
- *punctata*
- *purpurea*
- *saponaria*
- *sceptrum*
- *setigera*
- *sinoornata*
- *triflora* und Varietäten
- *veitchiorum*

2. Ausgesprochene Kalkliebhaber

Gentiana angustifolia
- *bavarica*
- *brachyphylla*
- *clusii*
- *dinarica*
- × *favratii*
- *froelichii*
- *ligustica*
- *occidentalis*
- *pumila*
- *terglouensis*

3. Volle Sonne und ausreichend Feuchtigkeit

Alle Arten der Acaulis-Gruppe
Gentiana affinis
- *cachemirica*
- *puberulenta*
- *saxosa*
- *septemfida*

4. Kühle, feuchte Plätze

Gentiana andrewsii
- *asclepiadea*
- *autumnalis*
- *calycosa*
- *decora*
- *glauca*
- *linearis*
- *platypetala*
- *pneumonanthe*
- *saponaria*
- *sceptrum*
- *makinoi*

In warmen Großstadtgärten, im Weinbaugebiet, sind diese Arten schwer zu halten. Andererseits gibt es viele Gärten in luftfeuchteren Gebieten, in Mittelgebirgslagen, feuchteren Tallagen, an Flüssen oder Bächen, im Voralpengebiet, wo diese Arten durchaus gut wachsen. Günstig ist es, wenn sie hell aber absonnig stehen, oder in lichtem Halbschatten, wo sie besonders vor der größten Mittagshitze geschützt sind. Dabei sind immer die Bodenansprüche und vor allem auch die Bodenreaktion mit zu berücksichtigen.

5. Eindeutig Halbschatten liebende Arten

Gentiana alba
- *asclepiadea*
- *clausa*
- *glauca*
- *saponaria*
- *villosa*

6. Arten für mehr anlehmigen, schweren Boden, keine stehende Nässe!

Arten und Hybriden des Trichter-Enzians
Gentiana asclepiadea
- *cruciata*
- *lutea*
- *pneumonanthe*
- *punctata*
- *septemfida*
- *tibetica*
- *verna*

7. Arten, die in sandigen Böden gut gedeihen

Gentiana pumila
- *saxosa*
- *septemfida* var. *lagodechiana*
- *verna* var. *angulosa*

Verwendung der Enziane

1. Nur für größere Steingärten

Gentiana asclepiadea
- *lutea*
- 'Royal Blue'
- *purpurea*

Megacodon stylophora (syn. *Gentiana stylophora*)

2. Steingarten – Anfängersortiment

Trichter-Hybriden und Formen wie:
'Coelestina'
'Gedanensis'
'Holzmannii'
'Maxima'
'Saturn' u.a.

Gentiana 'Angustifolia-Hybride Frei'
- *clusii*
- *cruciata*
-- ssp. *phlogifolia*
- *dahurica*
- *dinarica*
- *farreri*
- *fetisowii*
- *gracilipes*
- × *hascombensis*

'Krumrey-Enzian'
Gentiana scabra var. *saxatilis*
- *septemfida*
-- 'Doeringiana'
-- var. *lagodechiana*
- *sinoornata* (nur bei saurer Bodenreaktion)
- *tibetica*

Hybriden der chinesischen Herbstenzian-Arten, wenn die Ansprüche berücksichtigt werden.

3. Steingärten, Sortiment für Fortgeschrittene

Gentiana acaulis (syn. *G. kochiana*)

- *alpina*
- *bavarica*
-- var. *subacaulis*
- *brachyphylla*
- *prolata*
- *pyrenaica*
- *stragulata*
- *veitchiorum*
- *verna*
- *verna* var. *angulosa*
-- var. *oschtenica*
- *yakusimensis*

4. Steingärten, stark mit Gesteinsschutt durchsetzte Flächen

(bei entsprechender Berücksichtigung der Bodenreaktion)

Gentiana bavarica

- *bellidifolia*
- *brachyphylla*
- *cachemirica*
- *pumila*
- *pyrenaica*
- *saxosa*
- *verna*

5. Pflanzen für Tröge

Gentiana algida

- *angustifolia*
- *bellidifolia*
- *dinarica*
- *farreri*
- *gelida*
- × *hascombensis*
- *newberry*
- *pumila*
- *saxosa*
- *septemfida*
- *verna*
-- var. *angulosa*
-- var. *oschtenica*

Hybriden der chinesischen Herbstenzian-Arten

Verschiedene Enzian-Arten sind durchaus zur Bepflanzung von Trögen geeignet, wobei in den wenigsten Fällen vollsonnige Lagen vertragen werden. Beim Verfasser haben in voller Sonne mehrere Jahre im Trog ausgehalten:

Gentiana angustifolia
- *gelida*
- *septemfida*

Bei den anderen ist leichte Beschattung vorzuziehen oder auch absonniger Standort des Troges. Es ist dabei immer die Gesamtlage des Gartens zu berücksichtigen. In frühnebelreicher Tallage kann der Standort sonniger sein als in einem Garten an einem Südhang. Bei Trockenheit muß der Trog täglich gewässert werden, andererseits ist auf gute Dränage zu achten.

6. Enzian-Arten für den Schnitt

Gentiana angustifolia
-- Hybriden
- *dinarica*
- *farreri*
- *triflora* var. *japonica* (syn. *G. jesoana*) = G. 'Royal Blue'
- *septemfida*
-- 'Doeringiana'
- *sinoornata* 'Praecox'

Diverse Hybriden chinesischer Herbstenziane

Weitere langstielige Typen der Acaulis-Gruppe

Außer *Gentiana triflora* var. *japonica* (syn. *G. jesoana*) = G. 'Royal Blue', die langstengelige Schnittblumen liefert, sind die anderen für kleinere Sträuße geeignet, aber auch für Blumenarrangements. Darüber hinaus kann besonders der Liebhaber noch viele Enzian-Arten für kleinere Sträuße und Gebinde verarbeiten.

Die wertvollsten Herbstenziane

(nach J. Eschmann, Emmen, Schweiz, einem der besten Kenner dieser Gruppe)

Gentiana 'Caroli'
- 'Elisabeth Brand'
- 'Excelsior'
- 'Exploi'
- 'Inverleith'
- × *macaulayi* 'Kingfisher'
- 'Midnight'
- *stevanagensis*
- 'Thunersee'
- *veitchiorum* 'VIP'

Gentiana-Chromosomenzahlen

Gentiana acaulis 2 n = 36
alpina 2 n = 36
- *asclepiadea* 2 n = 36
- *bavarica* 2 n = 30
- *brachyphylla* 2 n = 28
- *burseri* 2 n = 40
- *clusii* 2 n = 36
- *cruciata* 2 n = 52
- *dinarica* 2 n = 36
- *frigida* 2 n = 24
- *froelichii* 2 n = 42
- *lutea* 2 n = 40
nivalis 2 n = 14
- *pannonica* 2 n = 40
- *pneumonanthe* 2 n = 26
- *prostrata* 2 n = 26
- *pumila* 2 n = 20
- *punctata* 2 n = 40
- *purpurea* 2 n = 40
- *pyrenaica* 2 n = 26
- *rostanii* 2 n = 30
- *terglouensis* 2 n = 40
- *verna* 2 n = 28

Synonyme bei den Glockenblumengewächsen

Adenophora hakusanensis Nakai = *Adenophora triphylla* var. *hakusanensis* (Nakai) Kitam.
- *howozana* Takeda = *Adenophora takedae* var. *howozana* (Takeda) Sugimoto
- *ishiyamae* Miyabe et Tatew. = *Adenophora pereskiaefolia* var. *heterotricha* (Nakai) Hara
- var. *latifolia* Miq. = *Adenophora triphylla* (Thunb.) A. DC.
- *moiwana* var. *heterotricha* Nakai = *Adenophora pereskiaefolia* var. *heterotricha* (Nakai) Hara
- *onoi* Kitam. = *Adenophora pereskiaefolia* var. *heterotricha* Nakai) Hara
- *persekiaefolia* var. *japonica* Regel = *Adenophora triphylla* var. *japonica* (Regel) Hara
- *petrophila* Hara = *Adenophora nikoensis* var. *petrophila* (Hara) Hara
- *polymorpha* var. *divaricata* (Fr. et Sav.) Makino = *Adenophora divaricata* Fr. et Sav.
- *polymorpha* var. *stricta* (Miq.) Makino = *Adenophora stricta* Miq.
- *polymorpha* var. *tashiroi* Makino et Nakai = *Adenophora tashiroi* (Makino et Nakai) Makino et Nakai
- *puellaris* Honda = *Adenophora triphylla* var. *puellaris* (Honda) Hara
- *tetraphylla* Fisch. ex Jachs. = *Adenophora triphylla* (Thunb.) A. DC.
- *triphylla* ssp. *aberticampanulata* Kitam. = *Adenophora triphylla* var. *japonica* (Regel) Hara
- *thunbergiana* Kudo = *Adenophora triphylla* var. *japonica* (Regel) Hara
- *thunbergiana* var. *hakusanensis* (Nakai) Hara = *Adenophora triphylla* var. *hakusanensis* (Nakai) Kitam.
- *verticillata* var. *angustifolia* Miq. = *Adenophora triphylla* (Thunb.) A. DC.
- *verticillata* var. *marsupiiflora* sensu auct. Japon., non Trautv. = *Adenophora maximowicziana* Makino
- *verticillata* var. *triphylla* Miq. = *Adenophora triphylla* (Thunb.) A. DC.

Campanula abietina Griseb. = *Campanula patula* ssp. *abietina* (Griseb.) Simonkai
- *affinis* Roem. et Schult. = *Campanula speciosa* Pourr.
- *afra* Cav. = *Campanula dichotoma* L.
- *aizoides* Zaffran = *Campanula aizoon* Boiss. et Spruner ssp. *aizoides* (Zaffran) Fedorov
- *alaskana* = *Campanula rotundifolia* L.
- *algida* Fisch. = *Campanula lasiocarpa* Cham.
- *allionii* Vill. = *Campanula alpestris* All.
- *altaica* Ledeb. = *Campanula stevenii* Bieb. ssp. *altaica* (Ledeb.) Fedorov
- *amabilis* Leichtl. = *Campanula persicifolia* L.
- *argunensis* Rupr. = *Campanula aucheri* A. DC.
- *attica* Boiss. et Heldr. = *Campanula ramosissima* Sibth. et Sm.
- *bellardii* All. = *Campanula cochleariifolia* Lam.
- *billardicri* A. DC. = *Campanula cymbalaria* Sibth. et Sm.
- *bolosii* Vayr. = *Campanula affinis* Roem. et Schult.
- *capensis* L. = *Wahlenbergia capensis* (L.) A. DC.
- *celtifolia* Boiss. = *Campanula lactiflora* Bieb.
- *cephalotes* Fisch. ex Nakai = *Campanula glomerata* var. *dahurica* Fisch.
- *corymbosa* Desf. = *Campanula pelviformis* Lam.

- *costae* Willk. = *Campanula abietina* L. ssp. *costae* (Willk.) Fedorov
- *cretica* (A. DC.) D. Dietr. = *Symphyandra cretica* A. DC.
- *debarensis Rech. f.* = *Campanula fenestrellata* ssp. *debarensis* (Rech. f.) Damboldt
- *elatines* var. *fenestrellata* (Feer) Fiori = *Campanula fenestrellata* Feer
- *elatines* L. var. *garganica* (Ten.) Fiori = *Campanula garganica* Ten.
- *erucifolia* Feer = *Campanula laciniata* L.
- *flexuosa* Waldst. et Kit. non Michx. = *divaricata* Michx.
- *flexusa* Waldst. et Kit. non Michx. = *Campanula waldsteiniana* Roem. et Schult.
- *garganica* ssp. *fenestrellata* (Feer) Hayek = *Campanula fenestrellata* Feer
- *gentianoides* Lam. = *Platycodon grandiflorum* (Jacq.) A. DC.
- *glomerata* var. *speciosa* (Hornem.) A. DC. = *Campanula glomerata* var. *dahurica* Fisch.
- *glauca* Thunb. = *Platycodon grandiflora* (Jacq.) A. DC.
- *graminifolia* L. = *Edraianthus graminifolius* (L.) A. DC.
- *grandiflora Jacq.* = *Platycodon grandiflorum* (Jacq.) A. DC.
- *grandiflorum* Lam. non Jacq. = *Campanula medium* L.
- *grandis* Fisch. et Mey. = *Campanula persicifolia* L. ssp. *sessiliflora* (K. Koch) Velen.
- *hederacea* L. = *Wahlenbergia hederacea* (L.) Rchb.
- *hohenackeri* Fisch. et Mey. = *Campanula sibirica* L.
- *hondoensis Kitam.* = *Campanula punctata* var. *hondoensis* (Kitam.) Ohwi
- *isophylla* var. *mayi* hort. = *Campanula isophylla* Moretti 'Mayi'
- *istriaca* Feer = *Campanula fenestrellata* Feer ssp. *istriaca* (Feer) Fedorov
- *latiloa* A. DC. = *Campanula persicifolia* L. ssp. *sessili flora* (K.Koch)
- *leutweinii* Heldr. = *Campanula incurva* Aucher ex A. DC.
- *liliifolia* L. = *Adenophora liliifolia* (L.) Ledeb. ex A. DC.
- *liniifolia* Scop. non L. = *Campanula carnica* Schiede ex Mert. et Koch
- *loeflingii* Brot. = *Campanula lusitanica* L. ex Loefl.
- *macrantha* Fisch. = *Campanula latifolia* L.
- *marchesetii* Witasek = *Campanula rotundifolia* L.
- *marginata* Thunb. = *Wahlenbergia marginata* (Thunb.) A. DC.
- *microdonta* Koidz. = *Campanula punctata* var. *microdonta* (Koidz) Ohwi
- *muralis* = *Campanula portenschlagiana* Schult.
- *napuligera* Schur = *Campanula serrata* (Kit.) Hendrych
- *nitida* Ait. = *Campanula persicifolia* L. f. *nitida*
- *nobilis* Lindl. = *Campanula punctata* Lam.
- *pendula* M. B. = *Symphyandra pendula* (M. B.) A. DC.
- *phyctidocalyx* Boiss. et Noe = *Campanula persicifolia* L.
- *pilosa* Pall. ex Roem. et Schult. = *Campanula dasyantha* M. B.
- *planiflora* Engelmann = *Campanula parryi* A. Gray
- *planiflora* hort. non Lam. = *Campanula persicifolia*
- *potiolasa* A. DC. = *Campanula rotundifolia* L.
- *pseudolanceolata* Pant. = *Campanula serrata* (Kit.) Hendrych
- *pumila* Cort. = *Campanula cochleariifolia* Lam.
- *punctata* ssp. *hondoensis* (Kitam.) Kitam. = *Campanula punctata* var. *hondoensis* (Kitam.) Ohwi

- *punctata* ssp. *microdonta* (Koidz.) Kitam. = *Campanula punctata* var. *microdonta* (Koidz.) Ohwi
- *pusilla* Haenke = *Campanula cochleariifolia* Lam.
- *remontiflora* Sieb. et Zucc. = *Adenophora* Sieb. et. Zucc.
- *rotundifolia* sensu auct. Japon non L. = *Adenophora takedae* Makino
- *sacajaweana* Peck. = *Campanula rotundifolia* L.
- *serpyllifolia* Vis. = *Edraianthus serpyllifolius* (Vis.) A. DC.
- *sessiliflora* K. Koch = *Campanula persicifolia* L. ssp. *sessiliflora* (K. Koch) Velen.
- *spathulata* Sibth. et Sm. = *Campanula sprunerana* Hampe
- *speciosa* Hornem. non Gilib. = *Campanula glomerata* var. *dahurica* Fisch.
- *subpyrenaica* Tim.-Lag. = *Campanula persicifolia* L.
- *tetraphylla* Thunb. = *Adenophora triphylla* (Thunb.) A. DC.
- *triphylla* Thunb. = *Adenophora triphylla* (Thunb.) A. DC.
- *turbinata Schott,* Nym. et Kotschy = *Campanula carpatica* var. *turbinata* (Schott., Nym. et Kotschy) Nichols.
- *velutina* Vel. = *Campanula lanata* Friv.
- *wolgensis* P. Smirnov = *Campanula stevenii* Bieb. ssp. *wolgensis* (P. Smirnov) Fedorov

Platycodon chinense Lindl. et Paxt. = *Platycodon grandiflorum* (Jacq.) A. DC.
- *glaucum* (Thunb.) Nakai = *Platycodon grandiflorum* (Jacq.) A. DC.
- *grandiflorum* var. *glaucum* (Thunb.) Sieb. et Zucc. = *Platycodon grandiflorum* (Jacq.) A. DC.

Ansprüche und Eigenschaften der Glockenblumen

1. Kalkhaltige Böden liebend

Campanula arvatica
- *fenestrellata*
- *formanekiana*
- *forsbythii*
- *herzegovina*
- *jaubertina*
- *justiniana*
- *laciniata*
- *moesiaca*
- *mollis*
- *morettiana*
- *oreadum*
- *papillosa*
- *pulla*
- *raddeana*
- *raineri*
- *reiseri*
- *rupestris*
- *speciosa*
- *thessala*
- *thyrsoides*

2. Saure Böden verlangend

Campanula alpestris
- *barbata*
- *cenisia*
- *excisa*
- *piperi*
- *uniflora*

3. Besonders sandige Böden liebend

Campanula autraniana
- *cantabrica*

4. Selbstaussaat, manchmal lästig werdend

Campanula alliariifolia
- *cymbalaria*
- *rapunculoides*
- *trachelium*
- *transsilvanica*

5. Schwierige Pfleglinge im Garten

Campanula alpina
- *carnica*
- *cenisia*
- *excisa*
- *morettiana*
- *scheuchzeri*
- *uniflora*
- *zoysii*

6. Ein-, zweijährige und monokarpe Glockenblumen

Campanula anchusiflora
- *andrewsii*
- *aspera*
- *bononiensis*
- *celsii*
- *colorata*
- *constantinii*
- *dichotoma*
- *erinoides*
- *erinus*
- *exigua*
- *incurva*
- *kolenatiana*
- *lyrata*
- *macrostyla*
- *medium*
- *mirabilis*
- *oreadum*
- *orphanidea*

- *pelviformis*
- *peregrina*
- *petraea*
- *reiseri*
- *rupestris*
- *sartori*
- *spicata*
- *thyrsoides*
- *transsilvanica*
- *tubulosa*

Verwendung der Glockenblumen

1. Schönes Steingarten-Sortiment

Campanula adsurgens
- *alpestris*
- *arvatica*
- *aucheri*
- *barbeyi*
- *bellidifolia*
- *betulaefolia*
- *calaminthifolia*
- *carpatica*
- *cochleariifolia*
- *cymbalaria*
- *dasyantha*
- *elatines*
- *elatinoides*
- *fenestrellata*
- *garganica*
- *hypopolia*
- *kemulariae*
- *petrophila*
- *pilosa*
- *poscharskyana*
- *portenschlagiana*
- *pulla*
- × *pulloides*
- *sarmatica*
- *sartorii*
- *saxifraga*
- *tommasiniana*
- *tridentata*
- *waldsteiniana*

2. Für Staudenrabatten geeignet

Campanula glomerata (hohe)
- *lactiflora*
- *latifolia*
- *medium*
- *persicifolia*
- -- ssp. *sessiliflora* (syn. *C. grandis*)
- *pyramidalis*
- *versicolor*

3. Für die Wildstaudenpflanzung

Campanula alliariifolia
- *barbata*
- *bononiensis*
- *glomerata*
- *grossekii*
- *patula*
- *rapunculoides*
- *rhomboidalis*
- *rotundifolia*
- *thyrsoides*
- *trachelium*

4. Glockenblumen für den Schnitt

Campanula glomerata in Edelsorten
- *latifolia* 'Macrantha' u.a.
- *medium*
- *persicifolia*
- -- ssp. *sessiliflora* (syn. *C. grandis*)
- *pyramidalis*
- *trachelium*

5. Glockenblumen als Topfpflanzen

Campanula isophylla
- *fragilis*
- *pyramidalis*

und bedingt:
Campanula carpatica
- *portenschlagiana*
- *poscharskyana*

Campanula-Chromosomenzahlen

Campanula aizoon 2 n = 16
- *albanica* 2 n = 34
- *alpestris* 2 n = 34
- *alpina* 2 n = 34
- *anchusiflora* 2 n = 34
- *apennina* 2 n = 34
- *arvatica* 2 n = 28
- *barbata* 2 n = 34
- *bononiensis* 2 n = 34
- *cespitosa* 2 n = 34
- *cantabrica* 2 n = 34
- *carnica* 2 n = 34
- *carpatica* 2 n = 34
- *celsii* 2 n = 34
- *cenisia* 2 n = 34
- *cervicaria* 2 n = 34
- *cochleariifolia* 2 n = 34
- *constantinii* 2 n = 34
- *crassipes* 2 n = 34
- *cymaea* 2 n = 34
- *elatinoides* 2 n = 34
- *elatines* 2 n = 34
- *erinus* 2 n = 28
- *euboica* 2 n = 34
- *excisa* 2 n = 34
- *formaneckiana* 2 n = 34
- *forsythii* 2 n = 34
- *fragilis* 2 n = 32
- *garganica* 2 n = 34
- *hawkinsiana* 2 n = 32
- *herminii* 2 n = 32
- *herzegovina* 2 n = 34
- *incurva* 2 n = 34
- *isophylla* 2 n = 32
- *justiniana* 2 n = 34
- *laciniata* 2 n = 34
- *latifolia* 2 n = 34
- *lavrensis* 2 n = 34
- *lingulata* 2 n = 34
- *longisepala* 2 n = 34
- *lusitanica* 2 n = 18
- *lyrata* 2 n = 34
- *macrorhiza* 2 n = 34
- *medium* 2 n = 34
- *mollis* 2 n = 26
- *morettiana* 2 n = 34
- *oreadum* 2 n = 34
- *patula* 2 n = 20
-- ssp. *abietina* 2 n = 40
- *pelviformis* 2 n = 34
- *persicifolia* 2 n = 16
- *petraea* 2 n = 34
- *portenschlagiana* 2 n = 34
- *poscharskyana* 2 n = 34
- *primuloides* 2 n = 36
- *pulla* 2 n = 34
- *pyramidalis* 2 n = 34
- *raineri* 2 n = 32
- *ramosissima* 2 n = 20
- *rapunculoides* 2 n = 38
- *rapunculus* 2 n = 20
- *rechingeri* 2 n = 34
- *reiseri* 2 n = 34
- *rhomboidalis* 2 n = 34
- *rotundifolia* 2 n = 34, 68, 102
- *rupestris* 2 n = 34
- *sartorii* 2 n = 34
- *saxatilis* 2 n = 34
- *scheuchzeri* 2 n = 68
- *sibirica* 2 n = 34
- *spathulata* 2 n = 20
- *speciosa* 2 n = 34
- *spicata* 2 n = 34
- *stenosiphon* 2 n = 34
- *thessala* 2 n = 34
- *thyrsoides* 2 n = 34
- *tommasiniana* 2 n = 34
- *tubulosa* 2 n = 34
- *uniflora* 2 n = 34
- *versicola* 2 n = 34
- *waldsteiniana* 2 n = 34
- *zoysii* 2 n = 34

Geschützte Enziane und Glockenblumen in Bayern, Österreich und in der Schweiz

Bayern

Laut Angaben des Bayerischen Staatsministeriums für Landesentwicklung und Umweltfragen:

Gentiana acaulis, Kochs Enzian
- *asclepiadea,* Schwalbenwurz-Enzian
- *bavarica,* Bayerischer Enzian
- *clusii,* Stengelloser Enzian
- *cruciata,* Kreuz-Enzian
- *lutea,* Gelber Enzian
- *nivalis,* Schnee-Enzian
- *orbicularis,* Rundblätteriger Enzian
- *pannonica,* Ungarischer Enzian
- *pneumonanthe,* Lungen-Enzian
- *punctata,* Punktierter Enzian
- *purpurea,* Purpur-Enzian
- *utriculosa,* Schlauch-Enzian
- *verna,* Frühlings-Enzian, Schusternagel

Gentianella aspera, Rauher Enzian
- *campestris,* Feld-Enzian
- *germanica,* Deutscher Enzian
- *tenella,* Zarter Enzian

Gentianopsis ciliata (syn. *Gentiana ciliata*), Gefranster Enzian

Arten der obigen Liste, die in anderen Bundesländern vorkommen, sind dort ebenfalls geschützt.

Österreich

Wie in der Bundesrepublik Deutschland ist der Naturschutz auch in Österreich Ländersache, und die Listen der geschützten Pflanzen sind in den Bundesländern unterschiedlich, z.T. auch Vollnaturschutz und Teilnaturschutz. Die folgenden Angaben sind dem Heft „Naturschutz" der vom Österreichischen Bundesinstitut für Gesundheitswesen herausgegebenen Serie „Umweltgestaltung und Umweltpflege", Wien 1984, entnommen (in Klammern die jeweiligen österreichischen Bundesländer in Abkürzung).

Campanula thyrsoides, Strauß-Glockenblume (Ktn.)
- *zoysii,* Zoys Glockenblume (Ktn.)

Gentiana, alle Arten voll- bzw. teilgeschützt (Bgld., Ktn., OÖ., Slbg., Vbg., Wien)
- alle blaublütigen, kurzstieligen und langstieligen Arten voll- bzw. teilgeschützt (Tirol)
- *acaulis* (syn. *G. kochiana*), Kochs Enzian (Ktn., Stmk.)
- *clusii,* Stengelloser Enzian, Kalk-Glockenenzian (Ktn., NÖ, Slbg., Stmk.)
- *froelichii,* Fröhlichs Enzian (Ktn.)
- *lutea,* Gelber Enzian (Ktn., Stmk.)
- *pannonica,* Ungarischer Enzian (Ktn., NÖ, Slbg.)
- *pneumonanthe,* Lungen-Enzian (Ktn., – teilgeschützt –, NÖ, Slbg., Stmk.)
- *punctata,* Punktierter Enzian (Ktn., Slbg.)
- *terglouensis,* Triglav-Enzian oder Dachblätteriger Enzian (Ktn.)

Gentianella austriaca (syn. *Gentiana austriaca*), Österreichischer Enzian (Slbg.)

Gentianopsis ciliata (syn. *Gentiana ciliata*), Gefranster Enzian oder Fransen-Enzian (Slbg., Stmk., Tirol)

Physoplexis comosum (syn. *Phyteuma comosum*), Schopfige Teufelskralle (Ktn.)

Swertia perennis, Tarant (Slbg.)

Schweiz

Laut dem Schweizerischen Bund für Naturschutz 1982:
Campanula cenisia, Mont-Cenis-Glockenblume
- *latifolia,* Breitblätterige Glockenblume
- *thyrsoides,* Strauß-Glockenblume

Gentiana acaulis (syn. *G. kochiana*), Kochs Enzian
- *alpina,* Südalpen-Enzian
- *asclepiadea,* Schwalbenwurz-Enzian
- *bavarica,* Bayerischer Enzian
- *clusii,* Stengelloser Enzian, Kalk-Glockenenzian
- *cruciata,* Kreuzblätteriger Enzian
- *lutea,* Gelber Enzian
- *pannonica,* Ungarischer Enzian
- *pneumonanthe,* Lungen-Enzian
- *punctata,* Punktierter Enzian
- *purpurea,* Purpur-Enzian
- *utriculosa,* Aufgeblasener Enzian
- *verna,* Frühlings-Enzian

Gentianella germanica, Deutscher Enzian
Gentianopsis ciliata, Gefranster Enzian

Diese Liste gibt alle in der Schweiz geschützten Enziane und Glockenblumen wieder. Im einzelnen handelt es sich, durch den föderativen Aufbau der Schweiz bedingt, um ein äußerst kompliziertes Gebilde. Manche Arten stehen in der gesamten Schweiz unter Schutz, manche in einzelnen Kantonen, manche stehen unter Vollschutz, manche unter Teilschutz. Genaue Auskunft gibt das Buch von Prof. Dr. Elias Landolt „Geschützte Pflanzen der Schweiz“, herausgegeben vom Schweizerischen Bund für Naturschutz.

Das Naturschutzrecht in den Ländern unterliegt einer ständigen Novellierung, deshalb können im Laufe der Zeit geringfügige Änderungen eintreten.

Bezugsquellen für Enziane und Glockenblumen

Inländische Lieferanten von Samen

Ernst Benary, Samenzucht GmbH Postfach 1127 3510 Hann. Münden	Nur über den Samenfachhandel
Klaus R. Jelitto, Staudensamen Postfach 560127 2000 Hamburg 56	Nur für Erwerbsgärtner
Kayser & Seibert, Odenwälder Pflanzenkulturen Wilhelm-Leuschner-Str. 85 6101 Roßdorf 1	Gute Samenliste
Firma C. Scholz Postfach 130173 4800 Bielefeld 13	Auch Samen von Raritäten
Thysanotus, Samen-Versand Postfach 44-8190 A 2800 Bremen	Samen vom englischen Samen-Vertrieb Thompson & Morgan Auch Samen von Raritäten
Gabriele Wetzel, Botanische Raritäten Oberkohlfurth 5600 Wuppertal 12	Auch Samen von Raritäten
Zwaan Pannevis, Samenzucht GmbH Postfach 2180 4190 Kleve 1	Nur für Erwerbsgärtner

Inländischer Lieferant für Enzian-Schnitt

Ernst Behnken, Enziankulturen Neuengammer Hausteich 191 2050 Hamburg 80	Für Groß- und Einzelhandel

Inländische Lieferanten von Pflanzen

Enziane und Glockenblumen führt fast jede Staudengärtnerei, hier sind Firmen genannt, die ein etwas größeres Sortiment führen und die dem Autor bekannt sind. Die Liste erhebt keinen Anspruch auf Vollständigkeit.

Joachim Carl, Alpengarten Pforzheim 7530 Pforzheim-Würm	Gutes Sortiment, auch Raritäten
Wilhelm Demmel Baumschulen-Stauden Baumschulenstr. 3 8124 Seeshaupt	Schönes Sortiment, kein Versand
Hans Götz, Staudengärtnerei Schramberger Str. 65 7622 Schiltach	Gutes Sortiment
Heinrich Hagemann, Staudenkulturen Walsroder Str. 324 3012 Langenhagen 6	Umfangreiches Campanula-Sortiment, auch Gentiana
Fritz Häussermann, Stauden + Gehölze Schützenhausweg; Lindental 11 7000 Stuttgart 31 (Weilimdorf)	Umfangreiches Campanula-Sortiment, auch Gentiana
Kayser & Seibert, Odenwälder Pflanzenkulturen Wilhelm-Leuschner-Str. 85 6101 Roßdorf 1	Umfangreiches Campanula-Sortiment, bewährte Gentiana
Heinz Klose, Staudengärtnerei Rosenstr. 10 3503 Lohfelden 1	Besonders umfangreiches Campanula-Sortiment
Walter Löw, Gartenbau/Baumschule Friedrich-Ebert-Str. 14 8480 Weiden	Gentiana und Campanula, speziell Chinesische Herbstenzian-Sorten, eigene Züchtungen; kein Versand
Karl Heinz Marx, Staudengarten Bahnhofstr. 36 8602 Pettstadt	Schönes Sortiment
Hermann Näpfel, Staudengärtnerei Nürnberger Str. 99 8820 Gunzenhausen	Bewährtes Campanula-Sortiment, auch Gentiana

Rolf Peine, Staudengärtnerei Mariabrunnerstr. 71 8000 München 60	Gutes Sortiment von Campanula und Gentiana
Pöppel-Stauden, Eckehard Pöppel Staudengärtnerei Holunderstr. 4 2805 Stuhr-Seckenhausen	Schönes Sortiment
Walter Radloff, Garten-Center Schnieglinger Str. 54 8500 Nürnberg 90	Bewährtes Campanula- und Gentiana-Sortiment; kein Versand
Stauden-Rudolf, Betrieb: Hagenhausen Eismannsberg 16 8503 Altdorf	Schönes Sortiment, besonders Campanula
Max Schleipfer Stauden- und Kakteengärtnerei Sedelweg 71 8902 Neusäss bei Augsburg	Schönes Enzian- und Campanula-Sortiment, besonders Chinesischer Herbstenzian. Kein Versand.
Werner Schöllkopf, Staudengärtnerei Postfach 7113 7410 Reutlingen	Gutes Campanula-Sortiment, auch Gentiana
Dr. Hans und Helga Simon, Gärtnerischer Pflanzenbau Georg-Mayr-Str. 70 8772 Marktheidenfeld	Großes Gentiana- und Campanula-Sortiment
Dieter Stroh, Staudengärtnerei Kreisstr. 245 6606 Saarbrücken-Gersweiler	Umfangreiches Campanula- und Gentiana-Sortiment, auch Raritäten
F. Sündermann, Alpengarten Äschacher Ufer 8990 Lindau/Bodensee	Auch seltene Arten
Karl Wachter KG, Staudenversand und Wassergarten-Systeme 2081 Appen-Etz	Bewährtes Campanula-Sortiment, auch Gentiana
Günter Wauschkuhn, Staudengärtnerei 3510 Hannover-Münden 15	Umfangreiches Campanula- und Gentiana-Sortiment

Weilbacher Staudengarten, Gudrun Müller Schlesier Weg 6 6238 Hofheim Gärtnerei: Raunheimer Str. 35 6093 Flörsheim-Weilbach	Schönes Campanula-Sortiment, auch Gentiana und Symphyandra
Gabriele Wetzel, Botanische Raritäten Oberkohlfurth 5600 Wuppertal 12	Auch Seltenheiten
Gräfin von Zeppelin Staudengärtnerei 7811 Sulzburg/Laufen	Besonders umfangreiches Campanula-Sortiment, auch Enzian

Ausländische Lieferanten von Samen

Jack Drake, Inshriach Alpine Plant Nursery, Aviemore, Inverness-Shire PH22 1QS, Schottland	Besonders Samen von Raritäten
L. Kreeger 91 Newton Wood Road, Ashtead, Surrey KT21 1 NN	Besonders seltene Campanula
Maver Rare Perennial Nursery P.O. Box 18754, Seattle, WA 98118, USA	Besonders umfangreiches Sortiment von Gentiana-Campanula-Samen
Southern Seeds, The Vicarage Sheffield, Canterbury, Neuseeland	Samen von neuseeländischen Gentiana-Arten

Ausländische Lieferanten von Pflanzen

Zu beachten ist, daß wegen des großen Arbeitsaufwands Kleinaufträge von ausländischen Firmen kaum erledigt werden. Es ist empfehlenswert, bei Katalog-Anforderung ein 1 $ oder 1 £-Note beizulegen.

Franz Feldweber, A-4974 Ort im Innkreis, Österreich	Schönes Gentiana- und Campanula-Sortiment
J. Eschmann, Alpengarten CH-6032 Emmen, Schweiz	Riesen-Sortiment!

Floraire, Correvon + Cie 50. Avenue Petit-Semc. CH-1225 Chêne-Bourg, Genève	Gutes Sortiment
H. Frei, Gärtnerei und Stauden-Kulturen CH-8461 Wildensbuch, Schweiz	Umfangreiches Gentiana- und Campanula-Sortiment, auch Raritäten
Ballalheannagh Gardens, Glen Roy-Lonnan-Isle of Man, British Isles	Standard-Sortiment
Jack Drake, Inshriach Alpine Plant Nursery, Aviemore Inverness-Shire, Schottland	Auch Raritäten, besonders von Sorten des Chinesischen Herbstenzian.
Edrom Nurseries, Coldingham, Eyemouth Berwickshire TD14 5TZ Großbritannien	Besonders Enzian-Raritäten
Hartside Nursery Garden, Low Gill House, Alston Cumbria, CA9 3BL Großbritannien	Gutes Sortiment
Holden Clough Nursery, Holden, Bolton-by-Bowland, Clitheroe, Lancashire BB7 4PF, Großbritannien	
W. E. Th. Ingwersen, Ltd., Birch Farm Nursery, Gravety, East Grinstead, West Sussex RH19 4LE, Großbritannien	
Reginald Kaye Ltd., Waithman Nurseries, Silverdale, Carnforth, Lancashire LA5 OTY, Großbritannien	
Potterton and Martin, The Cottage Nursery, Moortown-Road, Nettleton Caistor, Linc. LN7 6HX, Großbritannien	
Maver Rare Perennial Nursery, P.O.Box 18754 Seattle, WA 98118, USA	Kein Übersee-Versand
The Chugai Nursery Co., Inc. Yamamoto Naka 1–1, Takarazuka Hyogo 665 Japan,	
Mori Kazuo, 5–8 Matshushita, Nishinomiya, Hyogo, Japan PC 662	

Liebhabergesellschaften

zu deren Aufgabengebiet die Gattungen Gentiana und Campanula gehören

Es ist zu bedenken, daß sich die Anschriften ausländischer Gesellschaften oft ändern. Die wiedergegebenen Adressen entsprechen dem Stand von 1986.

Gesellschaft der Staudenfreunde e.V. Präsident: Hermann Hald, Dörrenklingenweg 35, 7114 Untersteinbach/Hohenlohekreis (Samentausch)

Alpine Garden Society. c/o E.M. Upward, Lye-End Link, St. John's, Woking, Surrey, GU21 1SW, England

Scottish Rock-Garden Club. Secretary: Miss K. M. Gibb, 21 Merchiston Park, Edinburgh EH10 4PW, Schottland

American Rock Garden Society. Secretary: Buffy Parker, 15 Fairmead Road, Darien, CTO6820 USA

Vancouver Island Rock and Alpine Garden Society. Secretary: P.O. Box 6507, Station C. Victoria, B.C. Y8P 5M4, Canada

Garden Club of B. C. President: M. Jim Babchuk 24128-56th Ave. R. R. 13 Langley, B. C. Canada; Secretary: Mrs. Kathi Leihsman, 620 King Georg Way, West Vancouver B. C. V7S 153 (Für 1986)

Japan Alpine Rock Garden Society. President: Dr. Kochi Onoe, 142 Motoshio, Himeje, Japan

Literaturverzeichnis

Barlett, Mary: Gentians, Blandford Press, Pool/Dorset 1975.

Berry, Grimshaw, Heyes: Gentians in the Garden. Faber and Faber, London 1951.

Budd, A. C.: Budd's Flora of the Canadian Prairie Provinces. Revised and enlarged by J. Looman and K. F. Best. Research Branch Agriculture Canada, Ottawa 1981.

Crook, H. C.: Campanulas. Their Cultivation and Classification. Reprint by Theophrastus Publishers, Sakonnet/USA, 1977.

Crook, H.C.: Campanula and Bellflowers in Cultivation. Blandford Press, London 1959.

Everett, T. H.: The New York Botanic Garden Encyclopedia of Horticulture. Garland Publishing Inc., New York and London 1981.

Heath, R. E.: The Collingridge Guide to Collector's Alpines. Collingridge, Richmond 1981.

Hegi, G.: Illustrierte Flora von Mitteleuropa, Band V, Teil 3. Parey, Berlin und Hamburg 1975.

Hortus Third. A Concise Dictionary of Plants cultivated in the United States and Canada. Collier Macmillan Publishers, London 1976.

Ingwersen, Will.: Ingwersen Manual of Alpine Plants. Will Ingwersen and Dunnsprint, Eastborne 1978.

Jelitto, L., Schacht W. (Hrsg.): Die Freiland-Schmuckstauden. Band 1 und 2. Ulmer, Stuttgart 1963, 1966.

Jelitto, L., Schacht W., Feßler, A. (Hrsg.): Die Freiland-Schmuckstauden. Ulmer, Stuttgart 1985, 3. Auflage.

Journal of the Royal Horticultural Society, Vol. LVII, Part 2. London 1932.

Köhlein, F.: Pflanzen vermehren. Ulmer, Stuttgart 1980, 6. Auflage.

Mark, A. F., Adams, N. M. :New Zealand Alpine Plants.

Ohwi, Jisaboro: Flora of Japan, Smithonian Institution, Washington D. C. 1984.

Philipson, W. R., Hearn D.: Rock Garden Plants of the Southern Alps. Merlin Press, London 1965.

Polunin, O., Stainton A.: Flowers of the Himalaya. Oxford University Press, Dehli 1984.

Pringle, James S.: Sectional and Subgeneric Names in Gentiana (Gentianaceae) Privatdruck Dr. James S. Pringle, Royal Botanical Gardens Hamilton, Ontario, Canada 1978.

Pringle, James S.: Taxonomy and Distribution of Gentiana (Gentianaceae) in Mexico and Central America. I. Sect. and II. Sect. Privatdruck 1977 und 1979. Royal Botanical Gardens, Hamilton, Ontario, Canada.

Pringle, James S.: Taxonomy of Gentiana, Section Pneumonanthe, in eastern North America. Privatdruck 1967. Royal Botanical Gardens, Hamilton Ontario, Canada.

Puttock A. G.: Delphinium and Campanulas. John Gifford, London 1973.

Tutin T. G. u. a. (Hrsg.): Flora Europaea Bd. 3, Cambridge University Press, Cambridge 1972

Wilkie D.: Gentians. Country Life, London 1936. 2. Auflage 1950

Wocke, E.: Kulturpraxis der Alpenpflanzen. Nachdruck Otto Koeltz, Königstein/ Taunus 1977.

Zander Handwörterbuch der Pflanzennamen. Neubearbeitet von F. Encke, G. Buchheim, S. Seybold. Ulmer, Stuttgart 1984, 13. Auflage.

Kataloge der Fa. Jac. Eschmann, Emmen (Schweiz) und diverse weitere Kataloge von Stauden- und Alpenpflanzengärtnereien des In- und Auslandes (siehe auch unter Bezugsquellen).

Bildquellen

Dr. Michio Cozuca, Japan: Seite 105 mitte rechts und unten rechts.
Hermann Fuchs, Hof: Seite 33 oben, Seite 34 oben links, Seite 52 mitte links und rechts, Seite 69 unten, Seite 70 mitte rechts, Seite 88 unten links, Seite 105 oben rechts und mitte links, Seite 124 oben links, oben rechts und mitte links, Seite 141 oben, Seite 178 unten links, Seite 213 mitte rechts und unten rechts, Seite 232 mitte links und Umschlagfoto.
Dieter Schacht, München: Seite 51 unten, Seite 52 unten links, Seite 70 oben rechts und unten rechts, Seite 87 mitte rechts und unten rechts, Seite 88 oben links, Seite 106 oben links, Seite 106 oben links, Seite 141 unten links, Seite 196 mitte links, Seite 214 mitte rechts, Seite 231 unten links.
Wilhelm Schacht, Frasdorf: Seite 70 mitte links und unten links, Seite 87 unten links, Seite 88 unten rechts, Seite 141 unten links, Seite 142 oben rechts, Seite 160 unten links, Seite 195 mitte links, Seite 213 unten links, Seite 214 unten links, Seite 231 oben.

Die übrigen 73 Farbaufnahmen sind vom Verfasser.

Register der Pflanzennamen

Siehe auch die Synonyme bei den Enziangewächsen (Seite 288) und bei den Glockenblumengewächsen (Seite 296).
Halbfett gedruckte Seitenzahlen verweisen auf die Hauptbeschreibungen, Sternchen * auf Abbildungen.